Estudos de História do
Pensamento Filosófico

Coleção Campo Teórico

Dirigida por Manoel Barros da Motta
e Severino Bezerra Cabral Filho

Da mesma coleção:
Do Mundo Fechado ao Universo Infinito
Alexandre Koyré

Estudos de História do Pensamento Científico
Alexandre Koyré

Estudos de História do Pensamento Filosófico
Alexandre Koyré

O Normal e o Patológico
Georges Canguilhem

O Nascimento da Clínica
Michel Foucault

A Arqueologia do Saber
Michel Foucault

Da Psicose Paranóica em suas Relações com a Personalidade
Jacques Lacan

Teoria e Clínica da Psicose
Antonio Quinet

Michel Foucault – Uma Trajetória Filosófica
Paul Rabinow e Hubert Dreyfus

Raymond Roussel
Michel Foucault

Alexandre Koyré

Estudos de História do Pensamento Filosófico

2ª edição

Tradução
MARIA DE LOURDES MENEZES

Rio de Janeiro

■ A EDITORA FORENSE se responsabiliza pelos vícios do produto no que concerne à sua edição, aí compreendidas a impressão e a apresentação, a fim de possibilitar ao consumidor bem manuseá-lo e lê-lo. Os vícios relacionados à atualização da obra, aos conceitos doutrinários, às concepções ideológicas e referências indevidas são de responsabilidade do autor e/ou atualizador.
As reclamações devem ser feitas até noventa dias a partir da compra e venda com nota fiscal (interpretação do art. 26 da Lei n. 8.078, de 11.09.1990).

■ Traduzido de:
Études d'Historie de la Pensée Philosophique
Copyright © Éditions Gallimard, 1971
All rights reserved.

■ **Estudos de História do Pensamento Filosófico**
ISBN 978-85-309-3568-9
Direitos exclusivos para o Brasil na língua portuguesa
Copyright © 2011 by
FORENSE UNIVERSITÁRIA um selo da EDITORA FORENSE LTDA.
Uma editora integrante do GEN | Grupo Editorial Nacional
Travessa do Ouvidor, 11 – 6º andar – 20040-040 – Rio de Janeiro – RJ
Tel.: (0XX21) 3543-0770 – Fax: (0XX21) 3543-0896
bilacpinto@grupogen.com.br | www.grupogen.com.br

■ O titular cuja obra seja fraudulentamente reproduzida, divulgada ou de qualquer forma utilizada poderá requerer a apreensão dos exemplares reproduzidos ou a suspensão da divulgação, sem prejuízo da indenização cabível (art. 102 da Lei n. 9.610, de 19.02.1998).
Quem vender, expuser à venda, ocultar, adquirir, distribuir, tiver em depósito ou utilizar obra ou fonograma reproduzidos com fraude, com a finalidade de vender, obter ganho, vantagem, proveito, lucro direto ou indireto, para si ou para outrem, será solidariamente responsável com o contrafator, nos termos dos artigos precedentes, respondendo como contrafatores o importador e o distribuidor em caso de reprodução no exterior (art. 104 da Lei n. 9.610/98).

1ª edição brasileira – 1991
2ª edição brasileira – 2011

Tradução
Maria de Lourdes Menezes

■ CIP – Brasil. Catalogação-na-fonte.
Sindicato Nacional dos Editores de Livros, RJ.

Koyré, Alexandre, 1892-1964

K89e   Estudos de história do pensamento filosófico / Alexandre Koyré; tradução de
2.ed.   Maria de Lourdes Menezes. – 2. ed. – Rio de Janeiro: Forense, 2011.

384p. : il. – (Campo teórico)

Tradução de: Études d'histoire de la pensée philosophique
Inclui índice
ISBN 978-85-309-3568-9

1. Filosofia – História. I. Título. II. Série.

11-1994

CDD: 109
CDU: 1(091)

O GEN | Grupo Editorial Nacional reúne as editoras Guanabara Koogan, Santos, LTC, Forense, Método, E.P.U. e Forense Universitária, que publicam nas áreas científica, técnica e profissional.

Essas empresas, respeitadas no mercado editorial, construíram catálogos inigualáveis, com obras que têm sido decisivas na formação acadêmica e no aperfeiçoamento de várias gerações de profissionais e de estudantes de Administração, Direito, Enfermagem, Engenharia, Fisioterapia, Medicina, Odontologia, Educação Física e muitas outras ciências, tendo se tornado sinônimo de seriedade e respeito.

Nossa missão é prover o melhor conteúdo científico e distribuí-lo de maneira flexível e conveniente, a preços justos, gerando benefícios e servindo a autores, docentes, livreiros, funcionários, colaboradores e acionistas.

Nosso comportamento ético incondicional e nossa responsabilidade social e ambiental são reforçados pela natureza educacional de nossa atividade, sem comprometer o crescimento contínuo e a rentabilidade do grupo.

SUMÁRIO

Prólogo	IX
OBSERVAÇÕES SOBRE OS PARADOXOS DE ZENÃO	1
I. Os argumentos de Zenão	2
II. Equivalência das interpretações possíveis	3
III. A hipótese finitista de F. Evellin	5
IV. A crítica material de Noël	7
V. Bergson	9
VI. Análise dos argumentos de Bergson	10
VII. Análise dos argumentos de Noël	12
VIII. O sentido dos argumentos de Zenão	13
IX. O infinito. – Descartes	16
X. Os paradoxos do infinito. – Bernhard Bolzano	18
XI. Georg Cantor	19
XII. O infinito e o contínuo	21
XIII. O movimento	23
XIV. Movimento e repouso	25
XV. Conclusão	27
O VÁCUO E O ESPAÇO INFINITO NO SÉCULO XIV	29
I. Introdução	29
II. Henri de Gand	38
III. Richard de Middleton	57
IV. Walter Burleigh	67
V. Thomas Bradwardine	74
O CÃO CONSTELAÇÃO CELESTE, E O CÃO ANIMAL QUE LATE	91
CONDORCET	103
LOUIS DE BONALD	129
HEGEL EM IENA	149
NOTA SOBRE A LÍNGUA E A TERMINOLOGIA HEGELIANAS	195
RELATÓRIO SOBRE O ESTADO DOS ESTUDOS HEGELIANOS NA FRANÇA	231
Post-scriptum	256

VIII Estudos de História do Pensamento Filosófico | Alexandre Koyré

DA INFLUÊNCIA DAS CONCEPÇÕES FILOSÓFICAS SOBRE A EVOLUÇÃO DAS
TEORIAS CIENTÍFICAS 261

A EVOLUÇÃO FILOSÓFICA DE MARTIN HEIDEGGER 279
Post-scriptum 313

OS FILÓSOFOS E A MÁQUINA 315
I. A apreciação do maquinismo 315
II. As origens do maquinismo 326

DO MUNDO DO "MAIS-OU-MENOS" AO UNIVERSO DA PRECISÃO 351

PRÓLOGO

Os estudos reunidos por mim neste volume foram publicados, em épocas bem diversas, em diferentes revistas francesas e estrangeiras.

Torno a publicá-los tal e qual, limitando-me a traduzir para o francês os que foram escritos em alemão ou em inglês, e a acrescentar, aqui e ali – sob forma de nota ou de *post-scriptum* –, algumas referências a trabalhos publicados posteriormente aos meus artigos.

Alexandre Koyré
Paris, 1961

OBSERVAÇÕES SOBRE OS PARADOXOS DE ZENÃO[1]

À memória de Adolf Reinach

A discussão dos argumentos – ou, melhor, dos paradoxos – de Zenão, assim como a de todos os verdadeiros problemas filosóficos, nunca será encerrada. Se tivéssemos de justificar nosso propósito – o de submeter a um novo exame uma questão com mais de dois mil anos de idade –, bastaria lembrar as palavras de Victor Brochard,[2] cujo estudo magistral tanto contribuiu para recolocar a questão na ordem do dia e para insuflar nos velhos argumentos (quem é que hoje ainda os consideraria como "sofismas"?) uma vida nova: "Os argumentos de Zenão contra o movimento", diz ele, "foram discutidos muitas vezes. Se isso fosse uma razão para não retornar a eles, que problema importante da filosofia não mereceria também ser abandonado?".

Não estudamos essa questão tão debatida nem para buscar uma nova interpretação dos argumentos do dialético eleata, nem para acrescentar, às inúmeras tentativas de refutação que a história tem conhecido, uma a mais, tão pouco feliz quanto as precedentes. Este breve estudo deseja simplesmente indicar que o problema levantado por Zenão não se refere apenas ao movimento; ele diz respeito ao tempo, ao espaço e ao movimento, apenas na medida em que as noções de infinito e de continuidade estão contidas neles. O problema reaparece necessariamente em todos os domínios em que essas noções representam um papel qualquer e, por conseguinte,

---

1   Traduzido pela Sra. Mimica Cranaki, *Jahrbuch für Philosophie und Phänomenologische Forschung*, v. V, Halle, 1922.

2   Cf. BROCHARD, Victor. *Essais de philosophie ancienne et de philosophie moderne*, Paris, 1927.

possui uma importância bem mais geral do que lhe é ordinariamente atribuída. Por isso mesmo, todas as refutações que se atêm apenas ao problema do movimento tomam uma direção equivocada. O que nos parece ser o caso de G. Noël, de Bergson e também – sob um outro ponto de vista – o de F. Evellin.

I. OS ARGUMENTOS DE ZENÃO

De acordo com a concepção luminosa de V. Brochard, à qual nos remetemos para tudo o que diz respeito à interpretação, os quatro argumentos de Zenão apresentam-se sob a forma de um dilema. Os dois primeiros (Aquiles e a tartaruga, e a dicotomia) são dirigidos contra a continuidade e a divisibilidade ao infinito do tempo e do espaço; os outros dois (a flecha e o estádio), contra a hipótese finitista segundo a qual o tempo e o espaço são compostos por elementos últimos e indivisíveis. Lembremos os argumentos de Zenão:

a. A dicotomia

O movimento é impossível. Pois, antes que o móvel tenha atingido o termo de sua trajetória, ele deve ter percorrido a metade da distância, e assim, sucessivamente, ao infinito; o que significa, em termos modernos, que o movimento supõe a soma ou a síntese de um número infinito de elementos.[3]

b. Aquiles e a tartaruga

O movimento é impossível. Pois um corredor mais rápido nunca poderá alcançar um mais lento. De fato, se este, no início do movimento, tem uma dianteira sobre o concorrente mais rápido, esse último, antes de alcançá-lo, deve, primeiro, atingir o ponto onde se encontrava o corredor mais lento no início do movimento. A dianteira, é verdade, irá decrescendo. Mas nunca será anulada. Na termi-

---

3   A interpretação do paradoxo como uma dificuldade lógica, que consistiria em colocar, como condição para a solução de um problema (atingir um ponto), a solução prévia de um outro problema, exatamente idêntico, é equivalente à nossa concepção; pois parece que a dificuldade só se apresenta se o número das soluções prévias for infinito.

nologia moderna isso significa: 1º) cada corpo deve percorrer uma infinidade de pontos (o que se pode exprimir através de uma fórmula simples); 2º) já que a cada ponto da trajetória de Aquiles corresponde um ponto da trajetória da tartaruga situado antes do primeiro e, reciprocamente, seu número deve ser necessariamente igual. É portanto impossível que o caminho percorrido por Aquiles num tempo igual seja maior do que o caminho percorrido pela tartaruga.

c. A flecha

A flecha que voa está, em cada momento e em cada ponto de sua trajetória, imóvel. De fato, se de acordo com a hipótese finitista admitirmos que cada duração e cada extensão sejam compostas por elementos indivisíveis (pontos e instantes), então a flecha, necessariamente, deve estar, o tempo todo e em todo lugar, em repouso. Pois, nos instantes e nos pontos indivisíveis do tempo e do espaço, o movimento não pode ocorrer.

d. O estádio

Três linhas de igual grandeza (compostas do mesmo número de elementos indivisíveis) são encontradas num estádio. Uma está imóvel, as outras duas movem-se paralelamente à primeira, mas em sentido inverso. Nesse caso – de acordo com a hipótese finitista – "a metade deve ser igual ao todo", como diz Zenão. Pois num momento determinado, suposto indivisível, um único e mesmo elemento espacial deve passar diante de um ou dois elementos espaciais e, por conseguinte, ser igual tanto a um quanto aos dois elementos.

II. EQUIVALÊNCIA DAS INTERPRETAÇÕES POSSÍVEIS

Até agora seguimos a interpretação de V. Brochard. Mas não queremos mais nos prender a ela. Tampouco acreditamos haver formulado o único significado possível dos argumentos de Zenão, ou haver apresentado o autêntico pensamento do filósofo. Tanto mais porque, de nosso ponto de vista, os quatros argumentos, sem nada perder do seu valor, são susceptíveis de uma dupla interpretação, conforme nos situemos no terreno das hipóteses finitistas ou das infinitistas.

a. De fato, mesmo se admitirmos a infinita divisibilidade do espaço e do tempo, não é menos verdade, no caso da flecha voadora, que a cada instante do tempo deve corresponder um ponto no espaço, *i. e.*, a cada instante corresponde uma *posição espacial* determinada da flecha. E como, por hipótese, nem o elemento espacial nem o elemento temporal são extensos – um e outro são pontos geométricos –, decorre daí que a flecha não se pode mover: pois mover-se é passar de um ponto para outro, e não permanecer num mesmo ponto. Além disso, como o instante presente é apenas um limite entre o passado e o futuro, flecha deveria mover-se nesse único instante presente, o único que é real. Isso significa que de modo algum ela se move. Nós obtemos uma infinidade de posições espaciais numa infinidade de momentos temporais correlativos, mas nenhum movimento. E, já que não terminamos a síntese dessa infinidade de elementos isolados, tampouco nenhum caminho é percorrido.

b. Vejamos agora o caso do estádio. A indivisibilidade infinita do tempo e do espaço não suprime, de modo algum, o seguinte fato paradoxal – pelo contrário, ela o faz ressaltar com maior clareza: num instante determinado, um único ponto da linha B e um único ponto da linha C passam diante de um ponto determinado da linha A, da mesma forma que um ponto determinado da linha C faz isso com relação a um ponto da linha B. A cada instante, portanto, a um ponto 0 da linha B corresponde um, e apenas um, ponto da linha A e também um, e apenas um, ponto da linha C – e entretanto a linha C, em sua totalidade, passa diante de 0, enquanto a linha A só faz isso pela metade. Assim, a metade é igual ao todo.

c. Examinemos, agora, o argumento de Aquiles, supondo, dessa vez, que o tempo e o espaço são compostos por um número infinito de elementos últimos. Mesmo nesse caso permanece verdadeiro que, a todo instante dado, a um ponto da trajetória da tartaruga corresponde de maneira unívoca e recíproca um ponto determinado da trajetória de Aquiles.[4] E compreende-se menos ainda como é que na hipótese infinitista, de um mesmo número de elementos idênticos, podem resultar totais diferentes.

---

4   Ao ponto atingido por Aquiles, o ponto atingido pela tartaruga.

d. Enfim, dicotomia, vista sob a hipótese finitista, deixa transparecer uma dificuldade semelhante à do estádio. Com efeito, consideremos o último elemento extenso que, nessa qualidade, é ainda divisível e composto por dois elementos não extensos. Esse espaço representa a extensão mínima na qual o movimento é ainda possível: é evidente que no não extenso nada pode se mover. O móvel percorrerá essa extensão mínima num tempo que consiste num único instante indivisível. Mas, como nós temos o direito de dividir o espaço, podemos nos perguntar: em que momento terá o móvel percorrido a metade dessa extensão? Será, portanto, necessário dividir em dois o instante, indivisível por hipótese.

Para nós, a argumentação de Zenão é absolutamente rigorosa. O movimento supõe uma divisibilidade infinita do tempo e do espaço. Ele implica, portanto, a soma de um infinito real de elementos espaciais e de instantes. Um corpo em movimento percorre, num tempo e num espaço, um número infinito de pontos. Da mesma forma, um exame rigoroso mostra que dois corpos que se movem com velocidades diferentes percorrem num mesmo tempo caminhos compostos por um número igual de elementos. Devemos ver essas conclusões como objeções contrárias à possibilidade do movimento? Isso é o que veremos em seguida. Por agora, sigamos os caminhos através dos quais tentou-se fugir às conclusões de Zenão.

III. A HIPÓTESE FINITISTA DE F. EVELLIN

A interpretação do estádio, tal como a expusemos no parágrafo I, foi apresentada por G. Noël[5] como um irrefutável argumento contra a teoria finitista e suscitou, por essa razão, uma resposta do principal representante dessa teoria, F. Evellin,[6] na qual ele tenta responder às objeções de Noël através de observações muito sutis e muito prudentes.

---

5   "Le mouvemente et les arguments de Zénon d'Élée", *Revue de Métaphysique et de Morale*, 1893.

6   "Le mouvemente et les partisans des indivisibles", *ibid.,* 1893.

Evellin retoma, pois, a análise do estádio:

$$a' \ \dots \ a^{n-1} \ a^n \ a^{n+1} \ \dots \ A$$
$$b' \ \dots \ b^{n-1} \ b^n \ b^{n+1} \ \dots \ B$$
$$c' \ \dots \ c^{n-1} \ c^n \ c^{n+1} \ \dots \ C$$

Tomemos dois pontos quaisquer, a e b. Em um movimento indivisível, portanto numa fração indivisível do tempo, o elemento b^n, que se encontrava sob o elemento a^n, irá colocar-se sob o elemento a^{n-1}, e da mesma forma todos os outros pontos- elementos. Comparemos agora os pontos b^n e c^n, que pertencem às duas linhas que se movem em sentido inverso. Em um momento indivisível do tempo, o elemento b^n, que pertence à linha B (que, por exemplo, move-se para a esquerda), tomará o lugar de b^{n-1} (que corresponde ao lugar de a^{n-1}); ao mesmo tempo, o elemento b^{n-1} ocupará o lugar de b^{n-2}; simultaneamente o elemento c^{n-1} toma o lugar de c^n, e c^n toma o lugar de c^{n+1}. Como o movimento, por hipótese, deve completar-se em um instante do tempo único e indivisível, essa mudança de lugar ocorre instantaneamente e, por assim dizer, de repente, o que exclui uma passagem real e, por isso mesmo, os paradoxos de Zenão. Ainda que o elemento c^n se desloque para c^{n+1} e encontre sobre ele o ponto b^{n+2}, ainda que de fato ele passe diante de dois elementos de B, não se pode dizer propriamente que ele tenha efetuado esse percurso, mas que ele saltou sobre ele. A hipótese finitista elimina assim todas as dificuldades.

Certamente, essa análise é hábil, mas nada além disso. Do princípio de Evellin deveria resultar que um elemento qualquer poderia, num único instante indivisível, mover-se entre dois pontos quaisquer do espaço (por exemplo, do lugar que corresponde a a^n até o lugar que corresponde a a^{n-1}, logo também a b^{n-1}, c^{n-2} etc., sem realmente passar diante de nenhum desses pontos sucessivos e sem entrar em qualquer relação espacial com eles). Só podemos evitar essa consequência admitindo a divisibilidade do elemento temporal que, aliás, supõe-se indivisível. As outras objeções de Evellin tampouco parecem mais felizes. Ele diz, por exemplo, ao analisar o conceito do movimento em si: "O móvel só se move, ponto a ponto, do lugar de onde partiu, porque ele não está, porque ele não está mais nesse lugar; ele não se move portanto do lugar de onde partiu." Sem

Observações sobre os Paradoxos de Zenão

contestar a justeza dessa observação, nós chamamos, no entanto, a atenção para esta outra: como o fim do movimento deve, em princípio, corresponder ao seu começo, o móvel, no próprio instante e no lugar da chegada, não pode mais mover-se porque ele *já está lá*. Por conseguinte, já que ele não se move nem no ponto de partida, nem no ponto de chegada, nem entre os dois – pois entre os dois últimos elementos do espaço, por hipótese, não existe espaço intermediário –, ele não se move de forma alguma.

Pelo contrário, podemos concluir, da exposição precedente, como são exatas e bem fundamentadas as objeções de Zenão contra a hipótese finitista e considerar esta última como definitivamente refutada; tanto mais que ela conduz a certas consequências que, sem serem contraditórias por si mesmas, não poderiam, de fato, fazer-se admitir. Com efeito, a hipótese finitista implica:

a. Um máximo de velocidade (máximo essencial, ou seja, um máximo que não pode ser ultrapassado em virtude de razões formais e não factuais).

b. A possibilidade de um movimento ininterrupto (impossibilidade essencial).

c. Um número finito de velocidades possíveis que se encontrem em relações numéricas finitas.[7]

IV. A CRÍTICA MATERIAL DE NOËL

A crítica de Evellin era uma crítica formal, no sentido em que se colocava no próprio terreno da argumentação de Zenão e se dedicava a lhe demonstrar a fraqueza revelando um erro de forma em sua argumentação. Noël e Bergson procedem de maneira bem diversa. Eles não se prendem ao dilema de Zenão. Tentam contornar a dificuldade, de um modo ou de outro, e resolver a questão através da análise imanente do movimento. Retomando uma ideia já expressa

---

7   Nota 1959. O *maximum* da velocidade é, hoje, admitido pela teoria da relatividade. E é bem possível que um *minimum*, assim como um número finito de velocidades possíveis, seja pressuposto pela teoria dos quanta. Pode ser que nos estejamos dirigindo para uma concepção granular do espaço e do tempo... Pode ser, portanto, que o finitismo – físico – ressurja dessas cinzas.

por Aristóteles, Noël mostra, em seu artigo da *Revue de métaphysique et de morale* (1893),[8] que a divisibilidade, finita ou infinita, que Zenão deseja aplicar ao movimento é aplicável apenas no espaço percorrido pelo móvel; e que, mesmo aí, trata-se apenas de uma divisibilidade virtual e não de uma divisão em ato. Não poderíamos relacioná-la com o próprio movimento que, inversamente, deve ser tomado como uno e indivisível, e, nessa qualidade, não pode nem ser composto de dois (outros) movimentos, nem decomposto neles. O movimento não é uma simples mudança de lugar. A mudança de lugar é uma consequência necessária do movimento, mas que é preciso não identificar com ele. Considerado em si mesmo, o movimento é uma força, uma energia, uma tendência interna que age no interior do móvel e que, de fora, projetada de alguma forma no espaço, aparece como uma mudança de lugar. O movente é animado, no sentido próprio do termo, pelo movimento. O movimento, ou, antes, a força motriz, pertence ao móvel como um atributo ou uma qualidade. É-lhe inerente. O estado do movimento é sem dúvida análogo ao do repouso: o que confere à Física o direito de defini-los correlativamente um ao outro,[9] mas não o direito de desconhecer sua diferença ontológica essencial.

O móvel se move em cada ponto de sua trajetória. Ele percorre, um depois do outro, todos os pontos que a constituem, mas, em cada ponto, ele está em *movimento*, ele é um *semovente*. Justamente por isso, não podemos identificar o movimento à série das posições sucessivas: a relação do movente com todas essas posições é totalmente diversa da relação de um corpo que nelas esteja em repouso. Trata-se então de uma diferença, por assim dizer, qualitativa, não de uma simples diferença de grau. Podemos ainda acrescentar que, se pudéssemos perceber o sujeito do movimento "do interior", deveríamos, em consequência do que dissemos, poder distinguir se é o caso de um corpo em repouso ou de um corpo em movimento, mesmo se o concebêssemos como ponto matemático e se só o "apreendêssemos" em um único ponto de sua trajetória.

---

8   "Le mouvemente et les arguments de Zénon d'Élée", *Revue de Métaphysique et de Morale*, 1893.

9   Reconhecemos facilmente a semelhança das ideias de Noël com as de Leibniz e, consequentemente, de Aristóteles.

Ora, se o movimento não é decomponível em um número finito ou infinito de elementos, deduz-se que os argumentos de Zenão não lhe podem ser aplicados. É verdade que o caminho percorrido é, efetivamente, divisível ao infinito, mas as dificuldades de que fala Zenão só apareceriam se o móvel "enumerasse", por assim dizer, os pontos ou posições sucessivas. E é exatamente isso que ele não faz. Ele simplesmente os percorre e em seguida nos deixa a tarefa de analisar o caminho que percorreu num movimento simples e contínuo, dividido em tantas partes quantas nos agradar. O movimento é real; em contrapartida, as divisões são virtuais e se referem não ao movimento, mas apenas ao caminho.

V. BERGSON

Bergson retoma, em sua *Évolution créatrice*,[10] a discussão dos argumentos de Zenão, desenvolvendo e aprofundando a análise da ideia do movimento.[11] Segundo ele, a dificuldade é apenas aparente e vem do fato de ser o problema, desde o início, mal colocado. Ela nasce, no fundo, de pretendermos equivocadamente substituir uma intuição imediata e direta por uma representação puramente conceitual (cinematográfica). Quando queremos reconstituir o movimento a partir de mudanças de posições e de situações espaciais, ou, por outra, quando tentamos apreendê-lo através dos conceitos provenientes do domínio do imóvel, não devemos nos espantar com o fracasso. Substitui-se o caminho percorrido pelo móvel pelo movimento do móvel, sem levar em consideração a sua heterogeneidade radical. Da mesma forma que para Noël, também para Bergson o movimento é uno e indivisível. Não faz sentido querer dividi-lo em partes, como uma distância, por exemplo, a do caminho percorrido. De dois movimentos sucessivos – de *a* a *b* e de *b* a *c* – não poderíamos compor um movimento único de *a* a *c*. Se evitarmos substituir o movimento pela extensão, a duração pelo espaço, logo nos aperceberemos que semelhante adição é absurda. O movimento é uma unidade interna, unidade de intensidade, e não de extensão. Ele é

---

10   Paris, 1907.
11   O que ele já havia feito, em 1889, no *Essai sur les données immédiates de la conscience*.

comparável ao fenômeno da vida ou da psiquê. Ele é uma espécie de unidade orgânica e, nessa qualidade, possui necessariamente uma duração; seu começo e seu fim estão ligados numa unidade indivisível; eles se contêm e se comandam um ao outro. O movimento é um estado interior de energia que nós apreendemos em cada corpo que se encontra em movimento. Ele tem, como consequência ordinária, uma mudança de lugar, mas ele se identifica tão pouco com ela que podemos muito bem representar o caso de um movimento real e absoluto sem mudanças de lugar. Basta pensar nesse dado tão familiar, imediato e interno, que é o movimento do nosso corpo e de seus membros. Imaginemos que, enquanto levantamos o braço, nosso corpo, em virtude de um mecanismo engenhoso, executa uma série de movimentos exatamente simétricos em sentido inverso: nosso braço não se teria movido no sentido físico, já que sua posição no espaço não teria mudado; entretanto, ninguém poderia contestar que tivéssemos efetuado um movimento real e, como tal, absoluto. Apliquemos agora os resultados de nossa análise aos problemas de Zenão, em particular ao de Aquiles. Segundo Bergson, todas as dificuldades se desvanecem por elas mesmas, visto que eram, de fato, ilusórias. O movimento de Aquiles, tanto quanto o da tartaruga, completa-se através de atos indivisíveis. Aquiles não precisa tocar em todos os pontos que uma divisão arbitrária pudesse em seguida descobrir em seu caminho: ele executa passos que têm, cada um, uma grandeza determinada; ele não se dirige, inicialmente, ao ponto-origem do movimento da tartaruga, depois ao ponto em que ela se encontra no momento e assim por diante – simplesmente ele dá duas passadas e, como elas são muito maiores do que os passos da tartaruga, ele a alcança, sem mais. Zenão e seus discípulos quebram a unidade do movimento de Aquiles. Eles o interrompem a cada instante. Eles substituem seu movimento livre e initerrupto por uma série de paradas. Dessa maneira, não é de se espantar que ele não consiga alcançar a tartaruga; e que a flecha, imobilizada a cada instante do seu movimento, não consiga de mexer.

VI. ANÁLISE DOS ARGUMENTOS DE BERGSON

Não desejamos contestar o valor objetivo nem a profundidade das análises bergsonianas, como tampouco das análises de Noël.

Mais tarde tentaremos até definir melhor alguns de seus pontos. (É bem evidente, por exemplo, que o movimento não pode ser um fenômeno psíquico e também não acreditamos que Bergson pense nisso seriamente; menos ainda podemos identificá-lo com uma força motriz ou uma tendência, uma pulsão etc.). Mas essas análises de nada valem contra Zenão e seus argumentos, justamente porque se trata, para o filósofo eleata, de analisar não o movimento *em si* mas apenas enquanto ele se realiza no tempo e no espaço. A objeção de Bergson, pois, não o atinge – aliás ela é fundamentada, em parte, numa concepção inexata. O movimento não é necessariamente um ato indivisível, de *a* e *b*, nem uma série de tais atos; ele não tem necessariamente um começo e um fim. Sem retomar, de novo, a questão tão discutida do começo do movimento, basta lembrar que podemos considerar um movimento iniciado como não tendo fim, o que vem a ser o caso de todos os movimentos inerciais e dos movimentos celestes. Se a partir de Descartes admitimos que o movimento é um *estado* do corpo análogo ao *estado* de repouso, disso resulta que um corpo em movimento deve, necessariamente, persistir nesse estado e o seu movimento prolongar-se ao infinito, por tanto tempo quanto ele não seja parado por uma causa positiva qualquer. Bergson responderia talvez que essa concepção – a do movimento inercial – apoia-se numa identificação induzida de um tempo espacializado – uma ficção científica – com a duração verdadeira. Não é menos verdade que podemos muito bem pensar o movente como tal, sem que o começo nem o fim de seu movimento nos sejam dados de qualquer forma que seja, como é o caso, por exemplo, de todos os movimentos astronômicos. Coloquemos, no lugar de Aquiles e da tartaruga, dois corpos movendo-se segundo a lei da inércia e eis-nos, novamente, no cerne dos problemas de Zenão. Suponhamos que o movimento dos dois corpos se efetue de acordo com uma lei que exprima a relação de suas respectivas velocidades e teremos, de novo, o progresso ao infinito e o avanço irrecuperável e sobretudo a correlação unívoca e recíproca entre cada um dos pontos da trajetória do primeiro e do segundo corpo. Não é correto dizer que Zenão para Aquiles no seu caminho; só fixa e conta adiantadamente os instantes nos quais ele irá atingir tal ou qual ponto de seu percurso. Dizer que com isso para a sua corrida equivale a dizer que paramos um avião quando seguimos seu percurso com um cronômetro, ou uma bala de canhão quando calculamos sua trajetória.

O argumento da flecha, mesmo na hipótese do ato indivisível do movimento, guarda igualmente todo seu valor. Tomemos um movimento finito, acabado, indo de *a* para *b*, o de uma flecha para seu destino. Esse movimento é uno e indivisível, como o caminho percorrido terminará por sê-lo, uma vez que será percorrido. Poderemos, em seguida, analisar o caminho que o móvel percorreu num número infinito de segmentos possíveis, mas não podemos fazê-lo agora: pois, não estando ainda descrita, a trajetória ainda não existe. Em contrapartida, o caminho que será percorrido existe, a distância entre os dois pontos *a* e *b*, o espaço onde se encontram os dois pontos já nos foram dados. E nada nos impede de aí fixar quantos pontos quisermos, sem de modo algum parar a flecha ou resolver o movimento numa série de determinações espaciais; nada nos impede de colocar a questão: em que momento a flecha passará por tal ou qual ponto? De maneira mais geral: se supomos um número infinito e indeterminado de superfícies, ainda que imaginárias, não temos nós o direito de dizer que a flecha atravessará todos esses planos sucessivos, sem, para isso, parar neles, da mesma forma que um projétil atravessa as placas de madeira ou de aço colocadas em sua trajetória? E não veremos, a partir daí, reaparecer a objeção de Zenão – isto é, a necessidade de admitir o infinito real e de supor concluída a divisão que progride ao infinito?

VII. ANÁLISE DOS ARGUMENTOS DE NOËL

A teoria de Noël se expõe a objeções análogas. Noël certamente não acredita que o movimento se completa em atos indivisíveis ou numa sequência de tais atos; a sua análise, todavia, assim como a de Bergson, tampouco elimina as dificuldades suscitadas por Zenão. Sem dúvida, é verdade que o movimento é uma entidade *sui generis*, correlativa ao repouso e também irredutível a qualquer outra coisa que não este; poderíamos até dizer que o repouso seria mais susceptível de ser reduzido ao movimento do que inversamente o movimento ao repouso. Também é certo que o movimento é um estado do móvel e não uma mudança de lugar, sentido geométrico do termo. Ora, para Zenão trata-se, exatamente, dessa mudança, e não do movimento concebido de sua essência ou no seu aspecto interno. Também, basta muito pouca coisa – a modificação de um único termo na concepção de Noël – para ver ressurgirem todas as dificuldades do eleata. Convenhamos, com Noël, que o movimento não pode ser reconstituído a partir de uma série de estados de repouso; que o móvel se move em cada instante e em cada ponto de sua trajetória e que um corpo movente entre em relação com cada ponto de espaço que ele atravessa de um modo totalmente diverso da relação de um corpo em repouso que o ocupe. Iremos até mais longe: diremos – com Aristóteles – que o movimento e a imobilidade se opõem como o ser e o devir. O corpo imóvel que se encontra em repouso está realmente no ponto ou no lugar determinado da sua posição de repouso; o movente, pelo contrário, não está nos pontos de sua trajetória. Seria inteiramente falso dizer que o móvel, em cada instante do seu movimento, está em um ponto determinado. Pelo contrário: em nenhum instante ele está em um ponto qualquer de seu movimento; ele se limita a percorrê-los todos. Infelizmente, tudo isso não nos ajuda a refutar os argumentos de Zenão. Pois basta, no enunciado desses argumentos, substituir o termo "estar" por "passar" para que eles se tornem tão utilizáveis quanto antes. Se é verdade que nem Aquiles nem a tartaruga, em nenhum instante, estão realmente em nenhum ponto de sua trajetória, não é menos verdade que eles devem passar por todos esses pontos, um após o outro. A flecha, também ela, para atingir seu destino, deve passar por uma infinidade de pontos, exatamente como Aquiles e a tartaruga, e sempre podemos estabelecer uma correlação unívoca e recíproca entre todos os pontos por onde passa Aquiles e aqueles por onde passa a tartaruga. Ora, acabamos de ver que esse é exatamente o ponto decisivo da argumentação de Zenão. A objeção de Noël, dizendo que o movente não "enumera" os pontos de sua trajetória, não traduz bem exatamente a situação de fato. Na medida em que ele passa por todos os pontos que se encontram entre o começo e o fim de sua trajetória, ele os "enumera" e, segundo o próprio Noël, o número desses pontos é infinito.

VIII. O SENTIDO DOS ARGUMENTOS DE ZENÃO

A análise das objeções de Zenão contra o movimento e as principais tentativas de refutação nos conduziram a esse resultado apreciável, que aliás havíamos anunciado desde o início desse estudo: as dificuldades que surgiram não dizem respeito ao movimento enquanto movimento; elas se referem a ele apenas na medida em que o movimento se desenvolve no tempo e no espaço. São essas duas entidades, essencialmente contínuas, que servem de base aos paradoxos de Zenão. Um passo adiante e, eliminando o tempo, podemos nos limitar a considerar apenas o espaço, ou seja, as distâncias espaciais, as trajetórias e suas respectivas relações. Uma maneira de ver ainda mais radical nos permitirá fazer abstração da própria espacialidade enquanto tal e só reter, como objeto da pesquisa, o *quantum* contínuo ou o próprio contínuo. De fato, quais são, essencialmente, as duas principais objeções que encontramos no cerne dos argumentos de Zenão?

1. A distância, o caminho – não o caminho percorrido, mas o caminho que deve ser percorrido –, é divisível ao infinito antes de qualquer medida e de qualquer movimento; ele contém uma infinidade real de pontos. Se "compusermos" a reta como a "soma" de uma infinidade de pontos ou, pelo contrário, se a tratarmos como uma unidade dada e primordial, limitando-nos a ressaltar nela os pontos a título de elementos secundários, o resultado é o mesmo. Nos dois casos, trata-se do infinito real. Não temos necessidade do movimento e do movente: a reta geométrica nos coloca, já, frente a todas as dificuldades da dicotomia.

2. Podemos, em princípio, estabelecer uma correlação unívoca e recíproca entre todos os pontos das trajetórias diferentes de dois móveis ou, mais genericamente, entre todos os pontos de dois segmentos de linha de comprimento diferente. É certo que, não mais do que no primeiro caso, agora também não se trata do movimento e dos móveis, mas única e exclusivamente das relações entre objetos geométricos, entre grandezas matemáticas. Os paradoxos, portanto, não têm um significado e um valor puramente foronômicos. Seu campo de aplicação é muito mais amplo: podemos constatar que no fundo eles se ocultam em todo teorema geométrico, em toda fórmula algébrica, em toda proposição aritmética. Para nos convencermos disso, basta traduzir os paradoxos de Zenão em linguagem matemática e apresentar alguns exemplos elementares.[12]

---

12 Cf. RUSSELL, Bertrand. *Principles of mathematics*, Cambridge, 1903, do qual entretanto nós nos afastamos em muitos pontos.

a. *A dicotomia* — Tomemos uma variável X entre os limites 0 e A; o argumento da dicotomia consiste em ressaltar que a variável deve percorrer numa certa ordem todos os valores compreendidos entre 0 e A.

b. *Aquiles* — Duas variáveis estão ligadas pela relação Y = AX. A cada valor de X corresponde um valor de Y e um só, e reciprocamente. Entretanto, Y cresce mais rapidamente que X, até que, em definitivo, Y = X + A.

c. *A flecha* — Traduzido em linguagem matemática, o argumento da flecha significa simplesmente isto: todos os valores de uma variável são constantes.

d. *O estádio* — Esse argumento mostra apenas que se pode estabelecer uma relação unívoca e recíproca entre todos os pontos de dois ou vários segmentos de linha — independentemente de sua grandeza respectiva; isso é expresso pela fórmula Y = AX.

Acrescentemos ainda alguns exemplos que nos permitam apreender o sentido dos paradoxos de Zenão, despojados de suas vestes foronômicas, de maneira ainda melhor do que através das fórmulas abstratas. No quadro das coordenadas cartesianas, tomemos a fórmula mais simples possível, Y = X.

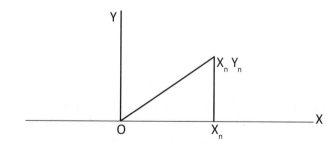

A linha, determinada por essa fórmula, é, com toda evidência, uma reta. Cada ponto dessa reta tem necessariamente um ponto correspondente na linha das abscissas, e reciprocamente; nenhum falta e nenhum sobra. E entretanto $OX_n < OX_nY_n$. Um outro exemplo que podemos considerar como a representação geométrica ao mesmo tempo de Aquiles e do estádio: sejam duas retas paralelas A e B; pode-se até tomá-las de igual grandeza. Seja a reta C que corta as ditas retas e que gira em torno de um ponto 0 situado fora das paralelas. É evidente que a cada posição de OC correspondem dois pontos sobre A e B e que, dessa maneira, todos os pontos de A estão situados numa correlação unívoca e recíproca com os pontos de B, que, entretanto, só é igual a apenas uma parte de A.

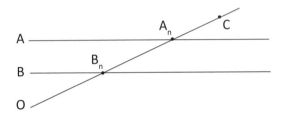

Não se pode objetar que com a rotação da reta C nós reintroduzimos o movimento. Pois a reta que gira representa apenas um feixe de raios que parte do ponto 0.

Seja enfim uma linha curva qualquer, por exemplo, um círculo. Cada um sabe que em cada ponto do círculo podemos traçar uma tangente, o que vem a significar que o círculo não é *encurvado* em nenhum de seus pontos. Então onde ele é encurvado? Logo se vê que estamos diante do problema inextinguível da flecha, a saber: "onde" se move o movente e como pode ele se mover, já que não se move em nenhum ponto de sua trajetória? Tanto quanto no argumento de Zenão, tampouco saberíamos encontrar, no caso do círculo, uma solução na relação entre um ponto dado e aquele que o precede ou que o segue imediatamente (como fez Evellin) pela simples razão de que tais pontos não existem. O problema da dicotomia, de golpe, reaparece; não nos afirma ele que é impossível passar da posição da partida à imediatamente seguinte, justamente porque esta última não existe? E, então, como é possível o movimento?

IX. O INFINITO. – DESCARTES

Os argumentos de Zenão, como acabamos de ver, estão ligados a todos os problemas e a todas as concepções fundamentais da geometria. Veremos que ocorre o mesmo com a matemática e que, no domínio das matemáticas, não podemos, por assim dizer, dar um passo sem nos chocarmos com a dicotomia. Ficando estabelecidos que os argumentos de Zenão não são fundamentais nas dificuldades inerentes ao conceito de infinito, não há nada de surpreendente nisso. Também os reencontramos em toda parte onde nos deparamos com o conceito de infinidade – ora, este conceito é encontrado mais ou menos em toda parte, particularmente nas matemáticas, das quais é o fundamento. Por isso mesmo, se a contradição aparente do conceito do infinito fosse admitida como real, deveríamos, da mesma forma, rejeitar e condenar todas as ciências matemáticas, não apenas a teoria das funções e o cálculo infinitesimal, mas ainda toda a geometria euclidiana e até mesmo a aritmética.

É o conceito do infinito (real) verdadeiramente contraditório em si mesmo? Frequentemente isso foi sustentado e, para prová-lo, seria possível usar os argumentos de Zenão. Afirma-se que é impossível "compreender" o infinito, ou seja, considerar como real o não acabado, conceber como completada e terminada uma divisão que progride ao infinito. Por nossa vez, acreditamos que as contradições aparentes resultem de duas confusões, a saber, a identificação do indefinido com o infinito e a aplicação de conceitos finitistas – tais como a igualdade numérica – ao infinito. Essas questões, aliás, foram abordadas e esclarecidas de maneira exaustiva nos trabalhos de B. Russel e de L. Coutorat; não temos, portanto, por que voltar a elas.[13] Gostaríamos, entretanto, de insistir sobre o fato de que o conceito de infinito real não poderia ser reduzido ou reconstituído a partir de outros conceitos. Os conceitos de infinito virtual, de crescimento infinito e de variação sem fim, aos quais se quis conduzir o infinito real ou que se pretendem mesmo substituir a ele, repousam, pelo contrário, nele, e logicamente o pressupõem. O infinito virtual só é possível, logicamente, sobre a base do infinito real. É apenas no infinito (real) que uma grandeza, uma variável, pode aumentar e variar ao infinito. É sem dúvida contraditório considerar o infinito, enquanto ele é o indeterminado, como acabado; mas é bem contraditório se for o caso do infinito real. Ou em termos aristotélicos: nada pode

---

13   Cf. RUSSELL, Bertrand. Op. cit.; e sobretudo Louis Couturat, *De l'infini mathématique*, Paris, 1896.

Estudos de História do Pensamento Filosófico | Alexandre Koyré

existir, ao mesmo tempo em ato e em potência; mas o ato é que é o fundamento da potência, e não o contrário. Se podemos designar, sobre uma reta um número infinito de pontos, é exatamente porque eles *estão* lá. Se podemos contar até o infinito, é porque o número dos números finitos é infinito. Da mesma forma o conceito de limite, com a ajuda do qual se tentou contornar a dificuldade[14] e eliminar o conceito de infinito real, pressupõe este. De fato, dizer que um ponto, um valor, representa o limite de uma série é dizer exatamente que, tão próximo que se esteja do limite, tão mínimo que seja o intervalo que nos separa, nele encontramos sempre uma infinidade de pontos, uma infinidade de elementos, dessa série. Vemos portanto que o conceito de infinidade intervém de duas maneiras na definição de limite:

1º) no conceito do número infinito dos pontos;

2°) no conceito da aproximação infinita do limite.

Lembremos, nessa ocasião, que a teoria do infinito real está ligada, com justiça, ao nome de Georg Cantor, mas que, bem antes de Cantor, ele já servia de fundamento ao pensamento filosófico e matemático. Sem falar, agora, de Bernhard Bolzano,[15] o precursor genial de Cantor, que, incompreendido em sua época, foi também esquecido pela posteridade e só redescoberto nos dias atuais; pensamos sobretudo no grande fundador da filosofia e da ciência modernas, René Descartes. Superior a Cantor pela força e pela profundidade de suas considerações, ele pôde estabelecer não apenas a legitimidade essencial do infinito real, e assim mostrar a impossibilidade de substituí-lo pela noção de indefinido, mas, além disso, fez dele o fundamento e o princípio da teoria do finito.

X. OS PARADOXOS DO INFINITO. – BERNHARD BOLZANO

Bolzano percebeu claramente a necessidade essencial do conceito de infinito real. Em seu pequeno livro *Os paradoxos do infinito*, no qual multiplicou à vontade as consequências paradoxais que se parece poder extrair dele, ao mesmo tempo demonstrou a natureza puramente ilusória das pretensas contradições, criando o conceito

---

14   Como fez R. Dedekind.
15   BOLZANO, Bernhard. *Die Parasoxien des Unendlichen*, Regensbur, 1837.

de equivalência que, no domínio do infinito, corresponde ao conceito de igualdade para os números e para as somas finitas. De fato, a afirmação de que um número finito possa ser igual à sua metade é visivelmente absurda e contraditória, mas a afirmação de que um todo infinito seja *equivalente* a uma de suas partes não é. Assim, por exemplo, o número dos números finitos é necessariamente infinito e até mesmo – já que se deve considerar os números como dados antes do ato de enumerá-los – realmente infinito. E, no entanto, esse número não é superior ao de todos os números pares ou de todos os números ímpares – podemos facilmente nos convencer disso colocando o conjunto de todos os números numa relação unívoca e recíproca com os números pares e os números primos. Da mesa forma, o número de todos os números racionais ou de todos os números algébricos não é "maior" do que o de todos os números. Todos esses conjuntos são equivalentes entre si, e o número de todos os números algébricos não é maior que o número desses mesmos números entre os limites 0 e I ou, mais genericamente, entre quaisquer limites dados. A distinção entre igualdade e equivalência permite compreender por que a possibilidade de uma correspondência biunívoca entre todos os pontos de dois segmentos diferentes de uma trajetória (Aquiles e o estádio) não promove a igualdade desses dois segmentos. Equivalência não significa igualdade; aquela é uma relação no infinito; esta, pelo contrário, ocorre no finito.

XI. GEORG CANTOR

Georg Cantor, que desenvolveu as ideias de Bolzano, chegou à conclusão ainda mais interessante.[16] Ele tomou, resolutamente, o conceito de conjunto infinito, de número infinito, como ponto de partida para as suas pesquisas e, a partir daí, fundou uma "aritmética do infinito". Aplicando ao infinito o conceito de ordem, ele criou o conceito de número transfinito ordinal. Não nos estenderemos sobre essa teoria bem conhecida – os únicos pontos que nos interessam aqui são os seguintes:

---

16   Cf. *Grundlagen einer allgemeinen Mannigfaltigkeitsiehre*, Leipzig, 1883 – Cf. CAVAILLÉS, J. *Remarques sur la formation de la théorie abstralte des ensembles*, Paris, 1938.

A. Cantor definiu o conjunto infinito pela sua propriedade de ser equivalente a uma de suas partes, ou, como ele diz, de ser da mesma "potência". Em contrapartida, o conjunto finito só pode se definir pelo fato *de não possuir* partes de potência igual à potência do todo, em outros termos, *de não ser finito*. Assim, como já observara Descartes, o infinito é que é a noção primeira e positiva, e só se compreende o finito pela sua negação. Disso resulta que uma construção lógica de aritmética deve colocar o conceito de infinito e a teoria dos conjuntos infinitos antes da teoria dos números finitos à qual, sendo-lhe logicamente anterior, ela serve de fundamento. A razão profunda para que o conceito de infinito esteja pressuposto tanto em aritmética quanto em geometria está na própria natureza do número finito. Como a série dos números finitos se prolonga necessariamente ao infinito, o conceito de infinito deve, manifestamente, estar contido na definição do número finito.

B. As pesquisas de Cantor sobre o conceito de limite e de conjunto alcançaram um resultado de extraordinária importância: o contínuo, com relação ao infinito enumerável, é de uma potência, não igual, mas infinitamente superior. Existem, portanto, pelo menos duas infinidades.[17]

Na análise do limite, reencontramos o que Cantor chama de "ponto de acumulação". Ele o define pelo fato de que, a qualquer distância que nos coloquemos desse ponto, reencontramos pelo menos um ponto que pertence à série; deduz-se imediatamente que esses pontos "próximos" do ponto limite existem em número infinito e que não existem pontos ainda mais "próximos" do que aqueles que pertencem à série. Dedicando-se a estabelecer as propriedades essenciais do contínuo, Cantor descobriu as seguintes características, que, entretanto, não parecem poder servir para uma definição construtiva do contínuo como ele acreditava e como veremos em seguida: todos os pontos de um contínuo são "pontos de acumulação" e fazem parte do conjunto contínuo e *vice-versa*: todos os pontos de acumulação pertencem ao conjunto. Em outros termos: a unidade

---

17 Não existe potência "entre" a potência do infinito enumerável e a potência do contínuo. Existe alguma acima deste último? Este é um problema bem discutido.

do contínuo é uma unidade de densidade e de coesão perfeitas.[18] Entre dois pontos quaisquer de um contínuo existe necessariamente uma infinidade (contínua) de outros pontos. Não existem dois pontos limítrofes. Eles são todos separados pelo mesmo abismo de uma infinidade (contínua) de pontos. Aqui é que a dicotomia aparece pela última vez; e é também aqui que nós a abandonamos definitivamente. De fato, como o problema que ela coloca é comum a todas as disciplinas matemáticas, e como as dificuldades que ele implica não são contradições mas simples paradoxos, não temos necessidade de levá-las em consideração numa análise positiva do movimento. Por toda parte onde operamos com conceito tais, como distância, reta, caminho, corpo, nos encontraremos num domínio que supõe o problema de Zenão resolvido, já que de outra forma todos esses conceitos (distância, reta, caminho, corpo) não teriam mais nenhum sentido. O problema levantado por Zenão vem de um nível mais profundo, o da matemática pura. No nível em que se coloca o problema do movimento, ele não existe mais.

XII. O INFINITO E O CONTÍNUO

Não podemos passar à análise do movimento sem dizer, previamente, algumas palavras sobre o contínuo. É bastante curioso que Georg Cantor, que demonstrou com uma tal força e uma tal precisão a impossibilidade de definir o infinito e de construí-lo a partir de elementos mais simples, tenha acreditado, entretanto, poder dar uma definição construtiva do contínuo, ou, melhor, do *quantum* contínuo. Falamos disso acima. Do nosso ponto de vista, essa definição pode ser considerada como uma descrição ou uma análise do sentido do termo "grandeza contínua", mas não como uma definição construtiva. A ideia de continuidade é uma ideia simples, irredutível a qualquer outra ideia da mesma forma de infinito. A definição de Cantor nos parece um círculo. Afirmando que o todo contínuo deve ser perfeito, exprime-se simplesmente a ideia de que todos os pon-

---

18 Podemos, é bem verdade, retirar do contínuo um conjunto infinito de pontos e torná-lo inteiramente "permeável" sem afetar a sua potência. Mas eu não tenho intenção de expor aqui a teoria do contínuo tal como foi desenvolvida pelos matemáticos.

tos de acumulação devem estar incluídos no todo – uma ideia que implica a existência de outros pontos de acumulação além daqueles que, primitivamente, foram concebidos como pertencentes à série, ao todo infinito; ele implica a existência de pontos "entre" e "fora" dos pontos considerados desse todo. Noutras palavras, essa ideia é a de um "meio" contínuo. Parece-nos que se poderia até mesmo sustentar que a noção de limite já pressupõe a do contínuo.

Portanto, é necessário distinguir cuidadosamente o contínuo da grandeza contínua. É apenas a propósito do contínuo que se coloca o verdadeiro problema filosófico, o eterno problema ontológico do "μὴ ὄν". Pois o contínuo, por ele mesmo, escapa a qualquer determinação de grandeza, de número etc. Como diz Platão, não podemos distinguir nele nem o grande nem o pequeno. Não podemos comparar suas diversas partes entre si. Não se pode sequer estabelecer as partes. Ele não é nem uma pluralidade (no sentido de um todo) nem uma grandeza. É, por assim dizer, a alteridade em si, o "ἕτερον", como diria Platão. Não se pode enumerá-lo nem medi-lo. Não se pode dizer, a propósito do contínuo, que o todo, que a extensão infinita sejam equivalentes às suas menores partes, pois os conceitos de todo e de parte são aplicáveis a essa alteridade. Ele não é nem uma unidade nem uma multiplicidade, pois essas duas ideias são correlativas; ele é (na medida em que ele é) uma "unidade" que não é una, uma "multiplicidade" que não é múltipla. É o verdadeiro "μὴ ὄν", o caos sem limites e sem número, o ser "bastardo" de Platão. É igualmente a extensão única, infinita e indivisível de Spinoza. É, exatamente, essa propriedade quase inefável da expressão contínua que aparece nas grandezas contínuas e que faz com que o espaço infinito corresponda na sua totalidade a qualquer uma de suas partes, e que, transposto para um segmento qualquer de uma reta geométrica, ele possa ser representado por ela. É exatamente aqui, na passagem do contínuo puro, em si, para a grandeza contínua, para a parte limitada do espaço, que se situa o "abismo" – este abismo que, de fato, está preenchido por todas as suas partes reais, as retas, os corpos etc. O movimento – no qual e pelo qual este vazio é *eo ipso* ultrapassado – não traz nenhuma dificuldade nova, nenhum paradoxo particular. Não nos devemos perguntar o que faz com que um corpo consiga transcender o abismo de um espaço divisível ao infinito, consiga percorrer uma extensão composta por pontos infinitamente numerosos, mas antes: o que faz com que o contínuo que transcende qualquer determinação de grandeza, não obstante se torne uma reta, uma distância, um corpo. Como se chega, não a compor o divisível, mas, inversamente, a partilhar, a medir o indivisível, o imensurável? E, certamente, não corresponde sequer a um começo de solução ou de explicação considerar o tempo e o espaço como "subjetivos", "percepções puras" etc. Quer eles sejam reais ou subjetivos, *in intellectu* ou *extra intellectum*, pois é justamente a maneira pela qual nós representamos o tempo e o espaço sem poder "compreendê-los" que nos coloca problemas; o que não podemos apreender é a ideia de contínuo.

Não é o espaço divisível ao infinito que poderia nos fornecer objeções contra a possibilidade do movimento; pelo contrário, é o espaço indivisível, e essas objeções de modo algum dizem respeito ao movimento como tal. Os problemas e as dificuldades verdadeiras são de natureza ontológica; eles resultam da constituição do próprio ser.[19] Eles surgiram bem antes que nós nos confrontássemos com o movimento, bem antes que o movimento se tornasse "problemático" para nós. Portanto, eles não poderiam perturbar ou entravar a análise desse fenômeno particular: a essência do movimento.

As reflexões que precedem nos parecem ter, numa certa medida, aberto caminho para uma análise objetiva do movimento. As poucas observações, que agora vamos acrescentar, não têm outra finalidade senão a de completar, em alguns pontos, as análises positivas de Noël e de Bergson.

XIII. O MOVIMENTO

Não nos propomos a estudar todas as categorias de movimento nem a formular o problema do movimento e do móvel de maneira rigorosa e universal – nós nos limitamos ao movimento dos corpos. O que vamos dizer pode parecer banal e "óbvio". Não esqueçamos,

---

19 Consideremos que esse é o sentido profundo dos argumentos do dialético eleata. O problema do movimento, a seus olhos, é apenas um exemplo: o exemplo mais contundente da impossibilidade de dividir, de limitar o *Uno*, o contínuo.

entretanto, o célebre ditado de Caunchy: "Não existe nada mais espantoso do que aquilo que é evidente."

O movimento, como todos os fenômenos verdadeiramente originários, não é susceptível de definição. Tudo que podemos fazer é, partindo de pontos de vista diferentes, tentar revelar e determinar, no fenômeno complexo do movimento real, todos os fatores que o constituem e eliminar tudo aquilo que lhe seja uma condição ou uma consequência necessária: em outras palavras, nós nos esforçaremos para compreender o movimento em sua pureza e para encontrar nele as características essenciais.

O movimento não é uma simples transição, entendendo isso como uma mudança de lugar. Podemos imaginar que um corpo desapareça, bruscamente, de um lugar determinado, para reaparecer num outro, por um milagre qualquer. Dessa maneira (era assim que os Motekallimîn e os ocasionalistas representavam o movimento) não existiria movimento propriamente dito. O movimento realizado comporta uma mudança de lugar, mas não se identifica com essa mudança. O movimento é bem menos um impulso ou uma tendência – duas noções, além do que, totalmente diferentes. Pode existir uma tendência e em seguida a essa tendência um impulso – e entretanto não existir movimento, como, por exemplo, quando tentamos levantar um braço amputado. Por essas mesmas razões, o movimento não é uma força.[20] Na verdade, uma força é necessária para *pôr* um corpo em movimento; porém, uma vez o movimento dado e realizado, a força age quando muito para eliminar os obstáculos que entravam o movimento – ou ainda, no caso dos movimentos livres, no caso dos movimentos dos seres vivos, para lhes determinar uma finalidade imanente e determinada. De fato, parece-nos que é preciso distinguir, rigorosamente, os movimentos "vivos" dos movimentos "mortos", o movimento-ato do movimento-estado.[21] O movimento concebido como um ato tem, necessariamente, um começo e um

---

20   O que se pode ver claramente nos movimentos dos fantasmas e, em geral, em todos os fenômenos puramente foronômicos.

21   A oposição entre a Física antiga e a Física moderna se reduz a isto: enquanto para Aristóteles o movimento é necessariamente um ato, ou mais exatamente uma atualização (*actus entis in potentia in quantum est in potentia*), para Galileu, assim como para Descartes, ele se torna um estado.

fim. Nesse caso, ele forma um todo verdadeiro, uma unidade organizada com vistas ao seu fim, uma unidade teleológica cujas partes – o antes e o depois – penetram-se e determinam-se reciprocamente. Ele é necessariamente limitado, no tempo e no espaço, traz seu limite em si mesmo: mesmo se nós suprimíssemos todos os obstáculos, determinado por sua força interior, ele terminaria por parar. Pelo contrário, o movimento como estado é ilimitado no tempo e no espaço. Não persegue um fim, apenas segue uma direção. Se todos os obstáculos fossem suprimidos, ele continuaria indefinidamente.

O que é, pois, o movimento? Ele é, em si e nele mesmo, essa progressão particular do corpo, exatamente aquilo que resta, uma vez eliminados todos os elementos heterogêneos que acabamos de enumerar. O movimento, como tal, não é nem extenso nem divisível. Ele não é alguma coisa de corporal, ainda que seja um fenômeno físico. Ele não é de ordem psíquica, como afirma Bergson, que se orienta mais para o movimento vital e, com isso, renova o ponto de vista vitalista de Aristóteles.

XIV. MOVIMENTO E REPOUSO

O movimento é correlativo ao repouso. Eles se excluem mutuamente. Tanto o movimento quanto o repouso existem no tempo, mas de maneira diferente. Todos os dois só estão colocados no tempo, mas, além disso, ocupam nele uma certa extensão, *i.e.*, eles duram. Isso é o que distingue o repouso da simples *imobilidade*, que pode ser apenas momentânea e não durar, ainda que, ela também, esteja situada no tempo.[22] Considerado em si mesmo, o movimento possui uma terceira característica temporal; ele se realiza e se constitui, no sentido próprio do termo, no tempo, o que não é o caso do repouso. O repouso não é espacial, ele não está em-e-por-si-mesmo no espaço; este espaço só intervém indiretamente, na medida em que o corpo em repouso se encontra nele.

O movimento é necessariamente contínuo – um salto absoluto seria a negação do movimento. O móvel se move e está em movimento em cada ponto e a cada instante de sua trajetória. Em con-

---

22 Tudo aquilo que está em repouso está imóvel, mas a recíproca não é verdadeira.

trapartida, ele não se move nem no lugar onde está nem no lugar onde não está mais; por conseguinte, nem no ponto e no instante da partida, nem da chegada. À mesma conclusão nos conduzem as duas reflexões seguintes: partida e chegada são fenômenos momentâneos, acontecimentos instantâneos que, nessa qualidade, não têm duração, não possuem, por assim dizer, em si mesmos, extensões ou espessura temporal, eles não são nem movimento nem repouso. O corpo que se move percorre todos os pontos de sua trajetória, à exceção do ponto de partida e do ponto de chegada. O começo e o fim do movimento, tomados em si mesmos, são incompatíveis ao mesmo tempo com o movimento e com o repouso; porém, enquanto fenômenos instantâneos rigorosamente simétricos, que se desenvolvem, por assim dizer "no local", eles são perfeitamente conciliáveis com a imobilidade. Um corpo que tivesse partido e chegado no mesmo instante estaria imóvel nesse instante e nesse lugar. Ele não se move, mas tampouco está em repouso – tal como as idas e vindas sucessivas de um pêndulo. Como a direção de um movimento é um elemento livremente variável, deduz-se do que precede que dois movimentos consecutivos com a mesma direção e a mesma velocidade e interrompidos apenas por uma parada momentânea (quando partida e chegada coincidem no tempo) não podem ser identificados com um movimento único que tivesse durado tanto tempo quanto os dois reunidos – ainda que o tempo escoado e o espaço percorrido sejam, nos dois casos, rigorosamente iguais.[23]

Nós não podemos levantar, neste estudo, todos os problemas que dizem respeito à velocidade, à direção, à mudança de velocidade e de direção, ao movimento relativo e absoluto – isso exigiria um trabalho *ad hoc*. Mas nos permitimos finalizar com uma constatação de aspecto paradoxal: o movimento e o repouso, como tais, não começam nem terminam, ainda que tenham um começo e um fim, porque não existe nem primeiro nem último instante, nem no movimento nem no repouso. Tampouco existe o instante que segue imediatamente um instante qualquer do movimento ou do repouso, ou que o precede imediatamente. Mas esse paradoxo não nos ame-

---

23   Nós deixamos de lado o problema da interrupção do movimento.

dronta mais; pois sabemos que ele é apenas um outro aspecto da continuidade, da coesão perfeita do movimento mesmo.

XV. CONCLUSÃO

Em nosso estudo, apresentamos uma exposição crítica das soluções propostas por F. Evellin, G. Noël e H. Bergson aos paradoxos de Zenão, pois quer-nos parecer que elas representam certas soluções típicas que são apresentadas desde a Antiguidade, com uma clareza e um rigor inegáveis. Pareceu-nos supérfluo fazer um estudo exaustivo da literatura sobre o problema.

Desistimos, igualmente, de analisar o estudo dos paradoxos de Zenão por Adolf Reinach,[24] já que o sentido e a finalidade do seu trabalho consistem numa análise material do problema do movimento. Os paradoxos de Zenão são ali abordados apenas de passagem, como um ponto de partida tradicional e cômodo. De fato, como os problemas próprios do movimento, para a elucidação dos quais Reinach tanto contribuiu, não dependem do estudo dos problemas de Zenão, não havia por que serem desenvolvidos por ele.

---

24   "Ueber das Wesen der Bewegunf", in REINACH, Adolf. *Gesammelte Schriften*, Halle, 1921.

O VÁCUO E O ESPAÇO INFINITO NO SÉCULO XIV[1]

I. INTRODUÇÃO

"Caso nos fosse necessário assinalar uma data para o nascimento da ciência moderna", disse Pierre Duhem, "escolheríamos sem dúvida a de 1277, quando o bispo de Paris proclamou solenemente que era possível a existência de diversos mundos e que o conjunto das esferas celestes podia, sem contradição, ser animado por um movimento retilíneo."[2] Asserção curiosa, que admite na origem da ciência moderna a proclamação de dois absurdos pelo bispo de Paris.[3] Por isso o Sr. Gilson[4] fez muito bem em nos lembrar que "o bispo de Paris não se preocupava com as ciências; ele simplesmente declarou que não podia proibir Deus, em nome das necessidades do mundo grego, então tomado por real, de criar um ou vários mundos de estrutura diferente, e declarou isso como teólogo, em nome da onipotência divina".[5] Entretanto, se a condenação de 1277 teve uma influência profunda na marcha do pensamento europeu, foi porque, "tomada como uma condenação do necessitarismo grego, essa condenação

---

1   *Archives d'histoire doctrinate et littéraire du Moyen Age*, v. XVII, Paris, 1949.

2   Duhem, Pierre, *Études sur Léonard de Vinci*, Paris, 1906-1913, v. II, p. 411 e segs.

3   A pluraridade dos "mundos" e a possibilidade do movimento do nosso "mundo" (sistema terrestre ou solar) não representaram nenhum papel na formação dos conceitos fundamentais da ciência moderna, independente de qualquer importância que em seguida elas viessem a ter.

4   **N. do T.** – Trata-se de Etienne Gilson.

5   GILSON, E. *La Philosophie au Moyen Age*, 2. ed. Paris, 1944, p. 460. Gilson acrescenta maliciosamente (*ibid.*, p. 487): "Num outro texto, o mesmo historiador propõe uma outra data, e mais tardia", a data em que Jean Buridan concebeu a teoria do *impetus* (*Études sur Léonard de Vinci*, v. III, p. XI). A segunda data é tão equivocada quanto a primeira.

30 Estudos de História do Pensamento Filosófico | Alexandre Koyré

levará inúmeros teólogos a afirmar como possíveis, em virtude da onipotência do Deus cristão, posições científicas ou filosóficas tradicionalmente consideradas impossíveis em virtude da essência das coisas. Permitindo experiências mentais novas, a noção teológica de um Deus infinitamente poderoso liberou os espíritos do quadro finito em que o pensamento grego havia encerrado o Universo. Entre as numerosas hipóteses formuladas em virtude desse princípio, alguns concordaram com hipóteses que, por razões às vezes diferentes e sempre por um outro método, a ciência ocidental mais tarde deveria demonstrar".[6] Dessa maneira, "se a ciência moderna não nasceu em 1277, essa foi a data em que se tornou possível o nascimento das cosmologias em meio cristão".[7]

Tudo isso é muito plausível, sem dúvida. E até mesmo muito razoável. É certo que a noção de um Deus onipotente que, em sua ação, não seria entravado por nada ou, pelo menos, só seria entravado pelas leis formais da ontologia lógica (a lei da contradição, por exemplo), e não pelas leis de uma física ou de uma metafísica concreta, poderia (e pôde) servir de "banco de ensaio" às hipóteses cosmológicas mais diversas, assim como serviu de "banco de ensaio" às hipóteses epistemológicas e gnosiológicas.[8] É certo também que o nascimento da ciência moderna implica – ou pressupõe – não apenas a ruptura do quadro finito do Universo aristotélico, mas também

---

6   Entretanto, seria necessário não exagerar as concordâncias. Assim, quando, aliás de acordo com Duhem, o R. P. Ë. Hocédez (*Richard de Middleton*, Louvain, 1925, p. 164) escreve: "Richard sustenta igualmente que Deus poderia mover o último céu com um movimento de translação. O que significava prever a astronomia moderna...," ele apenas nos demonstra que o conhecimento da astronomia moderna não é indispensável ao teólogo.

7   GILSON, E. Op. cit. p. 460. Assim como veremos em seguida, essa possibilidade é muito frequentemente apresentada como possível.

8   Por isso ocorreram discussões absolutamente análogas às que se seguiram à condenação de 1277 – sem condenação prévia da cosmologia aristotélica – tanto nos meios árabes quanto nos meios judeus. Cf. *supra*, p. 47 e 48; cf. WOLFSON, H. A. *Crescas Critique of Aristote*, Cambridge (Mass.), 1929 p. 115 e segs., 398 e segs. I; – PINES, S. "Études sur Ahwad al-Zaman Abu'l Barakat al-Baghdadi", *Reveu des Études Juives*. Paris, 1938. Por isso é provável que, mesmo sem a condenação de Étienne Tempier, ocorreriam as discussões sobre o vácuo e sobre o infinito na escolástica cristã em virtude do estudo da Física de Aristóteles e de seus comentários gregos e árabes.

a destruição do Cosmos, a infinitização do Universo, a geometrização do espaço.[9] Entretanto, poderíamos questionar se a oposição entre o finitismo grego e o infinitismo cristão, no qual Duhem e tantos outros insistem, é realmente tão justificável quanto eles acreditam. Poderíamos até mesmo sustentar o contrário.[10] De fato, o pensamento grego – de onde não se deveria excluir Demócrito – sempre esteve bem de acordo com a noção de eternidade do Universo, ou seja, de sua *infinidade no tempo*, concepção que o pensamento cristão sempre combateu encarniçadamente, ainda que às vezes admitimos – como São Tomás e seus partidários – a impossibilidade de apresentar contra ela uma refutação racional. E se valorizarmos que o pensamento grego – o de Aristóteles e dos estoicos – impôs ao Universo um limite *espacial*, poderemos responder que não é seguro que uma metafísica criacionista, uma "metafísica do Êxodo", para empregar a expressão do Sr. Gilson, possa estar mais de acordo com um Universo infinito (que aliás ela combateu o quanto pôde, tanto sob sua forma democriteana quanto sob sua forma moderna),[11] do que com um Universo eterno.

É bem possível que a infinitização de Deus, a refundição da noção de infinito, realizada por Fílon – refundição depois da qual o infinito deixou de ser "isto depois do que sempre existe alguma coisa" para tornar-se "isto depois do que não existe nada", e por conseguinte se identifica rompendo com o perfeito –, nos conduz necessariamente a conceber a oposição entre a perfeição absoluta de Deus "de que não podemos pensar nada maior" e a imperfeição essencial da criatura sob a forma da oposição entre o infinito e o finito. O que faz a noção de um Universo infinito se reconhecer contraditória – pode-se conceber uma criatura infinita? – ou pelo menos incompatível

---

9   Cf. nossos *Études galiléennes*, Paris, 1939, v. II, p. 6 e segs.

10 A eternidade do mundo aristotélico implica a infinidade do número das revoluções celestes assim como, o que é mais grave, uma infinidade de almas, como bem observam Jean de Bassois e muitos outros. Cf. DUHEM. Op. cit. v. II, p. 560 – Cf. também *Le Système du monde*, t. VI, Paris, 1954.

11 O universo de Demócrito é composto por uma multiplicidade infinita de mundos finitos, sem comunicação uns com os outros. E nisso é que se distingue do Universo dos modernos que é uno, apesar de sua infinidade.

com a noção de um criador, mesmo que este seja concebido como infinitamente infinito.[12]

Em todo caso, do que quer que tratem essas considerações gerais, o certo é que os pensadores cristãos não tiveram muita pressa em se aproveitar das possibilidades intelectuais que lhes foram concedidas pela condenação de 1277, e que acolheram a intervenção de Étienne Tempier não como uma liberação do quadro finito do pensamento grego, mas como uma intrusão desajeitada de um retardatário impenitente e ignorante em um domínio que não lhe dizia respeito. Também, com poucas exceções – todas isoladas e tardias –, nenhum contemporâneo, e sobretudo nenhum dos mestres parisienses (as exceções vieram de Oxford), em matéria de cosmologia, não se importaram muito com o decreto do bispo de Paris. De fato – e os mestres parisienses sabiam disso bem melhor do que nós –, a condenação de 1277 não foi apenas um basta, um ato de defesa da fé católica diante da difusão ameaçadora das doutrinas averroístas; ela foi, ao mesmo tempo, uma astuciosa operação universitária, operação incitada sobretudo pelos teólogos seculares, tradicionalistas e conservadores, e dirigida contra os mestres da *Faculté des Arts*, como contra os regulares, dominicanos e franciscanos, quase inteiramente dedicados à ciência – ou às ciências – novas, à física de Aristóteles e à astronomia de Ptolomeu.[13] Poder-se-ia, além disso, atribuir valor científico a uma condenação cujo próprio libelo revelara de maneira chocante a ignorância e a incompreensão de seus autores?[14]

---

12 Como conciliar a infinidade do Universo com a sua criação por Deus? – Este é, sabemos muito bem disso, o grande problema da metafísica do século XVII, que se completa, no fim das contas, com a solução newtoniana de um espaço infinito e incriado ("O espaço é infinito e portanto necessário", é o que nos diz Clark, o porta-voz do Newton metafísico) que forma o quadro e a condição indispensáveis para a ação criadora de Deus. Solução claramente antecipada, como veremos adiante, por Bradwardine.

13 A importância do decreto de 1277 foi muito grande em matéria de teologia, e até mesmo de filosofia pura (cf. GILSON, E. Op. cit. p. 386, 427, 546, 559 etc.). Mas em matéria de cosmologia o seu valor doutrinal foi enfraquecido pela resistência obstinada dos dominicanos e finalmente anulado pela canonização de São Tomás. Por isso a cosmologia aristotélica reinou até o século XVII nas escolas de pensamento do Ocidente.

14 Sobre a condenação de 1277, cf. *Dictionnaire de Théologie catholique*, v. "Étienne Tempier", v. XV, col. 99 e seg.; a lista de erros condenados foi pu-

O Vácuo e o Espaço Infinito no Século XIV **33**

De fato, como lembra Duhem, "entre os erros condenados, encontramos um que é formulado nestes termos: *Quod Deus non possit movere Coelum motu recto. Et ratio est quia tune relinqueret vacuum*".[15] O que, para falar claro, é perfeitamente absurdo. É óbvio que os autores da condenação têm apenas uma vaga ideia da doutrina aristotélica: de outra maneira, não escreveriam uma enormidade que só servisse para expô-los ao riso dos artistas.[16] Na concepção aristotélica, Deus não pode mover o mundo em linha reta; não porque tal movimento produza o vácuo, mas singelamente porque a própria ideia de um tal movimento é rigorosamente inconcebível: todo movimento (local) de um móvel pressupõe um "lugar" de onde se parte e um "lugar" para onde se vai; ora, todos os "lugares" estão no interior do mundo, e o próprio mundo não está num lugar. Fora do mundo, portanto, não só não existe "lugar" onde o mundo pudesse ser movido como fora do mundo não existe nem pleno nem vácuo, *nec plenum, nec vacuum*, não existe absolutamente *nada*. O espaço físico – e é justamente nisso que ele se opõe ao espaço geométrico, euclidiano – é um espaço limitado e finito.

A concepção aristotélica não é de forma alguma absurda, e se, na época da predominância da física newtoniana, que realiza o espaço euclidiano, era difícil compreendê-la porque, involuntariamente, a substituíam pela imagem de uma bola redonda nadando em um vácuo infinito – imagem que a desfigurava irremediavelmente –, hoje em dia o mesmo não acontece. De fato, o Universo einsteiniano, ainda que sensivelmente maior do que o Mundo de Aristóteles, é, também como este, coextensivo ao espaço físico. Na verdade, esse espaço não é euclidiano, é riemanniano, mas nós podemos deixar de lado esse detalhe, por mais importante que ele seja: o que nos interessa agora é o fato de que fora do Universo einsteiniano, assim

---

blicada por Denifle-Chatelain, *Chartularium Universitatis Parisiensis*, t. I. p. 543-555, e por MANDONNET, P. *Siger de Brabant et l'Averroïsme latin au XIIIe siècle*, 2. ed. Lovaina, 1911, p. 175-181.

---

15   Cf. DENIFLE-CHATELAIN, *Chartularium Universitatis Parisiensis*, t. I, p. 546, erro nº 49, citado por DUHEM, P. *Le Mouvement absolu et le mouvemente relatif*, Montligeon, 1909, p. 62; *Études sur Léonard de Vinci*, v. II, p. 216. – Cf. também *Le système du monde*, v. VI.

16   **N. do T.** – *Artistes*: mestres da *Faculté des Arts*.

como "fora" do Universo de Aristóteles, não existe nada, nem mesmo o vácuo[17] – a tal ponto nada que a própria expressão "fora" não oferece mais nenhum significado concebível. Por isso, esse Universo é tão estritamente in-móvel que o Mundo aristotélico, e até mesmo o Deus cristão (contanto, obviamente, que não se trate do Deus de Étienne Tempier ou de São Pedro Damianni), não poderia movê-lo em linha reta. Justamente porque isso não faria nenhum sentido.[18]

Duhem reconhece muito bem que a formulação do interdito é infeliz: "Para negar a Deus o poder de impor ao Universo um deslocamento de conjunto, o autor aqui condenado invocou uma razão que um peripatético não teria admitido:[19] fora do Mundo, seguindo o Filósofo, não existe lugar; por conseguinte, não existe vácuo."[20] Porém, diz ele, pouco importa a razão: a condenação se referia à própria proposição, e "os mesmos que contestaram a validade da condenação que acabamos de relatar não teriam ousado sustentar que a Assembleia de 1277 tivesse formulado um *non-sense*; seria necessário que eles admitissem, contra a opinião bem transparente de Aristóteles, que se pode atribuir ao Universo um movimento de conjunto sem para isso entretanto proferir palavras que nada significam".[21]

É verdade. Ninguém teve a audácia de dizer que Étienne Tempier havia formulado um *non sense*. Mas devem ter pensado sem dizer. Pois em nenhum dos numerosos textos que Duhem cita[22] se

---

17 Assim como para Henri de Gand e para Richard de Middleton (cf. adiante p. 46 e segs., 69), o vácuo no Universo einsteiniano só é possível no interior do mundo, e não no seu exterior (não existe exterior). Contrariamente à concepção desses dois pensadores, o vácuo no Universo einsteiniano não só é possível como também é real. Ele é tão real que, como para Platão, constitui a trama e a matéria da realidade.

18 Pela mesma razão – a de que o movimento do Universo em linha reta não faz nenhum sentido – Leibniz rejeitará sua possibilidade.

19 Por isso Richard de Middleton, apoiado em seu inabalável conformismo, observa que não é nada disso: um tal movimento não produzira vácuo. Cf. *supra*, p. 39 e segs.

20 Cf. DUHEM, *Le Mouvement absolu et le mouvement relatif,* Montligeon, 1909, p. 62.

21 *Ibid.,* p. 62. Entretanto, essa é a verdade estrita: as "palavras" da condenação não significam rigorosamente nada.

22 Cf. DUHEM, P. *Le Mouvement absolu et le mouvement relatif e Études sur Léonard e Vinci,* II, Paris, 1909 – Cf. também *Le Système du monde,* v. VI.

O Vácuo e o Espaço Infinito no Século XIV **35**

constata um estudo sério da questão do movimento do Universo em linha reta. Sem dúvida, ela não é negligenciada (não se negligencia uma ameaça de excomunhão), mas, quanto aos problemas colocados pela astronomia ptolomaica – o problema de um movimento circular na ausência de um corpo imóvel em torno do qual ele se realizasse – são discutidos com interesse e paixão, o mesmo não ocorre quando se trata do movimento retilíneo do Mundo. A sua possibilidade é afirmada, habitualmente, sob a invocação do argumento de autoridade: o bispo de Paris condenou a opinião contrária – mas sem procurar tornar compreensível esse "movimento divino", sem tentar esboçar uma cosmologia que o tornasse concebível. Aliás, por que espantar-se com ele? Para que se possa atribuir ao Universo um movimento de conjunto é preciso, necessariamente, *realizar o vácuo* e presentear "o Universo" como um corpo esférico *no meio de um espaço infinito*.[23]

Ora, para conceber, "fora do mundo", um vazio não "imaginário" mas *real* e, além disso, infinito,[24] é indispensável ou ultrapassar o aristotelismo e desligar-se, transcendendo-o, dos limites do seu pensamento, ou, pelo contrário, não ter sido tocado, pelo menos não tão profundamente a ponto de ser instruído nele, pelo pensamento do Estagirita.[25] De fato, essa segunda possibilidade foi a que se realizou na época que nos ocupa: é curioso constatar que nenhum dos inovadores, dos *moderni*, que, em seguida a Occam, se dedicaram a demolir a ontologia aristotélica, tenha aproveitado a ocasião fornecida pela condenação de 1277 para executar um golpe mortal em sua cosmologia. Foram os retardatários que entraram na liça; tanto é verdade que em certas circunstâncias bastou ser um retardatário e

---

23 É assim que, segundo os estoicos, João Philopon o representa. E é assim também que Bradwardine o representará

24 Acrescentamos que, dentro de tal concepção, nada seria mais frívolo do que um movimento retilíneo do Universo. Por isso compreende-se bem que Deus não goste de realizá-lo.

25 A noção do vácuo é ao mesmo tempo muito primitiva e muito refinada: a) o vácuo "intramundano" parece ser apresentado à percepção sensível (assim como à imaginação) sob forma de "lacuna", de "buraco"; não existe nada entre dois objetos, não existe nada numa garrafa vazia; b) o vácuo "extramundano", o espaço da física newtoniana, em contrapartida, não é apresentado à percepção: ele é apenas a geometria retificada e hipostasiada.

esperar tempo suficiente para um dia encontrar-se à frente do movimento.[26]

A segunda das grandes condenações cosmológicas de Étienne Tempiar, na qual ele afirmou a possibilidade de uma pluralidade de mundos,[27] não obteve muito mais sucesso do que a primeira. Sem dúvida, ela não apareceu tocada por uma absurdidade tão flagrante quanto a primeira. Muito pelo contrário, o problema: existe um único mundo ou existem vários? – pertence ao *stock* invariável das questões discutidas pela cosmologia aristotélica. Mas, para todo aristotélico, era perfeitamente claro que, sob a condição, é óbvio, de tomar o termo "Mundo" em seu sentido exato e forte, a unicidade do mundo e a unicidade de Deus se manteriam ou cairiam juntas.[28] Sem esquecer que a pluralidade dos mundos transformou as bases mais fundamentais da física: como ficava a noção do lugar natural dos elementos na hipótese da pluralidade? E o que existiria entre os mundos? Um vácuo ou absolutamente nada?[29]

Questões bastante difíceis e de resto perfeitamente ociosas, já que, mesmo admitindo que Deus tivesse podido criar dois ou vários mundos, era entretanto perfeitamente certo também que ele não o havia feito, ou seja, que ele havia criado apenas um (o nosso), sem dúvida com suas razões. Por isso podemos compreender que a maioria dos contemporâneos de Étienne Tempier, bem como de seus sucessores, tenha preferido ocupar-se do mundo tal como ele era, ou pelo menos tal como acreditavam que ele era, a estudar as condições de possibilidades do Universo que Deus tivesse podido criar, caso tivesse desejado fazê-lo, mas que não criou porque não quis.

---

26 Cf. GILSON, E. Op. cit. p. 397.

27 DENIFLE-CHATELAIN, *Chartularium Universitalis Parisiensis*, t. I, p. 543, citado por Duhem, *Études sur Léonard de Vinci*, II, p. 75, 411: *Quod prima causa non possit plures mundos facere* (erro nº 34).

28 Demonstrando-se a existência de Deus a partir do mundo do qual ele é a causa primeira e o fim último, a pluralidade dos mundos implica a pluraridade dos "Deuses".

29 Henri de Gand permanecerá numa solução intermediária que irá colocar entre os mundos um vácuo envolvido pelo nada, solução perfeitamente ininteligível, mesmo para seus contemporâneoos; cf. *supra*, p. 36 e segs.

O Vácuo e o Espaço Infinito no Século XIV **37**

Voltemos-nos agora para as "exceções", para esses espíritos tímidos e aventureiros que, ao mesmo tempo adiantados e atrasados com relação aos seus contemporâneos, tiveram, com a ajuda da condenação de 1277, a ocasião – *sit venia verbo* – de pregar uma peça aos seguidores estritos do aristotelismo. Duhem nos mostra uma série deles: Henri de Gand, Richard de Middleton, Walter Burleigh, Robert Holkott, Jean de Bassols; e outros ainda... Para dizer a verdade, o exame de suas doutrinas me deixa uma impressão bem diferente da que Duhem nos sugere: nenhum desses opositores – nem nosso Walter Burleigh, que, no entanto, estuda o problema do vácuo por si mesmo e não em função das condenações de Étienne Tempier, e que nos presta o grande serviço de ligar essa discussão às teses da escolástica árabe e apresentar, com e nas pegadas de Averroès, a questão da compatibilidade do criacionismo com o aristotelismo[30] – parece ter tido a coragem de romper com o ensinamento aristotélico. Apenas no grande defensor da *Causa Dei*, Thomas Bradwardine, encontrei a afirmação consequente e consciente da realidade de um espaço infinito.[31]

Esses opositores, sem dúvida, não gostam do aristotelismo, mas o aceitam. Como não fazê-lo? Como certos físicos atuais, os físicos da velha geração, que aceitam os paradoxos da física dos *quanta*, e ao mesmo tempo conservam a esperança secreta e tenaz de que um desenvolvimento novo recoloque em vigor as concepções deterministas que foram forçados a abandonar.

Dos opositores, nenhum, ou quase nenhum, é parisiense: Henri de Gand é belga; e a maior parte dos outros, ainda que ensinem em Paris, são ingleses. E isso tem importância. Não, sem dúvida, por uma natural propensão do espírito inglês ao empirismo e às soluções a médio termo (o empirismo não tem nada que ver com o caso, e nenhum país produziu tantos lógicos impenitentes quanto a Inglaterra), porém, simplesmente, pelo fato de terem recebido a sua educação primeira em Oxford e não em Paris. Ora, Oxford, como bem sabemos, seguiu o movimento de novas ideias que se desenrolava em Paris com

---

30   Esse aspecto da obra de Walter Burleigh foi completamente ignorado por Duhem, omissão deplorável que falseia sensivelmente a perspectiva histórica.

31   É surpreendente que ninguém ainda tenha tido a ideia de nos apresentar uma monografia sobre esse pensador tão considerável.

um atraso considerável; o que significa que a influência do aristotelismo foi ali bem menos profunda, e também que ali se conservou por muito mais tempo do que em Paris a bela tradição do "Renascimento do século XII", o estudo das letras e o estudo das ciências.[32]

Estudo das ciências – nos séculos XIII e XIV, assim como em nossos dias, é antes de tudo o estudo das matemáticas, e não é por acaso que os grandes oxfordianos – pensamos em Robert Grossetête, em John Pecham, em Thomas Bradwardine – foram tão frequentemente, ao mesmo tempo, filósofos e matemáticos, combinação que antes de Nicolau Oresmo era quase desconhecida em Paris. Também, apesar dos contatos frequentes e seguidos, a mentalidade oxfordiana difere da parisiense: o estudo das matemáticas e, em particular, das matemáticas pré-cartesianas, ou seja, das que são constituídas em primeiro lugar pela geometria,[33] forma espíritos essencialmente antiaristotélicos.[34] Em particular, o geômetra é naturalmente levado a crer na realidade do espaço. Mesmo desse espaço que os aristotélicos chamam de "imaginário", a fim de negar-lhe, através do próprio significado do termo, qualquer pretensão à existência em si.

II. HENRI DE GAND

Henri de Gand certamente não foi influenciado pela condenação de 1277, já que, muito pelo contrário, estava entre aqueles que a inspiraram. Por isso ele não discute as opiniões condenadas por Étienne Tempier: a impossibilidade do movimento do Universo em linha reta e da pluralidade dos mundos;[35] mas discute duas outras, sensivelmente – ainda que não absolutamente – equivalentes, a saber, a pos-

---

32 Sobre a diferença de mentalidade etre Oxford e Paris, cf. GILSON, E. Op. cit. p. 400 e segs.

33 A astronomia é apenas a geometria ou a trigonometria aplicada; e a aritmética, fora da teoria dos números, só passa a ser ciência quando se torna álgebra.

34 Sem dúvida como fez Bachelard (*La philosophie du non*, Paris, 1942, p. 107 e segs.), podemos colocar na mesma forma o espírito aristotélico e o espírito euclidiano. E nem por isso esses dois espíritos permanecem menos rigorosamente opostos na história.

35 Por isso Henri de Gand irá opor a concepção ingênua do geômetra que acredita na existência do vácuo extramundano à concepção, mais difícil, do metafísico que não acredita nela. Atualmente nós invertemos os termos e acusamos o metafísico de não compreender a geometria (riemaniana).

sibilidade para Deus de criar o vácuo e de criar um corpo e um mundo fora do céu. Vamos logos dizer que os problemas em questão não o interessam excessivamente: no enorme volume de suas *Questions quodlibétiques*, apenas duas questões são consagradas ao estudo deles. Entretanto, o tratamento que lhes confere é extremamente significativo e revelador; demonstra bastante bem o embaraço do teólogo que deseja, por um lado, salvaguardar os direitos da onipotência divina, e, por outro não se afastar demais das concepções científicas de seu tempo ou pelo menos não atacá-las de frente.[36]

Henri de Gand sabe muito bem que os aristotélicos não admitem o vácuo nem no exterior nem no interior do mundo. Para salvaguardar a onipotência divina, ele defenderá a existência do vácuo intramundo ou, pelo menos, a sua possibilidade: não pode Deus, a qualquer momento, destruir a parte do mundo que ele quiser? É verdade que os partidários do vácuo apresentam, às vezes, razões frágeis ou insuficientes em favor de suas opiniões. Mas não é menos verdade que eles têm razão e que, bem compreendida, a possibilidade do vácuo não pode ser negada por um crente. Sem dúvida, a natureza não pode produzi-lo, pois o vácuo não é alguma coisa que possa existir "em si"; por isso os filósofos lhe negaram a existência. De seu ponto de vista eles tiveram razão. Mas se equivocaram ao colocar a existência do vácuo no mesmo nível de impossibilidade que a de duas contraditórias ao mesmo tempo. Mas deixemos a palavra com Henri de Gand.[37]

"Pode Deus fazer com que o vácuo exista?"[38]

---

36   *Quodlibeta Magistri* de Henrici Goethals de Gandavo *doctoris Solennis*; *Socii Sorbonici* etc., Parisii, MDXVIII, quodl. XIII e XV.

37   Sendo os *Quodlibeta* de Henri de Gand muito raros, citarei seu texto integralmente. Assim o leitor apreenderá melhor o nível e o clima intelectual da discussão. Coloco entre colchetes as adjunções explicativas. Sobre Henri de Gand. Cf. PAULUS, J. *Henri de Gand*, Paris, 1938. – Cf, tambêm, DUHEM, P. *Le système du monde*, v. VI, cap. II, p. 123-173.

38   *Henricus a Gandavo... Quodlibeta*, Paris, 1518, XV, qu. 4, fol. DLXXIV *vº*: *"Ultrum Deus posset facere quod vacuum esset. Et arguebatur quod sic; quomodo. Deus posset facere materiam quae est sub forma substantiali et quantitate, subito esse absque forma hujusmodi et quantitate. Quo facto necessario sequitur vacuum esse, aut motum fieri in instanti, sed motum fieri in instanti est impossibile secundum philosophum VIII Physicorum: ubi probat quod omne*

"Ora, sustenta-se que sim, da mesma forma que Deus poderia fazer com que a matéria que é [revestida de] forma substancial e de qualidade seja subitamente privada dessa forma e dessa quantidade. [Mas] se isso acontecesse decorreria necessariamente a existência do vácuo; ou [a de] um movimento instantâneo. Ora, um movimento instantâneo é impossível segundo o Filósofo, *Física*, VIII, onde ele prova que tudo aquilo que se move se move no tempo e que nada se move no instante. Logo etc.

"Como prova da tese supramencionada, alega-se que a força, pela qual Deus conserva as coisas no ser, pode ser retirada por ele da forma e da quantidade, mas não da matéria;[39] nesse caso, a forma e a quantidade pela qual o composto de matéria e de forma ocupou um [certo] espaço, por exemplo, o que está contido entre partes do ar, precipitar-se-ia no não ser, enquanto a matéria permaneceria no ser.[40] Então as partes desse ar ou *a*) se reaproximariam imediatamente e no instante, a fim de que ali não ocorresse o vácuo. Mas

---

quod movetur in tempore movetur, et nihil in instanti: ergo etc. Probatio suppositi est, quod Deus posset abstrahere vim qua conservat res in esse a forma et quantitate: et non a matéria: quo facto forma et quantitas que compositum ex materia et forma spatium occupavit, puta inter partes aeris contentum, caderet in nom esse, remanente materia in esse: et tunc partes illae aeris aut subito concurrerent et in instanti ne esset vacuum: sed sic nom potest concurrere nisi per spatium aeris circumstantis dictum spatium per rarefactionem successivan, ad quam sequitur partium concursus ad replendum dictum spatium non nisi per motum localem in dicto instanti: aut concurrerent in tempore, et esset vacuum inter partes in toto illo tempore usque ad perfectam reconciliationem earum: licet continue minus et minus: cum nullum esset ibi corpus perfecte implens illud sepatium: aut non concurrerent illae partes omnino: sed starent in eodem statu quo prius absque omni rarefactione: et sic perfecte manere illud spatium vacuum aequalium dimensionum separatum cum dimensionibus in materia quae prius illud occupaverti."

---

39 Deus pode, é bem verdade, retirar sua força conservadora da matéria; mas pode também retirá-la de suas determinações, sem retirá-la da matéria.

40 Os corpos ocupam um certo espaço em virtude de sua forma e de suas dimensões; ou seja, em virtude de suas determinações quantitativas. Essas determinações não existem por si mesmas, mas no corpo, ou, para dizer de outra forma, elas são recebidas e sustentadas pela matéria do corpo. "O espaço contido entre as partes do ar" não é o que separa, nas nossas modernas concepções, as moléculas do ar – esse espaço é considerado *contínuo* –, mas

elas só poderiam reaproximar-se assim pela rarefação sucessiva, e através do espaço do ar que envolve o dito espaço,[41] o que significa dizer que a reaproximação das partes [do ar] que tendem a preencher o dito espaço se faria por um movimento local instantâneo. Ou *b*) elas se reaproximariam no tempo e, portanto, ocorreria um vácuo entre essas partes durante todo o tempo [que se escoaria] até a sua reunião perfeita ainda que cada vez menos, porque [durante todo esse tempo] não existiria nenhum corpo preenchendo perfeitamente o dito espaço. Ou ainda *c*) essas partes não se aproximariam de modo algum, mas permaneceriam no mesmo estado que antes sem nenhuma rarefação; no qual caso esse espaço permaneceria perfeitamente vazio, e suas dimensões separadas[42] seriam iguais às dimensões materiais que o ocupavam precendentemente."

"Entretanto:[43]

---

o espaço ocupado pelos corpos que mergulham no ar são cercados por ele e "separam" suas partes.

---

41 O ar, para ocupar o espaço, esvaziado pela destruição ou pelo desaparecimento do corpo que separa as partes do ar, deveria se rarefazer, e esse processo de rarefação deveria estender-se a um certo volume de ar que envolvesse o dito espaço e, portanto, propagar-se no ar. Isso constitui um movimento local. Por conseguinte, teríamos, nesse caso, um movimento local instantâneo do qual Aristóteles afirma a impossibilidade.

42 As "dimensões separadas", ou seja, as dimensões de nada, dimensões não "suportadas" por um corpo, são o equivalente do espaço puro; as dimensões "materiais" são, pelo contrário, as dimensões de um ser material concreto.

43 GAND, H. de. *Quodlibeta*, XV, qu. 4. fol. DLXXIV *v°: "Sed contra: Si Deus facere posset quod vacuum esset, posset facere quod esset contradictoria simul, puta quod partes continentes vacuum essent simul e et non simul: quod Deus posset facere: quia est omnino infactibile: ergo etc. Probatio consequentiae suppositae est: quod vaccuum factum esset a Deo dicto modo, partes dicti continentis essent simul: o quod inter partes nihil est medium per definitionem elus quod est simul v. Phys. III, Nihil autem est medium inter partes dicti continentis, quia nihil est medium nisi vacuum et vacuum nihil est secundum. Philosophum III Physic. Partes etiam dicti continentis non essent simul: tum quia vacuum est medium per quod distant, tum quia materia manense est medium: tum quia ipsae ante materia denudationem non erant simul: quare nec ipsa denudata statim sunt simul: cum nihil ex illa materiae denudatione circa partes continentes immutatum sit."*

'Se Deus pudesse fazer vácuo, ele poderia fazer com que as contradições existissem no mesmo tempo, a saber, que as partes que o contêm fossem simultâneas e não simultâneas; o que Deus não pode fazer porque é inteiramente inexequível. Logo etc.

'Essa consequência suposta demonstra-se como segue. Se o vácuo fosse assim produzindo por Deus, as partes [dos corpos] que o contivessem seriam simultâneas; porque, de acordo com a definição do que é simultâneo [contato ou continuidade], as partes de um continente são "simultâneas" quando nada se interpõe entre elas; ora, nada se interporia entre elas além do vácuo, e, segundo o filósofo, *Física*, livro III, o vácuo não é nada.[44]

'Entretanto as partes daquilo que contém o vácuo não seriam simultâneas, ou porque o vácuo formaria a distância que as separa, ou porque a matéria que restasse[45] se interporia entre elas, ou porque, antes do desnudamento da matéria, elas não eram simultâneas. Isso porque, essa [a matéria dos corpos que ocupavam o espaço que se tornou vácuo], estando desnudada, não seria simultânea, já que, pelo fato do desnudamento da matéria, as partes que a rodeiam não sofrem nenhuma modificação.'"

"Solução da questão:[46]

---

44   Quando nada separa os corpos, eles não são separados por nada. Por conseguinte, eles se tocam, eles são simultâneos. Portanto, o vácuo é impossível: ele seria um nada que existisse e agisse.

45   Uma matéria "desnudada" de todas as suas determinações e qualificações, matéria pura sem forma, é o que permanece no vácuo se não quisermos identificar o vácuo com o nada. A existência de uma tal matéria pura e nua é impossível no Aristotelismo.

46   GAND, Henri de. *Quodlibeta*, XV, qu 4, fol. CCCCCLXXIV *vº*: *"Resolutio questionis. Ista quaestio ut existimo introducta est quia aliquis nuper posuit quod materia non potest esse sine forma et quantitate: et quod Deus hoc non posset facere: cuius contrarium alias determinavi. Et illud posuit ea videlicet ratione: quia sequeretur aut quod vacuum poneretur esse, aut motus esse in instanti prout procedit primum argumentum: et supposuit, ut factum est in eodem argumento, quod motus neom potest esse in instandi, quod procul dubium verum est etiam in opposito: posito quod sit vacuum secundum dictum modum. Licet enim in vacuo non posset esse motus gravis aut levis secundum se: sed tantummodo motus progressiva, animalium Secundum Commentat. III Physice, posita tamen materia subito spoliata forma et quantitate secundum dictum*

'Penso que essa questão foi introduzida porque se sustentou recentemente que a matéria não pode existir sem forma nem quantidade e que Deus não pode desnudá-la: do que, aliás, eu estabeleci o contrário. Ora, afirmou-se, parece, pela razão que decorreria diferentemente ou que o vácuo existisse, ou que o movimento se faria no instante, assim como é desenvolvido no primeiro argumento [exposto acima]. Ora [aquele que sustentou essa opinião] teria admitido ao mesmo tempo, como fez no dito argumento, que o movimento não pode se realizar no instante; o que, sem nenhuma dúvida, é verdade, mesmo no caso contrário, ou seja, mesmo se admitirmos que o vácuo existe da maneira como foi exposto. Pois ainda que no vácuo não pudesse existir movimento natural do pesado [descendente] ou de leve [ascendente]; e que apenas o movimento progressivo dos seres animados pudesse ocorrer ali (cf. o comentador, *Física*, IV); entretanto, admitindo-se que a matéria foi bruscamente privada de forma e quantidade, assim como foi dito acima, as partes do ar [circunvizinhas] se reaproximariam por um movimento no vácuo que, sem dúvida, se interporia entre elas. Pois elas só se reaproximariam permanecendo conexas na continuidade do corpo, e, portanto, [elas só se estenderiam] rarefazendo-se, o que não se pode fazer no instante, mas apenas no tempo, até que, estando o espaço inteiramente preenchido, o vazio esteja absolutamente excluído dele. Ora [o autor da opinião relatada] havia demonstrado que o vácuo não pode absolutamente existir, mesmo pela ação de Deus, e isso com a ajuda do segundo argumento que expusemos. De onde, em seguida, ele conclui a impossibilidade daquilo que, uma vez colocado, implicaria a existência do vácuo, a saber, a impossibilidade de desnudamento da matéria, mesmo por ação divina.'"

---

modum, dictae partes aeris in vacuo quod in ibi proculdubio partibus dictis intercideret, per motum concurrerent: quia non concurrerent nisi manentes connexae in continuo: et hoc non nisi per suam rarefactionem: quae non subito in instanti sed successive et in tempore fieri posset, quousque toto spatio repleto omnino exclusum esset vacuun. Probavit autem ille quod vacuun omnino esse non potest etiam Deo agente et hoc per secundum argumentam. Ex quo ulterius conclusit impossibilatem illus quo posito sequeretur vacuum esse: cuiusmodi est materiae denudatio a forma et quantitate etiam Deo agente."

"Resposta:[47]

'Ora, afirmo, mesmo que, aliás, fosse impossível o desnudamento da matéria da maneira supracitada, no entanto o argumento pré-citado constitui uma razão bem fraca para afirmar que Deus não a pode desnudar dessa maneira, e não deveria, razoavelmente, incitar ninguém a negar que a matéria possa ser desnudada da maneira supracitada pela ação de Deus. A fraqueza desse argumento aparecerá claramente se o aplicarmos à questão: pode Deus aniquilar, segundo a forma substancial e todos os acidentes, um corpo qualquer, por exemplo, uma pedra, contido entre partes de ar ou ainda tudo aquilo que está entre a terra e [a esfera do] fogo, e fazê-lo mantendo o fogo no alto, de maneira que ele não desça por rarefação, e a terra e a água embaixo, de maneira que elas não se elevem por rarefação. Ora, colocada essa aniquilação, o fogo, segundo o Filósofo, livro IV do *De Coelo et Mundo*, não descerá, porque ele é leve em qualquer lu-

---

47   *Ibid.*, fol. CCCCCLXIV *v°*: "*Responsio: Sed dico ego quod licet alias impossibile esset materiam dicto modo denudari, ponere tamen hac de causa sive ratione iam dicta ab illo, scilicet Deum eum non posse denudare dicto modo, est vaide debile motivum: quod nec deberet quemquam rationabiliter movere ad negandum dicto modo materiam posse Deo agente denudari. Cuius debilitas apparet applicando causam illam quaestioni qua quaeritur: ultrum Deus posset annihilare et secundum materiam et secundum forman substantialem et secundum omnia accidentia aliquod corpus contentum inter partes aeris, puta lapidem aut totam speciem contentam inter terram et ignem: et hoc continendo ignem superius ne rarefactione descenderet: et terram et aquam inferus ne rarefactione ascenderent, quo etiam posito secundum Philosophum III, caeli et mundi, ignis non descenderte: quia est in omni loco levis. Similliter nec terra aut aqua ascenderent: quia secundum ipsum ibidem sunt in omni loco graves: licet aera mota terra descenderet eo quod in suo propio loco gravis est: unde nec ascenderet elevata sphaera ignis secundum Philosophum ibidem. Etiam an posset annihilare totam sphaeram elementorum sub sphaera lunae absque complicatione partium illius. Et constat quod non est negandum quin Deus haec et consimilia facere posser: quia qua ratione posset universan creaturam mundi annilare, cadem et quamlibet partem euis annihilare posset, et unam alte manente, Omnis enim creatura ex se caderete in nihilum sicut de nihilo facts fuit, nist manus conditoris teneret in esse: qui manum saam potest subtrahere, sive a toto universo, sive a quacumque parte etus ad libitum suae voluntatis: quia non de necessitate uilam creaturam conservat in esse sicut nec de necessitate ullam in esse perduxit: sed solummodo arbitri libertate voluntatis suse...*"

gar; e, igualmente, a terra e a água não se elevarão, porque, segundo o Filósofo, *ibidem*, elas são pesadas em qualquer lugar; entretanto, o ar, estando a terra suprimida, desceria porque ele é pesado em seu próprio lugar; por isso ele não subiria se a esfera do fogo estivesse elevada (*ibid*.).

'Poder-se-ia ainda apresentar a questão se [Deus] pudesse aniquilar toda a esfera dos elementos abaixo da esfera da lua, sem que nela as partes coincidissem. Ora, é indubitável que não se pode negar a Deus o poder de fazer isso, ou outras coisas semelhantes. Pois, da mesma forma que ele poderia aniquilar qualquer criatura do mundo [o mundo criado inteiro], da mesma forma poderia aniquilar uma parte qualquer dele, e, aniquilando nele uma, conservar uma outra. Pois toda criatura, por si mesma, retornaria ao nada, como do nada foi feita, se a mão do Criador não a mantivesse no ser. Ora, ele pode retirar sua mão tanto do Universo inteiro quanto de qualquer uma de suas partes de acordo com arbítrio de sua vontade. Pois não é por necessidade que ele conserva qualquer criatura no ser, mas unicamente pelo livre-arbítrio de sua vontade.'"

"*Objeção*:[48]

---

48   *Ibid*, fol. CCCCCLXXV v°: "*Objectio: Contra hoc tamen potest argui ex causa sive ratione praedicta eo modo quo ille arguit contra ponentes Deum posse dicto modo denudare materiam. Argueretur enim sic. Si Deus posset lapidem existentem in aere aut totam sphaeram aeris aut etiam totam sphaeram quattour elementorum annihilare, sequeretur vacuum esse, aut motum esse in instanti sicut prius. Et supposito ut prius quod partes circumstantes concurrere non possent subito: sicut suppositum est prius: concludi modo posset quo prius: si Deus annihilaret aut annihilare posset aliquod praedictorum, quod sequeretur vacuum, et tunc ulterius: sed impossibile est vacuum esse secundum philosophum. Ergo impossibile est illud ex quo hoc sequitur. Scilicet Deum posse aliquid praedictorum annihilare. Sed non puto quod sit aliquis catholicus qui propter fugam inconvenientis quod est vacuum esse, aut posse esse, duci deberet ad negandam antecedenter, dicendo quod Deus nullum praedictorum annihilare posset: immo potuis deberet a quolibert concedi vacuum posse esse: et Deum posse facere quod vacuum esset; quam negari Deum aliquot praedictorum posse annihilare. Consimiliter ergo et ad propositam quaestionem descendendo, dico quod Deus posset facere si vellet quod vacuum esset: et hoc sicut perseveraret in ese absque omini spatii separati repletione, aut per partium corporis circumstantis concursum, aut per aliquot corpus quod Deus de novo produceret loco corporis annihilati, aut per materiae prius denudatae*

'Entretanto, poder-se-ia ali argumentar contra, a partir da causa ou razão supramencionada, da mesma maneira pela qual [o autor da opinião estudada] argumenta contra aqueles que afirmam que Deus poderia desnudar a matéria da maneira acima citada. Argumentaríamos especialmente da seguinte maneira: se Deus pudesse aniquilar uma pedra existente no ar, ou toda a esfera do ar, ou mesmo a esfera dos quatros elementos inteira, decorreria daí a existência do vácuo, ou a de um movimento instantâneo, como [foi exposto] acima. E, se como é suposto, acima, que as partes circundantes não podem se reaproximar instantaneamente, da mesma forma como se supôs, poder-se-ia concluir, como acima: se Deus aniquilasse ou pudesse aniquilar uma das coisas supramencionadas, disso resultaria o vácuo. Continuaríamos então; porém, segundo o Filósofo, a existência do vácuo é impossível. Por conseguinte, é impossível aquilo onde ela [a existência do vácuo] decorreria, ou seja, é impossível que Deus pudesse aniquilar uma das coisas supramencionadas.

'Mas não acredito que exista um católico que, para evitar o inconveniente [que traz] a existência ou a possibilidade da existência do vácuo, deva chegar à negação [das proposições] precedentes, e dizer que Deus não pode aniquilar nenhuma das coisas supracitadas. Pelo contrário, todo mundo deveria conceber que o vácuo é possível e que Deus pode fazer com que o vácuo exista, antes de negar que Deus pudesse aniquilar qualquer uma das coisas supracitadas. Da

---

restitutionem per formam et quantitatem: licet natura hoc facere non posset: qula ipsa materiam non potest omnino denudare: nec corpus aliquod annihilare Unde quia Philosophi puta bant nihil posse fieri nisi natura agente ut medio sine quo ponebant Deum nihil posse de novo agere: iuxta dictum Phil. VIII Physic. Voluntas antiqua nihil operatur nisi mediante alio antiquo: et quia natura non potest materiam omnino denudare aut corpus aliquod omnino annihilare: sine quo vacuum fieri non potest: et cum hoc non potest habere esse sicut aliquot ens per se existens: et per se in esse productum: idcirco ponebant quod vacuun esse esset impossibile simpliciter. Sed licet sit simpliciter impossibile, sicilicet quod vacuum habet existere agente natura: et sicut alliquot ens per se existens et per se in esse productum, prout bene procedunt rationes philosophi: quia vacuum esse non potest: bene tamen possibile est vacuun esse agente Deo: et hoc sicut quoddam ens per accidens, secundum modum quo declaravimus vacuum esse ens per accidens in quodam alio quolibet praecedenti. Et secundum hoc concedendus est processus primi argumnenti."

mesma forma, portanto, retornando à questão proposta, digo que Deus poderia, se o desejasse, fazer com que o vácuo existisse; e isso de maneira tal que ele persevere no ser, sem que o espaço separado seja preenchido por nada, nem pela reunião das partes do corpo circundante, nem por um corpo qualquer que Deus tivesse novamente produzido em lugar do corpo aniquilado, nem pela restituição [em seu estado normal], a saber, por meio da forma e da quantidade da matéria precedente desnudada [de qualquer determinação]; ainda que a natureza não pudesse fazê-lo – pois a própria matéria não pode ser inteiramente desnudada; nem pode um corpo qualquer ser aniquilado pela natureza. Ora, portanto, já que os Filósofos consideram que nada pode se fazer que não seja por intermédio da ação da natureza, sem a qual, afirmaram eles, Deus não pode realizar nenhum ato novo; como afirma o Filósofo, *Física*, I. VIII: "A vontade antiga[49] nada faz de novo se não for intermédio de alguma coisa antiga"; e porque a natureza não pode desnudar inteiramente a matéria, nem aniquilar completamente um corpo qualquer, sem o que o vácuo não pode se produzir; e como o vácuo não pode ter existência como uma entidade qualquer existente em si, e em si produzida no ser;[50] por isso eles afirmavam que o vácuo é simplesmente [absolutamente] impossível. Mas ainda que isso seja simplesmente impossível, a saber [que seja impossível] que o vácuo exista pela ação da natureza e como uma entidade existente em si, e em si produzida no ser, o que foi bem demonstrado pelos argumentos do Filósofo sobre impossibilidade do vácuo, é entretanto perfeitamente possível que o vácuo exista pela ação de Deus, e isso na qualidade de possuidor de um certo modo de ser por acidente, assim como explicamos em um *quodlibet* precedente.[51] Em seguida a que o raciocínio do primeiro argumento deve ser atribuído [ao seu ator]."

---

49 *Antiqua voluntas.* É curioso observar que no catálogo dos erros condenados por Étienne Tempier nós encontramos (*Chartularium Universitatis Parisiensis*, t. I, p. 545, nº 39): *"Quod a voluntate antiqua non potest novum procedere absque transmutatione precedente."*

50 *Per se existens.* Traduzi por "em si", já que, na linguagem moderna, por si tem um sentido bem mais forte do que tinha no tempo de Henri de Gand.

51 No *Quodlibet* XIII, qu. 3, que cito adiante, p. 56.

"*Resposta:*[52]

'Quanto ao segundo argumento [contra o vácuo] que prova ser impossível que o vácuo exista, porque supor a existência do vácuo significa supor coisas contraditórias ao mesmo tempo: a saber que [se supusermos o vácuo] as partes [do corpo] que contêm o vácuo seriam [ao mesmo tempo] simultâneas e não simultâneas, eu afirmo que isso é falso. Pois durante todo tempo em que o vácuo existe, as partes [do corpo] que o contêm e o envolvem não são simultâneas; da mesma forma que não eram simultâneas antes, quando um corpo, por cuja aniquilação, ou por cujo desnudamento da sua matéria, o vácuo foi engendrado, ocupou o lugar do dito vácuo. O que está desenvolvido, e bem, na segunda parte desse argumento. Quanto à argumentação da segunda parte, a saber, que elas não seriam simultâneas ainda que nada se interpusesse entre elas, eu afirmo que nada se interpôs entre elas que fosse algum ser em si e positivo; entretanto, o vácuo se interpôs [entre elas] como um ser por acidente e privativo; como foi exposto na dita questão [XIII] que o vácuo é um ser por acidente e privativo. Assim é preciso dizer que se interpõe

---

52   GAND, Henri de. *Quodlibeta*, XV, qu. 4. fol. CCCCCLXXV *vᵒ*: *"In oppositum: Ad argumentum secundum in oppositum, pro eo quod probat quod impossiblie est vacuum esse: quia ponere vacuum esse est ponere contradictoria esse simul: puta partes continentes vacuum esse simul et non esse simul: dico quod hoc falsum est: immo pro toto tempore quo vacuum est, partes circumstantes et continentes illud non sunt simul: sicut necque erant simul prius quando corpus erat contentum in situ vacui. Per cuius annihilationem aut materiae elus denundationem generatum est vacuum: secundum quod procedit secunda pars illius argumenti, et bene. Quod autem arguebatur secunda parte elus: quod etiam non essent simul: quia nihil esset médium illarum dico quod reverá nihil est médium quod erat aliquod ens per se et positivum: est tamen medium vacuum sicut aliquod ens per accidens et privativum, secundum modum quo expositum est vacuun esse ens per accidens et privativum in dicta quaestione. Et sic dicendo quod inter partes continentis vacuum nihil est medium: negando aliquod generaliter tam per eo quod est ens per se positivum quam per eo quod est ens per accidens privativum, illud semper falsum est. Sed talis negatio est in dicto Philosphi de simul: quod simul sunt illa quorum nihil est médium scilicet nec aliquot ens per se nec ens per accidens. Negando vero specialiter pro eo quod ens per se solum modo, verum est quod nihil est medium inter partes continentis vacuun. Sed non est talis negatio praecisa in definitione elus quod est simul: et ideo non sequitur quod simul sunt partes inter quas non est medium inter vacuum."*

entre as partes [do corpo] que contêm o vácuo; mas se negarmos qualquer interposição, tanto a de um ser que existe em si como a de alguma coisa que só existe como acidente privativo, dizemos alguma coisa errada...'"

Para não atingir a onipotência divina, Henri de Gand admite, portanto, a possível existência do vácuo. De fato, a sua ideia do vácuo é a ideia do senso comum: suprimam o corpo que se interpõe entre dois outros corpos, o vinho que enche o tonel, ou os objetos que preenchem um cofre; o tonel e o cofre estarão vazios e nem por isso suas paredes se tocarão. Em termos mais eruditos, Henri de Gand nos lembrará que, de acordo com os filósofos, o vácuo – que não é nada em si, ou seja, *não é um objeto* – é o intervalo (*intermedium*) entre os corpos onde outros podem vir se colocar.

Está claro, por essa mesma definição, que não pode existir vácuo fora do mundo.[53] Ora, se é assim, se fora do mundo não existe nem vácuo, nem lugar, nem espaço, como poderia Deus criar ali alguma coisa? Henri de Gand responde que, da mesma forma que Deus criou esse mundo do nada, ele pode muito bem criar um outro mundo do nada, que está fora desse mundo. Mas assim não fica colocada a existência de um nada fora do mundo? Henri de Gand nega isso. Entretanto, suas denegações não parecem muito convincentes: criar do nada (*ex nihilo*) e criar no nada (*in nihilo*) não é de modo algum a mesma coisa. Além do mais, como veremos em seguida, na sua concepção, o nada é decididamente alguma coisa. Vejamos então o texto. À pergunta: *pode Deus fazer um corpo qualquer fora do mundo?*, Henri de Gand responde:[54]

53　O vácuo só pode existir entre as coisas. Em termos modernos, portanto, o vácuo é uma relação que pressupõe a existência dos *relata*.

54　GAND, Henri de. *Quodlibeta*, qu. XIII, qu. 3, fol. CCCCCXXIV *vº*: *"... Arguitur quod Deus non potest facere corpus extra mundum: quod non tangat ultimum caelum: quia non distaret ab íllio. Sicut enim non potest album esse sine albedine: sic non possunt aliqua distare sine distantia: quare cum inter illud corpus et caelum nulla sit distinctio media, non distant: corpora autem quae inter se non distant sese tangunt: ergo etc.*
Item secundum Philosophum, VI physicorum. Corpora illa tangunt se: quorum nihil est medium: inter illud autem corpus et extremum caelum nihil est medium: ergo etc.

"... Diz-se que Deus não pode fazer um corpo fora do mundo de maneira que ele não toque no último céu; porque [estando fora do mundo] ele não estará distante dele. Pois da mesma forma que não pode existir branco sem brancura, da mesma forma que as coisas não podem estar distantes sem distância; por isso, como entre esse corpo e o céu não haveria nenhum meio distinto, eles não estarão distantes. Mas os corpos que não estão distantes entre eles se tocam. Logo etc.

'Da mesma forma, segundo o Filósofo, *Física*, livro VI: os corpos entre os quais não existe nenhum meio se tocam.[55] Ora, entre esse corpo e o último céu não existe nenhum meio [não existe nada]. Logo...

Contra: Deus non est potentior intra caelum quam extra: sed intra caelum Deus posset caelum continue tenere in esse cadentibus elementis in nihilum: cum in nullo dependeat caelum ab elementis in suo esse: sed magis e contrario et tamen latera caeli non concurrerent: nec se tangerent sed distarent sicut modo: ergo etc.

Dico quod Deus bene potest facere corpus aliquod vel a alium mundum extra ultimun caelum: et hoc non in aliquo sed in nihilo: non materialiter quasi nihil sit aliquid: sed post nihil, quia ubi nihil erat et hoc no qula tunc illud ubi erat aliquid ut dimensio separata: in qua ipsum nihil erat: quasi nihil esset aliquit et in quo dimensiones corporis recipi possent post nihil prius ibi existentem et expulsum: sed totum debet intelligi negative: ac si diceretur non ubi erat non aliquid:ut et ubitas et aliquitas simul negentur. Ut intelligamus modo ipsum caelum vel corpus de quo loquimur factum esse in nihilo, intelligendo hoc secundum modum quo ingelligit August. Ipsum nihil: quando exponendo illud loan. I. Sine ipso factum est nihil: dict sic. Videte ne cogitetis quia nihil aliquid est. Solent enim multi male intelligere. Sine ispo factum est nihil, putantes aliquid esse nihil. Et secundum hoc dicitur de Deo. Job XXVI. Appendit terran super nihilum. Omnino scilicet quia non super plenum quod est aliquid per se ut corpus dimensionatum: nec super vaccum quod est aliquid per accidens ut iam dicetur. Secundum hunc etiam modum. Deus extremum caelum fecit in nihilo. Scilicet omnino: quia secundum Philosophum: extra caelum nihil est scilicet non est aliquid. Dico neque per se existens aliquid neque per accidens popter quod specificando continue subdit. Neque plenum est vacuum, sic intelligatur omnino necesse extra caelum nihil esse: et surpremum caelum factum in nihilo: et terra appensa super nihilum. Ulterius dico: quod posset Deus facere illud corpus extra caelum distans ab ultimo caelo, ut procedit ultimo ratio, hec est aliqua aba difficultas nisi in argumentis duobus ad oppositum."

---

55   A distância entre dois corpos é formada pelos corpos que se interpõem entre eles, ou por um meio no qual eles estão mergulhados.

'Entretanto, Deus não é mais poderoso no interior do céu do que no exterior. Mas, no interior do céu, Deus poderia continuar a manter o céu no seu ser, enquanto os elementos sucumbiriam do nada (isso porque o céu, no seu ser, não depende de forma alguma dos elementos, antes *vice-versa*, e entretanto as paredes do céu não coincidiriam. Elas não se tocariam, mas permaneceriam distantes como antes. Logo etc.

'Eu afirmo que Deus pode perfeitamente fazer um corpo ou um outro mundo fora do último céu, e isso não em alguma coisa, mas no nada. [A expressão: no nada] não é aqui tomada no sentido material[56] como se o nada fosse alguma coisa, mas como querendo dizer: depois do nada, ou lá onde estava o nada; o que tampouco significa que lá existia alguma coisa como uma dimensão separada[57] na qual estivesse o nada, como se o nada fosse alguma coisa [dimensão separada] onde as dimensões dos corpos pudessem ser recebidas depois que o nada, que ali existia antes, fosse expulso.[58] Tudo isso deve ser entendido num sentido negativo como se disséssemos que o não alguma coisa fosse não onde, de maneira a negar ao mesmo tempo a existência de um "onde" e a de "alguma coisa", ou seja, da mesma maneira como entendemos que o próprio céu ou o corpo de que falamos foram feitos no nada, entendendo o próprio nada como o faz Santo Agostinho. De fato, comentando [a passagem] de João I: *Sem ele nada foi feito*, ele diz: Tomem cuidado para não pensar que o nada é alguma coisa. Pois muitas [pessoas] desconhecem comumente [o sentido de]: *Sem ele nada foi feito*, acreditando que o nada é alguma coisa. E é assim que está dito de Deus, Jó, XXVI: *Ele colocou a terra sobre o nada*, ou seja, de uma maneira absoluta: não sobre o pleno que é alguma coisa em si, como o corpo com suas dimensões, nem sobre o vácuo que é alguma coisa por acidente, como será explicado em seguida. Nesse mesmo sentido, Deus fez o último céu no nada, ou seja, absolutamente, pois, segundo o Filósofo, fora do céu

---

56 O nada não deve ser compreendido como sendo a matéria de que são feitos os corpos.

57 Espaço abstrato e vazio de qualquer corpo.

58 O nada não é alguma coisa que existisse no espaço e fosse susceptível de "receber" as dimensões, ou seja, de ocupar o espaço.

não existe nada quer dizer nenhuma. Eu afirmo: nem alguma coisa que existe por si, nem alguma coisa [que existe] por acidente.

'O vácuo não é pleno,[59] o que significa que é absolutamente necessário que fora do céu exista o nada: e o céu supremo está feito nesse nada e a terra colocada sobre esse nada. Eu afirmo em seguida que Deus poderia fazer esse corpo fora do céu, distante do último céu, assim como é desenvolvido no último raciocínio; e não existe aí nenhuma outra dificuldade além daquelas que estão desenvolvidas nos dois argumentos citados acima.

'Ao contrário do primeiro argumento,[60] que afirma que o céu e o corpo supracitado não estariam distantes [um do outro] porque entre eles não existiria nenhuma distância etc., eu afirmo que os corpos podem estar distantes de duas maneiras. Primeiro por si, ou seja, que existe uma certa distância positiva da dimensão corporal que se interpõe entre eles,[61] em seguida, por acidente, pois, mesmo que não exista entre eles nenhuma distância positiva, entretanto ao

---

59   O vácuo não é pleno, *necque plenum est vacuum*: pode ser que tenha ocorrido um erro de imprensa e que seja preciso ler *nec plenum, nec vacuum*: nem vácuo, nem pleno.

60   GAND, Henri de. *Quodlibeta*, XIII, qu. 3. fol. CCCCCXXV *vº*: *"Ad primum principium: Quod ego arguit primo: quod caelum et dictum corpus non distarent: qula nulla est distantia inter illa etc. Dico quod aliqua contingit distare dupliciter. Uno modo per se sive qula est aliqua distantia positiva dimensionis corporalis in medio eorum. Alio modo per accidens: qui etsi non sit aliqua distantia positiva inter illa: tamen luxta vel inter illa potest esse aliquid quod haber in se dimensionem positivam per quam potest adverti distantia illorum, ut si luxta extrema duorum corporum inter quae est vacuum, et luxta vacuum sit murus trium pedum: trunc distantia trium pedum dicendum corpus quod est sub vacuo distare a corpore quod est super vacuum, quod est super vacuum quod etsi nihil sit intra, tamen quantas dimensionis corpus natum est recipi inter dicta duo corpora, tantum secundum distantiam ludicandum est esse illud intermedium: sec per accidens et ratione illius per accidens intermedium quod secunndum se omnino nihil est, per accidens est quasi aliqui: propter quod appelatur vacuum quasi non omnino nihil sed per accidens distantia separata corporis recptiva. Et secundum hoc dicta duo corpora non distant, quast non distant hist distantia non quae est secundum actum, et per se luxta vel'inter illa sed quae nata est esse inter ipsa per se: aux luxta illa: et per hoc bene distantia quae est distantia per accidens, et inter illa quae est vacuum, sicut iam dictum est."*

61   Ou seja, eles estão separados por uma certa extensão corporal que tem dimensões reais.

lado deles ou fora deles pode existir alguma coisa que tenha *em si* uma dimensão positiva através da qual a distância entre eles possa ser reconhecida. Assim, por exemplo, se, ao lado das extremidas dos dois corpos entre os quais existe o vácuo, existisse uma parede de três pés, então seria necessário dizer que o corpo que está abaixo do vácuo está distante do corpo que está acima do vácuo por uma distância de três pés, pois, ainda que nada esteja entre [esses corpos], todavia o ser desse intervalo deve ser considerado, quanto à distância, como tendo a mesma dimensão do corpo que pode ser admitido entre os dois corpos em questão; mas apenas por acidente. E, em razão dessa existência por acidente, o intervalo, que em si mesmo não é absolutamente nada, por acidente é quase alguma coisa. Por isso ele é chamado o vácuo, quase absolutamente nada, mas por acidente uma distância separada capaz de receber corpos. E por esse fato os dois corpos em questão não estão distantes a não ser por uma distância que não é em ato, por ela mesma, não está entre eles ou ao lado deles, mas que é susceptível de existir entre os seres que existem em si, ou ao lado deles;[62] por isso a distância que é uma distância por acidente e que está apenas "entre" os corpos é mesmo um vácuo, como já foi dito.

'Quanto ao segundo argumento,[63] a saber, que nada se interpõe entre eles [os corpos], eu afirmo que a interposição de nada entre as

---

62 A distância "por acidente" é uma pura relação cujo ser depende do ser de seus *relata*.

63 GAND, Henri de. Op. cit. Fol. CCCCCXXV *v°*: *"Quod arguitur secundo: quod nihil est medium inter illa: dico quod nihil esse medium inter aliqua potest intelligi dupliciter. Uno modo quia nulla distantia nec per se nec etiam per accidens est in medio. Alio modo solum quia nulla distantia per se est in medio, ut nullum corpus: est tamen in medio, vel quid est distantia per accidens: et per hoc aliquid per accidens sive vacuum. De non habentibus medium inter se primo modo verum est solummodo quod tangunt se, non autem verum est de non habentibus médium inter se secundo modo. Sed contra hoc arguet forte per Philosophum qui dicit quod extra caelum nihil est nec plenum nec vacuum: quare nec est ibi distantia per accidens: per hoc scilicet quod in dicto vacuo intermedio natum esset esse corpus.*
Ad quod dico: quod sicut vacuum non est distantia sive dimensio separata inter illa corpora nisi per accidens secundum dictum modum: sic nec vacuum est omnino nec est aliquid omnino ut aliqua dimensio nisi per accidens, sed hos alio et ali modo habet quod per accidens sit dimensio et aliquid: et quod per accidens

coisas pode ser entendida de duas maneiras. Primeiro, no sentido que nenhuma distância, nem por si, nem por acidente, se interponha entre elas. Em seguida, [neste sentido] apenas que nenhuma distância por si se interponha [entre elas], ou seja, nenhum corpo; e entretanto existe uma interposição, ou uma distância por acidente e por isso mesmo alguma coisa que existe por acidente, ou seja, um vácuo. Quanto às coisas entre as quais nada se interpõe da primeira maneira, não há dúvida que elas se tocam, mas isso não é verdadeiro no que diz respeito àquelas entre as quais nada se interpõe da segunda

---

sit, sumendo esse secundo adiacens. Est enim ut dictum est vacuum dimensio sive distantia inter duo corpora dicta, et hoc, per accidens: val quia demensio positiva est luxta vel nata est esse infra aut luxta. Ipsum autem vacuum habet esse per accidens quia corpora aliqua inter qua est, sic situata sunt. Quod dimensio aliqua corporis nata est esse inter illa sed non est. Et propterea si extra caelum extremum esset a Deo aliquid corpus factum vel alius mundus sine contactu ad caelum, tunc inter utrunque dicendum esset esse vacuum secundum mensuram determinatam corporis, quia natum esset inter illa recipi: sed alibi non, sicut nec modo extra dicendum est esse vacuum, sicut nec plenun, sed purum nihil. Et ideo philosophus loquens de unitate mundi, et supponens nullum corpus extra nostrum mundum esse: quid etiam nititur probare: dicit (et bene) quod extra caelum nihil est, necque plenum necque vacuum, et hoc necque per se necque per accidens: puta nec aliquod corpus habens distantiam partium et dimensiones nec receptible corporis determinatum inter duo corpora distantia. Unde si Deus modo crearet corpus extra caelum tangens caelum, ilud nec in pleno necin vacuo crearetursed in puro nihilo, et esset exopposito caeli subsistens in puro nihilo negative accepto, sicut caelum creatum fuit in puro nihilo et purum nihilo erat prius ubi est illud corpus: et hoc totum negative intelligendo secundum iam expositum modum. Et propterea si elementa essent amota de sub caelo, intra caelum ponendum est esse vacuum: quod tamen nequaquam ponendum est esse extra caelum. Et proptera licet nunquam fuit caelum sine elementis contentis in ipso et sub ipso: quia tamen caelum naturaliter prius est elementis; ideo prius naturalite creatum est elementis: licet simul duratione. Et propter hoc signanter dicit beatus Job de Deo. Quir extendit aquilonem super vacuum, non autem dicit super elementa: quia naturaliter sunt creata pos creationem caeli: licet simul duratione. Sed nunc postquam creata sunt elementa sub caelo apparet caelum extensum super terram: sicut quoddam tabernaculum super pavimentum. Et sic non dicit caelum extensum super aliquid positivum: nec etiam super nihilum: sicut terra appensa est super nihillum: quan nec dicit appensam super vacuun aut super aliquid. Per aquilonem autem beaturs Job intelligit caelum: quia pars caeli aquilonaris maxime apparet supra nostrum habitabile."

maneira. Mas talvez aí se possa objetar que, segundo o Filósofo, fora do céu não exista nada, nem pleno nem vácuo, por isso lá não existe nenhuma distância por acidente...[64]

'Quanto a isto eu afirmo: da mesma forma que o vácuo não é a distância ou a dimensão separada entre os corpos a não ser por acidente de acordo com o modo supracitado, da mesma forma o vácuo também não é, absolutamente, nem é alguma coisa absolutamente, como uma dimensão qualquer [pois ele não existe], a não ser por acidente. Mas é bem de outra maneira que, por acidente, ele é dimensão e alguma coisa: e ele existe por acidente assumindo o ser daquele que lhe é adjacente.

'De fato, assim como já foi dito, o vácuo é a dimensão ou a distância entre os corpos supracitados e isso por acidente: ou porque a distância positiva lhe seja justaposta, ou porque seja susceptível de estar abaixo ou ao lado dele. Assim, o próprio vácuo tem uma existência por acidente, porque os corpos, entre os quais ele está, estão situados de tal maneira que pode existir uma certa dimensão corporal entre eles, mas no entanto não existe.[65] Isso porque, se um corpo qualquer ou um outro mundo, sem contato com o céu, fosse feito por Deus, fora do último céu, então seria necessário dizer que existe um vácuo entre esses, [um vácuo] cuja medida é determinada pela medida do corpo que poderia ser recebido entre eles. Mas não existiria vácuo alhures;[66] por isso não se deve dizer que no exterior haveria vácuo, nem que haveria o pleno, mas puramente o nada. Por isso o Filósofo, falando da unidade do mundo, e supondo que nenhum corpo exista fora do nosso mundo, o que aliás ele se esforçou para provar, afirmou (e com razão) que fora do céu não existe nada: nem pleno, nem vácuo, e isso nem por si, nem por acidente; para dizer de outra maneira, nem um corpo que possua uma distância entre suas partes e dimensões, nem nada que seja capaz de receber um

---

64   Uma distância por acidente implica a possibilidade de ali colocar um corpo, o que é impossível fora do céu.

65   O vácuo é o intervalo entre os corpos onde um corpo real poderia existir, ainda que não exista.

66   Assim o vácuo seria em seus lados limitado pelo nada.

corpo determinado entre dois corpos distantes.[67] Daí se conclui que, se Deus criasse fora do céu um corpo contíguo ao céu, esse corpo não seria criado nem no pleno nem no vácuo, mas no puro nada, e, do lado oposto ao céu, ele continuaria a estar no puro nada, na acepção negativa [do termo], no sentido em que o próprio céu foi criado no puro nada que inicialmente estava lá onde está esse corpo. Tudo isso compreendido no sentido negativo como foi exposto acima.[68] Por isso seria necessário colocar que se os elementos fossem retirados de debaixo do céu, então, debaixo do céu, haveria um vácuo: o qual [vácuo] no entanto de modo algum deve ser colocado como existente fora do céu. Isso porque ainda que o céu nunca tenha existido sem os elementos contidos nele e sob ele, entretanto, como segundo a natureza o céu é anterior aos elementos, também segundo a natureza, ele foi criado antes dos elementos; ainda que ao mesmo tempo, quanto à duração. E nesse sentido é que o bem-aventurado Jó disse de Deus: *Quem estendeu o aquilão sobre o vácuo*, mas ele não disse: sobre os elementos; pois segundo a natureza eles foram criados depois da criação do céu, ainda que ao mesmo tempo [que ele] segundo a duração. Mas agora, depois que os elementos foram criados sob o céu, o céu aparece como que estendido sobre a terra, como um tabernáculo sobre o pavimento. Também [Jó] não diz que o céu está estendido sobre alguma coisa de positivo, nem mesmo sobre o nada, como a terra está fixada sobre o nada: a qual ele não diz que pode estar fixada sobre o vácuo ou sobre alguma coisa. Mas com o termo "aquilão" o bem-aventurado Jó representa o céu: porque é sobretudo a parte aquilonária do céu que aparece acima de nossa morada.

*

Teoria visivelmente insustentável e contraditória: o conformismo decidido de Henri de Gand, seu desejo de não admitir fora do

---

67   Portanto, fora do céu não existe vácuo. O vácuo só existira ali se Deus criasse alguma coisa fora e distante do céu, e ele só existiria entre esse corpo recentemente criado e o último céu.

68   Esta advertência de Henri de Gand está bem: sem ela o leitor acreditaria que o nada é alguma coisa.

mundo o "vácuo" ou o "espaço separado", chega paradoxalmente à necessidade de fazer limitar o vácuo pelo nada e, com isso, realizar esse último. Necessidade que, ao que eu saiba, apenas Bradwardine compreendeu claramente e aceitou.

III. RICHARD DE MIDDLETON

Richard de Middleton[69] deve a Duhem a reputação de ter sido um espírito científico de vigor e originalidade pouco comuns,[70] assim

---

69   Não sabemos grande coisa sobre Richard de Middleton, ou mais exatamente de Mediavilla. A tradição faz dele um inglês e um oxfordiano. Em todo caso, é certo que foi um franciscano e que ensinou em Paris a partir de 1277. Sobre Richard de Middleton, cf. Hocédez, E. *Richard de Middleton*, Louvain, 1925; SHARP, D. E. *Franciscan philosophy in Oxford in the XIIIth century*, Oxford, 1930; GILSON, E. Op. cit. p. 458 e segs.

70   DUHEM, P. (*Études sur Léonard de Vinci*, v. II, p. 565) atribui a Richard de Middleton a introdução na análise de queda dos corpos da consideração da distância do ponto de partida (que, de fato, já é encontrada em Hiparco e João Philopon) e a afirmação de que o corpo lançado verticalmente no ar para antes de cair (o que também é uma teoria muito antiga. Curiosamente, apenas no século XVII é que ela será definitivamente abandonada e não sem lutas e dificuldades). E. Hocédez – e outros – repetem em confiança os julgamentos, e os erros de Duhem. Cf. E. Hocédez. Richard de Middleton, p. 167: "Na teoria de Hiparco, Richard introduziu algo novo: ele foi o primeiro a considerar esse período de repouso que separava o movimento de ascensão, que é violento, do movimento de descida, que é natural. Esta teoria de *quies media* tem uma extraordinária aceitação e por intermédio da teoria do ímpeto composto de Leonardo da Vinci ela preparou a explicação do movimento dos projéteis que Galileu um dia deveria apresentar." De fato, Richard de Middleton não apresenta a teoria da *quies media* como invenção sua, mas como uma opinião corrente; além disso, e aí talvez esteja o seu maior mérito, ele não a aceita. Muito pelo contrário, tanto aos que se atêm à teoria da *quies media* com a finalidade de evitar a realização de dois estados contraditórios *simul* (*ascensus et descensus*) quanto aos que, rejeitando essa *quies media*, aceitam a possibilidade da coexistência dos contraditórios, Richard de Middleton responde ressaltando que uma trajetória quebrada não é menos trajetória do que uma trajetória retilínea ou curva, e que o corpo que retorna depois de um choque (Richard de Middleton, além disso, observa que o caminho da volta não será idêntico ao da ida, o que é correto quando o lançamento é horizontal) não está no ponto do choque de uma maneira diferente daquela que está em todos os outros pontos da trajetória, e, portanto, ali não permanece em repouso. Cf. *Clarissimi Theologi Riccardi de Mediavilla, Super quatuor libros sententiarum*

58 Estudos de História do Pensamento Filosófico | Alexandre Koyré

como de ser um dos que libertaram o pensamento cristão da convivência aristotélica com o finito.[71] Na verdade Richard Middleton apa-

> *quaestione sublilissimae*, Brixiae, MDXCI, I, I, dist. XLII, art. I, qu. 4, p. 374 [ab]:
>
> *'Quarto quaeritur: ultrum Deus possit simul contradictoria facere et videtur quod sic, quia pila projecta contra parietem in eodem instanti in quo adest parieti abest ei, quia alioquin ibi quiesceret quod non videtur: sed adesse est abesse idem eidem in eodem instanti, includit contradictionem: "ergo creatura potest facere contradictoria simul, muito fortius ergo creator.*
>
> *"Item ponatur quod faba projiciatur sursum et obviet lapidi molari descendenti, tunc superfícies fabae et molae iunguntur in aliquo indivisibili ipsius aeris in aliquo instanti et in eodem instanti ab lilo indivisbili separabuntur, aliter faba ascendens faceret lapidem descendentem quiescere quod absurdum videtur; ergo videtur, quod etiam potestate creata possunt simul fieri contradictoria: ergo muito fortius potestate increata.*
>
> *"Repondeo quod Deus non potest facere duo contradictori simul...*
>
> *"Ad primum in oppositum com arguitur de pila projecta ad parietem etc. Dicendum quod si pila ibi non conquiescit quod per eandem lineam non revertitur: sed per aliam ita ut processus pilae ad parietem et reversio cius versus locum unde projecta est, sit unus motus contrarius, et pila non signavit aliquem locum in pariete in actu, alio modo quam mobile est in quolibert spacio medi sibi aequali dum moveretur, quod non est ibi esse in actu puro: sed in potentia permixta actui.*
>
> *'Dicunt tamen quidam quod pila ibi quiescit tempore imperceptibili quia virtus per quam adhuc poterat moveri in directum nisi esse paries, non ita cito potest in ea causare motum reflexum.*
>
> *'Ad secundum, quod arguebatur de faba obviante lapidi molari: dico quod non faceret lapidem molarem quiescere, nec ex hoc sequitar aliqua contradictio. Sicut enim non est contradictio quod aliquid qulescat per se, et moveatur per accidens, sicut patet de homine quiescente in navi quae movetur, ita non est coontradictio quod faba obvians lapidi molari per motum lilus lapidis revertatur sine tempore intermedio inter suum ascensum et descensum, quamvis de necessitate per se quiescat antequam incipiat reverti. Et sic dico quod faba in illo instanti in quo obviat lapidi molari non se habet aliter ratione suae superficiel ad aliquam superficiem ipsius spatil quam superfícies ipsus molae quae simul est cum superficiae fabae. Et ita patet quod superficies fabae non signavit in actu aliquod indivisibile in ipso spacio antequam revertatur.'"*

---

71   Duhem de fato escreve (*Études sur Léonard de Vinci*, v. II, p. 368) e R. P. Hocédez, *loc. cit.*, repete pura e simplesmente que: "A filosofia dos cristãos ocidentais admitu, desde as origens, a infinidade da pequenez, mas foram necessários longos esforços para libertar-se da imposição do peripatetismo que lhe negava o direito de contemplar a infinidade de grandeza. Podemos reconhecer o momento preciso em que o pensamento católico rompeu esse entrave im-

rece mais como um espírito prudente e tímido, um conformista e um mediador de originalidade bastante duvidosa. Ele foi, visivelmente, muito marcado pela condenação de 1277 – ele a cita a propósito de tudo e sem nenhum propósito – e, nas duas questões cosmológicas, ele se aplica cuidadosamente em administrar a galinha, o milho e a raposa.

Finitista decidido – não é preciso ser aristotélico para ser finitista, e até mesmo, num certo sentido, é preferível não sê-lo – Richard Middleton está profundamente convencido da impossibilidade do infinito real, tanto em número quanto em grandeza. De onde conclui – com São Boaventura e apesar de São Tomás – que o mundo não pôde existir durante toda a eternidade. É óbvio que não admitimos a possibilidade de atribuir ao mundo uma infinidade – sucessiva – de duração, Richard de Middleton tampouco admite a possibilidade de lhe atribuir uma infinidade – simultânea – de extensão. Por isso ele não hesita em escrever:

"Deus não pode produzir o que seja em número realmente infinito. De fato, qualquer multidão que Deus possa realizar por meio de coisas incorpóreas ele também pode realizar com a ajuda de corpos. Mas Deus não pode produzir uma multidão infinita de corpos, pois desses corpos, cuja multidão seria infinita, ele poderia igualmente fazer um mundo contínuo; ele produziria assim um volume contínuo realmente infinito, e na questão precedente provou-se que isso não podia existir."[72]

Mas o bispo de Paris e, mesmo antes dele, Pierre Lombard condenaram com convicção os que pretendiam impor limites à onipotência de Deus.[73] Richard de Middleton, portanto, concede a Deus

---

posto por Aristóteles: a explicação de Henri de Gand precede imediatamente esse momento, e a de Richard o segue bem de perto." De fato, como Henri de Gand, Richard de Middleton tampouco admite infinito em ato.

72 *Clarissimi Theologi Riccardi de Mediavilla, super quattuor libros sententiarum quaestiones subtillissimae*, Brixiae, MDXCI, livro I, dist. XLIII, art. I, qu. 6, p. 386, citado por Duhem, op. cit. v. II, p. 369. Na "questão precedente", Richard de Middleton apresenta os argumentos clássicos contra a possibilidade de um infinito real.

73 LOMBARDUS, Petrus, *Quatituor libri sententiarum*, livro I, dist. XLIII, citado por Duhem, op. cit. p. 269. "Algumas pessoas, glorificando-se com o seu próprio

60 | Estudos de História do Pensamento Filosófico | Alexandre Koyré

possibilidade de aumentar constantemente o mundo, todavia sob a condição de que ele permaneça sempre finito (alguma coisa como Universo em expansão do abade Lemaître): "Eu respondo que, sem fim, Deus pode produzir uma dimensão maior, e ainda maior, sob a condição de que sempre [a cada instante dado] o todo [a grandeza realizada nesse instante] seja finita. O que habitualmente se nomeia como infinito em ato com mistura de potência ou infinito *in fieri*; mas é impossível que Deus produza uma dimensão qualquer que seja infinita *in facto esse*, ou, como se diz comumente, que seja um infinito *in actu simpliciter.*"[74]

---

ponto de vista, esforçaram-se para restringir o poder de Deus e para lhe atribuir uma medida. De fato, quando elas dizem que Deus pode até ali, mas não pode mais, não significa isso apenas impor limites ao poder de Deus, que é infinito, e restringi-lo a uma certa medida?"

---

74 *Riccardi de Mediavilla, Super Quattuor libri sententiarum quaestiones sublillissimae*, livro I, dist. XLIII, art. I, qu. 5, p. 384: *"Respondeo quod quamvis Deus possit facere dimensionem maiorem et maiorem sine fine, ita tamen quod semper totum acceptum sit finitum, quod solet dici infinitum in actum permixito potentiae, vel in fieri, tamen est impossibile quod Deus faciat aliquam dimensionem infinitam in facto esse quod solet dici infinitum in actu simpliciter"; ibid.*, qu. 6 (p. 386): *"Cum dicitur quod omne continuum sit divisibile in infinitum dico quod verum est, sic inteligendo quod potest dividi sine fine, ita tamen quod semper totum acceptum sit finitum. Et si sic ponas ipsum dividi, nullum sequitur impossibile, quia ad hoc non sequitur esse infinitum in facto esse sed in fieri."*

O. R. P. Hocédez cita esses textos que impõem à onipotência de Deus a barreira intransponível da finitude, e junta a eles um comentário verdadeiramente curioso (HOCÉDEZ. Op. cit. p. 161 e 162): "Foi para salvaguardar a onipotência de Deus que Richard formulou sua tese sobre o infinito. Certamente, Deus não pode realizar um infinito que o seja sob todos os aspectos (*in Sent.*, I, d. XLIII, art. I, qu. 4, p. 383). Com São Tomás e São Boaventura ele demonstra a impossibilidade tanto de uma grandeza (*ibid.*, p. 384) quanto de uma multidão (*ibid.*, p. 386) *real e simultaneamente* infinitas. Mas Deus pode produzir uma grandeza ou uma dimensão que cresça sem parar, sob a condição de que a cada instante a grandeza já realmente realizada seja, nesse instante, finita; assim como Deus pode dividir indefinidamente um conteúdo em partes cuja grandeza acabe por cair abaixo de qualquer limite, sempre sob a condição de que realmente nunca exista um número infinito de partes realmente divididas." Perguntamos quais limitações teria Richard de Middleton imposto à onipotência divina se ele não tivesse querido salvaguardá-la. Certamente é

Trataremos agora das duas proposições condenadas por Étienne Tempier. No que diz respeito à possibilidade, para Deus, de mover o mundo em linha reta, Richard de Middleton, após ter enumerado as razões contrárias, conclui com a possibilidade de tal movimento: *"Poderia Deus mover o último céu com um movimento retilíneo?*[75] – Parece que não, já que qualquer movimento retilíneo de um corpo se faz de um lugar para outro lugar. Mas, segundo o Filósofo (*Física*, livro IV), o último céu não está num lugar e, de acordo com o livro I do *De Coelo et Mundo*, fora o último céu não existe nem lugar cheio,

---

a Richard de Middleton que se refere Walter Burleigh (Gualtherei Burlaei...,
*super Aristotelis libros de Physica auscultatione lucidissima commentaria, "Ex
his apparte quod Theologi qui dicunt Deum posse creare novam quantitatem
corpoream et posse eam addi altere corpori finito, et sic in infinitu, non possunt uti illa propositione Philosophi: quantacumque est magnitudo in potentia
tantam contingit eam esse in actu, quia illa propositio sic est intelligenda secundum Philosophum videlicet, quanta est magnitudo in potentia per additio-
nem partium preexistantum non de novo generatarum, tantam contingit eam
esse in actu. Unde aliqui Theologi concederent quod Deus posset addere caelo
maiorem quantatem, quam habet, ponamus igitur quod faceret caelum in
duplo maius quam est, adhuc posset facere iterum caelum in duplo maius,
et iterum in duplo maius et sic in infinitum ita quod quacumque magnitudi-
ne data posset Deus facere magnitudinem duplam et iterum duplam; et tamen negarent Deum posse facer magnitudinem actu infinitam quia forte hoc
concludit contradictionem, et secundum veritatem non sequitur formaliter, si
Deus potest facere magnitudinem duplam et iterum duplam, et sic in infinitum
ergo posset facere magnitudinem actu infinitam."*

---

75 MIDDLETON, Richard de. Op. cit., I. II, dist. XIII, art. 3 qu. 3, p. 186ª: *"Ultrum
Deus posset movere ultumum coelum motum recto: Et videtur quod non quia
omnis motus corporis rectus est de loco ad locum. Sed secundum philosophum
quarto physicorum ultimum coelum non est in loco, secundum etiam eundem
primo coeli et mundi, extra ultimun coelum non est locus neque plenitudo, neque vacuum: ergo impossibile est Deum movere ultimum coelum motu recto.
Item Deus non posset facere vacuun, quia cum vacuun sit capacitas distantiae
inter quam nulla penitus est distantia, nec aliquid aliud, Deus posset facere
ista duo simul, scilicet, quod aliqua sibi non essent conjuncta, nec tamen distarent ab invicem quod contradictionem includere videtur. Sed si Deus posset
movere coelum ultimum motu recto, aliqua pars eius recederet a loco in quo
est, nec succederet in illud locum aliud corpus: ergo Deus non posset ultinum
coelum movere motu recto."*

nem vácuo: por conseguinte, é impossível para Deus mover o último céu com um movimento retilíneo."

'Além disso, Deus não pode fazer o vácuo, já que, sendo o vácuo apenas a capacidade [de receber as coisas, ou seja, a possibilidade de existência de uma] distância [entre as coisas] entre as quais não existe absolutamente nenhuma distância,[76] nem nenhuma outra coisa, Deus poderia portanto fazer simultaneamente as duas coisas seguintes, a saber que algumas coisas não estariam nem juntas simultaneamente nem distantes uma da outra, o que parece incluir uma contradição. Mas, se Deus pudesse mover o último céu com um movimento retilíneo, uma certa parte dele deixaria o lugar no qual ela está, sem que nenhum corpo a substituísse nesse lugar.[77] Por conseguinte, Deus não pode mover o último céu com movimento retilíneo."

"Mas, entretanto, objeta Richard Middleton:[78]

'A forma [geométrica, *i.e.* esférica] do último céu não sendo modificada e a terra permanecendo imóvel, Deus bem poderia reunir alguma parte do céu à terra; o que, colocadas as suposições precedentes, só poderia realizar pelo movimento de uma parte qualquer do último céu até a terra. Mas se uma parte do céu tivesse feito esse movimento, sem que uma outra se movesse afastando-se da terra, a forma do céu não permaneceria a mesma: por conseguinte, Deus poderia mover o último céu inteiro num movimento retilíneo.

---

76 Cf. *supra*, p. 32 e segs., o texto de Henri de Gand. A distância, no Aristotelismo, é formada pelas coisas que se encontram "entre" os objetos distantes. Onde não existem coisas interpostas, não existe distância.

77 Formar-se-ia portanto um vácuo: *reliqueret vacuum*, segundo a fórmula de Étienne Tempier.

78 MIDDLETON, Richard de. Op. cit. I, II, dist. XIII, art. 3, qu. 3, p. 186ª: "*Contra: Deus salvata figura ultimi coeli et terra non mota, posset aliquam partem coeli conjugere terrae, quod esse non posset suppositis positionibus positis, nisi movendo aliquam partem ultimi coeli usque ad terram. Sed si una pars coeli sic moveretur, et alia pars non moveretur elongando se a terra non maneret figura coeli sicut modo est: ergo Deus totum ultimum coelum posset movere motu recto.*
"*Item a Domino stephano Parisiensi episcopo, et scrae theologiae doctore, excommunicatus est iste articulus, scilicet quod Deus non posset motu recto movere coelum.*"

'Além disso, segundo o Sr. Étienne, bispo de Paris e doutor em teologia sagrada, esse artigo, a saber, que Deus não poderia mover o céu com um movimento retilíneo, foi excomungado.'"[79]

Por isso ele conclui que "não é impossível para Deus mover o último céu com um movimento retilíneo".[80]

'Eu respondo que Deus poderia mover o último céu (seja criando um espaço fora dele; seja não o criando) com um movimento retilíneo, ainda que, essa mesma coisa [a esfera do mundo], tomada nela mesma e na sua totalidade, seja impossível para qualquer potência movê-la com um movimento retilíneo local, a menos que fora dela não exista espaço algum. Daí [se segue] que se não existisse [no mundo] nenhuma outra criatura além de um único anjo, Deus não poderia movê-lo com um tal movimento, a não ser que ele pudesse criar algum espaço fora, ou em torno dele; todavia, Deus poderia mover qualquer corpo com um movimento retilíneo, ainda que fora dele não existisse nenhum espaço, sob a condição de que [esse movimento] fosse parcial e acidental. Assim, se houvesse um buraco no

---

79 O movimento, imaginado por Richard de Middleton, que submeteria as esferas celestes a uma transição retilínea, permanecendo a terra imóvel, é, se assim podemos dizer, do ponto de vista aristotélico, ainda mais possível do que a translação do mundo tomado em bloco.

80 *Ibid.*, p. 186[a,b]: "*Conclusio: Nom est impossible Deo movere, ultimum coelum motu rectum: Respondeo quod Deus posset movere ultimum coelum (sive creando spacium extra ipsum sive non creando) motu recto quamvis emin eandem rem per se, et secundum se totam impossible sit moveri motu local recto, per quamquamque potentiam nisi extra ipsam sit aliquod spacium (unde si nulla creatura esset nisi unus angelus, Deus non posset ipsum angelum tali motu movere nisi inquatum posset creare aliquod spacium extra ipsum, vel circa), tamen per accidens vel secundum partem Deus posset movere corpus aliquod motu locali recto, quamvis extra ipsum nullum esset spacium, inde si esset aliquod foramen in coelo empyreo, et minimus homo habeat lanceam, impellendo per motum rectum, partem lanceae inferiore versus ultimam superficiem coeli empyrei, faceret, quod lancea motu recto transcenderet quantum ad aliquam sui partem, ultimam superficiem coeli empyrei, quam vis extra ipsam nullum sit spacium, sic dico, quod Deus si movere motu propiro recto unam partem coeli empyrei usque ad terram, figura coeli et quantitate salvism manentibus, faceret quod alia pars coeli moveretur motil recto; quamvis non in aliquo spacio. Sic ergo patet, quod posset totum coeli movere motu recto per rectum motum illius partis quam moveret in spacio. Ex dictus patet solutio ad primum in oppositum.*"

céu empíreo, e o menor dos homens tivesse uma lança e impulsionasse com um movimento retilíneo a parte inferior dessa lança contra a superfície última do céu empíreo, ele faria com que uma certa parte dessa lança [animada] por um movimento retilíneo ultrapassasse a última superfície do céu empíreo, ainda que fora deste não existisse nenhum espaço;[81] além disso, eu afirmo, se Deus movesse com um movimento retilíneo próprio uma parte do céu empíreo até a terra, a forma e a quantidade [as dimensões] do céu permanecendo sem mudança, faria com que uma outra parte do céu fosse movida com um movimento retilíneo:[82] ainda que não em um espaço qualquer. Assim está claro que ele poderia mover o céu inteiro com um movimento retilíneo pelo movimento retilíneo da parte que ele fizesse mover no espaço."

"Disso que acaba de ser dito fica manifesta a resposta à primeira objeção."

"À segunda é preciso responder:[83] do fato de que Deus poderia fazer um vácuo não se conclui que ele poderia criar duas contraditórias ao mesmo tempo, porque, se Deus destruísse toda criatura que existe entre o céu e a terra, o céu e a terra permanecendo imóveis, o céu não estaria distante da terra, em consequência do que não haveria dimensão entre objetos localmente distantes um do

---

81   Argumento clássico que já encontramos em Lucrécio.

82   Sem dúvida, Richard de Middleton está pensando na parte diametralmente oposta.

83   *Ibid*, p. 186[b]: *"Ad secundum dicendum quod Deus posset facere vacuum, nec ad hoc sequitur, quod posset facere duo contradictoria simul, quia si Deus destrueret omnem creaturam quae est inter coelum et terram, coelo non moto, nec terra mota, coelum non distaret a terra, quare inter quacunque distantia localiter non esset dimensio aliqua, dimensio autem creatura est, nec esset conjunctum eidem quia inter illia posset creari distantia ipsis non mutatis, unde quamvis distare, et non distare contradicant, et coniungi et non coniungi contradicant, nullam implicaret contradictionem."*
"Praetera ad hoc est alius defectus in argumento. Si enim Deus moveret ultimum coelum motu recto, non propter hoc sequeretur esse vacuum quia coelum non est in loco. Ex dictis patet quod illa probatio qua aliqui nituntur concludere, quod si coelum esset trilaterare, vel quadrilaterae figurae ad suum moveri circulariter sequeretur relinqui vacuum, eo quod latus non elevaretur ad locum a quo recederet angulus inefficax esset gratia forme, nisi extra illud coelum mobie esset locus."

outro,[84] sendo a dimensão uma criatura, mas tampouco existiria simultaneidade, pois a distância poderia ser criada entre eles sem que eles mesmos fossem modificados. Daí [resulta] que, apesar de estar distante e não estar distante implica contradição, e ser simultâneo e não ser simultâneo implica contradição, no entanto, a posição [do céu de terra] sendo conservada sem mudança, não estar distante e não ser simultânea não implica nenhuma contradição.

'Além disso, existe uma outra falha nesse argumento. Mesmo se Deus movesse o céu com um movimento retilíneo, a existência do vácuo não decorreria disso, porque o céu não está num lugar...'"[85]

O raciocínio de Richard de Middleton, como vemos, não chega a ser admirável: o movimento que ele imaginou é bastante estranho; executado por Deus, ele transformaria a ordem das esferas, e, de golpe, destruiria o Universo. De resto, Richard de Middleton adota a teoria de Henri de Gand no que diz respeito ao vácuo (teoria que este desenvolveu em contexto bem diverso), da qual ele não necessita para sua explicação da possibilidade do movimento retilíneo do mundo, e nem dela se serve para a solução do problema da pluralidade dos mundos.

No que diz respeito a esse último problema, ele nos declara, alinhando-se sob o estandarte do bispo de Paris, que não tem nenhuma razão para negar a Deus a faculdade de criar um segundo mundo. Mas logo nos explica o que entende por "mundo" ou "Universo":[86] não a totalidade do ser como Aristóteles, mas "o conjunto das criaturas contidas no interior de uma superfície envolvente, que não seja contida por uma outra superfície envolvente no interior da primeira e compreendendo também a própria superfície envolvente".[87] –

---

84   Ao encontro de Henri de Gand, Richard de Middleton considera, portanto, que a distância é formada pelos corpos interpostos: onde não existe corpo, não existe distância; mas tampouco existe – no caso em questão – contato.

85   É patente a alusão feita a Étienne Tempier.

86   *Riccardi de Mediavilla, Super quattuor libros sententiarum quaestiones subtillssimae*, I, I, dist. XLIII, art. I, qu. 4, p. 392[b]: "*Utrum Deus posset facere alium universum: Respondeo, vocando universum, universitatem creaturarum infra unam superficiem contentarum, quae a nulla alia superfície continetur illam universitatem comprehendendo etiam superficiem continentem.*"

87   Os mundos de Richard de Middleton não poderão conter-se uns aos outros.

O Universo envolve assim o conjunto das criaturas reais, mas não o conjunto das criaturas possíveis. Por isso Richard de Middleton prossegue:[88] "Eu afirmo então que Deus pôde, e ainda pode, fazer um outro Universo, pois que Deus possa fazê-lo não implica contradição alguma: nem com relação à matéria [literalmente: *ao do que*], pois Deus não fez o mundo de alguma coisa; nem em razão do receptáculo, já que o mundo, quanto à sua totalidade, não foi recebido em qualquer espaço; de fato, como diz o Filósofo, no livro I do *De coelo et mundo*, fora do céu não existe nem lugar, nem vácuo, nem tempo (o que se deve compreender com relação ao céu supremo); nem com relação à onipotência divina, pois, já que a potência divina é infinita, esse Universo é finito, e é impossível que haja adequação entre ele e a potência divina.

'Nem mesmo com a relação às naturezas contidas no interior da superfície comum, mesmo se [no outro Universo] Deus as fizesse da mesma espécie que as criaturas deste Universo; pois, da mesma forma que a terra daquele Universo estaria naturalmente em repouso no centro do outro Universo, a terra do outro Universo, se ela fosse colocada no centro do nosso Universo, aí repousaria naturalmente, e da mesma forma a terra do nosso Universo, se fosse colocada por Deus no centro do outro Universo, ali permaneceria naturalmente

---

88   *Ibid: "Sic dico, quod Deus potuit et potest facere aliud universum, quia Deum hoc facere posse nullam includit contradictionem, nec ratione rei de qua: quia Deus fecit mundum non de aliquo, nec ratione receptivi, quia mundus, quantum ad suam totalitatem non est receptus in aliquo: quia sicut philosophus primo de coelo et mundo. Non est extra coelum locus, neque vacuum, neque tempus quod intelligendum est de supremo coelo. Nec ratione divinae potentiae, quia cum potentia Dei sit infinita, et istud universum sit finitu, impossibile est quod adaequet divinam potentiam.*

    'Nec etiam ratione naturarum infra unam superficiem contentarum etiam si Deus faceret eas ejusdem speciei cum creaturis istius universi: quia sicut terra istius universi naturaliter quiesceret in centro alterius universi: et si terra illius universi poneretur in centro huius universi naturaliter ibi quiesceret: et terra huius universi, si a Deo poneretur in centro alterius universi naturaliter etiam ibi quiesceret: quia si duo loca alicui creaturae naturaliter operanti, essent penitus indifferentia, in quocumque illorum primo collocarentur, ibi quiesceret, nec ad alium tenderet: et per hanc opinionem est sententia domini Stephani Episcopi Parisiensis et Sacrae Theologiae doctoris, qui excommunicavit dogmatizantes quod Deus non posset facere plurs mundos.'"

O Vácuo e o Espaço Infinito no Século XIV   67

em repouso;[89] pois, se para uma criatura agindo naturalmente existissem dois lugares perfeitamente equivalentes, ela permaneceria em repouso naquele lugar em que tivesse sido colocada primeiro, e não se encaminharia para o outro. Além disso, no que diz respeito a essa opinião, existe um julgamento do Sr. Étienne, bispo de Paris e doutor em teologia sagrada, que excomungou aqueles que afirmam que Deus não pode fazer outros mundos.'"[90]

Richard Middleton acrescenta todavia que os mundos que Deus pode criar devem, no entanto, ser em número finito.

Entretanto, o que haveria entre esses mundos? Richard Middleton não nos diz. Podemos supor todavia que, se a questão lhe tivesse sido apresentada, ele teria respondido que entre esses mundos não existiria nada, e que esses mundos não estariam nem distantes nem não distantes uns dos outros, sem o que por esse fato teria existido o vácuo entre eles.

IV. WALTER BURLEIGH

Com Walter Burleigh mudamos completamente de clima intelectual: Richard de Middleton e Henri de Gand eram teólogos; Walter Burleigh é um filósofo,[91] e até mesmo um historiador da filosofia.[92] Os problemas do vácuo e do infinito o interessam, não em função do

---

89   Uma das provas da impossibilidade de um segundo universo consiste em nos fazer ver que a noção de movimento natural perderia todo sentido: os corpos não saberiam para onde ir. E, além disso, a própria Terra seria despedaçada entre duas tendências contrárias: permanecer em repouso no centro do mundo A ou mover-se para o centro do mundo B.

90   Cf. *supra*, p. 43, n. 24

91   Sobre Walter Burleigh, cf. UEBERWEG-GEYER, *Grundriss der Geschichte der Philosophie der patristichen und sholastischen Zeit*, 11. ed. Berlim, 1928, v. II, p. 619 e segs.; Michalsky, K. "La physique nouvelle et les courants philosophiques au XIVe siecle", *Bulletin de l'Academie polonaise*, 1927, p. 95-102 e *passim*, Cracóvia, 1927; RASHDALL, H. *The universities of Europe in the middle age*, Oxford, 1936, v. III, p. 249 e segs., 267; Baudry, L. "Les rapports de Guillaume d'Occam et de Walter Burleigh", *Archives d'Histoire doctrinale et littéraire du Moyen Age*, v. IX, Paris, 1934.

92   Seu *De vita et moribus philosophorum*, o primeiro manual de história da filosofia escrito na Idade Média, gozou de uma grande popularidade e foi reeditado com frequência até o final do século XVI.

Estudos de História do Pensamento Filosófico | Alexandre Koyré

dogma, mas neles e por eles mesmos, ou, se preferirmos, em função da filosofia de Aristóteles. A grande autoridade a que se refere mais frequentemente não é Étienne Tempier, mas Averroès. Por isso não nos espantamos ao ver Walter Burleigh, ele mesmo, alinhar-se nas fileiras de Aristóteles. A discussão do infinito, que ocupa uma grande parte do comentário do livro III da *Física*,[93] conclui com a negação da possibilidade de um infinito real.[94] A discussão sobre o lugar e o vácuo, tão desenvolvida e completa quanto a do infinito,[95] conclui com a rejeição do vácuo.

Walter Burleigh, entretanto, está perplexo: será essa doutrina, filosoficamente inatacável, compatível com a crença na criação do mundo? No fundo, Burleigh duvida disso, e um texto curioso,[96] que trata não da condenação de 1277, mas de uma opinião de Averroès, nos demonstra sua perplexidade: "Aqueles que afirmam a existência do vácuo dizem que o lugar existe. Pois o vácuo seria o lugar inteiramente privado de corpo; o lugar, portanto, seria alguma coisa fora dos próprios corpos... Aí está... a terceira famosa prova da existência do lugar, prova que [se formula] assim: o vácuo existe, mas o vácuo é o lugar, por conseguinte o lugar existe.[97] A maior é bem conhecida, a menor se prova através da célebre definição do vácuo, a saber que o vácuo é o lugar privado de corpo. Aqui, segundo o Comentador, é preciso observar duas coisas: *primo*, que essa demonstração é sem dúvida célebre, mas, de fato, não é justa; o que não é o caso

---

93 Cf. *Gualtheri Burlaei, Philosophi ominium prestantissimi super Aristotelis libros de physica auscultatione lucidissima commentaria...*, Venetiis, MDCIX, col. 274-349.

94 *Ibid.*, col. 346 e segs.

95 *Ibid.*, col. 438 e segs.

96 Uma parte desse texto – recortada de maneira a deixar escapar o essencial, ou seja, a referência a Averroès – foi citada por Duhem (*Études sur Léonard de Vinci*, v. II, p. 413) numa tradução muito livre. Pareceu-me necessário citá-lo na íntegra.

97 Trata-se da existência do lugar em si, como de uma entidade que possua uma realidade própria. Uma tal existência pressupõe a existência do vácuo e a identificação do lugar com ele.

das duas provas precedentes, que não apenas são bem conhecidas, como também são verdadeiras. É o que diz o Comentador.[98]

"Assim, pois, essa demonstração é célebre, mas falsa, porque admite duas [proposições] falsas, a saber, que existe um vácuo, e que o vácuo é o lugar; mas as duas outras demonstrações são verdadeiras, pois elas só admitem proposições verdadeiras no sentido exposto acima.[99]

'Em segundo lugar é preciso observar,[100] segundo o Comentador, que ainda que seja falso que exista vácuo, entretanto aqueles

---

98 BURLAEI, Gualtheri. *Commentari...*, col. 385[a]: "*Praeterea que vacuum esse dicunt, locum asserunt esse. Vacuum enim locus erit sane corporo carens. Locum igitur aliquid esse praeter corpora ipsa, et omne corpus sensible esse in loco per haec quispiam sane putabit... Haec est tertia particula secundae partis principalis huius capituli, in qua ponitur tertia ratio famosa probans locum esse, quae ratio est ista, vacuum est, sed vacuum est locus, igitur locus est. Maior est famosa, minor vero probatur per diffinitionem famosam vacui quae est quod vacuum est locus privatus corpore. Notanda sunt hic duo secundum Commentatorem: primo quod illa ratio est famosa, et ei accidit quod fuerit non vera, sed sic non accidit duabus rationibus praecedentibus; quia cum hoc quod sunt famosae sunt etiam verae. Haec Commentator.*"

99 *Ibid.*, col. 358[b]: "*Unde illa ratio est famosa non vera quia accipit duo falsa, videlicet, quod vacuum est et quod vacuum est locus, sed aliae duae rationes sunt verae quia non accipiunt, nisi veras propositiones secundum intellectum superius expositum.*" As duas demonstrações às quais Burleigh alude provam a existência do lugar, mas sem lhe atribuir uma realidade independente e sem identificá-lo com o vácuo. Cf. col. 352 e 354.

100 *Ibid.*, col. 358[b]: "*Secundo est notandum secundo Commentatorem hic quod quamvis falsum sit vacuum esse, tamem ponentes mundum in toto de novo generatum esse debent ponere quod vacuum praccedit mundum. Unde dicit Commentator quod loquents suae legis dicunt vacuum esse, quia generant mundum de novo. Intelligendum tamem quod si mundus secundum se totus esset in loco per se continent totum mundum, ut posuerunt Saraceni, de quorum lege fuit Commentator, tunc esset necesse ponere vacuum, quia si totus mundus generatur de novo, et nihil aliud generatur nisi mudus et partes mundi: cum nec totus mundus nec aliqua pars mundi posset esse locus totius mundi, sequitur quod locus totius, scillicet, mundi praecessit mundum, cum nihil generatur de novo nisi mundus et partes eius per positum, sed ante generationem mundi non fuit aliquod corpus replens totum; in quo modo est mundus. Ergo ante generationem eius fuit locus privatus corpore, et per consequens fuit vacuum, sic igitur apparet, quod ponentes totum mundum esse per se in loco, et etiam de novo generari habent ponere vacuum, sed recte Philoso-*"

que colocam que o mundo em sua totalidade foi novamente engendrado[101] devem necessariamente concordar que o vácuo existe, e que ele precede o mundo. Por isso o Comentador diz que os teólogos especulativos[102] (*loquentes*) de sua lei dizem que existe um vácuo, porque eles engendram o mundo novamente.[103] Entretanto, é preciso compreender que, se o mundo em sua totalidade estava por si num lugar que continua o mundo inteiro, assim como colocam os Sarracenos, de cuja lei era o Comentador, então seria necessário colocar o vácuo, pois se o mundo em sua totalidade foi engendrado novamente, e que nada mais foi engendrado além do mundo e suas partes, então, sendo dado que nem o mundo inteiro, nem uma parte qualquer do mundo poderia ser o lugar do mundo inteiro, decorreria daí que o lugar do Todo, ou seja, do mundo, precederia o mundo. De fato, admitiu-se que nada foi novamente engendrado além do mundo e as partes do mundo; ora, antes da geração do mundo não existiam corpos preenchendo o Todo, como o faz o mundo.[104]

---

phantes et loquentes nostrai legis, qui ponunt totum mundum non esse per se in loco, sed solum per partes, vei per accidens, non habent ponere vacuum quia non ponunt locum praecedere ge generationem mundi: sed dicunt locum simul generari cum mundo." O texto de Averroès ao qual W. Burleigh alude é sem dúvida *Subtillissimus Líber Averroès, qui dicitur destructio destructionum Philosophiae Algazelis...* Venetiis, XDXXVII, fol. 14 *v*° -15 *r*°.

---

101 Dizer que o mundo é engrenado ou produzido "novamente" equivale a dizer que ele foi criado, e criado no tempo; "novidade" implica começo e, portanto, se opõe a uma concepção segundo a qual o mundo seria eterno. A terminologia é um decalque da terminologia dos Motekallemîn árabes. Observamos que o catálogo dos erros condenados por Étienne Tempier (erro n° 201, *Chart. Univ.*, Paris, p. 554) menciona essa opinião: "*Quod qui generat mundum secundum totum, ponit vacuum, quia locus necessario precedit generatum in loco; et tunc ante mundi generationem fuisset locus sine locato, quod est vacuum.*"

102 O termo "loquentes" (falantes) é uma tradução do termo árabe *motekallemîn*, que designa os teólogos especulativos filosóficos, aqueles que usam *Kalam*, ou seja, da palavra (logos) para a demonstração da verdade religiosa. Cf. MUNK, S. *Mélanges de philosophie juive et de philosophie arabe*, 2. ed. Paris, 1927.

103 Engendram o mundo novamente = dizem que o mundo tem um começo. Os *motekallemîn* comprovavam a existência de Deus através da "novidade" do mundo.

104 Se Deus criou apenas o mundo, ele não criou o lugar desse mundo: este lugar portanto preexistiu à criação. Ora, o lugar sem nada dentro é o vácuo.

O Vácuo e o Espaço Infinito no Século XIV   **71**

'Assim, portanto, antes da geração [do mundo] existiria um lugar, privado de corpo e, por conseguinte, existiria um vácuo, e assim decorre que aqueles que colocam que o mundo em sua totalidade está por si num lugar, e não obstante é novamente engendrado, devem colocar o vácuo; mas aqueles que filosofam corretamente, e os teólogos especulativos (*loquentes*) da nossa lei,[105] que colocam que o mundo segundo a sua totalidade não está num lugar por si, mas apenas por suas partes, ou por acidente,[106] não são obrigados a colocar o vácuo, porque eles não colocam que o lugar precedeu a geração do mundo, mas afirmam que o lugar foi engendrado ao mesmo tempo que o mundo.

'Mas pode-se duvidar disso,[107] pois aqueles que colocam que o mundo foi novamente engendrado devem dizer que da mesma forma que Deus criou o mundo descontínuo [e dividido] em partes, e que por causa dessa descontinuidade as partes do mundo estão

---

105   É engraçado observar que Walter Burleigh aplica aos teólogos cristãos o termo que inicialmente designava os *motekallemîn*.

106   Sobre as discussões que dizem respeito ao lugar, cf. DUHEM, P. *Études sur Léonard de Vinci*, v. II. Todavia, a melhor exposição sobre o assunto permanece sendo a de SUAREZ, F. *Disputationes metaphysicae*, Disp. LI. – Cf. também DUHEN, P. *Le système du monde*, v. VII.

107   BURLAEI, Gualtheri. *Commentaria...*, col. 358ᶜ: *"Sed dubitatur quia ponentes mundum de novo generari habent dicere quod sicut Deus creavit mundum discontinuum partibus, propter quorum discontinuationem partes mundi sunt per se in loco: ita Deus potuit creasse unum corpus continuum omnino in omnibus partibus, ita quod nihil aliud creasset, quam allud rotundum continuum, ponamus igitur, quod Deus, quando creavit istum mundum, creasset loco istius mundi unum corpus rotundum omnino continuum et cum omne corpus sit in loco, illud corpus rotundum etiam fuisset in loco, et non per parts quia nulla pars esset in loco: cum locus sit continens divisum et illud corpus est omnino continuum; ergo relimquitur quod illud corpus sit in vacuo, et sic generantes mundum habent ponere vacuum.*
'Dicendum quod loquentes cuiuslibet legis dicunt quod Deus posset creare unum tale corpus rotundum omnino continuum replens omne spatium huius mundi quo supposito loquentes physice habent dicere quod illud corpus non esset in loco, quia non posset esse in loco, per partes, nec per ultimun corporis continentis, quia supponitur, quod nihil sit extra continens, unde non est de ratione corporis esse in loco."

por elas mesmas no lugar,[108] da mesma forma que Deus pôde criar um corpo absolutamente contínuo em todas as suas partes, e não criar nada mais do que esse contínuo esférico; admitamos pois que Deus, quando criou esse mundo, tenha criado no lugar desse mundo um corpo redondo e absolutamente contínuo; ora, como todo corpo está num lugar, esse corpo redondo estaria também num lugar [por si] e não por [suas] partes, porque nenhuma das partes estaria num lugar, já que o lugar é aquele que contém o dividido, e que esse corpo é absolutamente contínuo; daí resultaria portanto que esse corpo estaria no vácuo; dessa maneira aqueles que engendram o mundo colocam o vácuo.

'É preciso dizer que os teólogos (*loquentes*), de qualquer lei que seja, dizem que Deus poderia criar um tal corpo redondo absolutamente contínuo preenchendo todo o espaço desse mundo; ora, sendo isso admitido, aqueles que falam como físicos devem dizer que esse corpo não estaria num lugar, porque ele não poderia estar no lugar por [suas] partes, nem pela última [superfície] do corpo continente, porque é suposto que não exista nenhum continente exterior; donde se deduz que não pertence à essência do corpo estar num lugar.

'Que se dizemos que Deus[109] poderia moer esse corpo localmente [e movê-lo], quer circulatoriamente, quer com um movimento retilíneo transferindo-o para um outro espaço, e [se sustentamos ao mesmo tempo] que todo movimento local exige um lugar, decorre daí que, se colocamos só esse corpo, é conveniente colocar um lugar, e só um lugar [preexistente] que primeiro era o vácuo, porque

---

108 O lugar de um corpo é aquilo em que ele está, ou seja, a superfície envolvente do corpo que o contém, o que supõe que o continente é distinto do conteúdo.

109 *"Et si dicatur quod Deus posset movere illud corpus localiter, et hoc circulariter, vel motu recto transferendo illud ad alium spatium et omnis motus localis requirit locum. Igitur posito tali corpore solo, oportet ponere locum et non nisi locum, qui primo erat vacuus, quia supponimus quod Deus creat tale corpus, et nil aliud, et sic non creat locum talis corporis, et per consequens ille locus praefuit privatus corpore. Dicendum quod ponendo tale corpus continuum, et nihil extra illud continuum, Deus non posset illud corpus movere motu recto, nisi crearet locum novum ad quem moveretur nec etiam Deus posset movere illud corpus motu circulari vel si moveret illud circulariter, ille motus non essest localis sed magis situalis."*

supusemos que Deus cria um tal corpo e nada mais, e, portanto, não cria o lugar de um tal corpo: por conseguinte esse lugar privado de corpo preexistiria. No entanto, se colocamos um tal corpo contínuo e nada de contínuo fora dele, será necessário dizer que Deus não poderia movê-lo com um movimento retilíneo, a menos que criasse um lugar novo,[110] onde ele seria movido, e que Deus não poderia tampouco mover o dito corpo com um movimento circular, ou ainda, se o movesse com um movimento circular, esse movimento não seria um movimento local, mas antes posicional (*situalis*).[111]

"Parece-me difícil evitar a consequência:[112] que os teólogos de nossa lei e que admitem a geração do mundo são levados a colocar a existência do vácuo fora desse mundo. Eles mesmos afirmam de fato que Deus, da mesma forma que criou esse mundo, pode também criar um outro. Suponhamos pois que Deus crie um segundo mundo. Eu coloco então a seguinte pergunta: entre as superfícies convexas que limitam esses dois mundos, existe alguma coisa intermediária ou nada? Se existe alguma coisa entre essas superfícies, é o vácuo, pois ali está alguma coisa de divisível que não contém corpo ainda

---

110 O movimento local implica uma translação com relação a um termo imóvel; ele é movimento (contínuo) de um lugar num outro lugar.

111 O movimento posicional – *situalis* – é um movimento sem translação no qual, entretanto, a posição do corpo com relação a um outro corpo se modifica (*est aliud et aliud*); é também o movimento local de um corpo esférico homogêneo que gira em torno de seu eixo. Cf. BURLEIGH, W. Op. cit. col. 78ᵉ, e DUHEM, P. *Le mouvement absolu et le mouvement relatif*, p. 127, 141, 158.

112 *Ibid.*, col. 35gᵃ. "*Difficile tamen ut mihi videtur est vitare quia loquentes nostrae legis, et generantes mundum habeant ponere vacuum extra mundum, quia ipsi dicunt, quod sicut Deus creavit hoc mundum ita posset creare alium mundum, ponamus igitur, quod creat alium mundu, quaero, aut inter convexitates suarum sphaerarum illorum mundorum est aliquid mediu, vel nihil. Si aliquid, illud est vacuum, cum sit quoddam divisibile, in quo non est corpus, est tamen receptivum corporis, si autem nihil est medium, aut igitur tanget se in puncto tantum, vel in aliquo divisibili, non in puncto tantum, quia sic inter quaecumque non divisibilia istarum circumferentiarum est aliquot divisible medium, et non nisi vacuum. Ergo, si vero dicitur quod tangunt se in aliquo divisibili hoc non potest dari, quia impossibile est sphaericum tangere sphaericum secundum divisible, quia superficies tangent superficiem convexam in aliquo divisibili, quantum ad illam partem, secundum quam tangit est concava, et sic ultima superficies spharae est concava quod est impossibile, et sic videtur quod loquentes nostrae legis habeant necessario ponere vacuum.*"

que seja susceptível de receber um corpo. Se, pelo contrário, não existe nenhum intermediário entre essas superfícies esféricas, então elas não tocam seja num único ponto, seja ao longo de uma [área] divisível e não apenas num único ponto. [Ora se elas tocassem apenas num ponto], então, entre um ponto (indivisível) da primeira esfera e um ponto da segunda [outro que não o ponto de contato], existiria alguma coisa de divisível que só poderia ser o vácuo. Logo...

'Mas se dissermos que elas se tocam ao longo de uma [área] divisível – isto não poderia ocorrer; um corpo esférico não poderia tocar uma superfície convexa ao longo de uma [área] divisível; se uma superfície toca uma superfície convexa ao longo de uma [área] divisível, é porque essa superfície é côncava na região onde ocorre o contato; assim, portanto, a superfície esférica que limita um mundo seria côncava, o que é impossível. Vemos então que os teólogos da nossa lei são levados a admitir o vácuo.'"[113]

Walter Burleigh me parece ter razão: se rejeitamos a doutrina aristotélica sobre a impossibilidade do vácuo e o inconcebível de um tempo antemundano tanto quanto de um espaço extramundano, somos levados – a não ser que admitamos *a criação do vácuo antes da criação do mundo* –[114] a aceitar a existência do vácuo como anterior à da criação.

V. THOMAS BRADWARDINE

Com Thomas Bradwardine,[115] estamos novamente no terreno teológico. Bradwardine é, antes de tudo, teólogo; o que em primeiro

---

113 Já Michel Scot e Guillaume d'Auvergne haviam se servido desse argumento para demonstrar a impossibilidade de um segundo mundo cuja existência implicasse a existência do vácuo. Cf. DUHEM, P. *Études sur Léonard de Vinci*, v. II, p. 408 e segs.

114 Esta parece ter sido a concepção da Cabala segundo a qual Deus, antes de criar o mundo, deve ter "feito um vácuo" para poder colocá-lo ali. Sobre a concepção de espaço da Cabala e a retratação de Deus (*zimzum*), ver agora JAMMER, Max. *Concepts of space*, Cambridge (Mass.), 1954, e FIERZ, Markus, "Ueber den Ursprung und Bedeutumg von Newton Lehre von absoluten Raum", *Gesnerus*, v. XI, 1954.

115 Sobre Thomas Bradwardine, cf. WERNER, K. Die, *Scholastik des späteren Mittelalters*, v. III, Viena, 1883; HAHN, S. *Thomas Bradwardinus und seine Lehre von der menschlichen Freiheit* (Beiträge zur Geschichte der Philosophie des

lugar o preocupa não é o problema do mundo, mas as condições da salvação; a estrutura cosmológica do Universo e até mesmo a sua estrutura ontológica só o interessam na medida em que o seu estudo permite acrescentar esclarecimento a respeito do ser do homem e do ser de Deus.[116]

O pensamento teológico de Bradwardine está fundamentado numa experiência decisiva:[117] a experiência da impotência fundamental do homem, de sua incapacidade radical para completar, por si mesmo, um ato de liberdade positiva. Qualquer doutrina que, à semelhança do pelagianismo, desconheça esse fato é portanto falsa, perniciosa e pecadora. Bem mais do que isso: impondo ao homem uma tarefa acima de suas forças, ela o conduz ao desespero, ao abandono de si. Portanto, nada é mais importante do que combater essa teologia "cainista",[118] do que erigir contra ela a teologia consoladora da

---

Mittelalters, v. 2), Munique, 1905. Sobre Bradwardine matemático, cf. Cantor, M. *Vorlesunger über die Geschichte der Mathematik*, v. II, 2. ed. Leipzig, 1900 e DUHEM, P. *Études sur Léonard de Vinci*, v. III. Paris, 1913; CLAGET, Marshall. *Giovanni Marliani and late medieval physics*, Nova York, 1941; MAIER, Anneliese, *Die Vorläufer Galilei's im XIV Jahrhundert*, Roma, 1949; GROSBY Jr. H. Lamar, *Thomas of Bradwardine, his "Tractatus de proportionibus"; its significance for the development of mathematical physics*, Madison, (Wisc.), 1955; CLAGETT, Marshall. *Science of mechanics in the Middle Age*, Madison (Wisc.), 1959. Cf. também GILSON, É. *La Philosophie au Moyen Age*, p. 618 e segs. A obra principal de Bradwardine, muito popular no século XVII, *Thomae Bradwardini, Archiespiscopi Olim Cantuarensis, De Causa Dei contra Pelagium et de Virtute causarum ad suos Mertonenses Libri tres*, Londini, MDCXVIII, inf., foi editado *opera et studio Dr. Henrici Savilii*. Ora, é talvez mais do que um fato biográfico; Henri Savile foi fundador das famosas *Savilliam chairs of mathematics and astronomy* da Universidade de Oxford cujos titulares na época de Newton foram Seth Ward, o futuro bispo de Salisbury, e John Wallis, o célebre autor da *Arithmetica Infinitorum*.

---

116 Dos três livros que compõem o *De Causa Dei*, o primeiro é consagrado a Deus, o segundo ao homem, o terceiro ao problema da concordância da liberdade humana com a onipotência de Deus.

117 Bradwardine nos diz (*De Causa Dei*, I, I, cap. I, cor. 17) que ele próprio foi pelagiano em sua juventude, assim como todos aqueles que o cercavam.

118 A teologia pelagiana é "cainita" porque persuade o homem consciente de seu pecado e de sua impotência, de que ele está definitivamente e irremediavelmente danado. Cf. *ibid.*, cor. 18.

predestinação absoluta, teologia da esperança na bondade e no poder infinito de Deus infinitamente livre porque infinitamente perfeito.

A teologia de Thomas Bradwardine é, quase tanto quanto a de Calvino, uma teologia da onipotência divina, onipotência que ele não quer nem pode deixar diminuir, ou entravar pelo que quer que seja; nem pelas necessidades de uma ontologia aristotélica, nem pelas de uma psicologia, ainda que seja cristã. O Deus de Bradwardine não se detém frente ao absurdo aristotélico, ou psicológico: ele pode agir no vácuo e pode constranger a liberdade.[119]

Todavia, seria equivocado acreditar que nada se sobrepõe à sua onipotência, e que *nada* limita a sua liberdade. De fato, existe um limite, e um limite que lhe é perfeitamente impossível ultrapassar: o limite da coerência metafísica e matemática.

Pois, Bradwardine, por mais teológico que seja, não é apenas um teólogo. É também – e ao mesmo tempo – um metafísico de valor e um matemático (um geômetra) de talento. É o mais puro herdeiro e representante da tradição e da mentalidade anselmiana,[120] e foi como metafísico que ele construiu a sua noção de Deus. Uma vez tendo colocado que Deus é o ser absoluto e infinitamente perfeito e que, por conseguinte, devemos lhe atribuir tudo aquilo que *melius est esse quam non esse*, é com a imperturbabilidade do matemático que Bradwardine persegue as inumeráveis sequências da definição até as últimas consequências.[121]

---

119 *De Causa Dei*, livro III, cap. I, p. 637: *"Quod Deus potest necessitate quodammodo omnem voluntatem creatam ad liberum actum suum et ad liberam cessationem et vacationem ab actu", ibid.*, cap. II, p. 46: *"Quod Deus quodammodo necessitta quamlibet voluntatem creatam ad quamlibet liberum actum suum et ad quamlibet liberam cessationem ac vacationem ab actu et hoc necessitate naturaliter precedent."*

120 As grandes autoridades para Bradwardine são Santo Agostino e Santo Anselmo; em segunda linha, estão Roberto Grossetête e John Pekham. Entre os modernos, Duns Scot.

121 O *De causa Dei* começa com dois postulados ou axiomas, expostos no capítulo I da obra: *"Primum [capitalum] praermittit duas suppositiones: quarim prima est, Deus est summe perfectus et summe bonus, in tantum quod nihil perfectius et melius esse potest. Secunda est: Nullus est processus infinitus in entibus, sed est in quolibert genere unum primum..."* Dessas duas "suposições" resulta um *Corollarium* em 40 partes.

Nada pode limitar a essência divina. Porém... Deus não pode ser sem agir, nem agir sem ser, nem mesmo sem estar lá, sem estar presente. Por isso ele está presente em toda a criação, e em todas as criaturas, fundamento do seu ser e da sua ação, estando e agindo nelas bem mais do que elas próprias. E como ele é também soberanamente imutável e, por conseguinte, não pode ser "movido", a única possibilidade de sua ação em alguma parte implica necessariamente a sua presença efetiva. Resulta daí (exatamente como Walter Burleigh havia exposto) que a única possibilidade da criação do mundo implica a preexistência do sítio, ou lugar, de sua existência em ato, e além disso – o que os autores estudados por Burleigh não ousaram afirmar –, implica a presença real de Deus no lugar ou no sítio em que hoje está no mundo, presença anterior à criação; e, como é ridículo – para um geômetra – imaginar um espaço vazio limitado, ele implica, *ipso facto*, sua presença efetiva – e eterna – em todo o espaço infinito que se estende para fora dos limites do Universo. O espaço "imaginário", através disso, está realizado. E, no entanto, não está criado.[122]

Isso é que Bradwardine nos explica com serenidade no curioso corolário do capítulo,[123] no primeiro livro de sua *Causa de Deus*.[124]

---

122 O espaço "imaginário" está aí antes da criação do mundo.

123 Os capítulos precedentes haviam demonstrado: cap. II: *"Quod Deus est omnium aliorum necessarius conservator"* com um corolário em três partes; o cap. III: *"Quod Deus est necessaria causa efficiens cuiuslibert rei factae"*, com um corolário igualmente em três partes; o cap. IV: *"Quod quaelibet creatura movente Deus necessario commovet"*, com um corolário em quatro partes; o cap. V: *"Quod Deus non est mutabilis ullo modo."*

124 *De causa Dei*, p. 177 e segs. Cap. V: *"Quod Deus non est mutabilis ullo modo: habet corollarium quinquepartium.*
   Quod Deus essentialiter et praesentialiter necessario est ubique, nedum in mundo et in elus partibus universis:
   Verum etiam extra mundum in situ vacuo imaginario infinito.
   Unde immensus et incircoscriptus veraciter dici potest.
   Unde et videtur patere responsio ad Gentilium et Haereticorum veteres quaestiones.
   Ubi est Deus tuus, et Ubi Deus fuerat ante mundum?
   Unde et similiter clare patet, quod vacuum a corpore potest esse, vacuum vero a Deo nequaquam.

"[De] que Deus não está de forma alguma sujeito à mudança decorre um corolário em cinco partes:

'1º Que Deus, essencial e presencialmente, está necessariamente em toda parte, e não apenas no mundo e em todas as suas partes;

'2º Mas também fora do mundo no lugar ou no vácuo imaginário infinito;

'3º Em decorrência do que ele em verdade pode ser chamado de imenso e de não circunscrito;

'4º Daí parece resultar claramente a resposta às velhas questões dos Gentios e dos Heréticos:

ONDE ESTÁ O TEU DEUS E ONDE ESTAVA DEUS ANTES DO MUNDO?

'5º De onde se evidencia claramente que pode existir um vácuo sem corpo, mas de nenhuma forma um vácuo sem Deus.

'Disso que precede [ou seja, das considerações sobre a natureza de Deus]... devem ser inferidos com plausibilidade os corolários seguintes, a saber que Deus, por essência e por sua presença, está em toda parte, não apenas no mundo e em todas as suas partes, mas também fora do mundo no lugar ou no vácuo imaginário infinito. É por isso que ele pode, em verdade, ser chamado de imenso e de

---

Ex his autem verisimiliter, si vere veritas ipsa novit, videtur corollarie inferendum, quod Deus essentialiter et praesentialiter est ubique, nedum in mundo et in eius partibus universis; verum etiam extra mundum in situ seu vacuo imaginario infinito; Unde et immensus et incircunscriptus veraciter dici potest, quamquam dicatur immensus et incircumscriptus etiam alia ratione. Unde et videtur patere responsio quaedam clara ad Gentilium et hacreticorum vateres quaestiones, quas a fidelibus quaerebant, Ubi est Deus tuus? et Ubi Deus fuerat ante mundum? Quorum unus metrice sic quaesivit:

Die ubi tunc esset, cum praeter eum nihil esset?

Unde et similiter clare patet, quod vacuum a corpore potest esse, vacuum vero a Deo nequaquam. Quod autem Deus necessario sit ubique in mundo sequitur manifeste. Si enim in aliquo eius loco non sit, et potest ille esse in illo, cum per septimam partem primit sit omnipotens, hoc non potest per motum, et non per motum creaturae, quia nune est ibi creatura, et continue prius fuit, quae, cadem ratione, qua alia creatura sufficit et suffecit ad existentiam Dei ibi, nec per motum sui, sicut capitulum ostendebat: Hoc idem ex corollario secund huius, et eius ostensione ostenditur evidenter."

incircunscrito, ainda que seja chamado de imenso e incircunscrito também por outras razões. Ora, desses corolários parece decorrer uma resposta clara às velhas questões do Gentios e dos Heréticos que perguntavam aos fiéis:

'Onde está o teu Deus? e 'Onde estava Deus antes [da criação do] Mundo?

'Questão que um deles colocou em verso:

'Diga-me onde estava ele
Quando não existia nada fora dele?

'Dessas mesmas considerações se evidencia muito claramente também que pode existir um vácuo [vazio] de corpo, mas de forma alguma um vácuo [vazio] de Deus.

'Quanto ao [fato] que Deus esteja necessariamente em toda parte do mundo, isso resulta claramente [das considerações precedentes]. De fato, se ele não está num lugar qualquer do mundo e que ele pode estar aí, porque, segundo a sétima parte do corolário do capítulo I, ele é onipotente,[125] ele não pode [estar ali] em virtude de um movimento. Nem em virtude de um movimento da criatura, porque [no lugar em questão] já existe uma criatura, porque [desde a criação do mundo] existia ali continuamente uma[126] [criatura] que, da mesma forma que [toda] outra criatura, basta e bastou para a existência de Deus no dito lugar;[127] nem por seu próprio movimento, assim como foi demonstrado no texto do capítulo; de fato, do corolário do segundo [capítulo] e de sua demonstração, isso decorre de forma evidente.[128]

---

125   A sétima parte do corolário do cap. I é dirigida *"Contra negante Deum esse omnipotentem active et nullipotenten passive: id est non posse ab alio quicquam pati."*

126   O mundo não contém vácuo. Ele é pleno, e, por conseguinte, em cada lugar do mundo existe, e sempre existiu (*sempre* quer dizer desde que o mundo existe) alguma coisa = uma criatura.

127   Deus está presente em cada ser, em cada criatura, que não pode existir sem essa presença. Portanto, ele estava na criatura que estava no lugar em questão.

128   Sendo Deus imutável, ele não se pode mover. Se já não estivesse num lugar, não poderia vir para ele, o que está em contradição com a sua onipotência.

"Para a demonstração da segunda parte,[129] suponho que A seja o sítio fixo imaginário[130] desse mundo e, ao mesmo tempo, que B seja um sítio imaginário fora do mundo, distante de A; [eu suponho] além disso que Deus mova o mundo de A para B, e o coloque em B. Então, da primeira parte do capítulo e do corolário do segundo,[131] assim como de sua demonstração, decorre que Deus agora está em B, portanto, ou ele estava ali antes ou não estava. Se ele estava ali, então, pela mesma razão, ele esteve e está presentemente em toda parte do espaço imaginário fora do mundo. Se ele não estava, pela mesma razão, não está mais em A, mas está em B. Assim, portanto, Deus estava inicialmente em A e não em B e agora não está em A mas está em B [lugar] absolutamente distante [de A]. Por conseguinte ele partiu de A e chegou a B, e por esse fato se moveu através de um movimento local ou de situação assim como a nossa alma se move através do movimento do nosso corpo.[132] Os que seguem [o

---

129   *De causa Dei, ibid.*, p. 177: *"Pro secunda parte probanda suppono quod A sit situs fixus imaginarius huius mundi et B situs simul imaginarius extra mundum distants ab A, et quod Deus moveat mundum ab A in B, situans eum in B; tune per primam partem huius, et per corollarium secundi huius, et ostensiohem ipsius, Deus nunc est in B, vel ergo prius fuit ibi vel non: Si fuit, eadem ratione prius fuit, et nunc est ubique imaginarie extra mundum; Si non, eadem ratione nunc non est in A, sed in B: Deus ergo prius fuit in A, et non in B: et nunc non est in A, sed in B omnino distante, ergo recesit ab A, et accessit ad B, ergo et localiter seu situaliter movebatur, sicut et anima nostra movetur ad corporis nostri motum. Hic respondent quidem sequentes Philosophum I de Coelo, supponentes omnem localem necessario esse sursum vel deorsum, vel circularem, scilicet a medio, ad medium vel crica medium: sed istum motum si poneretur non esse aliquem praedictorum; quare et dicunt non esse possibile mundum sic moveri."*

130   O sítio ou o lugar [*situs*] imaginário do mundo real! É claro que para o geômetra Bradwardine o espaço "imaginário" é perfeitamente real.

131   As três partes do corolário do capítulo II demonstram:
I. *Quod nulla res creata sufficit aliam conservare;*
II. *Quod necesse est Deum per se et immediate servare quamlibet creaturam;*
III. *Quod necesse est Deus servare quamlibet creaturam immediatius quacumque causa creata.*

132   A terminologia de Bradwardine não é muito precisa; o movimento posicional, *motus situalis*, é um movimento no qual um corpo muda de posição relativa com relação a um outro corpo sem mudar de lugar: como o movimento de rotação; dessa forma ele se opõe ao movimento local, ou de translação de

ensinamento] do Filósofo no livro I do *De coelo*, e que admitem que todo [movimento] local é necessariamente para cima ou para baixo, para o centro ou em torno do centro se opõem a esse raciocínio; eles dizem que o movimento [do mundo de A para B] não é nenhum desses movimentos; isso porque eles afirmam que não é possível mover o mundo dessa maneira.

'Porém[133] [os que sustentam essa opinião] mutilam gravemente, talvez até mesmo destruam o poder, que é onipotente, de Deus. De fato, Deus poderia muito bem, desde o começo, criar o mundo em B;[134] então por que ele não poderia colocá-lo em B agora? Além disso, essa objeção [dos aristotélicos] foi condenada por Étienne, bispo de Paris, com estas palavras: *Que Deus não pode mover o céu com um movimento retilíneo; pela razão de que assim subsistiria um*

---

loco ad locum (cf. *supra*, p. 64, n. 108). Quanto à alma, ela só pode ter um movimento por acidente ou por participação; não é ela que se move, mas o corpo ao qual está ligada, e, em virtude do movimento do corpo, a alma pode estar presente em diferentes lugares do mundo.

---

133   *De causa Dei, ibid.*, p. 178: *"Sed isti divinam potentiam, imo omnipotentiam graviter mutilant, et detruncant. Potuit quoque Deus in principio creavisse hunc mundum in B; cur ergo nunc non potest ponere hunc mundum in B? Haec etiam responsio damnatur a Stephano Parisiensi Episcopo in haec verba: Quod Deus non potest movere coelum motu recto; et est ratio quia tunc relinqueretur vacuum. Nec ista responsio difficultatem evitat: Ponatur enim quod Deus sine motu locali creet alium mumdum in B, et annihilet istum mundum in A, et revertirtur difficultas. Alii etiam sequentes Philosophum, ut videtur, respondent dicentes: Non esse aliquem situm aut vacuum extra mundum; quare nec Deum ibi esse, nec posse mundum illuc movere. Sed hi habent dicere consequenter, Deum de omnipotent sua nullatenus potuisse fecisse mundum majorem in aliquo, nec minorem, quod eius omnipotentiam nimis restringeret, et nimium coaretaret. Habent etiam dicere, quod Deus necessario fecit mundum in A situ, et quod ante mundum, fut A situs et non alius. Sed cur iste et non alius? cur tantus, non maior, nec minor? Vel enim hoc fuit a Deo, vel per se, non ab eo: Si a Deo potuit utt ab eo fuisse situs maior et maior, et alius et alius sine fine, propter ejus potentiam infinitam: Si autem per se, non ab eo, quae virtus? quae ratio? quae natura hunc ei praecisum et impertranssibilem terminum inviolabiliter limitavit?"*

134   Vamos com clareza: o nada, fora do mundo, "no" qual Deus criou o Universo, como nos explicou Henri de Gand, tornou-se para Bradwardine um espaço onde, *antes* da criação do mundo, existem lugares, ou endereços, diferentes.

vácuo. Além disso, a objeção [que acabamos de citar] de forma alguma evita a dificuldade;[135] se colocamos que Deus, sem movimento local, cria outro mundo em B e destrói este em A, a dificuldade reaparece. Parece que outros partidários do Filósofo respondem dizendo: fora do mundo não existe nenhum sítio, nem nenhum vácuo; isso porque nem Deus pode estar ali, nem o mundo pode ali ser movido. Mas esses partidários, para continuarem consequentes consigo mesmos, devem afirmar que Deus em sua onipotência de forma alguma poderia ter feito um mundo em nada maior ou menor [do que este mundo aqui], o que reduziria por demais e até mesmo por demais restringiria a sua onipotência. Por isso eles precisam afirmar que Deus fez o mundo no sítio A por necessidade, e que, antes [da criação] desse mundo, existia o sítio A e nenhum outro sítio.[136] Mas por que esse e não um outro? Por que [um mundo] dessa grandeza e não um maior ou um menor? Pois tudo isso foi [determinado] ou por Deus ou [pela natureza do mundo] e não por ele. Se foi por Deus, então, em consequência de seu poder infinito, ele pôde fazer com que fosse [criado] por ele um sítio que sempre crescesse e sempre se transformasse em outro, sem fim.[137] Mas se foi pela [natureza do mundo], e não por Deus, qual é a virtude? qual é a razão? qual é a natureza que de uma forma inviolável impôs [ao mundo] esse limites precisos e intransponíveis?

'Ora,[138] o sítio imaginário, como ninguém ignora, não possui nenhuma natureza positiva: de outro modo, com efeito, existiria uma

---

135 A resposta dos aristotélicos que dizem que o *movimento* do mundo é coisa impossível.

136 Bradwardine se engana: o aristotélico afirmaria que, antes da criação do mundo, não existia *nenhum* sítio. Mas Bradwardine é tão pouco aristotélico quanto possível. Menos ainda do que os teólogos árabes de que nos fala Averróis.

137 É a hipótese de Richard de Middleton.

138 *De causa Dei, ibid.*, p. 178: *"Cum ille situs imaginarius nullam naturam habet positivam, sicut nullus ignorat; alias etenim esset aliqua natura positiva, quae nec esset Deus, nec a Deo, cum oppositum 2um et 3um huius docent; essetque coaterna Deo, quod nullus recipt Christianus. Quare et Stephanus Parisiensis Episcopus damnavit articulum asserentem, quod multa sunt aeterna, nec Deus posset illa destruere et si vellet, quare et omnipotentia privaretur. Ratio quoque horum militar contra eos: Si enim secundum Philosophum, et secundum suppositionem ipsorum vacuum esse non possit, nec situs imaginarius corpore*

O Vácuo e o Espaço Infinito no Século XIV   83

certa natureza positiva: que não seria nem Deus nem por Deus (mas o 2º e o 3º capítulos desta obra nos ensinaram o contrário) e que seria coeterna de Deus, o que nenhum cristão aceita. Por isso também Étienne, bispo de Paris, condenou o artigo que assegura que existem muitos [seres] eternos que Deus não poderia destruir, mesmo que quisesse, pois dessa maneira ele seria privado da onipotência.[139] De fato, a sua própria teoria se insurge contra eles: de fato, se, conforme ao Filósofo e à sua suposição, não pode existir ali nem vácuo nem sítio imaginário não preenchido de corpo, então ou o mundo é eterno, o que é herético, e eles negam, ou bem antes de sua criação existia ali o sítio imaginário vazio e não ocupado por corpo.[140] Mas essa resposta e sua demonstração irracional estão condenadas pelo artigo pré-citado [de Étienne Tempier]. Do mesmo modo, sem nos demorarmos nessas objeções, parece que podemos desenvolver sem perigo a teoria proposta[141] [por nós].

'Assim, pois,[142] Deus, que no começo criou o mundo e suas partes, existiu ao mesmo tempo que o mundo e cada uma de suas partes.

---

non repletus, Mundus est acternus, quod est haereticum, quod et negant, vel ante creationem ipsius erat situs eius imaginarius vacuus, nec corpore occupatus. Hanc etiam responsionem et eius irrationalem rationem daninat Articulus recitatus. His igitur nequaquam obstantibus, videtur praemissam rationem procedere inoffense."

---

139 Cf. DENIFLE-CHATELAIN, *Chartularium universitatis parisiensis*, p. 549, erro nº 17.
140 Cf. *supra*, p. 63, n. 97, a alusão feita a Averróis por Walter Burleigh. A diferença entre a teoria relatada por Walter Burleigh e a sua consiste, para Bradwardine, na asserção da presença de Deus no "vácuo", e a infinitização desse "vácuo imaginário."
141 A teoria segundo a qual o vácuo = espaço imaginário existe fora do mundo.
142 *De causa Dei, ibid.*, p. 178: *"Rursum Deus in principio creans mundum et quam libet partem eius, simul fuit cum Mundo et quolibet pate eius: Nam sicut patet ex VIIº Phys. 9. et post. et 2 de Anima 74. In omni motu, et in omni actione movens et agens est simul cum moto et passo. Unde et Augustinus Homilia secundda uper illud Ioan. I. In Mundo erat et Mundum per eum factus est; Quomodo, inquit, erat in Mundo? et respondet, quomodo Artifex regens quot fecit; Nom enim sic fecit, quomodo facit faber foris qui secus est arca quam facit et illa alio loco posita est, cum fabricatur; et quamvis iuxta sit, ipse alio loco sedet qui fabricat, et extrinsecus est ad illud quod fabricat; Deus autem infusus Mundo fabricat, ubique positus fabricat, et non recedit aliquo, non extrinsecus quase versat molem quem fabricat, praesentia maiestatis facit quod*

Portanto, assim como consta no livro VII da *Física*, § 9 e seg., e do livro II de *De anima*, § 74,[143] em movimento e em toda ação, movente e o agente existem ao mesmo tempo que o movido e o paciente. Por isso Agostinho em sua segunda Homilia sobre [o texto de] São João I: *Ele estava no Mundo e o Mundo foi feito por Ele*, pergunta-se: *Como é que ele estava no Mundo?* E responde: *Como o artista que domina aquilo que realizou.* Pois ele não o realizou como o operário realiza a arca fora de si, a arca que enquanto é fabricada está situada num outro lugar que ele próprio; e, ainda que ele esteja em contrato com ela, aquele que a fabrica está num outro lugar, e é exterior ao que fabrica. Mas Deus age como presente por toda parte e intimamente ligado ao mundo,[144] e dele não se separa de forma alguma, nem deixa, por assim dizer, derramar fora a massa que ele fabrica [num recipiente];[145] é pela presença de sua majestade que ele faz o que faz, e pela sua presença ele governa o que fez. Ora, é dessa maneira que estava no mundo aquele por quem o mundo foi feito. Por conseguinte, ou Deus por natureza estava lá [no lugar em que ele agiu] antes que ele ali criasse, e antes que a criatura ali estivesse; ou foi o contrário. Se ele ali estava antes por natureza, não foi pela criatura nem pela criação, mas por ele mesmo e não de novo (*de novo*),[146]

---

facit, presentia sua gubernat quod fecit. Sic ergo erat in Mundo, quomodo per quem mundus factus est. Vel ergo. Deus prius natura fuit ibi, quam creavit ibi, et quam creaturea fuit ibi, vel e contra: Si prius natura fuit ibi, hoc non fuit, per creaturam nec per creare, sed per seipsum et non noviter, quia tune per seipsum noviter mutaretur; fuit ergo ibi aeternaliter per seipsum; quare et eadem ratione fuit aeternaliter per seipsum ubique in vacuo, seu situ imaginario infinito, et adhuc est ubique similiter extra mundum."

---

143   O texto de Aristóteles foi dividido em parágrafos por Averroès. Divisão que a Idade Média observou religiosamente.

144   Literalmente: infuso no mundo, *infusus Mundo*.

145   Assim como o fundidor que derrama a matéria em uma forma-repicipiente preexistente que a recebe. Deus também não coloca o mundo fora do lugar que o deve receber.

146   *De novo*, ou *noviter*, se diz de alguma coisa que tem um começo; o mundo é de novo, quer dizer: o mundo tem um começo, e se opõe a *ab arterno*, sem começo. Bradwardine quer dizer que a presença de Deus no mundo, ou mais exatamente no lugar do mundo, não começou com a criação dele, mas lhe foi necessariamente anterior.

pois nesse caso próprio estaria novamente modificado. Por conseguinte, ele ali esteve toda a eternidade por si mesmo; assim, portanto, e pela mesma razão, ele esteve toda a eternidade por si mesmo em toda parte no vácuo ou no sítio imaginário infinito, e da mesma forma ele está hoje por toda parte fora do mundo.

'E não podemos[147] objetar que, pelo contrário, por natureza antes anterior para a criatura ser criada do que estar aqui ou lá, e que por natureza antes seja anterior para Deus criar lá do que para a criatura ser criada lá.[148] Pois isto é a causa daquilo; e assim, por natureza, é anterior para Deus estar lá do que que criar lá, da mesma forma que por natureza é anterior [para Deus] estar do que criar, assim como para qualquer outro agente. Pois não é porque Deus ou qualquer outro agente age que ele é: nem porque ele age lá que ele está lá; mas antes pelo contrário.[149]

'Da mesma forma, estando o mundo criado nesse sítio, Deus lá estava [presente], seja novamente, seja por toda a eternidade, então [essa presença nova] se realizou por alguma mutação ou movimento

---

147 De causa Dei, ibid., p. 178: *"Nec potest quis quod dicere e contra prius natura est creaturam creri quam esse esse hic vel igi; et prius natura est Deum creare ibi, quam creaturam creari ibi. Haec enim est causa huiuns: et adhuc prius natura est Deum esse ibi quam creare ibi, sicut et prius natura, est, quam creet; sicut et quodlibet aliud agens: non enim quia Deus vel quodlibet aliud agens agit, ideo est; nec quia agit ibi, ideo est ibi, sed potius e contra. Ad idem, creato Mundo in hoc situ. Deus fuit hic, vel ergo noviter vel acternaliter; si noviter hoc fuit per aliquam mutationem vel motum in Deo, vel in alio, puta mundo; sed non per mutationem in Deo. Sicut quintum ostendit; nec per mutationem in mundo, quia Deus prius natura fuit ibi quam mundus crearetur, vel quomodolibet mutaretur, sicut precedentia manifestant. Non est ergo Deus noviter factus ibi, sed aeternaliter fuit ibi: quare et eadem ratione aeternaliter fuit, est et erit ubique in situ imaginario infinito."*

148 O que implicaria que o lugar (aqui ou lá) é, por natureza, posterior ao ser da criatura assim como este é posterior ao ato criador. De onde se deduziria que não poderíamos falar de presença divina anterior à criação: antes da criação não existiria um *onde (ubi)* onde Deus pudesse estar presente.

149 Deus – nem qualquer outro agente – pode agir onde ele não está. Além disso, a ação, sendo posterior ao ser, não pode modificar a sua natureza, nem a sua estrutura: se Deus não estava em parte alguma antes da criação, ele não poderia criar coisa nenhuma em parte alguma; e, se pudesse, essa criação provocaria nele uma modificação, um "movimento", o que é impossível.

em Deus, ou em alguma outra coisa, ou seja, no mundo. Mas isso não pôde ser feito através de uma mutação em Deus, como foi demonstrado no capítulo V;[150] nem por uma mutação no mundo, pois por natureza Deus estava nesse sítio antes que o mundo fosse ali criado ou modificado de alguma forma, como demonstra o que precede. Assim, portanto, Deus não se fez ali [presente] de novo, mas ali esteve eternamente; por isso, e pelas mesmas razões, ele está, esteve e estará eternamente em toda parte no sítio imaginário infinito.

'De maneira semelhante[151] e talvez mais clara, podemos demonstrar a mesma coisa supondo que Deus cria alguma coisa; colo-

---

150 Onde encontramos a demonstração da imutabilidade divina.

151 *Ibid.: "Simili modo et forsitan planiori potest idem ostendi, supponendo Deum creare aliquid, puta A per aliquam distantiam extra caelum, sicut patet ex praemissis quod potest; Potest enim movere mundum ad alium situm distantem, potuitique creasse Mundum in situ distante, quare et adhuc potest ibi creare. Creet igitur ibi A, tunc Deus immediate agit ibi A, et conservat, sicut praemissa hic, et in corollario secundi hurus ostendunt. Est ergo Deus ibi immediate et essentialiter per seipsum; vel ergo prius natura est ibi, quam A sit ibi, vel e contra etc. sicut supra. Ad idem, creato ibi A, Deus est ibi; vel ergo ad hoc quod sit ibi indiget necessario creatura, quasi quodam innixorio seu reclinatorio fulcimento, seu fundamento ipsum sustinente ne cadat, ne potius evanescat, vel non sic indiget creatura; primum dici non potest propter praemissa, prius enim natura est Deus in situ cuiuslibert creaturae, quam ipsa creatura, sicut superius est ostensum, nec ipse sustinetur aut portatur a creatura, nec aliquo modo creatura innititur, sed e contra, sicut secundum huius ostendit. Deus etiam ante quamlibet creaturam in aliquo situ fuit: Hoc enim eius perfectioni et sufficientias infinitae quam prima suppositio cum partibus sequentibus ei dedit nimium repuguaret. Est ergo Deus fundamentum sine fundamento, in nullo scilicet priori fundatum, sed primum et originarium, fundamentum omnium aliorum, cui omnia alia eius de se instabilia, velut fundamento per se fixo, stabili et immobili innituntur a quo et iugiter sustinentur et continue supportantur, sicut secundum hulus multipliciter ostendebat. Non ergo contra. Potest igitur Deus esse in situ quo voluerit, sine indigentia creaturae et non noviter, quia non per mutum sui sicut quintum ostendit, ergo aeternaliter quiescendo. Deus ergo essentialiter per seipsum in omni situ ubique aeternaliter et immobiliter perseverat: Praeterea perfectius est esse aliquo situ ubique, et in sitibus multis simul, quam in unico situ tantum; quapropter et spiritus qui hoc potest, perfectior est corpore quod non potest; sed Deus est spiritus infinite perfectus, sicut prima suppositio et eius ostensio manifestant, hoc ergo ei convenit infinite, et hoc sine indigentia creaturae, sicut superius est ostensum, et sine mutabilitate quacunque."*

camos A a alguma distância fora do céu, assim como ele pode fazer de acordo com o que se deduz do que precede. De fato ele pode mover o mundo em qualquer outro lugar A, distante [do lugar] onde ele está, e poderia criar o mundo nesse lugar distante; por isso ele pode ainda hoje criar lá [alguma coisa]. Ora, já que Deus cria [um objeto] A no lugar em questão, então ele cria e conserva o dito [objeto] A imediatamente no dito lugar, assim como foi demonstrado abundantemente no capítulo segundo. Por conseguinte, Deus está imediata e essencialmente por si mesmo [no lugar onde ele cria A]; ora, portanto, ou ele está ali por natureza antes que A esteja lá, ou pelo contrário etc., como acima.

'Além disso, sendo A criado ali [num certo sítio fora do mundo], Deus está lá. Então, ou bem, para que ele exista ali necessariamente precisa da criatura, como de continente ou repositório ou adjuvante, ou fundamento que o sustenha a fim de que ele não tombe, não se escoe, ou melhor, não desapareça, ou bem ele não tem necessidade da criatura. A primeira solução não pode ser defendida por causa do que precede, pois Deus está no sítio de toda criatura anteriormente à própria criatura, como se demonstrou acima, e ele não é sustentado ou trazido pela criatura nem de forma alguma ele é contido pela criatura, mas o contrário é [que é verdadeiro], como se demonstrou no segundo capítulo; pois Deus esteve em todo sítio antes de toda criatura: por isso repugnaria por demais à sua perfeição e suficiência infinitas que a primeira suposição[152] com as partes seguintes lhe atribuíram. Pois Deus é o fundamento sem fundamento, ou seja, ele não está fundamentado em nenhum [fundamento] anterior, mas é o fundamento primeiro e originário de todos os outros, sobre o qual todos os outros, por si mesmos instáveis, se apoiam como sobre um fundamento por si mesmo estável, fixo e imóvel, pelo qual eles são sustentados, e continuamente suportados, como foi abundantemente demonstrado no capítulo II.[153]

'Mas não inversamente. Deus pode, portanto, estar no sítio no qual ele quis [estar] sem ter necessidade da criatura e não "novamente", porque ele não está ali por um movimento dele mesmo, as-

---

152 Cf. *supra*, p. 65, n. 118.
153 Cf. *supra*, p. 65, n. 119.

sim como foi demonstrado no capítulo V; por conseguinte, ele está ali, [estando] eternamente em pouso. Deus está portanto essencialmente e por si mesmo eternamente em toda parte e em todo sítio, [e em todo sítio ele] persevera sem se mover. Além disso, é mais perfeito estar em toda parte, e em vários sítios ao mesmo tempo, do que estar apenas num lugar; porque o espírito que pode isso é mais perfeito do que o corpo que não pode; mas Deus é um espírito infinitamente perfeito, como se demonstrou na primeira suposição e em sua demonstração. Portanto, é isso que lhe convém infinitamente [saber estar eternamente em toda parte] e isso sem ter necessidade da criatura [para fazê-lo], assim como foi demonstrado acima, nem ser afetado por nenhuma mutabilidade.

'Por conseguinte, [154] Deus está necessária, eterna e infinitamente em toda parte no sítio imaginário infinito; isso porque na verdade ele pode ser dito onipresente assim como onipotente. Da mesma forma, por razões análogas, ele pode ser dito de alguma forma infinito, infinitamente grande, ou de grandeza infinita,[155] sendo esses termos, entretanto, entendidos num sentido metafísico e não no sentido da extensão propriamente dita. Pois ele é infinitamente extensão permanecendo inextensível e sem dimensões. De fato, ele coexiste ao mesmo tempo e inteiramente com a grandeza e a extensão imaginária infinita e com todas as suas partes; isso porque, e com o mesmo sentido, ele pode ser dito imenso, pois ele não é nem medido, nem mensurável por nenhuma medida, e incircunscrito, porque ele não é circunscrito por alguma coisa que o envolveria inteiramente; nem

---

154 *De causa Dei, ibid.*, p. 179: *"Est ergo Deus necessario, aeternaliter, infinite ubique in situ imaginario infinito; unde et veraciter omnipraenses sicut omnipotens dici potest. Potest quoque simili ratione dici quodammodo infinitus, infinite magnus, seu magnitudinis in finitad, etiam quodammodo licet Metaphysice et improprie extensive. Est enim inextesibiliter et indimensionaliter infinite extensus. Infinitae namque magnitudini et extensioni imaginariae, et cuilibert parli elus totus simul plenatie coexistit; quare et similiter dici potest: Immensus enim non mensus, nec mensurahilis ulla mensura, et incircumscriptus, quia non circum serbitur ab aliquo ipsum plenarie circundante; nec sic potest ab aliquo circumscribi, sed ipse omnio circumscribit, continet et circundat."*

155 Assim Deus é – também – infinitamente grande no sentido da extensão. Concepção característica do pensamento de um matemático, e que reencontraremos, *mutatis mutandis*, em um Malebranche e em um Newton.

O Vácuo e o Espaço Infinito no Século XIV **89**

pode ser circunscrito por alguma coisa, mas ele próprio circunscreve, contém e envolve tudo.'"

Também Bradwardine considera que Sexto, o Pitagórico, um dos 24 filósofos que nos deixaram suas definições de Deus, teve razão quando disse: não encontrarás a grandeza de Deus mesmo que tenhas asas, e que um outro desses 24 filósofos a denominou de círculo cujo centro está em toda parte e cuja circunferência não está em parte alguma.[156]

Assim, não foi apenas em função de preocupações teológicas, nem tampouco em função de preocupações puramente científicas, mas em consequência do encontro dentro de um mesmo espírito, da noção teológica da infinidade divina com a noção geométrica da infinidade espacial que se formulou a concepção paradoxal do espaço imaginário, desse espaço vazio, verdadeiro nada realizado, no qual, três séculos mais tarde, submergirão e se desvanecerão as esferas celestes que, juntas, sustentavam o belo Cosmos de Aristóteles e da Idade Média. Portanto, durante três séculos o mundo – que não era mais um Cosmos – apareceu ao homem como que colocado no Nada, envolvido pelo Nada e até mesmo penetrado, de parte a parte, pelo Nada.

---

156   *De causa Dei, ibid.*, p. 180: *"Unde et Sextus Pytagoricus in sententialibus suis ait: Magnitudinem Dei non invenies etiam si pennis volare posses. Huic autem sententiae attestatur secunda 24 definitionum de Deo, a 24 Philosophis positarum quae dicit, Deus est sphaera infinita cuius centrum est ubique et circumferentia nusquam; et 18ª, inquiens, est sphaera cuius tot circumferentiae quod puncta; et 10ª ita dicens Deus est cuius posse non numeratur cuius esse non clauditur, cuius bonitas non terminatur."* Bradwardine se refere ao *Livro dos 24 filósofos* (Cf. BAEUMKER, Clemens. *Das pseudo-hermetische Buch der XXIV Meister*, Beiträge zur Geschichte der Philosophie des Mittelalters, fasc. XXV, Munique, 1928). Nesse livro, a fórmula citada por Bradwardine forma a proposição II. Para a história dessa fórmula, cf. MAHNKE, D. *Unendliche Sphaere und Allmittelpunkt*, Halle, 1937.

O CÃO CONSTELAÇÃO CELESTE, E O CÃO ANIMAL QUE LATE[1]

Numa bem conhecida passagem da *Ética* (parte I, prop. XVII, escólio), Spinoza nos diz que: "Se o entendimento e a vontade pertencem à essência eterna de Deus, certamente é preciso entender por um e outro desses atributos uma coisa diferente daquilo que em geral os homens costumam considerar. Pois, o entendimento e a vontade que constituiriam a essência de Deus deveriam diferir na medida de toda a extensão do céu, do nosso conhecimento e da nossa vontade e não poderiam concordar com eles em coisa nenhuma fora o nome, ou seja, da mesma maneira que concordam entre si o Cão, signo celeste, e o cão, animal que late."[2]

Habitualmente os historiadores de Spinoza interpretam essa passagem como expressão da recusa decidida de qualquer espécie da analogia entre Deus e o homem, como afirmação de sua heterogeneidade absoluta e como a constatação da impossibilidade de aplicar a Deus qualquer dos conceitos que se aplicam ao homem.

Assim, para citar alguns exemplos característicos, Kuno Fischer nos diz que "se pudéssemos, em geral, falar da vontade e do enten-

---

1 *Revue de métaphysique de morale*, 1950.

2 *L'Éthique de Spinoza*, nova tradução de A. Guérinot, prefácio de L. Brunschvicg, Paris,1930, v. I, p. 51. A tradução de A. Guérinot, mais precisa do que a de Appuhn, infelizmente sofre de um exagerado literalismo. Por isso parece-me indispensável citar o original ao mesmo tempo que a tradução: *"Porro, ut de intellectu et voluntate, quos Deo communiter tribuimus, hic etiam aliquod dicam: si ad aeternam Dei essentiam intellectus scilicet et voluntas pertinent, aliud sane per utrumque hoc attributum intelligendum est, quam quod vulto solent homines. Nam intellectus et voluntas, que Dei essentiam constituerint, a nostro intellectu et voluntate toto coelo differe deberent, nec in ulla re, praterquam in nomine, convenire possent, non aliter scilicet quam inter se conveniunt canis, signum coeleste, et canis, animal latrans."*

dimento de Deus, então, entre essas faculdades divinas e as faculdades humanas, deveria existir uma diferença essencial, que excluísse qualquer analogia; elas não teriam entre si nada em comum além do nome; na verdade seriam tão diferentes quanto a estrela do Cão e o cão". Ou, melhor, para empregar as próprias palavras de Spinoza, "o entendimento e a vontade, enquanto propriedades essenciais de Deus, deveriam ser absolutamente diferentes de nosso intelecto e de nossa vontade e não poderiam ter nada em comum com eles além do nome, tendo entre si tanta relação quanto o Cão, constelação, e o cão, animal que late".[3]

Victor Brochard abraça a mesma opinião. Tendo explicado que "podemos reduzir a quatro as principais teses da Ética que parecem incompatíveis com a hipótese de um Deus pessoal", ele apresenta, como a segunda dessas teses, o fato de que, naquilo que diz respeito a Deus, "seu entendimento e sua vontade nada têm em comum com os nossos e nem se lhes assemelham mais do que o Cão, constelação celeste, se assemelha ao cão, animal que late".[4]

Victor Delbos não diz outra coisa: "... falando de maneira absoluta, Deus não tem nem inteligência nem vontade, ou, se temos o costume por hábito da linguagem de falar da inteligência e da von-

---

3   FISCHER, Kuno, *Geschichte der neueren Philosophie*, t. II, *Spinoza's Leben, Werke und Lehre*, 5. ed. Heidelberg, 1909, p. 366 e segs. *"Wenn überhaupt von Verstand und Wille in Gott geredet werden könnte, so müsste zwischen diessen göttlichen und den menschlichen Vermögen ein Wesensunterschied stattfinden, welcher jede Vergleichung ausschliesst; sie würden miteinander nichts gemein haben als den Namen, in Wahrheit aber so verschieden sein, wie der Hundstern von Hunde. Oder, mit Spinoza's eigenen Worten zu reden: "Verstand und Wille, als Wesenseigentümlichkeiten Gottes, müssten von unserem Verstand und Willen himmelweit verschieden sein und könnten mit ihnen nichts als den Namen gemein haben, sie verhalten sich wie der Hund als Sternbild und der Hund als bellendes Tier."* Cf. *Ibid.*, p. 575.

4   BROCHARD, Victor, "Le Dieu de Spinoza", *Études de philosophie ancienne et de philosophie moderne*, Paris, 1912, p. 348; cf. p. 349: "No escólio da proposição 17, parte I, Spinoza se aplica em demonstrar que entre a inteligência e a vontade de Deus, por um lado, e a inteligência e a vontade do homem, por outro lado, existe uma semelhança apenas nominal. Entre a inteligência divina e a nossa existe uma diferença profunda. Esta é posterior ao seu objeto, enquanto que em Deus, como foi entrevisto por alguns filósofos, o inteligível e a inteligência são uma só e mesma coisa."

O Cão Constelação Celeste, e o Cão Animal que Late   93

tade de Deus, é preciso prestar bastante atenção em que entre a inteligência e a vontade divinas por um lado, e a inteligência e a vontade humana por outro, não existe mais analogia do que entre o Cão, signo celeste, e o cão, animal que late."[5] Reencontramos uma interpretação análoga – ainda que de modo algum idêntica – em Léon Brunschvicg. Falando da observação muito justa de que, segundo Spinoza, uma inteligência ou uma vontade que pertencessem à essência de Deus constituíram um atributo dele, mas não extraindo dessa observação as consequências que ela implica, L. Brunschvicg escreve: "Um verdadeiro atributo só pode ser uma atividade que não tenha nem objeto, nem fim, autônoma e acabada, por conseguinte una, e que encontra na sua unidade a razão de sua eternidade e de sua infinidade. Poderíamos chamar alternadamente inteligência, ou vontade, ou qualquer outra coisa, exatamente como se deu a uma constelação o nome de um animal que late: *existe tanta diferença entre o Cão celeste e o cão terrestre quanto entre a inteligência concebida como atributo e a inteligência humana.*"[6]

*

A concordância entre os comentadores de Spinoza não é muito frequente. Por isso os *concensus* dos quatro grandes historiadores que acabo de citar – e a seus nomes poderíamos acrescentar muitos outros –,[7] é absolutamente surpreendente. Infelizmente se baseia numa interpretação equivocada da passagem em questão. Uma in-

---

5   DELBOS, V. *Le Spinozisme*, 2. ed. Paris, 1926, p. 69 e segs.; à passagem citada nesse texto V, Delbos acrescenta: "não mais analogia, e talvez muito menos ainda, afirmam os Cogitata que como a *Ética* utilizam essa comparação (II, cap. XI). Porque de fato a inteligência humana só pode se exercer sobre objetos que lhe são impostos, enquanto a inteligência de Deus, ou, melhor dizendo, o Pensamento de Deus, é causa da representação dos objetos que ele compreende". Cf. também p. 72 e segs.
6   BRUNSCHVICG, Léon. *Spinoza et ses contemporains*, 3. ed. Paris, 1912, p. 62 (o grifo é nosso); cf. p. 82 e segs.
7   Por exemplo, Richter, G. T. *Spinozas philosophische terminologie*, Leipzig, 1913 (cf. p. 116, 169); GENTILE, G. *Etica testo latino con note di G. Gentile*, Bari, 1933 (cf. notas 46 e 47, p. 321) e WOLFSON, H. A. *The philosophy of Spinoza*, Cambridge, Mass., 1934 (cf. v. I, p. 316 e segs.).

terpretação que não concorda nem com a doutrina spinozista nem mesmo com o texto de Spinoza.

Pois, se entre o entendimento divino, ou seja, o entendimento infinito, e o entendimento humano não existisse absolutamente qualquer relação nem qualquer semelhança, resultaria – como resulta para todas as doutrinas que negam qualquer relação de analogia entre Deus e o homem –[8] que o termo "entendimento divino" ou "entendimento infinito" só teria para nós ou absolutamente nenhum sentido ou, no máximo, um sentido metafórico. Então, nesse caso, como teria podido Spinoza não só falar do entendimento infinito e determinar seu lugar ontológico, mas ainda fazer uso desse conceito falando de coisas que o entendimento infinito "percebe" ou de coisas que "se esclarecem" pelo entendimento infinito?[9]

Mas além disso Spinoza *não diz* que entre o entendimento divino e o entendimento humano há tão pouca analogia quanto entre o Cão, signo celeste, e o cão, animal que late. Ele diz coisa bem diferente. E até mesmo, se observarmos bem, ele diz exatamente o contrário, a saber, que *se*[10] concebêssemos o entendimento divino pertencente à *essência*[11] de Deus [assim como geralmente fazem os teólogos], *então*[12] o termo "entendimento" deveria significar alguma coisa muito diferente do que costumamos entender por essa palavra [o que é um absurdo]. De fato, um entendimento que constituísse a essência de Deus [ou seja, como Brunschvicg observou muito bem, um intelecto que seria *atributo* de Deus][13] não teria mais analogia

---

8   Como, por exemplo, a doutrina de Moisés Maimônides. Cf. *Le Guide des égarés*, p. I, c. 56; p. 3, c. 20. É esse o ponto de vista que a passagem dos *Cogitata* citada por Delbos enuncia, e não o do próprio Spinoza. Uma inteligência criadora, contrariamente ao que Delbos pensa (e outros também), é para Spinoza um absurdo.

9   Cf. *Ética*, I, prop. XVI, dem.; II, prop. VII, escólio.

10   O grifo é meu. Os membros de frase e as frases entre colchetes são acréscimos meus, à guisa de comentário.

11   O grifo é meu. Os membros de frase e as frases entre colchetes são acréscimos meus, à guisa de comentário.

12   O grifo é meu. Os membros de frase e as frases entre colchetes são acréscimos meus, à guisa de comentário.

13   Ao que eu saiba, o único historiador a observar que a asserção de Spinoza que nega qualquer analogia entre o entendimento divino e o entendimento

O Cão Constelação Celeste, e o Cão Animal que Late   95

com o nosso do que o Cão, signo celeste, e o cão, animal que late [como concordam os teólogos que inventaram essa comparação].[14] Como se vê: o texto de Spinoza não é tético, mas polêmico. Não é uma exposição da doutrina spinozista, mas uma refutação por absurdo – o que os historiadores que citei anteriormente não observaram: daí o seu equívoco – das concepções tradicionais dos teólogos.

Por isso a necessidade de conceber o intelecto divino como diferente *toto coelo* do intelecto humano não é alguma coisa que Spinoza admita por sua própria conta. É apenas a sequência do equívoco inicial dos teólogos que quiseram fazer do intelecto um *atributo* de Deus. E se, com Spinoza, evitamos esse erro, ou seja, a confusão entre o *pensamento* – que ele sim é um verdadeiro *atributo* de Deus –[15] e o *entendimento*, que o mesmo sendo infinito é apenas um de seus *modos*,[16] evitamos ao mesmo tempo as consequências absurdas às quais ele conduz. Entre outras, a de só poder admitir entre o entendimento divino e o entendimento humano uma conformidade metafórica, tal como existe – ou não existe – entre o Cão, constelação celeste, e o cão, animal que late. Em outros termos, a de dever renunciar a qualquer analogia entre Deus e o homem e, por essa razão, nada poder dizer sobre Deus.

*

humano só vale para um entendimento (e uma vontade) que fossem *atributos* de Deus é Lewis Robinson, que, em seu excelente *Kommentar zu Spinozas Ethik*, Leipzig, 1928, afirma p. e., p. 186: *"Selbstverständlich aber gilt diese Grundverschiedenheit nur von dem die Wesenheit Gottes ausmachenden Intellect (oder Willen)."* Cf. todo o comentário do escólio da prop. XVII, p. 180-190.

14   A comparação de que tratamos, segundo W. Wolfson (op. cit., v. I, p. 317), provém de Fílon, o Judeu (*De Plantatione Noe*, XXXVII, 155) e se encontra em Maimônides (*Millot ha-Higgayon*, cap. XIII) e em Averróis (*Epitome de l'Isagoge*, trad. Hebr. p. 2b); L. Robinson (op. cit. p. 184, n. 2) menciona a sua utilização por Chr. Scheibler, *Metaphysica*, Genebra, 1636, p. 40.

15   Erro que também V. Delbos comete quando identifica (cf. texto citado *supra*, p. 95, n. 1) a *inteligência* (intelecto) de Deus com o seu *pensamento*.

16   O entendimento infinito é um *modo* do pensamento que é um *atributo* da substância ou de Deus.

A interpretação que acabo de propor provavelmente não será aceita sem resistência. Sem dúvida objetarão que ela transtorna ou, pelo menos, modifica sensivelmente a imagem tradicional do spinozismo, e que, além disso, é formalmente contraditada pelo próprio Spinoza. Não nos diz ele, nesse mesmo escólio da proposição XVII onde se encontra a passagem referente aos cães, "que nem o entendimento nem a vontade pertencem à natureza de Deus"? E não expõe, ainda no mesmo escólio, que o entendimento divino, entendimento criador e "causa das coisas, tanto de sua essência quanto de sua existência"..., "difere de nosso intelecto tanto em razão da essência quanto em razão da existência e não pode concordar com ele em coisa alguma fora o nome"?[17]

Essa objeção seria decisiva se não esbarrasse numa dificuldade intransponível: de fato não podemos, simultânea e ao mesmo tempo, apresentar uma definição de entendimento divino como faz Spinoza, e afirmar que ele não pertence à natureza de Deus...[18] Seria uma contradição flagrante. Ora, a contradição desaparece se admitirmos que o escólio inteiro é de natureza polêmica e crítica e que Spinoza, fazendo uma refutação por absurdo, empreende a demonstração de que o entendimento não pode pertencer à *natureza* (ou seja, à *essência*) de Deus, porque se ele pertencesse – em termos, se fosse um *atributo* de Deus – seria um entendimento criador, nada tendo em comum com o nosso etc., em outras palavras, não seria um entendimento. Estudemos então o texto do escólio.

As proposições XVI e XVII visam a estabelecer o determinismo absoluto: Deus age em virtude de sua natureza, realizando necessariamente tudo o que dela decorre; essa ação necessária, visto que não está submetida à influência de nenhuma causa exterior a Deus,[19]

---

17   Cf. DELBOS, V. Op. cit. p. 72 e segs.

18   O intelecto criador, que difere do nosso tanto na sua essência quanto na sua existência, é justamente o intelecto concebido como pertencente à natureza de Deus.

19   *Ética*, I, prop. XVII, trad. Guérinot: "Deus age apenas segundo as leis de sua natureza, e sem ser constrangido por ninguém"; cor. I: "Decorre daí: ...não é dada causa alguma que, fora de Deus ou nele, o incite a agir, exceto a perfeição de sua própria natureza". *"Deus ex solis suae naturae legibus et a nemine coactus agit"*; cor. I.; *"Hunc sequitur... nullam dari causam, quae Deum extrinsece, vel intrinsece, praeter ipsius naturae perfectionem, incitet ad agen-*

O Cão Constelação Celeste, e o Cão Animal que Late   97

por isso mesmo deve ser considerada como ação livre, e esse é o único sentido legítimo que podemos dar à noção de liberdade divina.[20] O escólio da proposição XVII se esmera em arruinar a concepção tradicional segundo a qual Deus possuiria uma espécie de livre--arbítrio, em consequência do que sua ação criadora não estaria submetida a nenhuma necessidade racional, mas seria o efeito de uma "decisão livre" (motivada ou não)[21] e de uma "escolha". Segundo essa concepção, Deus – falando em termos absolutos – teria portanto podido (e até mesmo ainda poderia) não ter feito o que fez e ter feito (ou fazer) o que ele não fez. Concepção absurda, como Spinoza nos demonstra, porque é incompatível com a noção da onipotência divina: de fato, como conceber sem contradição uma onipotência que, com medo de se esgotar, não produzisse tudo que ela pode produzir?, uma potência infinita que se limitaria e se desinfinitizaria ela mesma?, que "escolheria" entre os efeitos possíveis de sua ação? Não vemos então que a perfeição divina que se pretende salvaguardar, atribuindo a Deus uma reserva de poder criador não utilizado, é muito melhor salvaguardada pela concepção de Spinoza?[22]

---

dum." O literalismo ansioso dos tradutores de Spinoza os leva a apresentar as expressões: *datur, non datur*, expressões muito frequentemente empregadas por Spinoza (cf. *Cog. Met.*, II, 5, I.; *Ética* I, IV; *Ética* I, V etc.) como "é dado", "não é dado". Fazendo isso, eles alteram sensivelmente o pensamento de Spinoza (dado a quem?) ou, pelo menos, lhe conferem uma forma confusa e inábil. De fato, *datur, non datur* significa simplesmente: "existe" ou "não existe".

---

20 Cf. o luminoso comentário da concepção spinozista feito por Léon Brunschvicg, Op. cit. p. 83 e segs.

21 A crítica de Spinoza se dirige tanto a Descartes quanto à teologia tradicional. O sr. Wolfson (op. cit. v. I, p. 312 e segs.) considera que Spinoza se refere à discussão do problema da onipotência por Maimônides (*Guide des égarés*, II, c. 13, 14, 18, 25) e sobretudo por Abraham Herera (*Sha'ar ha Shamayim*, III, 6); L. Robinson (op. cit. p. 180, n. I) compara o texto de Spinoza a uma passagem de Pereira, *De Communis rerum naturae principiis*, 1588, p. 571. De fato, o problema é tradicional e já o encontramos discutido por SCHEIBLER, Christian, *Metaphysica*, Genebra, 1636, I, II, c. 3; HEEREBOORD, Adrian, *Meletemata philosophica*, Lugduni Batavorum, 1654, p. 358 e segs. e SUAREZ, F. *Disputationes metaphysicae*, Paris, 1605; ed. Vivès, v. XXVI, 17. Suarez, por sua vez, cita São Tomás, Alberto Magno etc.

22 *Ética*, I, XVII, escól. trad. Guérinot, v. I, p. 50.

Mas ainda há mais. A concepção tradicional não é apenas errada; ela é contraditória e até mesmo impensável. Pois, para poder colocar em Deus uma "escolha" e um "livre-arbítrio", ela é obrigada a atribuir a Deus, e até mesmo à *natureza divina*, um entendimento e uma vontade análogos aos do homem; o que ela não pode fazer, já que é obrigada a negar entre Deus e o homem, entre o entendimento humano e o entendimento divino, qualquer espécie de analogia.

Por essa razão Spinoza nos anuncia: "Além disso, mostrarei adiante... que nem o entendimento nem a vontade pertencem à *natureza de Deus*."[23] À *natureza de Deus*, e não simplesmente *a Deus*, pois se a ação divina fosse uma ação de livre escolha, em outros termos se fosse uma escolha que determinasse a ação divina, o entendimento e a vontade deveriam pertencer à natureza, ou seja, à essência de Deus, ser atributos dele. Por esse fato, ocupariam na estrutura do ser divino um outro lugar bem diferente do que ocupam na estrutura do ser humano: nem a inteligência nem a vontade pertencem de fato à *essência* do ser humano – tanto em Deus quanto no homem é o Pensamento[24] que ocupa esse lugar.[25]

A origem do erro cometido pela filosofia e pela teologia tradicionais é portanto muito simples: ela consiste num erro a respeito de nós mesmos: "Sei muito bem que são muitos os que pensam poder demonstrar que um entendimento supremo e uma livre vontade per-

---

23 *Ibid.*, p. 48, "**postendam ad Dei naturam** [o destaque é meu] *neque intellectum neque voluntatem pertinere".*

24 Tendo o sentido do termo "pensamento" sido de alguma forma intelectualizado a partir do século XVII, fica para nós bastante difícil apreender, pelo menos imediatamente, o alcance da distinção radical feita por Descartes (e Spinoza) entre *pensamento* e *entendimento, cogitatio e intellectus* (Cf. GILSON, E. *Discours de la méthode, texte et commentaires*, Paris, 1939, p. 165-167, 302-307, 311, 361. Não é menos verdade que, para Spinoza assim como para Descartes, eles não são apenas diferentes em si mesmos, mas pertencem a níveis ontológicos diferentes.

25 É preciso não esquecer que o problema das relações entre a alma e o corpo, tal como foi formulado por Descartes, é que alimenta – é verdade que junto com muitas outras coisas – o pensamento de Spinoza, e que a unidade do ser humano, pensamento e extensão simultaneamente e ao mesmo tempo é que forneceu a Spinoza o modelo sobre o qual ele concebeu a unidade do ser divino. De fato, a relação entre pensamento e extensão é exatamente a mesma no homem e em Deus.

tencem à *natureza*[26] de Deus; pois dizem não conhecer nada de mais perfeito que pudessem atribuir a Deus do que aquilo que em nós é a suprema perfeição."[27] Como vemos muito bem: é porque consideram que o intelecto e a vontade pertencem à essência do homem, porque atribuem ao *homem* uma "vontade livre" ou um "livre-arbítrio" que os filósofos e os teólogos, *por analogia*, também os atribuem a Deus, ou seja, consideram-nos como pertencentes à essência divina. Uma antropologia equivocada conduz a uma metafísica equivocada. Basta portanto saber que o homem de forma alguma é dotado de um "livre-arbítrio" e que, como acabo de afirmar, o entendimento e a vontade não *constituem* a essência, para evitar esse erro.

Mas continuemos. O erro antropológico, por analogia transportado para Deus, destrói seu próprio fundamento, ou seja, a analogia sobre a qual se apoia a atribuição a Deus (à essência divina) da vontade e do entendimento. Pois um entendimento – *atributo* nada teria em comum com o que entendemos por entendimento, "da mesma maneira que o Cão, signo celeste, e o cão, animal que late".

De fato, "se o entendimento [pertencesse][28] *à natureza*[29] divina, ele não poderia, como nosso entendimento, ser por natureza posterior, ainda que a maioria assim o deseje, às coisas que compreendemos, ou ser ao mesmo tempo que elas, já que Deus é anterior a todas as coisas por causalidade (segundo o corolário I da proposição XVI); mas, pelo contrário, a verdade e a essência formal das coisas são [seriam] assim porque assim elas existem objetivamente no entendimento de Deus. Por isso o entendimento, *enquanto concebido como constitutivo da essência de Deus*,[30] é [seria] realmente a causa das coisas: o que também parece ter sido percebido por aqueles que afirmaram que o entendimento de Deus, sua vontade e sua potência

---

26   O grifo é meu.
27   *Ética*, I, prop. XVII, escólio, trad. Guérinot, v. I, p. 49: *"Scio equidem plures esse qui putant se posse demonstrare ad Dei naturam summum intelectum et liberam voluntatem pertinere, nihil enim perfectius cognoscere sese ajunt quod Deo tribuere possunt quam id quod in nobis summa est perfectio."*
28   Spinoza emprega o presente. Em francês seria preferível empregar o imperfeito ou o condicional. Eu os coloco entre colchetes, assim como outras adjunções explicativas.
29   O grifo é meu.
30   O grifo é meu.

são uma única e mesma coisa".[31] [Afirmação que necessariamente decorre da identificação da vontade e do entendimento com a essência divina e que, ao mesmo tempo, destrói qualquer analogia entre o entendimento divino e o entendimento humano.]

"Já que portanto [nessa concepção] o entendimento divino é a causa única das coisas, a saber, tanto de sua essência quanto de sua existência, ele deve necessariamente diferir delas, tanto em razão da essência quanto em razão da existência..."[32] "Ora, [nessa concepção] o entendimento divino é causa e essência e existência de nosso entendimento: logo, o entendimento de Deus, *enquanto concebido como constitutivo da essência divina*,[33] difere [diferia] de nosso entendimento tanto em razão da essência quanto em razão da existência, e não pode concordar com ele em coisa alguma, à parte o nome, como desejaríamos."[34]

A não concordância "tanto em razão da essência quanto em razão da existência" "em coisa nenhuma fora o nome" do intelecto humano com o intelecto divino só vale portanto para este último se – e na medida em que – ele está identificado *com a essência divina*, ou, o que vem a ser mesma coisa, concebido como *um atributo* de

---

31 *Ética*, I, prop. XVII, escólio, trad. Guérinot, v. I, p. 52: "*Si intellectus ad divinam naturam pertinet non poterit uti noster intellectus posterior (ut plerisque placet) vel simul natura esse cum rebus intellectis, quandoquidem Deus omnibus rebus prior est causalitate (per coroll: I, prop. XVI), sed contra veritas et formalis rerum essentia, ideo talis est quia talis in Dei intellectu exist objetive. Quare Dei intellectus, quatenus Dei essentiam constituere concipitur, est revera causa rerum, tam earum essentiae quam earum existentiae, quod ab iis videtur etiam fuisse animadversum, qui Dei intellectum, voluntatem et potentiam unum et idem esse asseruerunt.*" Novamente trata-se de polêmicas e não de uma exposição, como pensa DELBOS, V. Op. cit. p. 72 e segs.

32 *Ética*, I, XVII, escólio, trad. Guérinot, v. I, p. 52 e segs.: "*Cum itaque Dei intellectus sitt unica rerum causa, videlicet (ut ostendimus) tam earum essentiae quam earum existentiae, debet ipse necessario ab iisdem differe tam ratione essentiae quam ratione existentiae.*

33 O grifo é meu.

34 *Ibid.*, p. 53: "*Atque Dei intellectus est et essentiae et existentiae nostri intellectus causa: ergo Dei intellectus, quatenus Divinam essentiam* **constituere concipitur** [o destaque é meu], *a nostro intellectu tam ratione essentiae quam ratione existentiae differt, nec in ulla re praeterquam in nomine, cum eo convenire potest, ut volebamus.*"

Deus *constitutivo de sua essência*. De fato, porque o entendimento divino foi concebido como um atributo de Deus é que fomos levados à noção contraditória de um entendimento criador,[35] que necessariamente nos conduziu à necessidade de afirmar a heterogeneidade absoluta do entendimento divino e do entendimento humano. O absurdo desta última conclusão *demonstra* o absurdo da premissa da qual partimos.

Ou, inversamente, a inexatidão da premissa invalida as conclusões que dela extraímos, a saber, o caráter criador do entendimento divino e sua heterogeneidade com o entendimento humano.

---

35 Lembramos que, segundo a doutrina de Spinoza, o entendimento divino, ou seja, o entendimento infinito, não é de forma alguma criador e não é "anterior" às coisas. O entendimento – todo entendimento – tem uma função bem deferente: mostrar as coisas como elas são: *"ostendere res uti sunt"*. O desconhecimento dessa função do intelecto, afirmamos de passagem, levou certos intérpretes de Spinoza – como Johann Erdmann e, em suas pegadas, o sr. H. A. Wolfson – a atribuir um sentido relativista, e até mesmo subjetivista, à sua definição de atributo: cf. IV: *Per attributum intelligo id, quod intellectus de substantia percipit tanquam ejusdem essentiam constituens*.

CONDORCET[1]

Quando, há 150 anos, aos 28 de março de 1794, Jean-Antoine-Nicolas-Caritas, anteriormente marquês de Condorcet, secretário perpétuo da Academia das Ciências, membro da Academia francesa, e representante do povo na Convenção nacional, proscrito e com prisão decretada por essa mesma República francesa cuja fundação havia sido um dos primeiros a desejar e a exigir publicamente, morreu na prisão de Bourg-la-Reine, toda uma época desapareceu com ele.

De fato, como o Sr. Prior diz muito bem,[2] "Condorcet ocupa um lugar à parte na história do pensamento francês. Ele é o último dos "filósofos", o único que tomou parte ativa na Revolução. Não concebeu um sistema absolutamente original, mas reuniu todas as teorias de seus predecessores. Encontramos nele as ideias de Voltaire, de Rousseau, do Turgot, d'Helvétius, de Condillac, pouco a pouco amoldadas num todo harmonioso cuja expressão última é o *Esquisse*, espécie de resumo filosófico do século XVIII".[3]

O século XVIII, e a filosofia do século XVIII, com sua curiosa mistura, em última análise inconsistente e contraditória, de racionalismo cartesiano e de empirismo sensualista e nominalista,[4] não são

---

1 Conferência pronunciada pelo 150º aniversário da morte de Condorcet, aos 28 de março de 1944, na Escola Livre dos Altos Estudos de Nova Iorque e publicada na *Revue de métaphisique et de morale*, 1948.

2 Cf. Condorcet, *Esquisse d'un tableau historique des progrès de l'esprit humain*, ed. O. H. Prior, Paris, Bolvin, 1933, introdução p. V. Eu cito o *Esquisse* segundo a edição Prior.

3 Matemático, economista, filósofo, homem político, Condorcet resume em sua própria vida quase todos os aspectos da evolução intelectual do século XVIII e sua passagem da teoria à ação.

4 Sobre o cartesianismo do século XVIII em geral e o cartesianismo de Condorcet em particular, cf. BOULLIER, F. *Histoire de la philosophie cartésienne*, v. II, p. 641 e segs., Paris, 1854.

muito bem considerados. Reprova-se e sobretudo reprovou-se, no decorrer do século XIX, seu individualismo ultrapassado, seu intelectualismo superficial, seu otimismo ingênuo, seu desconhecimento da realidade profunda, seu desconhecimento, em particular, da história, e sua fé no progresso.

Nem tudo é falso nessas censuras. É incontestável que, comparado aos grandes sistemas metafísicos que o precederam e seguiram, a filosofia do século XVIII pode parecer carente de profundidade e de fôlego. Também é certo que o século XVIII foi otimista demais, e confiante demais nas forças da razão. Levou a velha definição do homem como "animal racional" a sério demais, e ignorou o poder dos elementos irracionais, ou, melhor, do fundamento irracional da sua natureza. Ele ignorou a importância social, e o papel vital daquilo que denominou "preconceito", e, concentrado na tarefa de destruir, com as luzes da razão, alguns "preconceitos" dominantes do seu tempo (preconceitos religiosos e preconceitos sociais), ele subestimou sua força, e sobretudo subestimou a faculdade que o homem tem de substituir os preconceitos destruídos por novos preconceitos. Esses defeitos são, sem dúvida, reais. Mas são muito menos graves do que consideram e, sobretudo, que consideraram,[5] e não devem permitir que se ignore um fato: que a filosofia do século XVIII formulou um ideal humano e social que permanece sendo a única esperança da humanidade. Já vimos o que custa ao homem abandonar as exigências de liberdade, igualdade e fraternidade em troca das aspirações profundas de sua natureza irracional... O descrédito em que caiu o século XVIII explica-se pelo fato de ter sido vencido.[6] São os vencedores que escrevem a história, e estes vencedores são os representantes da reação, da reação romântica sobretudo, e, particularmente, da reação romântica *alemã*, que determinaram amplamente nossos julgamentos históricos e a nossa própria concepção da história. E

---

5 Parece que ocorreu uma inversão nesses últimos tempos. Cf. os trabalhos de CARRÉ, J.-R. *Fontenelle ou le sourire de la raison*, Paris, 1932, e *La Consistance de Voltaire le philosophe*, Paris, 1938; cf. também CASSIRER, E. *Die philosophie der aufkläung*, Tübingen, 1932. SHAPIRO, J.-S. *Condorcet and the rise of liberalism*, New York, 1934.

6 Cf. BRÉHIER. E. *Histoire de la philosophie*, v. II, fasc. 3, "Ledix-neuvième sièce", Paris 1931.

também foram eles que nos persuadiram que o século XVIII havia ignorado a história.

Nada me parece mais equivocado do que essa asserção, que só se poderia sustentar na condição de aceitar a concepção romântica da história. Se não o fizermos, descobriremos, pelo contrário, que devemos ao século XVIII, a Montesquieu,[7] a Voltaire,[8] a Montuclas e a Gibbon a descoberta ou, se preferirmos, a redescoberta da história, assim como no século XVIII devemos a Spinoza, a Beyle e a Mabillon a redescoberta da erudição e da crítica histórica.

Sem dúvida, os homens do século XVIII não tinham pela história o respeito, a adoração, a veneração que por ela irão ter os românticos. Sem dúvida, tampouco professavam a religião da erudição e frequentemente ignoravam os detalhes (e até mesmo mais do que os detalhes) do passado. Isso porque não tinham, como os românticos, a nostalgia do passado. Muito pelo contrário: seus olhares estavam voltados para o futuro. O pensamento romântico (e todo historicismo é mais ou menos herdeiro do pensamento romântico), pensamento "vegetativo", segundo a admirável expressão de Gustav Huebener, opera de muito bom grado com categorias, ou, melhor, com imagens organicistas e principalmente botânicas. Fala-se de desenvolvimento, de crescimento, de raízes; opõem-se as instituições formadas "por um crescimento natural" (*natürlich gewachsen*) às que são "artificialmente fabricadas" (*künstlich gemacht*), ou seja, opõe-se a ação inconsciente e instintiva das sociedades humanas à sua ação consciente e deliberada, as tradições às inovações etc.

Esta concepção – ou esta atitude – que encara o processo histórico como uma coisa qualquer que se desenvolve de maneira quase autônoma, e que vê no homem não um agente, mas um produto da evolução histórica e de suas forças impessoais ou transpessoais, não está *necessariamente* ligada a uma filosofia política, ou a uma filosofia da história, reacionária: o crescimento não é imobilidade, a árvo-

---

7 É a Montesquieu que devemos a noção das leis históricas que variam com os povos e são relativas às diferentes estruturas sociais das sociedades humanas.

8 *Le siècle de Louis XIV* e o *Essai sur les moeurs* renovaram a historiografia por completo.

re não é a sua raiz e a flor não é o botão...[9] De fato, e provavelmente porque o crescimento vegetal é um processo *lento*, e um processo que na fase nova muito frequentemente conserva a fase anterior, a concepção romântica foi quase sempre acompanhada – mas houve românticos revolucionários – por uma atitude conservadora ou até mesmo reacionária: o grande valor atribuído à tradição rapidamente se transforma em oposição à mudança, em idealização do passado, em utopia arqueológica...[10] O que quer que signifique este último ponto, ele é suficiente para indicar que a concepção romântica da história implica a preponderância do passado; de um passado que se realiza no presente e que se prolonga no futuro.

É bem diferente quando se trata da concepção da história da filosofia das luzes: nesta, a história é uma força impessoal que *se* realiza no mundo; muito pelo contrário, ela é o produto da ação humana, de sua própria atividade. A história não é alguma coisa que nos faz, mas alguma coisa que nós fazemos, ou seja, o conjunto das coisas que o homem fez, que ele vai – ou que ele pode – fazer. Por isso – consequência dessa atitude ativista – não é para o passado mas para o futuro que o olhar do historiador se dirige; e o que ele tem para contar, o que ele considera mais precioso na história, nada mais é do que a história do progresso, ou seja, a história da liberação progressiva do espírito humano, a história de sua luta contra as forças – ignorância, preconceitos etc. – que o oprimem ou que o oprimiram, a história da conquista gradual, pelo homem, da luz, ou seja, de sua *liberdade na verdade.*

A história assim compreendida nos aparecerá como a história de um combate, de uma batalha contra as potências irracionais que entravam o progresso, de uma insurreição contra o passado em proveito do futuro. Por isso os traços desse passado no presente – as tradições e o velhos hábitos – não devem ser preservados e venerados; muito pelo contrário, no mais das vezes, devem ser destruídos. E é por causa disso que a história, ou mais exatamente o historiador, entra na luta:

---

9   A filosofia da história do hegelianismo, que nela vê apenas o processo de autodesenvolvimento e a autoconstituição do Espírito, permitiu tanto a interpretação conservadora quanto a interpretação revolucionária; ambas antirromânticas.

10 Como, por exemplo, a idealização da Idade Média.

revelando as origens bem prosaicas das tradições e das crenças mais sagradas e mais veneráveis, o historiador nos demonstra sua inanidade e, assim, as *desenraíza*. Ele desobstrui o terreno e dá espaço para uma nova construção, dessa vez uma construção racional.

A filosofia do século XVIII – e para ela isso é um título de glória – não queria apenas explicar o mundo; queria também transformá-lo. Acreditava mesmo que poderia transformá-lo explicando como ele era; em outros termos, acreditava que bastaria mostrar aos homens onde está a verdade e onde está o erro para que, irresistivelmente, eles se dirigissem para a verdade. Ora, nessa crença na potência da verdade e da razão ela se sentia apoiada pela história: não é fato, nos explica Condorcet, que a humanidade, apesar de todos os obstáculos que se opuseram à sua marcha para adiante, realizou, no fim das contas, uma ascensão quase constante? Não é fato que o ritmo do progresso, há algum tempo, desde a invenção da imprensa e a revolução filosófica realizada por Descartes, acelerou-se de maneira muito sensível? Não é fato, enfim, que atualmente a vitória das luzes no seio de duas grandes civilizações, a francesa e a inglesa, parece nos pôr ao abrigo do perigo de uma recaída, como aconteceu no passado, quando a barbárie da Idade Média sucedeu ao brilhante desenvolvimento da civilização grega?[11]

Assim, o otimismo de Condorcet é um otimismo racional e, de algum modo, empirista. O progresso não é de forma nenhuma inevitável e fatal. Mas a história da humanidade, que soube conquistar a liberdade espiritual, a verdade científica e até mesmo, mais recentemente, a liberdade política, não repudiará suas conquistas e não se desviará da luz da razão?[12]

*

Não tentaremos expor aqui o *Esquisse* de Condorcet e analisar em detalhe as "épocas", patamares sucessivos pelos quais o homem

---

11   Visão profética, pois, de fato, foi a difusão das "luzes" e das concepções democráticas nos países de língua francesa e inglesa que salvou o mundo de uma recaída na barbárie.

12   Condorcet não previu o mergulho na escravidão e a renúncia ao pensamento do homem atual.

se eleva da simplicidade grosseira da vida primitiva até a luz da civilização científica e da liberdade política. Basta-nos saber que Condorcet distingue dez delas, e que segundo ele é Descartes que fecha a oitava, a que se estende "desde a invenção da imprensa até os tempos em que as ciências e a filosofia sacudiram o jugo da autoridade"; que a norma vai "desde Descartes até a formação da República francesa", e que a décima abarca "os futuros progressos do espírito humano".[13]

O lugar atribuído por Condorcet a Descartes é muito característico. Sem dúvida, Descartes não foi o único espírito que sacudiu o jugo da autoridade: antes, "Bacon revelou o verdadeiro método de estudo da natureza, o de empregar os três instrumentos que ela nos fornece para penetrar seus segredos; a observação, a experiência e o cálculo... Mas Bacon, que possuía o gênio da filosofia no mais alto grau, nada acrescentou às ciências, e seus métodos para descobrir a verdade, de que ele não dá exemplo, foram admirados pelos filósofos, mas em nada mudaram a marcha das ciências".

"Galileu as havia enriquecido com descobertas úteis e brilhantes; ele havia ensinado, com seu exemplo, os meios de se alcançar o conhecimento das leis da natureza... Mas, limitando-se exclusivamente às ciências matemáticas e físicas, não pôde imprimir aos espíritos o movimento que eles pareciam esperar." "Essa honra foi reservada a Descartes, filósofo engenhoso e ousado. Dotado de um grande gênio para as ciências, juntou o exemplo ao preceito indicando o método de encontrar, de reconhecer a verdade... Ele queria estender seu método a todos os objetos da inteligência humana; Deus, o homem, o Universo eram alternadamente assunto de suas meditações... a própria audácia dos seus erros serviu aos progressos da espécie humana. Ele agitou os espíritos que a sabedoria de seus rivais não havia conseguido despertar. Ele disse aos homens para sacudir o jugo da autoridade, para só reconhecer o que a sua razão admitisse; e foi obedecido, porque dominava pela ousadia, porque arrastava pelo entusiasmo. O espírito humano ainda não estava livre,

---

13 O conhecimento da natureza e das leis de ação da razão humana permite, segundo Condorcet, prever, é bem verdade que em suas grandes linhas e não nos detalhes, os seus desenvolvimentos futuros.

mas soube que havia sido formado para sê-lo... e a partir de então pôde prever que (suas cadeias) logo seriam quebradas."[14]

Os grandes gênios que dominam a nona época, quando "foi enfim permitido proclamar esse direito, por tanto tempo desconhecido, de submeter todas as opiniões à nossa própria razão, ou seja, de empregar, para apreender a verdade, o único instrumento que nos foi dado para reconhecê-la",[15] são, para Condorcet, Newton, graças a quem "o homem finalmente conheceu, pela primeira vez, uma das leis físicas do Universo"... descoberta até hoje tão única quanto a glória daquele que a revelou;[16] Locke, que "demonstrou que uma análise exata, clara das ideias, reduzindo-as sucessivamente às ideias mais imediatas na sua origem ou mais simples na sua composição, era o único meio de não se perder no caos de noções incompletas, incoerentes, indeterminadas que o acaso nos apresentou sem ordem e que recebemos sem reflexão";[17] e Rousseau, graças a quem o princípio da igualdade natural dos homens, princípio "que o generoso Sydney pagou com seu sangue, e ao qual Locke atribuiu a autoridade de seu nome", foi colocado "no número dessas verdades que não é mais permitido nem esquecer nem combater".[18] De fato, é nessa época que "os publicistas finalmente conseguiram conhecer os verdadeiros direitos do homem, deduzi-los dessa única verdade, a de que ele é um ser sensível, capaz de compor raciocínios e adquirir ideias morais".

"Eles viram que a manutenção desses direitos era o objeto único da reunião dos homens em sociedades políticas, e que a arte social deveria ser a de lhes garantir a conservação desses direitos, com a mais inteira igualdade assim como na maior extensão. Sentiu-se que,

---

14 *Esquisse*, p. 143 e segs.

15 *Ibid.*, p. 159: "Cada homem aprende, com uma espécie de orgulho, que a natureza absolutamente não o havia destinado a acreditar na palavra de outrem; e a superstição da antiguidade, a submissão da razão frente ao delírio de uma fé sobrenatural desaparecem tanto da sociedade humana quanto da filosofia."

16 *Ibid.*, p. 175 e segs. Ao lado de Newton – bem mais abaixo entretanto – Condorcet nomeia d'Alembert, que descobriu o princípio que rege todas as ações da natureza.

17 *Ibid.*, p. 155.

18 *Ibid.*, p. 152.

se os meios de assegurar os direitos de cada um deviam estar submetidos em cada sociedade a regras comuns, o poder de escolher esses meios, de determinar suas regras, só podia pertencer à maioria dos membros da própria sociedade; porque, se cada indivíduo não pode nessa escolha seguir a sua própria razão sem submeter os outros, o voto da maioria é o único caráter de verdade que poderia ser adotado por todos sem ferir a igualdade."[19]

"Cada homem pode realmente comprometer-se previamente com esse voto da maioria, que então se torna o voto da unanimidade; mas ele só pode comprometer a si próprio; ele só pode se comprometer, mesmo com essa maioria, se ela não ferir os seus direitos individuais, após tê-los reconhecido."

"Tais são ao mesmo tempo os direitos da maioria sobre a sociedade ou sobre seus membros, e os limites desses direitos. Tal é a origem dessa unanimidade, que torna obrigatórios para todos os compromissos assumidos apenas pela maioria; obrigação que deixa de ser legítima quando, pela mudança dos indivíduos, essa sanção da unanimidade deixou por si mesma de existir. Sem dúvida, existem objetos sobre os quais a maioria se pronunciava talvez mais frequentemente em favor do erro e contra o interesse comum de todos; mas é ainda ela que deve decidir quais são esses objetos sobre os quais ela não deve entregar-se imediatamente às suas próprias decisões; cabe a ela determinar quais serão aqueles que ela acredita dever substituir a sua razão pela razão deles; regulamentar o método que eles devem seguir para alcançar mais seguramente a verdade; e ela não pode abdicar da autoridade de decidir se suas decisões feriram os direitos comuns a todos."[20]

"Assim vimos desaparecer, diante desses princípios tão simples, as ideias de um contrato entre um povo e seus magistrados, que só poderia ser anulado por um consentimento mútuo, ou pela infidelidade de uma das partes; e essa opinião, menos servil mas não menos absurda, que encadeava um povo às formas de constituição estabelecidas, como se o direito de mudá-las não fosse a garantia de

---

19 É interessante observar que Condorcet intelectualiza o princípio da submissão do indivíduo à maioria.
20 Daí a obrigação de obedecer mesmo a uma decisão – ou a uma lei – que consideramos errada ou má.

todas as outras; como se as instituições humanas, necessariamente defeituosas e susceptíveis de uma perfeição nova à medida que os homens se esclarecem, pudessem ser condenadas a uma duração eterna de sua infância. Assim vimo-nos obrigados a renunciar a essa política astuciosa e falsa que, esquecendo de todos os homens têm direitos iguais por sua própria natureza, tanto desejaria medir a extensão dos direitos que seria preciso conceder-lhes a respeito da grandeza do território, da temperatura, do clima, do caráter nacional, da riqueza do povo, do grau de perfeição do comércio e da indústria quanto partilhar com desigualdade esses mesmos direitos entre diversas classes de homens, atribuí-los ao nascimento, à riqueza, à profissão e assim criar interesses contrários, poderes opostos, para em seguida estabelecer entre eles um equilíbrio que apenas essas instituições tornaram necessário, e que nem mesmo corrige a sua influência perigosa."[21]

"Assim, não mais ousamos dividir os homens em duas raças diferentes, das quais uma está destinada a governar e a outra a obedecer; uma a mentir, a outra a ser enganada; fomos obrigados a reconhecer que todos têm um igual direito de se esclarecer sobre seus interesses, de conhecer todas as verdades; e que nenhum dos poderes estabelecidos por eles sobre eles mesmos pode ter o direito de lhes ocultar nenhuma."[22]

*

A bela página que acabo de citar resume de maneira admirável as convicções, ou, melhor, a fé democrática e republicana de Condorcet. E não é só de Condocert. Pois – é ele mesmo quem nos diz – foi essa fé que animou o século XVIII inteiro, essa época gloriosa entre todas, onde "formou-se... na Europa uma classe de homens... que, devotando-se a perseguir os preconceitos nos asilos em que o clero, as escolas, os governos, as antigas corporações os haviam recolhido e protegido, preferiam a glória de destruir os erros populares à de ampliar os limites dos conhecimentos humanos; maneira indireta de

---

21   Reconhecemos Hobbes e Montesquieu.
22   *Esquisse*, p. 149-151.

servir ao seu progresso, que não era nem a menos perigosa nem a menos útil".[23]

Era o amor pela humanidade e o ódio pela injustiça – onde quer que ela se produzisse – que animavam os filósofos. Por isso eles formaram, acima das pátrias, "uma falange fortemente unida contra todos os erros, contra todos os gêneros de tirania. Animados pelo sentimento de filantropia universal, combateram a injustiça quando, estrangeira, ela não podia atingi-los, combateram-na quando era sua própria pátria que se tornava culpada para com outro povo; levantaram-se na Europa contra os crimes com que a avidez poluiu as margens da América, da África ou da Ásia".[24] Finalmente, proclamaram "uma nova doutrina, que deveria dar o último golpe no edifício já vacilante dos preconceitos: a da perfectibilidade da espécie humana, doutrina de que Turgot, Price e Priestley foram os primeiros e mais ilustres apóstolo",[25] e que Condorcet consigna à décima época da evolução do espírito humano, a do futuro. Não sem razão: pois é esta doutrina, a doutrina do progresso, que melhor exprime a nova atitude do homem com relação à história, de que falamos acima: a preponderância do futuro sobre o passado, da ação sobre a herança, da razão sobre a tradição.

É essa atitude que está realizada nos dois grandes acontecimentos que, para Condocert, simbolizam, ou, melhor, realizam, a vitória da filosofia sobre o "preconceito" e da liberdade sobre o despotismo: a Revolução americana e a Revolução francesa.

É muito curioso ver a maneira pela qual Condorcet julga o papel e a importância histórica de cada uma delas: a Revolução americana mostrou ao mundo "pela primeira vez um grande povo, libertado de todas as suas cadeias, atribuir-se tranquilamente a constituição e as leis que acreditava serem as mais próprias para fazer sua felicidade", constituição e leis "republicanas, que tinham por base um

---

23   *Ibid.,* p. 150.

24   *Ibid.,* p. 165. Os "filósofos" formaram uma confraria de "letrados" incapazes de traição. Entres esses "letrados", a palma pertence, segundo Condorcet, a Voltaire e a Diderot.

25   *Ibid.,* p. 166. A influência de Turgot sobre Condorcet foi muito grande; foi de Turgot que ele extraiu suas teorias econômicas. Sobre a história da noção do progresso, cf. BURY, J. B. *The idea of progress*, New York, 1932.

reconhecimento solene dos direitos naturais do homem". Todavia, por razões históricas – "os americanos satisfeitos com as leis civis e criminais que haviam recebido da Inglaterra; não tendo que reformar um sistema vicioso de imposições; não tendo que destruir nem tiranias feudais, nem distinções hereditárias, nem corporações privilegiadas, nem um sistema de intolerância religiosa, limitaram-se a estabelecer novos poderes, a substituí-los aos que a nação britânica até então havia exercido sobre eles"[26] –, a Revolução americana foi muito menos radical do que a Revolução francesa, que entretanto foi a sua consequência imediata e necessária.

"Na França... a Revolução devia abarcar a economia inteira da sociedade, mudar todas as suas relações sociais e penetrar até os últimos anéis da cadeia política..."[27] Por isso a Revolução francesa foi uma verdadeira revolução, um verdadeiro recomeço, uma reconstrução ou uma refundação do corpo político e do corpo social. Por essa razão Condorcet considera que os "princípios sobre os quais a constituição e as leis da França estão combinadas são mais puros, mais precisos, mais profundos do que os princípios que dirigiram os americanos...; eles escaparam bem mais completamente à influencia da qualquer espécie de preconceito... em parte alguma a igualdade de direitos foi neles trocada por essa identidade de interesse que é apenas o seu débil e hipócrita complemento... substituiu-se esse vão equilíbrio, tanto tempo admirado, pelos limites do poder..."[28] e numa grande nação, necessariamente dispersada e partilhada em um grande número de assembleias isoladas e parciais, ousou-se, pela primeira vez, atribuir ao povo o seu direito de soberania, o de só obedecer às leis cujo modo de formação, caso confiada a representantes, tenha sido legitimado por sua aprovação imediata; portanto, que se

---

26 *Esquisse*. p. 171. Na França, pelo contrário, as leis civis e criminais eram deploráveis e a organização da justiça era falseada pela venalidade dos cargos. Cf. "De l'influence de la Révolution d'Amerique sur l'Europe"(1766), *Oeuvres* (12 vol. Paris, 1847- 1849), v. VIII.

27 *Ibid.*

28 Bom discípulo de Rousseau, Condorcet não admite a divisão dos poderes, e não compartilha com Montesquieu a admiração pela Constituição inglesa.

elas ferirem seus direitos ou seus interesses, ele sempre possa obter sua reforma através de um ato regular de sua soberania".[29]

A Revolução francesa teve de – ou conseguiu – ser uma revolução radical, e justamente graças a seu radicalismo é que ela tem, para a história da humanidade, uma importância absolutamente decisiva: ela fecha a história da *liberação* e começa a história da *liberdade*. Na e pela Revolução francesa a humanidade – ou a razão – adquiriu a plena posse de si. De agora em diante o homem é o senhor dele mesmo, de sua ação e de seu futuro; do futuro que ele mesmo prepara e determina, por sua ação refletida e consciente. E é por essa razão que a décima época da história humana, na qual nós entramos, é a época da preponderância do futuro ou, para empregar os termos do próprio Condorcet, a época do progresso conscientemente perseguido.

Progresso intelectual e moral: Condorcet não separa um do outro. Ainda mais, junto com sua época, ele acredita que são inseparáveis, e que o progresso intelectual implica e condiciona o progresso moral. Por isso esboça para nós, em amplos traços, a visão radiosa de uma humanidade onde o progresso das ciências, que continuamente renova seus métodos a fim de penetrar mais profundamente no conhecimento do real,[30] promove o progresso da indústria, da agricultura, da medicina... Uma humanidade onde uma instrução generalizada e um sistema bem concebido de impostos e de seguros reduzem a desigualdade social fundamentada na desigualdade das fortunas... onde homens animados pela paixão da justiça e da verdade levarão a luz aos povos ainda mergulhados nas trevas da barbárie...,[31] onde a escravidão primeiro, e a exploração dos povos coloniais depois, acabarão, porque nos povos de cor os homens reconhecerão seus irmãos e seus iguais... Então, numa humanidade próspera, pacífica e feliz, "o sol só iluminará na terra homens livres, que não reconhecem outro senhor além da sua razão...; os tiranos e os escravos, os padres e seus estúpidos ou hipócritas instrumentos só existirão na história

---

29   *Ibid*.., p. 172

30   É muito interessante – e testemunho de uma perspicácia pouco comum – ver Condorcet reconhecer que o "rendimento" de um método científico não é ilimitado, e que a ciência deve, periodicamente, renovar seus métodos.

31   Os povos coloniais e os povos da Ásia e do Leste da Europa.

e nos teatros...; só nos ocuparemos deles para lamentar suas vítimas e seus abusos; para nos manter, através do horror pelos seus excessos, uma vigilância útil, para saber reconhecer e abafar, sob o peso da razão, os primeiros germens da superstição e da tirania, se eles ousarem reaparecer".[32]

*

A ação política de Condocert está inteiramente de acordo com os princípios filosóficos que ele desenvolve no *Esquisse*. Aliás, ele não concebeu e abraçou esses "princípios" apenas no final de sua vida; de alguma forma desde sempre, desde os inícios de sua vida consciente, ele se reconhece animado de uma paixão invencível pela justiça,[33] e há muito tempo, principalmente desde seu encontro com Turgot, que ele acredita nas luzes, no progresso, na perfectibilidade infinita da espécie humana e no dever, que nos compete, de acelerar esse progresso; dever que, além de tudo, nos proporciona a mais doce das satisfações.

Por isso, a partir de 1774, ele publica (anonimamente) uma *Carta de um teólogo ao autor do "Dicionário dos três séculos"*, em defesa da filosofia, da tolerância e da liberdade de consciência contra a opressão e o fanatismo; depois, em 1781, sob o nome de Dr. Schwartz, as *Reflexões sobre a escravidão dos negros*,[34] além de documentos sobre o *Estado dos protestantes na França*, onde ele defende a liberdade de crenças.

---

32 *Esquisse*, p. 210.
33 Cf. "Un ermite dela forêt de Sénart", domingo, 22 de junho de 1777, no *Journal de Paris*, nº 173: "Perguntaram a Demóstenes: Qual é a primeira qualidade de um orador? *É a ação*. Qual é a segunda? *É a ação*. E a Terceira? *É ainda a ação*. Eu diria a mesma coisa se me perguntassem qual é a primeira regra da política? *É ser justa*. A segunda? *É ser justa*. E a terceira? *É ainda ser justa*." Cf. BUISSON, F. *Condorcet*, Paris, Alcan, 1929, p. 53. – Foi Condorcet que inspirou a Voltaire o seu célebre protesto contra o suplício do cavaleiro de La Barre; em 1786 ele publica as *Réflexions d'un citoyen non gradué sur un procès bien connu* e salva a vida de três camponeses condenados – injustamente – *à roda* pelo Parlamento de Paris. Negligenciar a justiça é a grande crítica que Condorcet dirige a Montesquieu.
34 Em Neuchâtel em 1781 e em Paris em 1786. *Oeuvres*, VII, p. 66 e segs.

Muito naturalmente ele desliza, por assim dizer, da matemática pura[35] para a economia política, primeiro,[36] e para a política em seguida. Poderíamos mesmo acrescentar que, tanto em política quanto em economia política, ele continua sendo um matemático; seu método é todo abstrato: propõe-se um princípio, determina-se as condições de aplicação e deduz-se as suas consequências; ou, inversamente, determina-se o problema e procura-se a sua solução de acordo com os princípios. Poder-se-ia dizer que Condorcet tratou o problema da constituição a ser dada à França como um problema de integração.

O princípio – poderíamos dizer o axioma – que, segundo Condorcet, domina a ciência política, e que deve dominar e guiar a nossa ação, é apenas a própria definição do homem: "ser sensível, capaz de realizar raciocínios e de adquirir ideias morais". Como bom discípulo de Locke (e de Voltaire),[37] Condorcet considera, de fato, que "as ideias de direito, de justiça e de dever, as ideias do bem e do mal moral nascem de nossas reflexões sobre nós mesmos e sobre as nossas relações com os outros homens: determinadas por nossa própria natureza, elas não são nem arbitrárias nem vagas. As verdades que possuem essas ideias como objeto têm, portanto, a mesma certeza, a mesma precisão que as de todas as ciências especulativas. Se em seguida descermos ao nosso próprio coração, consideramos que o atrativo de uma ação boa, a repugnância em cometer uma ação má, os remorsos que dela decorrem são uma consequência necessária

---

35 Os trabalhos de matemática de Condorcet, *Essai sur le calcul integral* (1765) e *Essai d'analyse* (1767-1768) foram grandemente louvados por d'Alembert e Lagrange.

36 A economia política, na acepção do século XVIII, não se limitava ao estudo dos fatos econômicos, mas abarcava todas as ciências políticas e sociais. Discípulo de Turgot, de quem esposou as doutrinas fisiocráticas, Condorcet tenta aplicar as matemáticas, e especialmente o cálculo das probabilidades, às ciências sociais. *Cf. Essai sur l'application de l'analyse à la probablité des décisions rendues à la pluralité des voix* (1785) e *Tableau general de la science qui a pour objet l'application du calcul aux sciences politiques et sociales* (publicado pelo *Journal de l'instruction sociale* em 1795).

37 A influência de Locke na França no século XVIII explica-se em parte pelo fato de Voltaire, em suas *Lettres philosophiques*, declarar-se seu partidário; por isso, o mais das vezes, ele é visto através de Voltaire.

de nossa constituição moral".[38] Ora, sendo a constituição intelectual e moral do homem a mesma em todos os representantes do gênero humano, daí resulta uma igualdade fundamental dos homens enquanto homens, igualdade que, é bem verdade, não exclui toda diferença, e especialmente não exclui as diferenças naturais ou sociais – pois os homens são desigualmente providos de dons naturais e de bens deste mundo –,[39] mas que implica a posse inamissível dos mesmos "direitos naturais", dos quais não se pode, sem justiça, recusar a quem quer que seja a sua fruição. Por isso, desde 1787, pela boca de um "cidadão dos Estados Unidos", ele explica aos franceses que, ao lado da segurança e da propriedade, "a igualdade também é um dos direitos naturais da humanidade. Os homens nascem iguais, e a sociedade é feita para impedir que a igualdade da força – única que se origina na natureza – produza impunemente violências injustas".[40] Em 1789, sob o nome de Philolaus, Condorcet proclama que "só existe direito verdadeiro, só existe felicidade verdadeira numa igualdade absoluta entre os cidadãos".[41]

Esta "igualdade absoluta", evidentemente, é incompatível com as distinções hereditárias entre as diversas ordens de cidadão. Ela é incompatível com a existência de uma nobreza e até mesmo com a

---

38   *Papiers personnels de Condorcet* (1789), Bibl., de l'Institut, cf. BUISSON, F. *Condorcet*, p. 37.

39   Condorcet considera que a abolição dos privilégios hereditários e a difusão da instrução atenuarão automaticamente as desigualdades da fortuna, condição indispensável para uma verdadeira democracia, que é incompatível tanto com a grande riqueza como com a grande pobreza.

40   "Lettre d'un citoyen des États-Unis à un français sur les affaires présentes" (1787), *Oeuvres* IX, p. 102; Buisson, p. 31.
     Sendo os direitos naturais do homem enquanto homem os mesmos para todos os homens, resulta daí que as leis fundamentais de todas as sociedades humanas devem necessariamente ser as mesmas. O que é bom para um francês também é bom para um americano ou um russo – apenas as condições de aplicação é que mudam com o clima, as ocupações etc, mas não os princípios. Os que insistem nas diferenças fundamentadas na história, nos costumes, na religião, de fato, apenas defendem os preconceitos e se opõem ao progresso. Os "filósofos" do século XVIII deduzem dessas premissas a possibilidade de legislar para o gênero humano.

41   *Lettres d'un gentilhomme à MM. du Tiers-État, Première lettre, Oeuvres*, IX, p. 277; Buisson, p. 32.

Estudos de História do Pensamento Filosófico | Alexandre Koyré

da monarquia. Ela implica uma constituição democrática e republicana da Cidade, já que da liberdade e da igualdade dos cidadãos deriva o seu (igual) direito a concorrer para o estabelecimento das leis que regem a Cidade. Por isso, desde antes da Revolução, Condorcet nos afirma, na *Vida de Turgot*, que a "constituição republicana é a melhor de todas."[42]

Isso, aliás, é quase um lugar-comum. De fato, os filósofos – exceto Voltaire – raramente duvidaram da perfeição, em si, da constituição republicana.[43] O que eles duvidaram foi da possibilidade de realizá-la num Estado de algum tamanho. E a experiência, a lição da história – tanto da história antiga quanto da história moderna, tanto de Roma quanto da Inglaterra – bem parecia confirmar o seu pessimismo.

Ora, para Condorcet – e não apenas para Condorcet, como bem sabemos – a experiência americana parece provar o contrário, a saber, que a existência de um regime republicano, pelo menos sob uma forma federativa, não é impossível num grande Estado.

Talvez pudéssemos ir até mesmo mais longe. Uma democracia direta é sem dúvida impossível. "Mas, se entendemos [por democracia] uma constituição onde todos os cidadãos, repartidos em várias assembleias, elegem os deputados encarregados de representar e transmitir a expressão da vontade geral de seus constituintes a uma assembleia geral que representa então a nação, é fácil ver que essa constituição convém a grandes Estados. Podemos até, formando várias ordens de assembleias representativas, aplicá-la aos impérios mais extensos, e dar-lhes assim uma consistência que nenhum deles até hoje teve e, ao mesmo tempo, dar-lhes essa unidade de intenção tão necessária, que é impossível realizar numa constituição federativa."[44]

---

42 "Vie de Turgot", *Oeuvres*, V. p. 209; "Notes sur Voltaire", *Oeuvres,* IV, p. 393: "Só um escravo poderia dizer que prefere a realeza a uma república bem constituída, onde, usufruindo sob boas leis de todos os direitos que lhe vêm da natureza, estaria ao abrigo de qualquer opressão estrangeira."

43 Para o próprio Montesquieu, a constituição republicana é a mais perfeita. Infelizmente, tendo por princípio *a virtude política*, ou seja, o amor pela Cidade, ela é inconcebível num Estado de algum tamanho.

44 "Notes sur Voltaire", *Oeuvres*, IV, p. 393; "Essai sur la constitution et les fonctions des Assemblées provinciales", *Oeuvres*, VIII, p. 127.

As dificuldades que se opõem ao estabelecimento, e à existência, de um regime republicano, além disso, serão grandemente atenuadas se, em lugar de fundar uma república democrática, nos contentarmos com uma que não o seja inteiramente, e onde o direito de voto não pertencesse a todos os cidadãos, mas apenas aos cidadãos proprietários. Sem dúvida, restringir assim o direito de cidadania[45] é contrário ao direito natural tomado *stricto sensu*. Entretanto, a experiência histórica nos ensina que o proletariado das cidades e principalmente das grandes cidades é que sempre foi o suporte do cesarismo e da tirania. Novamente a experiência americana vem em nosso auxílio, e Condocert, em nome de um burguês de New Haven, faz aos franceses esta advertência: "Se derem voz igual a todos os cidadãos, pobre ou ricos, a influência dos ricos será nela maior do que numa assembleia menos numerosa, onde os votantes de direito, tendo uma fortuna medíocre sem serem pobres, irão contrabalançá-la melhor."[46] Também, em última instância, a restrição do direito de voto aos proprietários, contanto que a taxa seja fixada suficientemente baixa, será vantajosa também para os não proprietários. Pois são justamente as pessoas de situação média, nem muito pobres nem muito ricas, que têm maior interesse em que o Estado seja bem governado.

A ênfase na propriedade, a desconfiança em relação às massas urbanas são traços comuns ao pensamento da época.[47] Mas de forma alguma são comuns ao pensamento de Condorcet; pelo contrário, a

---

45 "Essai sur la constitution et le fonctions des assemblées provinciales". *Oeuvres*, VIII, p. 127. "Entendemos por direito de Cidadania o direito que a natureza dá a todo homem que habita um país de contribuir para a formação das regras às quais os habitantes devem se sujeitar."

46 "Lettres d'un bourgeois de New Haven à un citoyen de Virginie", *Oeuvres*, IX, p. 12. Cf. CAHEN, L. *Condorcet et la Révolution française*, Paris, 1904, p. 138.

47 A "democracia jeffersoniana" é uma democracia de proprietários; para os fiosiocratas, além disso, o proprietário territorial é o fundamento da cidade, porque é ele que a faz viver. O proprietário e o indigente não contribuem para a vida da Cidade. Além disso, estarão sempre prontos a vender suas vozes a quem pagar mais – consideração que não é desprovida de fundamento na realidade. Em suma, o homem que depende de outro para a sua subsistência não tem a independência necessária para exercer o direito de voto, ou seja, o direito de soberania. Cf. MORNET, D. *Les origines intellectuelles de la Révolution française*, Paris, 1933.

valorização do 14 de Julho é que é característica nele: ele considera que o povo parisiense, através da tomada da Bastilha, demonstrou sua maturidade política e seu amor pela liberdade. Por esse fato, a República, de ideal longínquo e abstrato, transformou-se numa possibilidade concreta do momento presente. A partir daí, portanto, é razoável trabalhar pelo seu estabelecimento,[48] dando em primeiro lugar uma constituição radicalmente democrática à França.

*

Não iremos expor aqui, em detalhe, a ação política de Condorcet, a parte que ele tomou nos acontecimentos da Revolução: isso nos levaria longe demais. Serão suficientes algumas palavras, alguns fatos, na medida em que eles nos esclarecem o seu pensamento.[49]

Condorcet não fez parte da Assembleia nacional – suas ideias pareceram avançadas demais aos seus eleitores – e também não apreciou muito os trabalhos dela. Criticou com energia o seu espírito timorato e essencialmente antidemocrático,[50] a lentidão com que procedeu à elaboração de uma *Declaração dos Direitos*, e a própria *Declaração*,[51] assim como a constituição monárquica e censitária com que dotou a França. Entretanto, em face da anarquia crescente, da dissolução do Estado, dos procedimentos da reação que, cada vez mais, reerguia a cabeça, Condorcet resolveu tomar a defesa da Cons-

---

48   Cf. CAHEN, L. Op. cit. p. 138 e segs.

49   Cf. CAHEN, L. *Condorcet et la Révolution française*, Paris, 1904; ALLENDRY, F. *Condorcet, guide de la Révolution*, Paris, 1904, e SÉE, H. "Condorcet, ses idées et son rôle politique", *Revue de synthèse historique*, 1905.

50   Com Sieyès, Condorcet a reprovou violentamente por ter querido proibir qualquer revisão da Constituição durante 10 anos. Nisso reside o seu pecado imperdoável: ninguém pode, ninguém tem o direito, de prejulgar o futuro.

51   Assim como seu amigo Jefferson, Condorcet considera que a *Declaração dos Direitos* é mais importante do que a própria Constituição, à qual ela serve, não de prefácio, mas de fundamento indispensável. Por isso ele insiste no caráter *declarativo* da Declaração: declaração de verdades evidentes, ela é válida em si e por si mesma, pelo fato de ser *proclamada*. Ela não é um decreto ou uma lei, expressão da *vontade*, mas a expressão da *razão*. No fundo, quando afirma: *consideramos evidente...*, a Declaração define o conteúdo positivo da razão humana: usufruir dos direitos que ela enuncia.

tituinte e conclamar os patriotas para que se agrupassem em torno dela. Pois, se a Assembleia perdesse a confiança da nação, tudo estaria perdido; aproveitando-se da desordem, não seria a República – a França, quem sabe, não está madura para a democracia, ela é monarquista e não republicana –, mas o despotismo que se reinstalaria. Por isso, alguns dias antes da fuga de Varennes, ele fez circular, de comum acordo com Sieyès, uma mensagem que, após enumerar os perigos que corre a liberdade, incita os patriotas a declarar que se submetem livremente à constituição francesa...

A mensagem, mal recebida aliás tanto pela esquerda quanto pela direita, não obteve sucesso. Aliás, a notícia da fuga do rei, que chega a Paris aos 21 de junho de 1791, subverte a situação. O trono está vazio. Condorcet considera que essa é uma situação inesperada e única para acabar com a monarquia, e para transformar o estado de fato em um estado de direito. O rei, proclama Condorcet,[52] rompeu o contrato que o legava à nação, violou o juramento que fez de ser fiel à constituição; e, ainda mais, ele a traiu, tentando deixar a França e juntar-se aos seus inimigos. Ele praticamente abdicou. Liberou os franceses de qualquer dever para com ele (e para com a constituição monárquica). A França, portanto, está livre para adotar um regime republicano, ou seja, um regime no qual o *poder executivo é responsável frente à nação*. O que é perfeitamente factível; não está provado o fato de que podemos muito bem passar sem um rei? O que, ao mesmo tempo, está de acordo com "a razão e com a dignidade humanas", enquanto a hereditariedade e a irresponsabilidade do poder é um ultraje ao povo e aos seus direitos. Todos os argumentos através dos quais se defende a monarquia são falaciosos; assim, dizse que precisamos de um rei para que ele nos defenda do tirano: ora, um povo livre saberá defender-se a si mesmo. Além disso, a França é muito grande; portanto, não é preciso "temer que o ídolo da capital possa jamais tornar-se o tirano da nação". Quanto à organização dos poderes, basta fazer o povo eleger os ministros e torná-los responsáveis frente à Assembleia; ao mesmo tempo, elegendo os ministros

---

52   Cf. "Avis aux Français sur la royauté", nº 1 do *Républicain*, julho de 1791, Buisson, p. 74 e segs.; "De la République, ou un roi est-il necessaire à la conservation de la liberté?". *Oeuvres*, XII; "Du conseil électif", art. XII, *Oeuvres*, XII, p. 245 e segs., 259.

por um período bastante longo, 10 anos por exemplo, estipulando que eles não poderão ser demitidos senão a cada dois anos (cada Assembleia novamente eleita emite um voto sobre cada um dos ministros), assegurar-se-á a estabilidade e a autoridade do poder. Ou, se não quisermos esse sistema, podemos encontrar um outro. Não é difícil...[53]

A França, como sabemos, não seguiu os conselhos de Condorcet. A França era e permaneceu monarquista. No mês de julho o rei foi restabelecido no trono. Isso, para Condorcet, foi uma decepção – e uma lição que ele não esquecerá.

Eleito para a Assembleia Legislativa em setembro de 1791, proclamará sua fidelidade absoluta à Constituinte. Sem dúvida ela não é perfeita; e a Constituição fez mal em prejudicar o futuro e proibir a sua revisão durante 10 anos; mas ela foi aceita pela França; ela é a *Lei*, a expressão da vontade geral da nação,[54] deve, portanto, ser obedecida, e ninguém pode recusar-se a esse dever. Aliás, ela não é inteiramente má; garante os direitos do cidadão, e permite empreender a ação indispensável sem a qual a democracia não é possível, a saber, a organização da instrução pública. É fundando escolas e instruindo o povo que difundiremos as luzes e derrotaremos os preconceitos. E com isso prepararemos o advento da liberdade e da República.

Como bem sabemos, o problema da instrução pública está no centro das preocupações do século XVIII. Os "filósofos" acreditam na vantagem e no poder da instrução. "Instruir uma nação", escreve Diderot, "é civilizá-la... A ignorância é o quinhão do escravo e do selvagem".[55] "É para nós uma impiedade abandonar alguns de nossos irmãos à ignorância forçada", diz Mirabeau ao Margrave de Baden, explicando-lhe que "a instrução geral e universal de seu povo é o primeiro e principal dever de um bom príncipe", e que faz parte do

---

53   CAHEN, L. Op. cit. p. 253-259. ALLENDRY, F. Op. cit. p. 94 e segs.

54   Esta é uma convicção profunda de Condorcet: não temos o direito de nos insurgirmos contra a Nação; a decisão da Nação – mesmo quando ela se engana – constitui lei. Por isso ele reprova duramente aos Montanheses o seu golpe de Estado contra a Convenção.

55   Diderot, "Projet d'une université", *Oeuvres*, III, p. 429-430. Cf. FONTAINERIE, F. de la, *French liberalism and education in the XVIII century*, New York, 1934, e já VIDAL, Francisque, *Condorcet et l'éducation démocratique*, Paris, 1902.

interesse bem compreendido do Estado propagar a instrução. Além disso, a igualdade cívica implica a instrução do povo; essa é portanto um dever para o Estado e um direito para o cidadão, e mesmo para "cada criatura humana... que já traz seu direito à instrução quando recebe a vida". Por isso o acesso à instrução deve ser aberto a todo mundo, "a todas as crianças da nação", como disse Diderot, e não apenas aos ricos.[56]

Condorcet, portanto, não inova – aliás, nós já vimos que seu papel não foi o de inventar novas ideias, mas ordenar, sintetizar, sistematizar e levar à sua conclusão lógica as concepções de seu tempo – quando, em suas cinco "Memórias sobre a instrução pública", publicadas por ele em 1790 na *Biblioteca do homem público*,[57] assim como em seu "Relatório e projeto de decreto sobre a organização geral da instrução pública", apresentado à Assembleia nacional[58] em 1792, proclama que "a instrução pública é um dever da sociedade frente aos cidadãos",[59] "um dever de justiça", "imposto pelo interesse comum da sociedade, pelo interesse da humanidade inteira", e que tem por finalidade assegurar a cada cidadão "a facilidade de aperfeiçoar sua indústria, e tornar-se capaz para as funções sociais às quais ele tem o direito de ser chamado, de desenvolver toda a extensão dos talentos que recebeu da natureza e, com isso, estabelecer entre os cidadãos uma igualdade de fato, tornar real a igualdade pública reconhecida pela lei".[60]

O laço entre o direito à igualdade e o direito à instrução é reconhecido por Condorcet *expressis verbis* (no seu *Projeto de declaração dos direitos naturais, civis e políticos dos homens*, de 1793, o direito à instrução figura em bom lugar logo em seguida aos "direitos

---

56 Cf. CAHEN, L. Op. cit. p. 326 e segs.
57 *Bibliothèque de l'homme public*. Análise racional das principais obras francesas e estrangeiras sobre a política em geral, a legislação, as finanças, a política, a agricultura e o comércio em particular, e sobre o direito natural e público. Paris, Buisson, livreiro, 1790. Editada por Condorcet com a ajuda do Sr. de Peysonnel, antigo cônsul-geral da França em Smirna, e do Sr. Le Chapelier, deputado da Assembleia nacional, essa *Biblioteca* contém 28 volumes.
58 Aos 20 e 21 de abril de 1792.
59 "Sur l'instruction publique, Premier mémoire", *Oeuvres*, VII, p. 169. Cf. *ibid.*, p. 170: "A desigualdade da instrução é uma das principais fontes da tirania."
60 "Rapport", *Oeuvres*, VII, p. 449-451.

naturais", que para ele são "a liberdade, a igualdade, a segurança, a propriedade, a garantia social e a resistência à opressão");[61] as "crianças da nação" devem ser iguais frente à instrução, devem ter a mesma possibilidade de se instruir. O que não significa que devem receber uma instrução absolutamente idêntica. Um certo mínimo de instrução é indispensável ao cidadão e deve ser tornado *obrigatório*. Mas não é necessário, nem mesmo possível, dar a todo mundo uma instrução secundária e, a *fortiori*, uma elevada instrução científica. Esta, por sua própria natureza, só pode se endereçar a uma elite, a indivíduos particularmente bem-dotados, e essa diferenciação inevitável não infringe a exigência fundamental de igualdade, desde que a base de seleção seja feita, sobretudo nos degraus superiores, pelo talento, e não pela situação social e material das crianças (ou de seus pais); em outros termos, sob a condição de que toda criança intelectualmente dotada possa alcançar os altos degraus da instrução, qualquer que seja a situação de seus pais. Daí a necessidade absoluta da gratuidade completa do ensino em todos os graus.

O plano de organização do ensino público elaborado por Condorcet,[62] plano extraordinariamente moderno e corajoso,[63] do

---

61 Art. 23: "A instrução é necessidade de todos e a sociedade a deve igualmente a todos os seus membros", *Oeuvres*, VII, p. 417-422; cf. BUISSON. p. 109.

62 Condorcet propõe cinco graus de instrução pública: 1º) A escola primária, obrigatória para todo mundo; 2º) A escola secundária, "destinada às crianças cujas famílias podem dispensar durante mais tempo o trabalho delas"; 3º) Os institutos, que dão uma instrução completa, e onde se formam os mestres das escolas secundárias e primárias (o instituto corresponde às nossas escolas normais); 4º) O liceu, onde "todas as ciências são ensinadas em toda a sua extensão. É lá que se formam os sábios... e os professores (os liceus correspondem às nossas faculdades e à Escola Normal Superior). Finalmente: 5º) A Sociedade nacional das ciências e das artes, instituição de pesquisa ou Academia, onde se fará progredir a ciência ao mesmo tempo em que se formam os jovens futuros acadêmicos.

63 Condorcet preconiza um ensino "moderno", sobretudo científico, destinado mais a desenvolver a inteligência e o senso crítico dos alunos do que a lhes inculcar um saber acabado. Nada será imposto como dogma, nem mesmo a *Declaração dos Direitos*. Nenhuma instrução religiosa será dada na escola pública, passando a religião a ser um assunto privado do cidadão, com o qual o Estado não deve se envolver. A educação será deixada à família, exceto a educação cívica, que procurará desenvolver nas crianças o senso do dever

qual apenas uma parte foi realizada até agora, é todo fundamentado, por um lado, sobre as concepções de direito e de dever – direito do indivíduo, dever da sociedade – que acabamos de esboçar, e por outro lado sobre as concepções de seleção e de progresso; seleção dos talentos esparsos na nação a fim de fazê-los servir aos progressos da ciência, solidários, como bem sabemos, com o progresso *tout court*.

É na escola que preparamos o futuro, o futuro que se apresenta para Condorcet com o aspecto da cidade republicana, democrática, igualitária e inteiramente voltada para o progresso, ou seja, para o futuro.

É também essa mesma preocupação com o futuro, com o desejo de deixá-lo aberto, que inspira os projetos constitucionais de Condorcet, cada vez mais persuadido da necessidade absoluta de dotar a República, tão depressa quanto possível, de instituições permanentes que lhe assegurem a estabilidade, em outros termos, de elaborar e promulgar uma Constituição nova e definitiva, e, ao mesmo tempo, cada vez mais convencido da impossibilidade de petrificá-la de uma vez por todas, como se fosse um texto sagrado. O passado não domina o presente, e o presente não comanda o futuro. Ninguém tem o direito de legislar para seus filhos. Por isso o projeto de constituição (a constituição dita Girondina) que ele elabora em colaboração com Thomas Payne[64] e que apresenta à Convenção no dia 15 de fevereiro de 1793 prevê sua revisão a cada 20 anos.

Condorcet ficou muito orgulhoso de seu trabalho. "Dar a um território de 27.000 léguas quadradas, habitado por 25.000.000 de pessoas, uma constituição que, fundamentada unicamente sobre os princípios da razão e da justiça, assegure aos cidadãos a fruição integral de seus direitos; combinar as partes dessa constituição de tal maneira que a necessidade da obediência às leis, da submissão da vontade individual à vontade geral, permita subsistir, em toda a sua extensão, a soberania do povo, a igualdade entre os cidadãos, e o

---

para com a pátria e a humanidade, o senso da igualdade, o sentimento de fraternidade e a exigência da justiça.

---

64   A influência de T. Payne sobre Condorcet foi muito grande. A influência do exemplo e das ideias americanas sobre a França foi estudada pelo Sr. E. Chinard em numerosos trabalhos. Cf. *Jefferson et les idéologues*, Paris, 1925. *Trois Amitiés française de Jefferson*, Paris, 1927 etc.

exercício da liberdade natural é, afirma ele, o problema que devíamos resolver",[65] e que ele se gaba de ter resolvido.

Infelizmente, sua constituição, tão perfeita, com um direito de referendo e de iniciativa popular generalizado e praticamente ilimitado, com seu equilíbrio dos poderes legislativo, executivo e judiciário sub-repticiamente introduzido no Estado sob pretexto de salvaguardar a soberania popular (o povo elege diretamente os ministros que a Assembleia só pode demitir entregando-os ao julgamento de um júri nacional), era, com toda evidência, perfeitamente impraticável, e teria transformado a França inteira num *debating club* permanente. Não é de se espantar que a Convenção a tenha rejeitado. Não é de se espantar que ela tenha preferido a constituição montanhesa.[66] Por outro lado, era evidente que, frente a um golpe de Estado da Montanha, Condorcet levantasse um veemente protesto,[67] com o qual – e sem dúvida ele sabia disso – assinou ele próprio a sua condenação.

A partir daí apenas a fuga poderia salvá-lo, e foi fugindo, escondido e ameaçado de morte que ele escreveu esse admirável *Esquisse*, de que já tanto falamos anteriormente, ao mesmo tempo testamento e profissão de fé; de uma fé fiel a si mesma; de uma fé filosófica na razão e no progresso.[68]

O *Esquisse*, já vimos, é uma janela aberta para o futuro. Depois de tudo, poderia ser de outra maneira? Não é pela visão do futuro,

---

65 "Exposition des motifs", *Oeuvres*, XII, p. 335; cf. CAHEN, L. Op. cit. p. 471.

66 Aliás, só um pouco mais prática. Por isso nunca foi aplicada, tendo a Convenção decidido que "o Governo da República é e permanece revolucionário".

67 Cf. *Lettre à la convention nationale*: "Quando a Convenção nacional não é livre, *suas leis não são obrigatórias para os cidadãos*."

68 Numa justa compensação, aos 13, germinal do ano III da República, Daunou "propôs e fez aprovar, por unanimidade, o projeto de decreto que autorizava a Convenção a adquirir 3.000 exemplares da obra póstuma de Condorcet", fazendo observar "que Condorcet compôs essa obra num tal esquecimento de si mesmo e de seus próprios infortúnios que nela nada lembra as circunstâncias desastrosas nas quais ele escrevia. Ele só fala da Revolução com entusiasmo. E vemos que considerou a sua proscrição pessoal como uma dessas infelicidades pessoais quase inevitáveis no meio de um grande movimento de felicidade geral" (cf. BUISSON, F. *Condorcet*, Paris, Alcan, 1929, p. 19). Daunou tem razão: suas infelicidades pessoais, e mesmo as infelicidades da Revolução, não abalaram a fé e as convicções de Condorcet. Ele morreu da mesma forma que viveu: como filósofo.

a pré-visão πρόνοια, que se caracteriza a inteligência humana? Não é por determinar o futuro e se determinar a partir do futuro que se caracteriza a sua ação? Na pessoa de Condorcet escrevendo seu *Esquisse* a filosofia do século XVIII confirmou uma última vez que é na e pela preponderância do futuro sobre o presente que o homem, ser racional, afirma e realiza sua liberdade.

LOUIS DE BONALD[1]

Entre os representantes da reação tradicionalista que, no fim do século XVIII e início do século XIX, tentaram opor à ideologia, ou, melhor, à filosofia social da Revolução francesa, uma ideologia tradicionalista e uma filosofia social contrarrevolucionária, Louis de Bonald não ocupa o lugar que merece. E isso por uma razão muito simples e prosaica: Louis de Bonald escreve mal. Sua frase – com algumas exceções apenas – [2] é pesada. Seu estilo é baço,[3] assim como a sua pessoa. Ele não tem o estilo literário (nem o espírito paradoxal) de um Joseph de Maistre, que faz das *Soirées de Saint-Petersbourg* um dos clássicos da prosa francesa. Por isso, sempre lemos Joseph de Maistre e ninguém ou quase ninguém – desde há muito tempo, senão desde sempre – lê Louis de Bonald.

Entretanto, nem Joseph de Maistre nem tampouco Chateaubriand ou Lamennais foram os verdadeiros inspiradores do pensamento antidemocrático do último século, e sim Louis de Bonald. Foi ele que, ajudado pela clarividência do ódio e pelo fanatismo sem paixão de um teólogo escolástico perdido no mundo moderno, resolveu até o fundo a oposição entre os dois sistemas de pensamento. E são as suas ideias que descobrimos, vestidas – ou travestidas – de mo-

---

1   *Journal of the history of ideas*, New York, 1946.

2   Citamos, entre essas exceções, a sua definição do deísta: "O deísta é um homem que na sua curta existência não teve tempo para se tornar ateu."

3   Já Sainte-Beuve lamenta que "A legislação primitiva [*La législation primitive considérée dans les derniers temps par les seules lumières de la raison...* Paris, 1802] tão escrupulosamente racional" seja "tão mal executada". Cf. *Causeries du lundi*, v. IV, p. 425 (Paris, 1852). O fato de o tradicionalismo fideísta de Bonald ter sido condenado pela Igreja contribuiu sem dúvida para diminuir a sua popularidade.

dernidade em Auguste Comte, em Taine,[4] em Maurras e em tantos outros. São elas que a literatura católica sempre volta a nos servir.[5]

*

Quando Louis de Bonald iniciou nas letras e, abandonando a espada com que não havia conseguido derrotar a Revolução, tomou da pena para continuar o mesmo combate,[6] o entusiasmo que, numa grande parte da Europa pensante havia saudado o início da Revolução francesa, já havia desaparecido para dar lugar à aversão e ao desânimo crescentes. Como? Era então isso a idade de ouro que os filósofos haviam anunciado? Foi por causa disso que derrubamos os altares e o trono? Foi a isso que chegou a nova ordem fundamentada na liberdade e na razão? A substituição de um regime, no fim das contas bastante inofensivo e benigno – regime que apenas de má-fé poderíamos chamar de "despotismo" –, por um regime infinitamente mais opressivo, por uma verdadeira tirania sanguinária? O fracasso do empreendimento filosófico parecia evidente.[7] Quanto à

---

4 Bem antes de Taine, Louis de Bonald viu na literatura e nas artes uma expressão da sociedade.

5 Émile Bréhier (Cf. *Histoire de la philosophie*, t. II, fasc. 2, p. 584) observa com propriedade: "Para atacar o espírito revolucionário antes constrói dele uma noção coerente; mostra a lógica interna da heresia antes de condená-la; buscou demonstrar o laço entre o princípio da soberania popular e as teses favoritas da filosofia do século XVIII: ateísmo, eternidade da matéria, teoria da linguagem como convenção arbitrária, negação da ideia geral." Sobre L. de Bonald, cf. a tese de Moulinié, *L. de Bonald*, Paris, 1915; o belo capítulo consagrado a Bonald por Harold Laski em seu *Authority in the modern state*, Yale University Press, 1917, e sobretudo as luminosas páginas de Léon Brunschivicg *em Le Progrès de la conscience dans la philosophie occidentale*, v. II, Paris, 1927.

6 Publicando em 1796 a *Théorie du pouvoir politique et religeux dans la société civile, démonstrée par le raisonnement et para l'histoire* pelo Sr. de Bonald, fidalgo francês, 3 volumes, Monteli, editor em Constança na Suábia, 1796.

7 O surgimento de Bonaparte levou o paradoxo ao seu ápice – a revolução que havia começado pela Declaração dos Direitos do Homem e pela Declaração de Paz ao Mundo chegava a uma tirania militar e à guerra perpétua – e representou, para a primeira parte do século XIX, o papel de prova empírica da impossibilidade de um regime republicano. De alguma forma, a experiência francesa havia invalidado a experiência americana quando demonstrou a incapacidade do homem para fundamentar a Cidade sobre a razão, e a necessidade de lhe

razão desse fracasso, do ponto de vista da reação católica, não era difícil explicá-lo: um século de incredulidade tinha dado seus frutos; os homens desviaram-se de Deus; levantaram-se contra seus legítimos senhores; inverteram a ordem estabelecida (por Deus) e sequer temeram erguer um mão sacrílega contra o Ungido do Senhor; os resultados não se fizeram esperar. Poderíamos mesmo considerar que, encaradas de um ponto de vista mais elevado, as misérias da Revolução não deixaram de ter um valor positivo: a Humanidade, que é tão fácil de seduzir com sofismas, tinha necessidade de receber uma lição, uma lição de fato. Por isso, a Providência Divina dispôs-se a administrá-la a fim de reconduzir essa humanidade ao bom caminho e levá-la novamente para Deus.[8]

*

Louis de Bonald, católico ardente e crente que foi, compartilha da opinião geral:[9] "A Revolução francesa", afirma ele, "começou pela Declaração dos Direitos do Homem; e só terminará pela Declaração dos Direitos de Deus." Entretanto, quando, para explicar o fato da Revolução e para nos reconciliar com esse fato, ele nos faz entrever as consequências benévolas da desordem dizendo: "É necessário que venha o escândalo: o que significa dizer que as revoluções, que são os grandes escândalos da sociedade, conduzem ao bem, pois só o bem é necessário",[10] ele pensa muito menos numa intervenção dire-

---

atribuir um fundamento que transcendesse o indivíduo: a nação, a história, Deus. Por isso a preocupação com a ordem de agora em diante claramente toma a dianteira sobre a preocupação com o progresso ou com a justiça.

---

8 Essa é, por exemplo, a concepção de Joseph de Maistre.

9 Cf. "Législation primitive considérée dans les derniers temps par les seules lumières de la raison" (discurso preliminar, *Oeuvres*, ed. Lecière, 15 vol., Paris, 1817-1843, v. II, p. 125, n. 9): "*O Espírito das leis* foi o oráculo dos filósofos das elites, o *Contrato social* foi o Evangelho dos filósofos do Colégio e do escritório. Havia bastante, havia mesmo um excesso de teorias; foi o tempo em que a Europa fez um curso prático de governo popular, e a França, destinada a ser um exemplo para as outras, quando renuncia a ser um modelo, foi tomada por essa terrível experiência."

10 "Législation primitive", I, cap. III, nota I, *Oeuvres*, v. II, p. 421.

ta da Providência do que num determinado conjunto de leis imanentes que regulamenta e domina a estrutura e a vida das sociedades humanas.

A concepção que Bonald tem dessas leis é quase a mesma de Montesquieu e Rousseau. São relações naturais, fundamentadas na natureza das coisas; entretanto, não são leis estritas, do gênero das leis matemáticas. Por assim dizer, são leis de conveniência, leis de equilíbrio, leis que expressam as condições de estabilidade e de saúde do corpo social. Elas deixam margem para a ação dos fatores adversos, especialmente, para a ação da liberdade humana. Elas se deixam infringir – mas não se deixam infringir *impunemente*.

Logo, o homem pode muito bem, na sua ação, afastar-se da natureza (ao custo de uma doença), mas apenas por um tempo. Pois, da mesma forma que Aristóteles, de onde provém em linha direta essa concepção da lei natural, Louis de Bonald está persuadido de que *nihil contra naturam potest esse perpetuum*. Dessa maneira, "quando uma sociedade religiosa ou política, desviada da constituição natural das sociedades, encheu a medida do erro e da licença, as funções naturais do corpo social se perturbam e cessam... Esse estado, chamado *desordem*, é sempre passageiro, por mais prolongado que possa ser, porque é contra a natureza dos seres e porque a *ordem é a lei inviolável* (ou, melhor, essencial) dos seres inteligentes".[11] Aliás, o próprio Rousseau não admitiu no *Contrato social* que "se o legislador, enganando-se no seu objeto, estabelece um princípio diferente daquele que nasce da natureza das coisas, o Estado se agitará até que esse princípio seja *destruído ou mudado e que a invencível Natureza tenha retomado seu império*"?[12]

Ora, qual é esse "princípio", tão contrário à própria natureza das coisas, que faz com que o legislador se engane quanto ao seu objeto? Nada mais do que o princípio da soberania popular, princípio comum a Montesquieu, a Rousseau, a Hobbes, e a tantos outros,[13] que veem

---

11   "Législation primitive", discurso preliminar, *Oeuvres*, v. II, p. 135 e segs.

12   "Théorie du pouvoir politique et religieux dans la société civile", *Oeuvres*, v. XIII, t. I, 1, L. cap. III, p. 64. O *Contrato social* é abundantemente citado por L. de Bonald.

13   A origem do princípio de soberania do povo encontra-se, segundo L. de Bonald, em Jurieu. Esse princípio é o corolário necessário da heresia protestante

na sociedade uma criação, ou, melhor, uma produção humana, algo artificial (e é por isso que todos os filósofos opõem o estado social ao estado natural), em vez de compreender que, na verdade, a sociedade é que é o estado natural do homem. Por isso eles negligenciam uma "distinção essencial, fundamental, que Hobbes, que J. J. Rousseau, e que tantos outros ignoraram; daí o seu equívoco e os nossos infortúnios... O estado selvagem é o estado nativo; logo ele é frágil e imperfeito; ele se destrói ou se civiliza. O estado civilizado é o estado desenvolvido, completo, perfeito: ele é o estado natural; logo, ele é o estado estável, o estado forte".[14]

O erro dos filósofos, esse "equívoco" que os fez identificar o estado "selvagem", pré-social, com o estado "natural", foi que os levou à concepção do "contrato social" – concepção contraditória e absurda: como poderia existir um "contrato" onde ainda não existe sociedade? –[15] e os fez ignorar o fundamento religioso de toda sociedade humana.[16] De fato, é impossível fundamentar a autoridade e o poder num contrato ou numa convenção; a autoridade e o poder se exercem sempre de cima para baixo, são sempre autoridade e poder do superior sobre o inferior e, portanto, não podem provir desse interior; por isso não podem ter sua origem no homem; eles só podem emanar de alguém ou de algo superior ao homem, ou seja, em última análise, de Deus. Assim, no fim das contas, toda autoridade é de origem religiosa, e, por essa razão, já que não pode existir socieda-

---

que substituiu a tradição pela "inspiração", ou seja, de fato, pela opinião individual. Do individualismo em matéria de religião para o individualismo em matéria de política é só um passo.

---

14 "Législation primitive", apêndice, artigo inserido no *Mercure de France*, nº 14, anexo 8 (*Oeuvres*, v. III, p. 215 e segs.) Cf. *ibid.*, p. 217: "O estado selvagem é, pois, contrário à natureza da sociedade, assim como o estado de ignorância e de infância é contrário à natureza do homem: o estado *nativo* ou *original* é, portanto, o oposto do estado natural, e é essa guerra intestina do estado nativo ou mau contra o estado natural ou bom que divide o homem e perturba a sociedade."

15 O contrato pressupõe a sociedade; pressupõe até mesmo uma autoridade que o garanta e o torne válido. O que é uma prova demonstrativa do caráter primitivo e primeiro da autoridade sem a qual não existe sociedade e, portanto, não existe o homem, no sentido pleno e verdadeiro do termo.

16 "Nesse ponto. E. Durkheim está de acordo com L. de Bonald.

de sem autoridade e poder, "a religião é a razão de toda sociedade, já que fora dela não podemos encontrar a razão de nenhum poder, nem de nenhum dever. A religião é, portanto, a constituição fundamental de todo estado de sociedade".[17]

*

O erro dos filósofos provém de uma falsa concepção do homem. Se "para os eruditos modernos a sociedade é apenas um laço convencional que a vontade do povo formou, e que a vontade do povo pode dissolver",[18] é que esses eruditos modernos dotaram o "selvagem" pré-social, em seu estado "nativo", de perfeições e de faculdades que ele não possuía e não podia possuir, de perfeições e faculdades que lhe vêm da e pela sociedade. Por isso eles não viram que... "não apenas não cabe ao homem constituir a sociedade, mas cabe à sociedade constituir o homem, ou seja, formá-lo pela educação social"... e que, de fato, "o homem só existe pela sociedade e a sociedade só o forma para ela".[19]

O erro fundamental subjacente à concepção "contratual" da sociedade nada mais é do que a antropologia individualista. Por isso, à primazia do indivíduo, que é o dogma comum dos filósofos, Louis de Bonald opõe decidida e conscientemente a primazia absoluta do social... "acredito que seja possível, diz ele, demonstrar que o homem não pode dar uma constituição à sociedade assim como não pode dar peso aos corpos nem extensão à matéria, e que, muito longe de poder *constituir* a sociedade, o homem, através de sua intervenção, só pode impedir que a sociedade se constitua, ou, para falar com mais exatidão, só pode retardar o sucesso dos esforços que ela faz para retornar à sua constituição natural".[20]

Toda sociedade humana tende a uma forma "natural", ou seja, uma forma que realize a sua perfeição, e apenas quando a realiza

---

17 "Législation primitive", livro II, cap. XIX, I, *Oeuvres*, v. III, p. 132. Rousseau, sem dúvida, não a ignorou inteiramente. Mas Rousseau nunca compreendeu o caráter social da religião. Logo o individualismo religioso é a origem de todo mal.
18 "Legislation primitive", discurso preliminar, *Oeuvres*, v. II, p. 30.
19 "Théorie du pouvoir, politique et religieux", prefácio, *Oeuvres*, v. XIII, p. 3.
20 "Théorie du pouvoir", prefácio, *Oeuvres*, v. XIII, p. I.

é que a sociedade "civil" pode ser considerada como uma sociedade verdadeiramente "constituída". Esta constituição natural ou perfeita da sociedade civil (que Louis de Bonald apresenta sob o modelo idealizado da sociedade monárquica francesa) possui, necessariamente, uma estrutura interna relativamente complexa: ela é "constituída"pela síntese ou, para empregar o termo de Louis de Bonald, pela "reunião" da sociedade "política"com a sociedade "religiosa". Ora, como a perfeição é una – da mesma forma que a verdade –[21] e que apenas o erro, ou o desvio, é múltiplo e vário, daí resulta que "existe uma e apenas uma *constituição* da sociedade política, uma e apenas uma *constituição* da sociedade religiosa; a reunião dessas duas *constituições* e das duas sociedades *constitui* a sociedade civil; uma e outra constituição resultam da natureza dos seres que compõem cada uma das duas sociedades, tão *necessariamente* quanto o peso resulta da natureza das coisas. Essas duas *constituições* são necessárias na acepção metafísica da expressão, ou seja, que elas *não poderiam ser diferentes do que são sem chocar a natureza dos seres que compõem cada sociedade*,[22] e, em cada uma dessas sociedades que, "distinguidas sem separação e unidas sem confusão", "constituem"a sociedade civil, elas se apoiam sobre o mesmo princípio fundamental, o grande princípio da *mediação*.

O princípio da mediação é, para Bonald, o princípio supremo do ser. É a mediação que fundamenta a coesão e a ordem ou, pelo menos, a ordem justa, a ordem hierárquica, a única que realiza a perfeição e garante a estabilidade. Por isso a mediação se encontra por toda parte; as relações entre Deus e o mundo são mediatizadas no e pelo Verbo; entre Deus e o homem, no e pelo Homem-Deus; e é a Igreja, representada em suas diversas funções ora pelo Papa, ora

---

21   "Essai analytique sur les lois naturelles dans l'ordre social, ou Du pouvoir du ministre et du sujet dans la société." *Oeuvres*, v. I, p. 87, n. I: "Geral ou universal não significa comum, mas *necessário* ou de acordo com a relação natural dos seres. Assim, a verdade é sempre *geral*, mesmo quando o erro é comum."

22   "Théorie du pouvoir", prefácio, *Oeuvres*, v. XIII, p. I. e segs. Cf. "Législation primitive", 1, II, cap. XIX, *Oeuvres*, v. III, p. 132: "A sociedade civil é, portanto, composta de religião e de Estado, assim como o homem racional é composto de inteligência e de órgãos."

136 Estudos de História do Pensamento Filosófico | Alexandre Koyré

pelo padre, que, no e pelo sacrifício da Missa, realiza a mediação entre o fiel e Jesus.[23]

A mesma mediação se encontra, e deve se encontrar também na realidade social; não a encontramos no seu elemento mais simples, ou seja, na família, onde a mulher (a mãe) é a mediadora entre o pai e a criança? Não é claro que devemos encontrá-la em toda sociedade política bem ordenada ou, o que quer dizer a mesma coisa, que toda sociedade política "constituída" nos deve revelar a mesma estrutura trinitária e hierárquica, e que reencontraremos ainda na sociedade civil "constituída"? De fato, na sociedade política, onde o "poder" serve de mediador entre a sociedade e Deus, veremos a mediação hierárquica determinar a trindade: "Poder", "ministro", e "súdito";[24] enfim, na sociedade civil, essa estrutura ideal será representada pela monarquia, pela nobreza e pelo povo.[25] O ideal imanente de toda sociedade humana é, portanto, realizar a estrutura política e social que a França atingiu sob Luís XIV; "as sociedades que

---

23 Portanto, não pode existir sociedade perfeita fora da Igreja católica.

24 Na família, o pai representa o poder, a mãe, o ministro, e a criança, o súdito. Cf. "Essai analytique sur les lois naturelles de l'ordre social ou Du pouvoir du ministre et du sujet dans la sociéié", discurso preliminar, *Oeuvres*, v. I, p. I: "Toda sociedade é composta de três pessoas distintas uma da outra que podemos chamar de *pessoas sociais*, PODER, MINISTRO, SÚDITO, que recebem nomes diferentes dos diversos estados da sociedade: *pai, mãe, crianças* na sociedade doméstica; *Deus, padres, fiéis* na sociedade religiosa; *reis ou chefes supremos, nobres ou funcionários públicos, fiéis do tesouro ou povo* na sociedade política." Na "Législation primitive", 1, I, cap. IX, *Oeuvres*, v. II, p. 424 e segs., Bonald explica que essa trindade hierárquica exprime a natureza íntima de qualquer ação; a proporção: causa – meio – efeito correspnde a: poder – ministro – súdito.

25 A monarquia e nobreza serão hereditárias; a igreja não o será porque ela não é uma sociedade "política". A nobreza, cuja função é a magistratura e o exército (o julgamento e o combate), forma a classe "social". Ela leva uma vida "social" e, portanto, deve receber uma instrução e uma educação apropriadas que são absolutamente inúteis – e até mesmo prejudiciais – para o povo que está confinado na existência particular e privada.
A nobreza terá como base de existência a propriedade territorial. Bonald de fato considera que "a Europa política e religiosa é a Europa proprietária", e louva "os conhecimentos, os hábitos, os interesses, as virtudes políticas que a grande propriedade dá, mesmo aos menos virtuosos". Cf, "Pensées", *Oeuvres*, v. VII, p. 273 e segs.

atingem essa meta são sociedades perfeitas ou constituídas", e está claro que, alcançada essa meta, devem se opor a qualquer evolução, a qualquer mudança ulterior que de agora em diante só podem ser mudanças para pior. Uma sociedade "constituída" é necessariamente uma sociedade conservadora, e isso, mais uma vez, é um sinal de sua perfeição, já que a "conservação", a persistência no ser, é o fundamento e a meta de toda existência.[26] Em contrapartida, qualquer inovação, qualquer "reforma" que modifique a estrutura perfeita da sociedade constituída e nela introduza elementos incompatíveis com seu princípio, e, portanto, com a natureza das coisas, é infinitamente perigosa para ela. A história mais recente nos oferece uma confirmação incontestável dessas considerações; bastou um erro, a convocação dos estados gerais por Luís XVI, para provocar no corpo social da França a doença e a desordem que culminaram com a Revolução.[27]

De fato, a convocação da Assembleia nacional criou ao lado e frente ao monarca um poder rival que não deixou de afrontá-lo. A convocação da Assembleia nacional quebrou a unidade do poder. Ora, contrariamente à doutrina de Montesquieu, que, segundo Louis de Bonald, nunca entendeu nada da filosofia política – não precisou ele buscar seu modelo numa constituição tão imperfeita quanto a da Inglaterra?[28] –, a divisão do poder é um contrassenso.[29] Rosseau, – tão equivocado sob outros pontos de vista[30] – viu corretamente:

---

26 "Théorie du pouvoir", t. II, 1, VI, cap. XI, *Oeuvres*, v. XIV, p. 438: "As sociedades que atingem o seu fim são sociedades perfeitas ou constituídas... Mas as sociedades religiosas sem o Homem-Deus e sem sacerdócio, ou seja, as sociedades sem poder conservador e sem força conservadora não podem atingir o seu fim, a conservação dos seres. Logo, elas são sociedades imperfeitas e não constituídas."

27 Quando da Restauração, L. de Bonald, *ultra* entre os *ultras*, havia visto com muita dor Luís XVIII outorgar uma carta. Mesmo a *Chambre Introuvable*, segundo ele, era demais.

28 L. de Bonald tinha pela Constituição inglesa tão pouco respeito quanto Condorcet. No fundo, ambos a condenam pela mesma razão: ela não é sistemática e não corresponde a uma *teoria* do poder.

29 A função própria do poder é a de ordenar e de decidir. Por isso é um contrassenso querer dividir o poder e separar os seus pedaços.

30 L. de Bonald o trata de "aventureiro estrangeiro"e reprova-lhe ter estendido ao mundo as condições particulares do governo de Genebra. Reconhece entretanto os méritos de Rousseau, que manteve contra Montesquieu a indivisi-

o poder só pode ser uno, indivisível e absoluto. Mas é evidente que um tal poder absoluto não pode surgir do povo, e racionalmente um órgão eletivo não pode ser investido dele. O poder absoluto, o poder *tout court*, tem sua origem em Deus e só pode se realizar numa monarquia, e numa monarquia hereditária.[31]

Podemos ir mais longe. Podemos admitir que Rousseau e, antes dele, Montesquieu tiveram razão em distinguir a vontade particular dos indivíduos da vontade geral da sociedade e de buscar a liberdade individual na submissão da primeira à segunda.[32] Mas Rousseau errou ao ignorar que não é na República mas, pelo contrário, é na Monarquia que se realiza essa submissão identificadora. De fato, o voto ao qual se recorre para manifestar a vontade geral não pode preencher essa função. Ele só nos pode apresentar a soma das vontades particulares. Por isso, obedecer a uma assembleia popular é apenas obedecer a particulares, a seres que são nossos iguais[33] e que, por esse fato, não têm nenhum direito à nossa obediência. Ora, um poder que não tem direito a ser obedecido é, para falar francamente, um poder despótico; e dever obedecer a alguém que não tem direito a essa obediência é, para falar francamente, ser escravo. Assim, a República democrática fundamentada na pretensa igualdade dos cidadãos, igualdade que, pretensamente, deve garantir sua liberdade, revela-se, no fim das contas, um regime de despotismo e de escravidão; pelo contrário, a monarquia nos aparece como o regime no qual se realiza a liberdade humana; a verdadeira liberdade, bem entendido, que de forma alguma consiste na faculdade

---

bilidade do poder, e compreendeu – ainda que mal – o fundamento religioso da sociedade e a impossibilidade da invenção da linguagem pelo homem.

---

31 A monarquia eletiva é uma estrutura bastarda que nunca deu nada de bom; exemplo: a Polônia. Na monarquia hereditária, o interesse geral da monarquia e o interesse particular da família real coincidem (reconhecemos os raciocínios de Maurras); não acontece a mesma coisa na monarquia eletiva.

32 "Théorie du pouvoir", *Oeuvres*, v. XIII, p. 27: "Montesquieu e Rousseau concordam entre si, e eu concordo com eles porque concordamos todos com a verdade."

33 A obediência ao igual que, para Montesquieu, formava a essência da República, para L. de Bonald é absurda: não devemos nem podemos obedecer senão ao superior. Ora, o número não faz a superioridade.

ou na possibilidade de fazermos o que queremos (Louis de Bonald, como todos os filósofos, detesta essa pseudoliberdade de arbitrar), mas na faculdade ou na possibilidade de agir de acordo com as leis imanentes de sua natureza e, assim fazendo, realizar-se ou realizar a sua perfeição.

No sentido próprio, metafísico, do termo, nos diz Louis de Bonald que "a liberdade consiste em obedecer às leis perfeitas ou às relações *necessárias* derivadas da natureza dos seres: logo, a perfeição dos espíritos e dos corpos é sua liberdade; logo, sua conservação ou sua existência no estado mais de acordo com a sua natureza nada mais é do que a sua liberdade."[34] Ora, por essa razão, no que diz respeito ao homem, "a liberdade física é a independência de qualquer imposição externa, a liberdade moral é a independência de qualquer vontade particular e da mais tirânica de todas, a sua própria vontade. O homem só é moralmente livre, *e livre com a liberdade das crianças de Deus*, quando não faz sua própria vontade, sempre desregrada, para fazer a vontade do Autor de toda ordem."[35]

Vemos bem que, se para Louis de Bonald é na Monarquia e não na República que o homem realiza a sua verdadeira natureza e a perfeição do seu ser, isso ocorre pela razão muito simples e muito profunda de que a Monarquia é um regime de acordo com a própria natureza do homem, um regime que encara o homem como *um ser naturalmente e portanto necessariamente social*, enquanto a República é um regime contrário à natureza, que encara o homem como *um indivíduo isolado*. "Na Monarquia, tudo é social: religião, *poder*, distinções; no Estado popular, tudo é individual; cada um tem a sua religião, cada um tem seu poder, cada um deseja distinguir-se ou dominar pelos seus talentos ou pela sua *força*. Na Monarquia, porque o poder é social, seu limite está nas instituições sociais; nas democracias, porque o poder é individual, seu limite está no homem. A Monarquia considera o homem na sociedade, o membro da sociedade, o homem social; a República considera o homem fora da sociedade, o homem natural. E, como a sociedade é feita para o homem e o homem para a sociedade, a Monarquia, que considera o homem nas

---

34   "Théorie du pouvoir", t. II, I, VI, cap. XI; *Oeuvres*, v. XIV, p. 434.
35   "Pensée sur divers sujets", *Oeuvres*, v. VI, p. 132.

suas relações com a sociedade, convém ao homem e à sociedade. E a República, que considera o homem sem relação com a sociedade, não convém nem à sociedade nem ao homem."[36]

*

O grande erro dos filósofos, como já vimos e vemos cada vez melhor, consiste na sua antropologia individualista. Sem dúvida, eles ainda cometeram outros erros. Assim como, ao negligenciar os ensinamentos da religião cristã, eles desconheceram profundamente a natureza humana, representando – e nos representando – o homem como fundamentalmente racional e bom. Não viram que ele não é nada disso, que o homem é um ser frágil, dominado por suas paixões e que precisa da autoridade para mantê-lo no caminho certo. Não viram "que não se persuade os homens a serem justos, impõe-se-lhes". Entretanto, todos os erros dos filósofos são, de alguma forma, apenas suplementares e secundários. Provêm todos de um único e mesmo erro fundamental e primeiro, a saber, o de considerar a possibilidade de o homem existir fora da sociedade e anteriormente à sociedade. É exatamente por isso, repetimos, que eles tentaram construir e constituir a sociedade a partir do homem. Ora, de fato, como já afirmamos, e como vamos provar, a sociedade é que é o dado primordial, e, fora dela, o homem enquanto homem é impossível e até mesmo inconcebível.

Na verdade, o homem se define pelo pensamento. Mas o pensamento é impossível sem a palavra. "O ser pensante se explica pelo ser falante e o homem fala seu pensamento antes de pensar sua palavra."[37] Ora, o homem não cria sua palavra, sua língua; ele a aprende. Ela preexiste a ele e condiciona sua existência como ser pensante; ela é o *medium* no e pelo qual se desenvolve a sua consciência, inclusive a sua consciência de si mesmo. Ela é o mediador entre o homem e ele mesmo. Mas a palavra é um fato social por excelência; disso resulta que a própria noção do homem como ser

---

36   "Théorie du pouvoir", t. II, p. 358.
37   "Législation primitive", discurso preliminar, *Oeuvres*, v. II, p. 55 e segs.; cf. "Recherches philosophiques sur les premiers objets des connaissances morales", I, *Oeuvres*, v. VIII, p. 95 e segs.

pensante e dotado de consciência de si implica a negação do individualismo. O *eu* pressupõe o *nós*;[38] a palavra é a expressão natural do pensamento; necessária não apenas para comunicar a consciência dele aos outros, mas para cada um ter dele a sua consciência íntima, o que se chama ter consciência de seus pensamentos. "Assim como a imagem que o espelho me oferece me é indispensavelmente necessária para conhecer a cor de meus olhos e os traços de meu rosto, assim a luz me é necessária para ver meu próprio corpo. O pensamento portanto se manifesta ou se revela ao homem com a expressão e pela expressão, assim como o sol se mostra a nós pela luz e com a luz".[39]

A palavra não pode ter sido inventada pelo homem, já que, para fazê-lo, seria preciso que ele tivesse sido capaz de pensar. Ora, como para poder pensar é preciso poder falar, conclui-se que para poder inventar a palavra teria sido preciso que o homem já a possuísse. Conclui-se igualmente que a palavra não é o signo, arbitrário e convencional, do pensamento, como queria Condillac; de fato, qualquer convenção pressupõe a palavra, e a própria noção do signo implica a possibilidade de separar, e de conceber à parte o signo e o significado; implica, portanto, a possibilidade de pensar sem signo, logo sem palavra, o que, justamente, é uma coisa impossível.

A palavra não é o *signo* do pensamento. Ela é a *expressão* dele, ou seja, alguma coisa de natural e de necessário à sua própria existência, alguma coisa que tem um valor em si. "A palavra é no comércio dos pensamentos o que o dinheiro é no comércio das mercadorias, expressão real dos valores, porque ela mesma é valor. E os nossos sofistas querem fazer dela um signo de convenção, mais ou menos como o papel-moeda, signo sem valor que designa o que quisermos, e que só exprime alguma coisa na medida em que pode ser trocado à vontade por dinheiro, expressão real de todos os valores."[40]

*

---

38   Os termos da oposição são do próprio L. de Bonald.
39   "Législation primitive", discurso preliminar, *Oeuvres*, v. II, p. 53 e segs.
40   "Législation primitive", discurso preliminar, Oeuvres, v. II, p. 96.

Acabamos de ver que o homem não pôde inventar a palavra. Isso, para Louis de Bonald, aplica-se tanto ao homem individual quanto ao homem em sociedade, já que nenhuma sociedade é concebível sem intercomunicação, troca de ideias etc. entre seus membros; em outros termos, já que a existência da sociedade pressupõe e implica a existência da palavra. A palavra portanto não foi inventada por ninguém. Ela é alguma coisa que pertence necessariamente à natureza humana, alguma coisa sem o que homem não seria homem. Ela é, por conseguinte, criada por Deus ao mesmo tempo que o homem e dada ao homem no próprio momento da sua criação. Por isso, Louis de Bonald escreve: "A linguagem é *necessária* no sentido em que a sociedade humana não pôde existir sem a linguagem, como tampouco o homem pôde existir fora da sociedade", e é justamente porque é necessária que a linguagem não pôde ser inventada pelo homem: "O homem descobre o útil e o agradável, ele inventa até mesmo o mal, mas ele não inventa o necessário pelo qual ele existe e que existe antes dele e fora dele..." E, também, "fazer a linguagem vir da sociedade, que só se forma e só subsiste através das comunicações que o pensamento e a palavra estabelecem entre os seres sociáveis, é colocar o fim antes dos meios, é inverter a ordem natural e eterna das coisas" e desconhecer "a impossibilidade física e moral de o homem ter podido inventar a expressão de suas ideias antes de ter alguma ideia de sua expressão".

"A suposição da invenção humana da linguagem não explica nada do que é, nada do que foi, nada do que pode ser. Ela só é enunciada e sustentada através de imaginações monstruosas sobre a antiguidade indefinida do mundo, sobre o nascimento espontâneo do homem sob uma forma estranha à sua espécie e sobre o primeiro estado insocial e bruto do gênero humano; todas suposições desmentidas pela história, pela moral, pela física e pela filosofia."

Em contrapartida "tudo se explica e pode se explicar pela hipótese de uma primeira língua dada a um primeiro homem, falada numa primeira família e transmitida de geração a geração a todos os seus descendentes". [41]

41　"Recherches philosophique sur les premiers objets des connaissances morales", Paris, 1818, I, cap. XI, *Oeuvres*, v. VIII, p. 170-179, *passim*. Cf. "Législation primitive", I, II, cap. I, 3, *ibid.*, v. III, p. 3: "A palavra só pode ter vindo ao ho-

*

Louis de Bonald tem muito orgulho de sua descoberta da origem divina da linguagem humana. Essa descoberta, que faz da linguagem um novo mediador entre Deus e o homem, o Verbo exterior e o Mestre exterior, que corresponde, opondo-se a ele, ao Verbo interior e ao Mestre interior de Malebranche e de Santo Agostinho, lhe permitirá assentar sobre novas bases, bases que ele acredita absolutamente inabaláveis, a sua teoria da preponderância do social sobre o individual, da tradição sobre a inovação, da "evidência da autoridade" sobre "a autoridade da evidência".

De fato, como já havíamos constatado, a palavra não é o *signo*, mas a *expressão* do pensamento. Disso resulta que o dom ou, mais exatamente, a *revelação* da linguagem ao homem não foi a revelação de um sistema de signos, mas de um sistema de pensamento, ou seja, de um sistema de *verdades* necessárias − necessárias não no sentido de necessidade interna, mas no sentido de ser indispensável à existência do gênero humano − do qual a tradição, que assegurou a transmissão da linguagem a gerações sucessivas de homens, conservou a lembrança. A língua ou as línguas da humanidade exprimem portanto uma revelação primitiva, de que as crenças tradicionais das sociedades humanas preservam a lembrança (mais ou menos clara ou mais ou menos obscura). É essa revelação que constitui o conteúdo da razão humana, um conteúdo comum ao gênero humano. Por isso é ridículo opor, como se faz e como se fez no decorrer da história, a revelação à razão:[42] elas têm o mesmo conteúdo, e o critério da verdade, que durante tanto tempo e tão inutilmente os filósofos

---

mem por transmissão ou revelação; logo, a ciência das pessoas e suas relações vieram-lhe, como já fizemos observar, através de autoridade."

---

42   "Législation primitive", I, II, cap. IV, nota c. *Oeuvres*, v. III, p. 59 e segs.: "A própria ideia só é perceptível através de sua expressão pela palavra e nós provamos que a palavra é *revelada*: logo todas as verdades morais só são conhecidas por nós através da *revelação*, oral ou escrita... Assim sendo, perguntar se a existência de Deus e a imortalidade da alma são conhecidas por nós através da simples razão ou da revelação não significa propor uma alternativa, porque o conhecimento das verdades morais que forma a nossa razão é uma *revelação oral*, e a revelação propriamente dita é a *razão escrita*."

procuraram; está por isso mesmo determinado de maneira objetiva e unívoca; o verdadeiro não é o que parece verdadeiro à consciência individual do homem individual, mas que é admitido como verdadeiro pela consciência coletiva da humanidade. É verdadeiro *quod semper, ubique ab omnibus creditur.*

"Eu pesquisei", diz Louis de Bonald, "apenas com as luzes da razão e a ajuda do raciocínio, se existia um fato único, evidente, palpável, ao abrigo de qualquer contestação, que fosse o princípio gerador ou apenas constitutivo da sociedade em geral e de todas as sociedades particulares, doméstica, civil, religiosa."[43]

"Um fato absolutamente primitivo e a *priori* para falar de acordo com a Escola, absolutamente geral, absolutamente evidente, absolutamente perpétuo nos seus efeitos, um fato comum e até mesmo usual, que possa servir de base aos nossos conhecimentos, de princípio aos nossos raciocínios, de ponto fixo de partida, enfim, de *criterium* da verdade. Esse fato... não se pode encontrar no homem interior, quero dizer, na individualidade moral ou física do homem; é preciso pois buscá-lo no homem exterior ou social, ou seja, na sociedade. Esse fato é ou me parece ser o dom primitivo e necessário da linguagem feito ao gênero humano."[44]

"Supondo como fato o dom primitivo da linguagem, descobrimos facilmente a origem para cada um de nós das ideias de verdades gerais, morais e sociais: essa origem para cada um de nós está na sociedade, e, para a própria sociedade, está na revelação primitiva. Guardiã fiel e perpétua do depósito das verdades fundamentais da ordem social, a sociedade considerada em geral faz comunicação dela a todas as suas crianças à medida que entram na grande família. Desvenda o seu segredo através da língua que lhes ensina."[45]

*

Ora, se assim é, claro está que qualquer tentativa do homem – do homem individual – para aplicar uma reflexão crítica aos dados

---

43   "Démonstration philosophique du prínce constitutif de la société", *Oeuvres*, v. XII, p. 72.

44   "Recherches philosophiques sur les premiers objets des connaissances morales", *ibid.*, v. VIII, tomo I, cap. I, p. 85-86.

45   *Ibid.*, p. 102 e segs.

da tradição e para submeter a um exame crítico as crenças tradicionais da sociedade é contrária ao bom-senso, e à lógica sadia. Uma tal tentativa necessariamente nos conduz ao erro, já que consiste em sabotar e destruir as próprias bases da razão e da verdade; por isso ela constitui uma verdadeira heresia, um crime de lesa-majestade frente à sociedade. "O conhecimento das verdades sociais, objeto das ideias gerais, encontra-se na sociedade e nos é dado pela sociedade; e o conhecimento das verdades ou fatos particulares, individuais e físicos, objeto das imagens e das sensações, encontra-se em nós mesmos indivíduos e nos é transmitido pela informação de nossos sentidos."[46] Por conseguinte, "o homem que, chegado ao mundo, já encontra estabelecida na generalidade das sociedades, sob uma forma ou outra, a crença num Deus criador, legislador, remunerador e vingador, a distinção do justo e do injusto, do bem e do mal moral, quando examina com a sua razão o que deve admitir ou rejeitar dessas crenças gerais sobre as quais foi fundada a sociedade universal do gênero humano e repousa o edifício da legislação geral escrita ou tradicional, só por isso, ele se constitui em estado de revolta contra a sociedade; ele se atribui, ele um simples indivíduo, o direito de julgar e de reformar o geral, e aspira destronar a razão universal para em seu lugar fazer reinar a razão particular, essa razão que ele deve inteiramente à sociedade, já que lhe foi dada por ela na linguagem, da qual lhe transmitiu o conhecimento, meio de toda operação intelectual, e espelho, como diz Leibniz, onde percebe seus próprios pensamentos."[47]

Ora, se todo pensamento individual e próprio já é suspeito pelo fato de ser individual e não "social", claro está que todo pensamento original, toda inovação, deve ser considerada a *priori* como perniciosa e perigosa. Não apenas para a moral, onde "toda doutrina moderna e que não é tão antiga quanto o homem é um erro"; ou para a religião, fundamentada inteiramente na tradição, mas até mesmo para as ciências: as novas verdades são perigosas, e as técnicas ou as novas invenções podem frequentemente fazer mais mal do que bem, como, por exemplo, o telégrafo e os novos meios de comunicação e locomoção: "aproximar os homens não é o meio mais seguro de

---

46   *Ibid.*, p. 103.
47   *Ibid.*, p. 110 e segs.

reuni-los."A *fortiori* deveremos considerar suspeito, perigoso e pernicioso tudo o que modifica as formas tradicionais e estabelecidas da vida social: a formação das grandes cidades, o desenvolvimento do comércio, da indústria, dos bancos etc.

Mas o que é mais suspeito, e mais perigoso, é uma *ideia* nova, sobretudo quando ela se exprime num livro, e particularmente quando esse livro está escrito em francês: pois, "desde o *Evangelho* até o *Contrato social*, foram os livros que fizeram as revoluções",[48] e "uma obra perigosa escrita em francês é uma declaração de guerra a toda a Europa". Por isso a censura dos livros é uma função indispensável numa sociedade bem ordenada, uma censura que cuidará para que "tudo o que é do escritor *social* seja conservado, e tudo o que é do homem seja suprimido".[49] E que não nos falem mais da liberdade de pensamento e da tolerância. A liberdade de pensamento não implica a liberdade de propagar erros, e quanto à tolerância, na realidade, ela é apenas indiferença pela verdade e pelo bem, a menos que seja simplesmente expressão de ignorância. E também, contrariamente ao que proclamam os filósofos do século XVIII, "o homem mais esclarecido será o homem menos indiferente e o menos tolerante, e o *Ser soberanamente inteligente deve ser, por uma necessidade de sua natureza, soberanamente intolerante nas opiniões*".

*

Louis de Bonald teve a satisfação de ver cumpridos os seus desejos e realizadas as suas previsões. O "escândalo" efetivamente foi apenas passageiro. A lição sangrenta foi aprendida. Os homens compreenderam sua loucura e docilmente voltaram a respeitar seus superiores. Os direitos de Deus foram novamente proclamados e a fé monárquica de novo animou os povos da Europa. Até mesmo os filósofos enxergaram mais ou menos claro e passaram a combater o individualismo nefasto de seus predecessores proclamando com insistência que o indivíduo era só uma abstração sem consistência e

---

48   L. de Bonald une o respeito profundo pelo livro ao desprezo não menos profundo pelo homem de letras.

49   *Mélanges littéraires, politiques, philosophiques*, Paris, 1819, p. 258.

sem direitos e que apenas o universal, o social, o espírito objetivo, o Estado eram reais e concretos.

Louis de Bonald teve também a triste satisfação de ver os seus temores justificados. A Carta outorgada aos franceses pela Restauração era certamente excessiva. Ela formava verdadeiramente, como ele bem havia previsto, um elemento estranho e perigoso no corpo da Monarquia. A Restauração não havia sido tão completa quanto ele teria desejado. A operação não havia sido tão radical quanto deveria ter sido. O mal do individualismo não havia sido extirpado com todas as suas raízes. O mundo estava cheio de inovações perniciosas. Os livros – e os jornais – cumpriam sua tarefa nefasta. A doença penetrava de novo no corpo social. Louis de Bonald via nuvens sombrias se levantarem no horizonte.

Louis de Bonald tinha muita razão para estar triste e inquieto. De fato, a lição não havia sido aprendida. Os homens não haviam compreendido. Os sucessores e discípulos de Louis de Bonald se esforçaram durante 100 anos para plagiar seus escritos (sem confessá-lo, no mais das vezes), e para ensinar aos povos – sobretudo ao povo francês – a verdade essencial e necessária do conformismo social, e pregar-lhe o retorno à tradição à fé monárquica e à religião católica; mas surgiam sempre – e sobretudo na França – espíritos malévolos que proclamavam o contrário e faziam reviver os velhos erros do individualismo e do democratismo. Ainda durante a sua vida, a Monarquia tradicional foi substituída pela monarquia de Luís-Felipe. O ciclo infernal recomeçava. Louis de Bonald morreu desesperado.

E teria morrido muito mais desesperado ainda se tivesse previsto que sua nova filosofia da religião, que a encarava "do ponto de vista da sociedade e não mais do ponto de vista do indivíduo", seria condenada pela Igreja.

Isso, aliás, ele teria podido prever.[50] Em contrapartida, o que *ele não poderia prever* é que, 100 anos depois dele, representantes do pensamento democrático – ou que tal se dizem – proclamariam a

---

50 *Mutatis mutandis*. L. de Bonald comete o mesmo erro que, outrora, cometeram os averroístas e os avicenianos, o de negar ao homem, enquanto indivíduo, a faculdade de pensar, ou, como se dizia na Idade Média, o de negar o caráter individual do intelecto agente.

inexistência – ou quase – do indivíduo e a primazia do social, buscariam, nas formas e tradições da sociedade, a origem da nossa moral e das nossas categorias de pensamento e submeteriam a uma crítica violenta "o atomismo abstrato e o individualismo vulgar da democracia formal" opondo-lhe uma concepção nova (e bastante vaga, aliás) de uma democracia nova e real, fundamentada sobre o homem real, o homem tomado na sua realidade concreta, no seu ofício, no seu trabalho, nas suas funções sociais.

Se tivesse podido prever tudo isso, Louis de Bonald teria se divertido muito. Teria se sentido consolado. Pois ele sabia muito bem – e é com isso que gostaríamos de concluir, pois aí está a lição que nos deixa esse velho reacionário ridículo e profundo, uma lição que a falsidade palpável e manifesta de sua doutrina sobre a origem divina do poder e da palavra não anula de forma alguma: que a cidade democrática, cidade dos Direitos do *homem* e do *cidadão*, só pode ser construída sobre e pelos indivíduos e que a única coisa que se pode opor à *evidência da autoridade* – pouco importa se ela é divina, humana ou social –, é o que ele chamou de a *autoridade da evidência*,[51] ou seja, a independência do indivíduo "abstrato". Pois apenas quando ele consegue "se abstrair" da sociedade – e do todo social –, conseguindo separar seu "eu" do "nós" que o engloba ou, melhor, constituir-se como "eu" frente ao "nós", é que o homem poderá formar uma sociedade livre e substituir as relações que lhe são impostas de fora pelas relações "reais", "concretas" e tradicionais, relações do tipo contratual, livremente propostas e aceitas por ele.

O individualismo e a democracia são solidários, e qualquer doutrina que substitua o "eu" pelo "nós" chega, no fim das contas, quer ela saiba ou não, e até mesmo quer ela queira ou não, à negação da liberdade.

---

51 Não faltou perspicácia a L. de Bonald para assim reconhecer em Descartes o seu adversário principal.

HEGEL EM IENA[1]

A filosofia de Hegel – neste ponto todos os seus historiadores e todos os seus comentadores estão de acordo – é uma filosofia extremamente difícil. E, coisa curiosa, Hegel foi o mestre incontestável de toda uma geração; formou numerosos discípulos; até mesmo foi – numa dimensão de que a história da filosofia moderna oferece poucos exemplos, se é que oferece algum – o chefe de uma escola; sua influência, no decorrer do século XIX, foi incomparável, tanto na Alemanha quanto no estrangeiro;[2] sua obra suscitou inúmeros comentários e uma admiração sem igual; seria então natural imaginar-se poder entrar com facilidade na construção do pensamento hegeliano. E, no entanto, não é nada fácil.

Quando lemos Hegel – acreditamos que, pelo menos no foro íntimo, todos os seus leitores concordarão conosco – temos, muito frequentemente, a impressão de não compreender nada. E nos perguntamos: o que isso quererá dizer? Às vezes, até baixinho: será que isso quer dizer alguma coisa? Muito frequentemente, também mesmo quando compreendemos, ou acreditamos compreender, temos uma sensação penosa: a de assistir a uma espécie de feitiçaria ou magia espiritual. Ficamos maravilhados, admirados; mas, realmente, não entendemos.

---

1   *Revue d'histoire et de philosophie religieuses*, 1934 (a propósito de publicações recentes).

2   Foi possível dizer, não sem razão, que a influência de Hegel se exerceu principalmente no estrangeiro. Tomada ao pé da letra, essa asserção é um exagero, mas não deixa de ser verdade que a influência de Hegel foi, fora da Alemanha, especialmente na Inglaterra, Itália e Rússia, muito mais profunda e sobretudo muito mais durável do que na própria Alemanha. Cf. as *Actes du premier Congrès Hegel* (*Verthandlungen des ersten Hegelkongresses*), Haia, 1930; Tübingen, 1931.

Aliás, já comentamos algumas das razões que tornam Hegel tão difícil para nós.[3] Dificuldades de linguagem; de terminologia; de atitude mental... Mas existem outras. Talvez ainda mais profundas; mais íntimas. O pensamento de Hegel é demasiado abrupto. Ele anda por saltos; vê relações onde não chegamos a percebê-las.[4] Passa por caminhos que, frequentemente, soa impraticáveis para nós, e sem nos mostrar por que escolheu esses caminhos ao em vez de outros. No mais das vezes, aliás, ele passa por caminhos que permanecem desconhecidos por nós.

Essa impressão de magia, de mistério, é que fez falar no "segredo de Hegel",[5] fez dizer que Hegel não nos revelou os princípios de seu método e que, tendo praticado magistralmente o método dialético, nada fez, no entanto, para ensina-lo;[6] e até mesmo que o seu pensamento, em geral, tinha um ritmo diferente do nosso: Hegel pensaria "em círculo" enquanto nós pensaríamos em "linha reta".[7]

A esses obstáculos, que é preciso ultrapassar para penetrar no interior do pensamento hegeliano, acrescenta-se o fato de que, pelo menos até agora, não fomos informados – ou fomos muito pouco – sobre a própria formação desse pensamento. Hegel só aparece à luz

---

3   Nota sobre a língua e a terminologia hegelianas, adiante, p. 150.

4   Essa é a razão pela qual, frequentemente, a dialética hegeliana dá uma impressão de coisa artificial. Aliás, às vezes, ela efetivamente o é. E é também a razão pela qual todas as imitações da dialética hegeliana – exceto, talvez, as de Marz e de Bradley – não têm absolutamente nenhum valor.

5   *The secret of Hegel* é o título do livro de J. Stirling (1859) que introduziu Hegel na Inglaterra.

6   Esta é, entre outras, a opinião de N. Hartmann. Cf. seu *Hegel*, Berlim, 1929, p. 13 e segs., assim como o seu artigo "Hegel et la dialectique du réel", *Revue de métaphysique et de morale*, 1931.

7   Essa é a opinião do Sr. Leisegang. Cf. *Denkformen*, Berlim, 1928, p. 152 e segs. Não estamos inteiramente de acordo com Sr. Leisengang. No entanto, ele teve o mérito de chamar a atenção para os textos da Jenenser Logik, de tentar oferecer uma interpretação literal deles. Mérito que não é pequeno, se é verdade, como afirma Th. Haering, que "é um segredo de polichinelo que nenhum dos intérpretes de Hegel seja capaz de explicar, palavra por palavra, uma única página de seus escritos" (cf. *Hegel, sein Wollen und sein Werk*, v. I, Leipzig, 1929, prefácio).

do dia quando já está armado dos pés à cabeça.[8] Pois não apenas a *Fenomenologia do espírito*, como também os artigos e relatórios da época de Iena[9] – apesar de suas reticências voluntárias –[10] deixam entrever um pensamento já muito avançado no caminho do sistema, e, de fato, eles só não são compreensíveis à luz dos textos contemporâneos e posteriores.

O que, pelo menos em parte, explica a profunda impressão causada pela célebre memória de Dilthey"[11] e pela publicação dos *Escritos teológicos da juventude de Hegel por H. Nohl.*[12] Finalmente tínhamos a pré-história do pensamento hegeliano, afinal podíamos apreendê-lo *in statu nascendi* e não no estado de desesperante acabamento em que até então se apresentara.

Aliás, foi um Hegel bem novo, bastante inesperado, o Hegel que os *Escritos da juventude* nos revelaram. Um Hegel humano que vibrava, que sofria. Um Hegel que tinha um lugar no movimento espiritual da época e não apenas no quadro, cronológico e sistemático, dos sistemas. A exegese hegeliana foi completamente transformada por eles, e podemos afirmar (acho que sem muito exagero) que toda interpretação moderna de Hegel – até e inclusive a belíssima obra do Sr. Jean Wahl –[13] foi dominada pela impressão produzida pelos

---

8   Ao contrário de um certo número de contemporâneos seus e, especialmente, de Schelling, Hegel nada tem de criança prodígio. Ele se desenvolve lentamente e só aparece em público quando já está maduro. Quando começa a ensinar e a publicar, já tem 30 anos.

9   A partir do famoso artigo sobre "La différence entre les systèmes de philosophie de Fichite et de Schelling", Hegel põe as manguinhas de fora. É visível que ele sente ter ultrapassado tanto Schelling quanto Fichite. E suas resenhas estão cheias de alusões mais ou menos veladas.

10   Não esqueçamos que Hegel, oficialmente, é apenas um iniciante. Ele é só *privat-docent*, situação na qual a prudência não é descabida. Ora, Hegel não tem nada de herói. Aliás, a segurança, e mais exatamente a invulnerabilidade, como nos ensina o mito (Aquiles, Sigfrid), é a condição essencial do heroísmo.

11   DILTHEY, W. *Jugendgeschichte Hegels Abh, der, Kgl. Preuss. Ac. der Wissenschaften*, Berlim 1905, reeditado em Werke, v. IV, Leipzig, 1921.

12   *Theologische Jugendscriiften*, Hrg. von H. Nohl, Berlim, 1907.

13   WAHL, J. *Le matheur de la conscience dans la philosophie de Hegel*, Paris, 1929. Cf. nossa resenha na *Revue philosophique*, 1930 e o resumo de L. Estève na *Nouvelle revue française*, 1930.

Escritos da juventude, pela imagem do jovem Hegel romântico, pelo desejo de encontrar, sob o aço gélido das fórmulas dialéticas, alguma coisa do ardor apaixonado que animou o amigo de Hölderlin e de Schelling. Com algumas exceções, exceções infelizes, aliás,[14] é nos *Escritos da juventude* que buscamos a chave do hegelianismo – ou, pelo menos, o verdadeiro Hegel; é à luz desses escritos que buscamos a interpretação da *Lógica* e da *Enciclopédia*.[15] Compreendemos com facilidade esse encantamento com os *Escritos da juventude*. O jovem Hegel, amigo dos românticos, é, com certeza, mais atraente do que o ideólogo do Estado prussiano.[16] Ele está mais próximo de nós, ele procura, ele está inquieto, como nós. E nós compreendemos. Além disso, ele é menos difícil. Mais acessível. Menos abrupto.

Ora, é verdade que os *Escritos da juventude* do Hegel anticlerical e romântico, do Hegel apaixonado pelas ideias da comunidade e da vida, apaixonado pela antiguidade helênica (antiguidade falsa, o que não tem nenhuma importância), do Hegel – duplamente – negador do seu tempo, têm uma importância inestimável para a compreensão das origens muito pessoais, "existenciais", da sua filosofia; para medir a tensão interior; do esforço sobre-humano de seu pensamento.[17]

---

14 Como, por exemplo, o livro de H. Glockner, *Hegel, Jubilaeumsausgabe*, v. XXI-XXII, Stuttgart, 1929.

15 Os *Écrits théologiques*, que os fragmentos publicados por K. Rosenkranz podiam apenas fazer imaginar, produziram uma impressão infinitamente mais produnda que o *System der Sttlichkeit*, e o *Zur Kritik der Verfassung Deutschlands* (publicados por Mollat a partir de 1893), e de que Rosenzweig, *Hegel und der Staat*, Munich, 1920, talvez tenha sido o único a reconhecer a importância.

16 Ainda que, como demonstrou o Sr. E. Well, o Estado prussiano de que Hegel foi o ideológico diferisse profundamente daquele que foi conhecido pelos historiadores de Hegel, em primeiro lugar por H. Haym (*Hegel und seine Zeit*, Berlim, 1857); cf. WELL, E. *Hegel et l'État*, Paris, 1950.

17 É, de fato, no esforço de pensamento para superar o "romantismo" de sua juventude, romantismo que foi de toda a sua geração, que consiste a grandeza de Hegel. O esforço para compreender o *Anstrengung des Begriffs*: eis aí Hegel inteiro, o filósofo menos místico e menos religioso de seu tempo. Assim como os *Theologische Jungendscriftten* deveriam ter sido chamados de: *Antitheologische Jugendschrisften*.

Entretanto, acentuando assim as obras da juventude (esquecendo que elas formam apenas um momento do desenvolvimento dialético), negligenciando as obras da idade madura (uma espécie de *Jugendbewegung* bastante curiosa e de que poderíamos citar mais de um exemplo), corremos um grande risco: o de descompreender e desinterpretar o Hegel "hegeliano", o da *Lógica*.[18] Mais exatamente: o fato de acentuar a obra da juventude já implica, *ipso facto*, uma depreciação e um desconhecimento da *Lógica*. O que significa também dizer: desconhecimento e depreciação do Hegel-filósofo; e até mesmo da filosofia *tout court*. Efeito da substituição – mérito e crime da Escola diltheyana – da história da filosofia pela "história das ideias"; da absorção da filosofia pela literatura.[19]

Colocar os *Escritos da juventude* na base da interpretação do hegelianismo seria perigoso ainda sob um outro ponto de vista. De fato, entre o *Systemfragment* de Frankfurt (1800) e a *Fenomenologia* (1807), existe a obra de Hegel em Iena. Seus cursos, seus artigos. Período de trabalho intelectual singularmente intenso e fecundo. Período de formação definitiva; período durante o qual Hegel forjou suas armas. Muito mais importante para ele, sem dúvida alguma, do que os períodos de Berna e de Frankfurt.

Esse período, os anos de aprendizagem de Hegel (cujo desconhecimento tanto custou a exegese do pensamento hegeliano),

---

18 Quer-nos parecer, de fato, que, para a história da filosofia (não para a das "ideias"ou do "espírito"), Hegel é antes de tudo o autor da *Ciência da Lógica*. Tudo o que precede – mesmo a *Fenomenologia do espírito* – só assume o seu valor em função da *Lógica*. E quanto aos *Escritos da juventude*, em geral, eles só apresentam interesse para a história da *filosofia* como documentos históricos sobre o autor da *Lógica* e da *Fenomenologia*, interesse que consideramos essencialmente biográfico.

19 A busca do "documento humano", o vício de nossa época, que procura o "homem" por detrás da "obra" e explica a "obra" pelo "homem", é, com toda evidência, um sintoma de dissolução e do profundo desprezo – ainda que inconsciente – pela "obra". Dilthey e a escola diltheyana, certamente, não foram dos únicos a praticá-la: os diltheyanos foram apenas os mais refinados e os mais brilhantes dentre os que assim se empenharam em escamotear os valores próprios da filosofia e do pensamento. Como se uma "obra" digna desse nome pudesse explicar-se pelo "homem"! Como se Hegel – fora de sua obra – apresentasse um interesse qualquer!

é que, graças às publicações do saudoso G. Lasson[20] e de Johannes Hoffmeister,[21] tornaram-se agora inteiramente acessíveis. O que, para a inteligência do helegianismo, terá uma importância tão grande, senão maior, do que a revelação da pré-história do seu pensamento por H. Nohl.

De fato, com os textos dos cursos professados por Hegel em Iena, de alguma forma, somos admitidos ao laboratório do filósofo; podemos seguir, passo a passo, os esforços três vezes renovados, de Hegel, para ordenar o universo de seu pensamento; podemos assistir à elaboração do método hegeliano; nós o vemos formar-se não *in abstracto*, mas *in concreto* na e pela análise de problemas que se apresentavam a ele. No caminho que leva do *Systemfragment* à *Fenomenologia do espírito* vemos realizada, de fato, a técnica da "tomada de consciência" que formará o motor dialético da *Fenomenologia*.

Nesse trajeto vemos – algumas vezes – Hegel pensar por si mesmo, sem levar em conta o mundo exterior, sem pensar em seus auditores ou leitores[22] (preocupações sempre presentes na *Diferença*... e em *Fé e saber*). E alguns desses textos abruptos, incorretos, mal-ordenados, correspondem – do ponto de vista de esforço do pensamento (*Anstrengung des Begriffs*) – ao que Hegel escreveu de mais intenso e de mais belo.

Eles nos revelam, aliás, um Hegel pouco conhecido, se é que não inteiramente desconhecido: um Hegel visionário do espírito.[23] E também, ao nos permitir, às vezes, comparar dois ou três "estados" sucessivos de um texto, nos permitem perceber a dualidade

---

20   *Jenenser Logik, Metaphysik und Naturphilosophie, Sämtliche Werke*, v. XVIII, Hrg. von Lasson. Leipzig, F. Meiner, 1925.

21   Jenenser Realphilosophie, Vorlesungsamanuscripte von 1803/4 und 1805/6, Hrg. von Johannes Hoffmeister (*Werke*, XIX-XX), Leipzig, F. Meiner, 1932.

22   Os *Cursos* de Hegel deveriam, no seu pensamento, formar um "sistema" que ele se propunha a publicar, e para isso longamente – e inutilmente – procurou um editor. Seus manuscritos – sobretudo os de 1802 e de 1803/4 – são, no entanto, manuscritos para uso pessoal. Hegel às vezes parece ver o quanto suas frases intermináveis e incorretas são incompreensíveis; ele às vezes parece comentar o seu próprio texto.

23   Hegel parece, de fato, ter conseguido *observar-se pensar* e até mesmo perceber, talvez no momento exato de seu desenvolvimento, as etapas e os procedimentos sucessivos do seu pensamento.

dos procedimentos do pensamento hegeliano: a aplicação concreta de um método de análise fenomenológica[24] primeiro, e em seguida a supressão dessas análises como andaimes inúteis, que, no entanto, subetendem a construção. É desse "método" que, mais adiante, daremos um exemplo tópico.

*

A publicação dos *Cursos* de Hegel[25] não teve a mesma repercussão que a anterior publicação dos *Escritos teológicos da juventude*. Talvez porque contrariassem hábitos já formados, talvez porque revelassem um Hegel que os *Escritos da juventude*, e até mesmo os artigos, não deixavam entrever: um Hegel lógico, dialético. Trabalhando tanto sobre a filosofia da natureza quanto sobre a filosofia do espírito; preocupado antes de tudo com a ideia do "sistema". Ora, o "sistema" hegeliano está morto e bem morto.[26] E, de todos os seus pedaços, a filosofia da natureza é, certamente, o mais caduco e, portanto, o mais árido e o mais aborrecido.[27] Talvez seja essa a razão de os *Cursos* de Hegel terem sido tão pouco utilizados pelos seus intérpretes recentes.[28] Talvez essa seja apenas uma razão, de alguma

---

24 Empregamos este termo no sentido que lhe deu Husserl. De fato, coisa muito curiosa e inesperada, o método de Hegel é antes de tudo fenomenológico. A *Fenomenologia do espírito* é uma fenomenologia; e até mesmo, uma antropologia filosófica.

25 Os cursos de 1802, que formam a *Jenenser Logik*, foram publicados pela primeira vez, em 1915, por Ehrenberg e Link, sob o título: *Hegels erstes System*, e reeditados por Georg Lasson em 1925.

26 Os recentes esforços para fazer reviver o hegelianismo, do nosso ponto de vista, só conseguiram demonstrar, mais uma vez, a esterilidade do "sistema".

27 O que, na nossa opinião, explica-se com facilidade. Hegel, ao contrário de Schelling, é perfeitamente desprovido de qualquer sentido da natureza. Possui tão pouco desse sentido quanto do sentido religioso. Seria preciso, de fato, ser completamente desprovido de sentido religioso para escrever a *Filosofia da religião*, e seria preciso, por outro lado, ser tão... ingênuo quanto Georg Lasson para não perceber isso, e para ter visto nele um bom e piedoso protestante. Os contemporâneos e os discípulos imediatos de Hegel foram bem mais observadores.

28 Nem mesmo pelo Sr. Marcuse (*Hegels Ontologie, und die Grundlegung einer Theorie der Geschichtlickelt*, Frankfurt, 1932) e HARTMANN, N. (*Hegel*, Berlim,

forma, concomitante, e a razão principal seja o fato de o Hegel dos *Cursos* de Iena já ser demasiado "hegeliano". Entre os *Cursos* e a *Enciclopédia*, efetivamente, existe uma continuidade.[29] E, pelo contrário, entre os *Cursos* e o *Systemfragment*, parece existir uma fratura.[30]

O primeiro editor da *Lógica de Iena*, H. Ehrenberg, confessa isso francamente. Segundo ele, essa fratura se explica pelos acontecimentos históricos do seu tempo. Hegel não acreditava mais na possibilidade de uma ação. Por isso, em lugar de reformar o mundo, de agora em diante, ele se contenta com explicá-lo.[31]

Talvez. De fato é muito possível que Hegel, com seu senso histórico tão agudo, tenha compreendido, melhor do que ninguém, o significado dos acontecimentos que se desenrolavam diante dele; ele, certamente, tinha compreendido que estava assistindo à derrocada

---

1929). Que eu saiba, ROSENZWEIG, F. (*Hegel und der Staat*, Munich, 1920) é a única a exceção.

---

29   Fórmulas e expressões dos *Cursos* são reencontradas na *Enciclopédia*, e é com razão que Michelet as utiliza para encorpar e completar a sua edição da *Filosofia da Natureza* (a *Grande Encyclopédie*, WW, v. VI, VII–1 e VII-2). Infelizmente, ele se esqueceu de indicar a proveniência dessas edições no texto.

30   O Sr. Marcuse, *Hegels Ontologie...*, p. 227 e segs., reencontra, é verdade, tanto nos *Theologische Jugendchriften* quanto na *Jenenser Logik*, as categorias essenciais do pensamento hegeliano, tal como ele se exprime na *Fenomenologia do espírito*, e na *Lógica*. Isso porque, de acordo com R. Kroner, *Von Kant zu Hegel*, v. II, p. 145, Tübingen, 1924, e também com Dilthey, *Jugendgeschichte Hegels, Werke*, v. IV, p. 138 e segs., Marcuse percebe o conceito fundamental da ontologia hegeliana na noção da vida. O ser é móvel porque é vida, e essa mobilidade, segundo o Sr. Marcuse, é que forma a base ontológica do seu caráter histórico. Entretanto, se a noção da vida, com certeza, representa um papel importante no pensamento do jovem Hegel (cf., antes, p. 120 e segs.), se existe – e com toda certeza existe – no pensamento hegeliano uma continuidade que liga seus escritos de juventude às obras da idade madura, na nossa opinião, não é no conceito da vida, mas no conceito de espírito, que precisamos procurá-la. Como frequentemente se tem observado (o último foi HAERING, Th. *Hegel, sein Wollen und sein Werk*, Leipzig, 1929), foi se ocupando com problemas históricos que Hegel fez o seu aprendizado como pensador. Por isso encontramos nele desde o início a intuição da historicidade do *espírito* e da vida *humana*. Bem longe de ver o espírito como vida, ele interpreta a vida como espírito. O que, aliás, permite que ele os confunda.

31   *Hegels erstes System*, Hrg. von Ehrenberg und Link, prefácio.

de um mundo. Entretanto, a ideia do pensamento como sucedâneo para a ação, da filosofia como a alternativa pior, como renúncia, parece-nos a menos hegeliana possível.[32]

A fratura entre o *Systemfragment* e os *Cursos* parece evidente. Entretanto, talvez ela seja menos grave do que parece: não esquecemos que, do sistema de Frankfurt, só temos um fragmento; não esqueçamos tampouco que já se tratava de um *sistema* e que é porque já tem um sistema – e para poder ensiná-lo – que Hegel decide ir para Iena. Talvez estejamos frente a uma ilusão de ótica e indevidamente ampliemos o hiato.

Mas admitamos esse hiato. Por que não poderíamos admitir uma continuidade entre Frankfurt e Iena, de alguma forma, dialética? A filosofia – cuja função e cuja meta são, para Hegel, explicar "aquilo que é" – tem sua hora na evolução espiritual da humanidade. Ela tem, igualmente, o seu lugar na história espiritual do homem. E aparece quando a sua necessidade se faz sentir. Quando se torna necessária. Quando desmoronam e desaparecem as formas tradicionais da civilização (*Bildung*) que fundaram e formaram a unidade da vida espiritual de um povo. Mais exatamente, quando, estando mortas e tendo perdido o seu valor, elas se tornam falsas. Desembaraçar-se delas, destruí-las e, começando de novo, recriar e reformar o conteúdo dessa vida torna-se, então, a tarefa do filósofo.

As épocas "orgânicas" não têm necessidade da filosofia. A civilização, a fé, bastam para unir entre si os termos opostos, para efetuar a síntese espiritual, para realizar a totalidade. Apenas quando essas forças unificantes perdem seu valor, quando a harmonia se quebra, "quando o poder da reunião desaparece da vida dos homens e os termos opostos perdem suas relações vivas e sua interação, quando se constituem na sua independência, é então que nasce a necessidade

---

32 Hegel disse muito bem que a filosofia, assim como a coruja de Minerva (*sic*), só começava a voar à noite, ou seja, que a filosofia só tinha um papel reflexivo, o de compreender – de tomar consciência de – aquilo que existe. Mas se, por um lado, via nela o ato particular e a obra mais elevada do espírito, por outro lado, chegando a Iena, teve plena consciência de que o desmoronamento do mundo antigo era ao mesmo tempo o nascimento de um mundo novo, que o Espírito acabava de ultrapassar uma nova etapa. Cf. ROSENKRANZ, K. *Das Leben Hegels* (WW, XIX), p. 544 e segs.

da filosofia".[33] Ela é filha "da originalidade viva do espírito... que nela restabelece, por si mesma, a harmonia dilacerada"; é também filha do dilaceramento interior, que assim é a origem da própria necessidade da filosofia. E é por isso que a filosofia – enquanto produto e realização da razão – procura sempre instituir-se enquanto totalidade, enquanto sistema; é por isso que o seu primeiro e mais profundo interesse consiste em destruir, em ultrapassar as oposições fixadas e congeladas nas quais se compraz o entendimento: oposição entre espíritos e matéria, alma e corpo, fé e razão, liberdade e necessidade, infinito e finito... "Não que a razão se opusesse, em geral, à oposição e à limitação; pois a oposição necessária é o fator da vida que, eternamente, se forma enquanto se opõe, e a totalidade mais intensamente viva só é possível através do seu restabelecimento a partir da separação mais profunda. Mas a razão se opõe à fixação absoluta da separação pelo entendimento, principalmente porque os [termos] que se opõem absolutamente são, eles mesmos, originários da razão."[34]

Para Hegel soara a hora da filosofia. A união viva dos contrários, a reintegração da totalidade viva ele as buscara primeiro, como Shelling, como Hölderlin, na Vida, no Amor, na Fé religiosa. Ele escrevera que "esse todo não está contido no amor como sendo a soma, a pluralidade [de seus elementos] particulares, separados; nele [amor] a vida existe como uma reduplicação dela mesma, e [como] sua unidade; a vida, partindo da unidade não desenvolvida, percorreu o círculo na direção da unidade perfeita. À unidade não desenvolvida se opunha o mundo e a possibilidade da separação. Na evolução, a reflexão sempre produziria mais contrários para

---

33 Cf. *Ueber die Differenz des Fichteschen und Schellingschen Systems der Philosophie*, Erste Druckschriften, Ed. Lasson, Leipzig, 1928, p. 14. A necessidade da filosofia, expressão de uma situação histórica dada – situação de dilaceramento (*Entzweiung*) –, é historicamente contingente, já que a civilização préfilosófica é adialética e não contém elementos de negação e de progresso. A estagnação na segurança pré-filosófica é, portanto, possível, e até mesmo normal. A estagnação na fixação das oposições através do entendimento não o é. Isso é o que o Sr. Marcuse, op. cit. p. 10 e segs., parece não ter considerado. Por isso, a sua interpretação das passagens que citamos difere da nossa.

34 Cf. *Ueber die Differenz*, p. 15 e segs. O aparecimento da filosofia e até mesmo da necessidade da filosofia são contingentes e imprevisíveis. Mas, onde quer que apareça, a filosofia é sempre filosofia.

reuni-los na tendência [paixão, *Trieb*] satisfeita; até que não mais oponha a si mesma o Todo do homem, até que o amor não supere a reflexão na inobjetividade total, não retire do oposto todo caráter de estranheza, até que a vida se encontre a si mesma, sem que lhe falte alguma coisa". É o amor que realiza esse milagre, pois "no amor o oposto ainda subsiste, entretanto, não mais como oposto [mas] como unido, e o vivo percebe o vivo".[35]

Vida, amor, espírito: o pensamento de Hegel, assim como o de toda a sua época,[36] gira em torno desses termos, que ele tem, cada vez mais, tendência a identificar. Pois o amor é a vida, e a vida da vida é espírito. "Admitamos um vivente, especialmente nós mesmos, que faça essa reflexão; então, a vida colocada fora de nossa vida limitada é uma multiplicidade infinita, oposição infinita de relação infinita. Enquanto multiplicidade, uma multiplicidade de organizações, e indivíduos; enquanto unidade, um só Todo separado e unido: a Natureza",[37] que não é outra coisa senão a Vida. Por isso a tarefa da

---

35   *Theologische Jugendschriften*, Hrg. von Nohl, p. 379: *"In der Liebe ist dies Ganze nicht als in der Summe vieler Besonderer, Getrennter enthalten; in ihr findet siche das Leben selbst als eine Verdoppelung seines Selbst, und Einigkeit dersselben; das Leben hat von der unentwickelten Einigkelt aus, durch die Bildung den Kreis zu einer vollendeten Einigkeit durchlaufen: der unentwickelten Einigkeit stand die Möglichkelt der Trennung und die Welt gegenüber. In der Entwicklung produziert die Reflexion immer mehr Entgegengesetztes, das im befriedigten Trieb vereinigt wurde, bis sie das Ganze des Menschen selbst ihm entgegensetzte, bis die Liebe die Reflexion in völliger Objectiosigkei aufhebt, dem Entgegengesetzten allen Character des Fremden raubt und das Leben sich selbst ohne welteren Mangel findet. In der Liebe ist das Getrennte noch, aber nicht mehr als Getrenntes, als Einiges und das Lebendige fühlt das Lebendige."*

36   J. Hoftmeister insitiu com razão (cf. seu *Goethe und der deutsche idealismus*, Leipzig. Meiner, 1932) no fato de os temas de amor, vida, espírito, serem temas da época. Todo mundo repete, mais ou menos:
Und die Liebe ist das Leben
Und des Lebens Leben, Geist.
Uma série de identidades que podemos, no entanto, percorrer nos dois sentidos.

37   *Theologische Jugendschriften*, p. 346: *"Ein Lebendiges vorausseztzi, und zwar uns die Betrachtenden, so ist das ausser unserem beschränkten Leben gesetzie Leben eine unendliche Manngifaltigkeit, unendliche Entgegensetzung unendlicher Beziehung. Als Vielheit eine unendliche Vielheit von Organisa-*

especulação, para Hegel, é a tarefa de pensar a vida pura, ou seja, tornar a aprendê-la e tornar a criá-la nele.

A vida realiza por si mesma a síntese do uno com o múltiplo, do particular com o geral: "O conceito do indivíduo implica oposição a uma multiplicidade infinita, e também união com ela; um homem é uma vida individual enquanto é distinto de todos os seus elementos e distinto de toda vida individual fora dele; só é uma vida individual enquanto é uno com todos os elementos, com toda a infinidade da vida fora dele; ele só *é* enquanto o todo da vida está dividido [e] que ele seja uma parte, e que todo o resto [seja] a outra parte; ele só *é* enquanto não é uma parte e que nada nele está separado. A vida indivisa, pressuposta, fixada, os viventes podem ser considerados como expressão da vida, como manifestações."[38]

E Hegel, que, aliás, só expressa o que pensa todo mundo à sua volta, escreve: "A tarefa é pensar a vida pura, é afastar os atos, tudo o que o homem foi ou será; o caráter só faz abstrair a atividade; ele exprime o geral de ações determinadas. A consciência da vida pura seria consciência daquilo que o homem é, e nela não existe nenhuma diferença, nenhuma multiplicidade desenvolvida, real. Esse simples não é um simples negativo, uma unidade [formada com a ajuda] da abstração de toda determinação; o indeterminado negativo. Vida pura é ser."[39] De fato, a vida "é uma infinidade de viventes, um finito

---

tionen, Individuen; als Einheit ein einziges organisiertes getrenntes und vereinigtes Ganzes – die Natur."

---

38 *Ibid.*, p. 302.

39 *Theologische Jugendschriften*, p. 302: *"Reines Leben zu denken ist die Aufgabe, alle Taten, alles zu entfernen, was der Mensch war oder sein wird; Character abstrahiert nur von der Tätigkeit, er drückt das Allgemeine der bestimmten Handlungen aus; Bewusstsein reinem Lebens wäre Bewusstsein dessen was der Mensch ist, in ihm gibt es keine Verschiedenhelt, keine entwickelte wirkliche Mannigfaltigkeit. Dies Einfache ist nicht ein negatives Einfaches, eine Einheit der Abstraction von allem Bestimmten; das negative Unbestimmte, Reines Lebens ist Sein."* A alusão ao "caráter" inteligível de Kant é patente. Hegel quer dizer que a própria noção de caráter é só uma noção abstrata (no sentido mais pejorativo do termo) e de forma alguma pode servir para determinar a essência do homem e para explicá-la. A essência do homem, ou, mais exatamente, aquilo que o homem é, é vida pura, unidade simples e rica, determinada mas não limitada no seu ser, e isto porque ela é o seu próprio ser.

e um infinito finito. E a vida consciente forma, do mortal, temporal, do que se opõe e se combate infinitamente, resgata o vivente livre da caducidade, a relação sem o que existe de morto e congelado na multiplicidade, não uma unidade, uma relação pensada, mas uma vida onivivente, onipotente, infinita e lhe chama Deus".

"Essa elevação do homem – não do infinito até o infinito, pois estes são apenas produtos da reflexão e sua separação, como tal, é absoluta –, mas da vida finita até a vida infinita, é religião."[40]

E Hegel prossegue: "Esse fato de ser uma parte [isolada] do vivente é ultrapassado na religião, a vida limitada se eleva até a vida ilimitada, e só porque é o finito vida em si mesmo é que traz em si a possibilidade de se elevar até a vida infinita. Por isso também a filosofia deve acabar com a religião, porque ela é um pensamento e, portanto, contém uma oposição; por um lado, a do pensamento com o não pensamento, e por outro lado a do pensamento com o pensado." A filosofia deve revelar a finitude de tudo que é finito, para resumir, fazer a tarefa da crítica, da teologia negativa e lançar o infinito verdadeiro, o infinito da vida para fora do círculo do pensamento.[41]

O pensamento – a filosofia – é portanto incapaz de realizar a união absoluta do finito com o infinito, união tal que toda oposição, toda separação, seja suprimida e superada. Só a religião é capaz de realizá-la. Porém, prossegue Hegel, tal união absoluta não é absolutamente necessária. Ou seja, não é absolutamente necessário que tal união seja possível. Uma união qualquer, uma religião é necessária, pois tudo na vida *espiritual* do homem é condicionado por esta; mas isso não quer dizer que todos os homens, nem mesmo todos os grupos humanos, todos os povos, sejam capazes de atingir o grau absoluto. Os povos felizes, ou seja, os povos cuja vida é muito pouco dividida, orgânica – e aqui Hegel pensa nos povos da antiguidade clássica –, podem chegar bem perto dele. Mas não é a mesma coisa no que diz respeito aos povos infelizes: estes *devem* permanecer na divisão, na oposição, na transcendência. Seu Deus permanece infinitamente afastado, e a religião não lhes traz essa união íntima à

---

40   *Ibid.*, p. 347.
41   *Ibid.* Hegel acrescenta que essa vida infinita nós podemos chamá-la espírito, porque o espírito é a unidade viva do múltiplo.

162 Estudos de História do Pensamento Filosófico | Alexandre Koyré

qual aspiram e que, suprimindo-se ela mesma diante do seu limiar, anuncia a filosofia.

A religião seria portanto a salvação: mas apenas para os povos felizes. Ela não pode dar a salvação aos povos infelizes.[42] E Hegel pertence a um povo infeliz. Justamente aí está a razão pela qual ele é obrigado a fazer filosofia.

Os povos felizes – não poderíamos tentar reconstituir assim, hipoteticamente, a sequência das meditações de Hegel? – têm a salvação na religião. Mas também porque – e justamente nisso consiste a sua felicidade – não sentem todo o sofrimento atroz do dilaceramento, do isolamento, da oposição, da contradição não resolvida. Por isso eles não fazem filosofia, pois não sentem necessidade. E Hegel – mesmo quando proclama a sua insuficiência – faz.

É verdade que o amor suprime e supera a dualidade. Mas essa união só a realiza de fato: os que estão assim unidos pelo amor não o sabem. Sua consciência não está transformada nele: eles se sentem – no momento estão – separados, isolados. Ignoram a vitória obtida. É Hegel, é o filósofo que sabe.[43]

A religião coloca em Deus a solução de todas as contradições; a união de todas as oposições: mas esta união, esta solução, é colocada através da fé. E por mais que Hegel, num momento dado, afirme que só podemos demonstrar a necessidade da síntese – a oposição pressupõe a união dentro da qual só se podem opor os termos contrários – e não essa própria síntese, que só pode ser suposta: isso é ainda alguma coisa que ele *sabe*, que ele *demonstra*.[44]

Assim, por um lado, a solução irracionalista, religiosa, mística exclui o pensamento, a razão; exclui e, portanto, não resolve a oposição, o conflito que lhe é inerente; tampouco o engloba nessa síntese suprema. E, por outro lado, a razão afirma – negando-se – seu caráter de indestrutível supremacia.

---

42   Pois, entre os povos "infelizes", a religião se torna "falsa".

43   *Theologische Jugendschriften*, p. 333: *"Liebe vereinigt, aber die Geliebten erkennen diese Vereinigung nicht; wo sie erkennen, erkennen sie Abgesondertes."*

44   *Ibid.*, p. 382 e segs.

Será possível admitir que tenha bastado a Hegel "refletir" sobre si mesmo, sobre aquilo que de fato ele fazia para reconhecer, sem compreendê-lo, o ato superior e até o ato supremo do espírito? Para perceber que ele esteve às voltas com um dos "engodos" do entendimento que exatamente os filósofos tinham o dever de destruir? Para, assim, naturalmente chegar à atitude que foi sua atitude em Iena e que exprimiu nos belos textos que citamos acima?

*

Quando Hegel chega a Iena, seu lugar, pelo menos *grosso modo*, está estabelecido. A descoberta da dialética, grande mérito de Fichte e de Schelling, não lhes proporcionou os frutos tão almejados. E o pensamento de Hegel, formado pela meditação de temas teológicos e históricos,[45] rapidamente demonstrou as verdadeiras razões da in-

---

45 Th. Haering (*Hegels Wollen und Werk*, v. I, Leipzig, 1929) insiste com razão em que os primeiros estudos e as primeiras meditações de Hegel foram consagrados aos problemas históricos. Decorre daí, segundo ele, que Hegel, desde o início de sua carreira filosófica, vê a realidade e principalmente a realidade espiritual como *história*. A dialética hegeliana se forma tomando-a por modelo (HARTMANN, N. *Hegel et la dialectique du réel*, R. M. M. 1931, observa com razão que existem fatos dialéticos, e que a dialética verdadeira é a dialética das coisas) e não à vida, ao amor ou ao amante, como Schelling, não a ação, como Fichte, mas o destino de um homem, o destino de uma doutrina etc. É preciso acrescentar que o segundo modelo de Hegel foi simplesmente a dialética teológica; de fato, nada é mais dialético do que o dogma cristão (Trindade, encarnação) ou que a passagem da certeza do pecado à certeza da salvação. O Sr. J. Wahl (*Le Malheur de la conscience dans la philosophie de Hegel*, Paris, 1929) já observara que a noção de "mediação" se estabelece sobre o modelo do "mediador". Deveríamos acrescentar que a profunda irreligiosidade de Hegel o torna muito mais apto a aproveitar as lições conceituais da teologia, e que é essa dupla origem do seu pensamento que explica a sua dualidade constante. De fato, a dialética teológica é uma dialética do intemporal. A dialética histórica é a dialética do tempo. Uma implica a primazia do passado, já que no *nunc aeternitatis* tudo já está realizado; a outra, a primazia do porvir, já que no *nunc* histórico o próprio presente só tem sentido em relação ao futuro que ele projeta adiante de si, que ele anuncia e que o realizará suprimindo-o. A primeira categoria da consciência "histórica" não é a lembrança; é a espera, é o anúncio, é a promessa. O primeiro exemplo dessa consciência é a consciência de Abraão, que Hegel analisa nos seus *Écrits théolo-*

suficiência de seus predecessores-contemporâneos. Para Fichte era muito simples: foi seu moralismo estrito – "judaizante" – que infletiu a teoria para a prática. Ora, já há muito tempo Hegel havia escrito: "A atividade prática age livremente, sem se unir a um oposto, sem ser determinada por ele; não traz a unidade numa multiplicidade dada, mas ela mesma é a unidade que salva apenas a si mesma do oposto múltiplo que, com relação à faculdade prática, permanece sempre ligado [a ela]. A unidade prática se afirma pela supressão total do oposto."[46] A dialética fichteana, portanto, só tem a aparência de uma verdadeira dialética. No fundo ela se nega a si mesma: busca supressão total do oposto: o que significa a parada total de todo movimento dialético. A oposição lhe vem do exterior: por isso é obrigado a se opor sempre novos obstáculos, novos opostos que a impediriam de atingir sua meta. E só porque essa meta é impossível é que a dialética fichteana pode escapar da imobilidade da morte. Mas é também por isso que ela se transforma numa dialética do inacabável, na perseguição infinita a um Absoluto impossível de alcançar; um Absoluto que se tornou transcendente. Por isso também a dialética fichteana, dialética finitista por excelência, não conhece a verdadeira noção de infinito e a substitui pela de indefinido. E essa substituição do "bom" pelo "mau infinito" (do infinito pelo indefinido) vinga-se, através de uma dialética curiosa, no interior dessa mesma filosofia, e nela produz uma inversão significativa: partindo da noção da liberdade, buscando a liberdade, Fichte chega ao seu contrário, à escravidão num

---

giques (p. 371 e segs.). E podemos dizer que é através da análise comparativa da mentalidade a-histórica da antiguidade clássica com a mentalidade essencialmente histórica do judaísmo bíblico que se revelaram para Hegel a importância dialética do tempo e *a historicidade específica* do espírito, diferentes de, e até mesmo opostas à temporalidade a-histórica da vida. E da prática.

---

46 *Theologische Jugendschriften*, p. 374: *"Die practische Tätigkeit handelt frei, ohne Vereinigung eines Entgegengezetzien, ohne durch dieses bestimmt zu werden – sie bringt nicht Einheit in ein gegebenes Mannigfaltiges sondern ist die Einheit selbst die sich nur rettet gegen das mannigfaltige Entgegengesetzte das in Rücksicht auf das practische Vermögen immer verbunden bleibt; die practische Einheit wird dadurch behauptet dass das Entgegengesetzie ganz aufgehoben ist."*

estado policial.[47] E, quanto a Schelling, ele permaneceu exatamente no estágio da filosofia da vida e do amor. O ritmo dialético, nele, conduz ao equilíbrio dos opostos no seio do idêntico. Ele pode imergir tudo no Absoluto; e não pode fazer nada sair dele. E Hegel, que em Frankfurt já havia escrito: "União da união com a não união", agora escreve: "Identidade da identidade com a não identidade." O que significa que, se Fichte e Schelling viram o valor positivo do negativo, o papel da negação, do *não* enquanto oposto ao *sim*; do *não* que, só ele, confere ao *sim* que o supera, o seu sentido de afirmação e de posição,[48] se eles viram que a unidade real, viva, "orgânica" da vida e do espírito não está na abstração, mas na unificação do múltiplo, nenhum dos dois soube colocar o *não* no seu verdadeiro lugar: no próprio Absoluto positivo.[49] De fato, o Absoluto de Fichte suprime o *não*; o Absoluto de Schelling o ignora. E por isso mesmo os dois permanecem *ab-solus*, separados, transcendentes ao ser, à razão. Permanecem imóveis e inconscientes. E Hegel imagina que é preciso ir mais adiante, mais alto. Colocar o *não* no *sim*; mostrar, no próprio infinito, o finito; no eterno, o tempo, o movimento, a *inquietude*, que para ele é a própria essência do real.[50]

É preciso, portanto, recomeçar tudo. Destruir todas as noções congeladas no entendimento, refazer os conceitos. Fazer um sistema

---

47 Na *Differenz*, Hegel caçoa cruelmente da tirania policial a que levou o moralismo fichteano.

48 Cf. KRUNER, R. *Von Kant bis Hegel*, v. II, p. 133 e segs., Tübingen, 1924.

49 É bem possível, e até mesmo bastante provável, que a meditação sobre temas paracelsianos e boehmianos é que tenha ajudado Hegel a tomar consciência do papel da negação, do *Não*. Cf. as observações muito profundas do Sr. J. Wahl. Op. cit. Prefácio.

50 A inquietude do ser – e não a sua simples "mobilidade", como pensa M. Marcuse (cf. *Hegels Ontologie*, Frankfurt, 1932) – parece ter sido a intuição metafísica mais profunda de Hegel; é a percepção dessa inquietude que está na base do que se chamou o dinamismo hegeliano, a primazia do porvir sobre o ser. O ser é inquieto, ou seja, ele não repousa em si mesmo, ele não é ele mesmo; ele é outro que não ele mesmo, insatisfeito consigo mesmo; bem mais ainda: o ser não repousa nele mesmo, mas foge de si e se renega, para tornar-se outro que não ele mesmo, e através disso realizar-se na e pela negação de si. Já dissemos antes, e aproveitamos a ocasião para dizer de novo, que essa intuição nos parece ser essencialmente a intuição do homem e também essencialmente a intuição do tempo.

ao mesmo tempo acabado e móvel, como – acabado e móvel – é o absoluto que ele deve representar e acabar.[51] A essa tarefa é que Hegel se dedica em Iena.

Sem dúvida, não podemos prosseguir na análise comparativa dos três rascunhos do sistema helegiano. Essa tarefa ultrapassaria muito as dimensões de um artigo. Vamos nos limitar à tentativa de mostrar, é verdade que com um exemplo particularmente importante, o *modus procedendi* do pensamento hegeliano.

*

Todo mundo conhece a importância primordial que as noções conexas da história e do tempo representam no pensamento hegeliano. Sabemos que, para Hegel, o espírito – a mais elevada realidade metafísica hegeliana – é essencialmente histórico e se desenvolve, essencialmente, no tempo.[52] Sabemos, por outro lado, que, para Hegel, o tempo não é o quadro vazio "no qual tudo nasce e tudo desaparece", mas que, para ele, o próprio tempo é o devir, o nascimento e o desaparecimento, o todo-engendrador e o todo-destruidor Chronos".[53]

Todo mundo conhece esses textos famosos nos quais Hegel proclama que "nada é conhecido, nem existe na experiência, sem que tenha sido dado na experiência histórica da humanidade",[54] que a própria filosofia é apenas o tempo apreendido no pensamento. É quase inútil insistir sobre isso: sabemos muito bem que o esforço principal de Hegel foi o de "compreender o devir" e que a identidade

---

51   O absoluto hegeliano não é mais imóvel do que o seu ser. Ele é o compromisso, ou, se preferirmos, a síntese da história com a teologia. Movimento eterno, eternamente acabado, ideia cuja proveniência boehmiana nos parece fora de dúvida, e que em Boehme é o resultado de um compromisso análogo.

52   Cf. os textos que citamos em nossa *Nota sobre língua e a terminologia hegelianas*, adiante, p. 163-164.

53   *Encyclopédie*, § 258 ad.

54   *Phänomemologie des Geistes* (SW, Ed. Lasson, v. II), p. 604; cf. adiante, p. 163-164.

da lógica com a história foi o fundamento não apenas da filosofia, mas de todo o sistema hegeliano.[55]

Entretanto, talvez ainda seja preciso insistir sobre esse ponto. Pois é bem possível que a revelação da historicidade do espírito tenha marcado um momento decisivo na história do pensamento hegeliano. E que o outro momento, não menos decisivo, tenha sido o da descoberta do caráter dialético do tempo. Pois só porque o espírito é temporal e o tempo é dialético é que é possível uma dialética do espírito. Ora, a filosofia de Hegel bem parece, nas suas instituições mais profundas, ter sido uma filosofia do tempo.[56] E, por isso mesmo, uma filosofia do homem. E isto, apesar do esforço para ligar o tempo à eternidade, ou, mais exatamente, graças à noção boehmiana do devir intemporal, para fazer o tempo penetrar na eternidade e a eternidade do tempo.[57]

Todo mundo conhece os parágrafos 258 e 259 na *Enciclopédia*, consagrados à análise e à definição do tempo: "O tempo, como unidade negativa da exterioridade [ser exterior a si], é alguma coisa perfeitamente abstrata, ideal. Ele é o ser que, enquanto *é, não é*, e, enquanto *não é, é*: o devir, objeto de intuição, o que significa dizer que as diferenças — ainda que absolutamente momentâneas, ou seja, que se suprimem imediatamente — são determinadas como exteriores, ou seja, no entanto [como] exteriores a elas mesmas."[58] "As dimensões do tempo, o *presente*, o *futuro* e o *passado*, são o *devir*

---

55 Cf. BRUNSCHVICG, L. Le *Progrès dela conscience dans la philosophie occidentale*, v. II, Paris, 1927, p. 397.

56 Cf. *Encyclopädie*, § 258, Ed. G. Lasson, Leipzig, 1905; p. 216.

57 A importância primordial na noção do tempo na filosofia de Hegel foi trazida à luz pelo Sr. Schilling-Wollny, *Hegels Wissenchaft von dem Sein und ihre Quellen*, v. I, Munique, 1929, e pelo Sr. Marcuse, *Hegels Ontologie und die Grundlegung einer Theorie der Geschichitlichkeit*, Frankfurt, 1932.

58 Encyclopädie, § 258: *"Die Zeit als die negative Einheit des Aussersichseins ist ein schlechthin Abstractes, ideelles. — Sie ist das Sein das, indem est ist, nicht ist, und indem es nicht ist, ist; das angeschaute Werden, d. i. dass die zwar schlechthin momentanen, d. I. dass unmittelbar sich aufhebenden Unterschiede als äusserliche, d. I. jedoch sich selbs äusserliche bestimmt sind."* Observamos de passagem que o emprego do termo *"Aussersichsein"* só difere do emprego do termo "êxtase", celebrizado por uma teoria recente, pela sua forma alemã.

da própria exterioridade e sua dissolução nas diferenças do ser como passagem pelo nada e do nada como passagem pelo ser. O desaparecimento imediato dessas diferenças na *singularidade* é o presente como *agora*, que, como particularidade *excludente* e ao mesmo tempo absolutamente *contínuo* nos outros momentos, é apenas esse desaparecimento do seu ser no nada e do nada no seu ser."[59]

Mas lendo esses textos, enigmáticos à força de concentração e densidade, e até mesmo meditando sobre os comentários com que o próprio Hegel os enriqueceu[60] – provavelmente ao nos darmos conta de seu caráter excessivamente esotérico –, dificilmente percebemos a subestrutura fenomenológica que os subtende, o verdadeiro caminho pelo qual Hegel chegou a escrevê-los.

*

Hegel havia escrito outrora que "a relação do finito com o infinito é... um mistério sagrado porque essa relação é a própria vida".[61] Vamos escutar o que ele dirá agora: "A verdadeira natureza do finito é só esta, que ele é infinito, que se suprime no seu ser. O determinado não tem, enquanto tal, nenhuma outra essência além dessa inquietude absoluta de não ser aquilo que é. Ele não é nada, pois ele é o próprio outro e esse outro, da mesma forma, é o oposto de si mesmo, e é de novo o primeiro. Pois o nada ou o vácuo é igual ao

---

59 *Ibid.*, § 259: *"Die Dimensionen der Zeit, die Gegenwat, Zukunft und Vergangenhelt sind das Werden der Aeusserlichkeit als solches und dessen Auflösung in die Unterschiede des Seins als des Uebergehens in Nichts und des Nichts als Uebergehens in Sein. Das unmitlelbare Verschwinden dieser Unterschiede in die Einzelheit ist die Gegenwart als Jetzt, welches als die Einzelhelt ausschliessend und zugleich schlechthin kontinuiertich in die anderen Momente, selbst nur dies Verschwindern seines Seins in Nichts und des Nichts in sein Sein ist.".*

60 Esses comentários nem sempre são mais fáceis do que o texto. Por outro lado, eles são de uma importância capital: Assim: "O tempo, diz Hegel [§ 258], é o mesmo princípio do Ego = Ego da consciência pura de si..." (...) "o real é bem diferente do tempo, mas, também essencialmente, é idêntico a ele. Ele [o real] é limitado e o Outro dessa negação está fora dele; a determinação está, portanto, nele, exterior a ela mesma. E daí a contradição do seu ser: a abstração dessa exterioridade de sua contradição e sua *inquietude* é o próprio tempo."

61 *Theologische Jugendschriften*, p. 259.

ser puro, que é exatamente esse vácuo, e todos os dois têm em si, por causa disso, imediatamente a oposição de alguma coisa ou do determinado e, por essa mesma razão, não são a verdadeira essência, mas são eles mesmos membros da oposição, e o nada ou o ser, o vácuo em geral, é apenas o contrário de si mesmo, a determinação, e esta é de novo o outro dela mesma, ou o nada. A infinidade como essa contradição absoluta é assim [por esse fato] a única realidade do determinado, e não um além, mas uma relação simples, o puro movimento absoluto, o ser fora de si no ser em si..."[62] "O simples e o infinito, ou a contradição absoluta, só se contradizem por estar absolutamente em relação, e enquanto são opostos são também absolutamente unos. Não pode ser uma espécie de absoluto fora de si mesmo; pois [é] só porque ali existe uma contradição que pode aparecer como uma saída de si. Mas a contradição não pode se manter perto do seu ser, mas sua essência é a inquietude absoluta de suprir-se a si mesma."[63]

A origem, o fundamento da dialética (Hegel nos diz que a dialética dos momentos – qualidade, quantidade e *quantum* – só consiste no fato de terem sido colocados como infinitos),[64] está na relação do finito com o infinito. E Hegel se esforça para nos mostrar "a inquietude" de toda finitude, de toda determinação, de toda limitação que, negativa em si mesma, se suprime a si mesma, colocando necessariamente o inverso a que ela é "de-finida", "de-limitada", "des-infinita", negando necessariamente esse limite, termo, fronteira e transformando-se assim no in-finito, no i-limitado, no in-de-terminado. Entretanto, Hegel não se contenta em mostrar no finito uma negação do infinito. O próprio infinito é tão "in-quieto" quanto o finito e sendo "in-finito" coloca e supõe um limite, um fim de relação ao qual ele se afirma negando-o. Dupla negação, posição. Toda limitação de alguma forma diz: isso não, *a* não, *b* não, *c* não, e assim por diante. Ela coloca então o conjunto dos *a, b, c*, a totalidade infinita dos seres. É por isso que exprime uma inquietude. O ser finito não é ser; é movimento; justamente porque não é o que pretender ser, justamente porque ele é o outro do que é. Todo finito se renega para

---

62 *Jenenser Logik*, Ed. Lasson, SW, v. XVIII, p. 146.
63 *Ibid.*, p. 149.
64 *Ibid.*, p. 33.

se ultrapassar. Todo in-finito absorve e suprime o finito, e ao mesmo tempo o coloca, e se renega para se apreender, para se completar, para retornar a si. E isso apenas nesse movimento, troca perpétua de um com o outro, inversão infinita dos termos, se é que esses termos existem em geral. Pois nós não podemos pensar o infinito sem lhe opor o finito e assim o desinfinitizar, nem pensar o finito sem, no mesmo momento, o infinitizar. Como tampouco podemos pensar o nada, o vácuo, sem lhe opor o pleno, o ser, sem, portanto, ligá-lo ao ser e condicioná-lo por ele, nem pensar o ser sem lhe opor o nada do vácuo, sem que ele se apresente a nós como a própria negação do nada. Nada que ele supera, e que, portanto, inclui. E que, por conseguinte, o subtende e o espreita.

A inquietude é o fundamento do ser. O finito e o infinito se perseguem e se abismam um no outro; eles só são um com relação ao outro. E Hegel continua:[65] "A inquietude aniquiladora do infinito, da mesma forma, só é em relação com o que aniquila; o suprimido é tão absoluto quanto é suprimido, ele se engendra no seu aniquilamento, pois o aniquilamento só existe enquanto existe alguma coisa que se aniquila. O que, na verdade, está colocado no infinito, é, portanto, que ele é o vácuo no qual tudo é absorvido, e esse vácuo é ao mesmo tempo um oposto, ou um membro daquilo que é suprimido, a relação do uno com o múltiplo, que, no entanto, se opõe ele mesmo à não relação do uno com o múltiplo, na simplicidade dessa oposição é retomado numa instabilidade absoluta, e só é colocado como esse retomado, refletido." Dito de outra forma, movimento, inquietude, aniquilamento, supressão e engendramento, ser do não-ser e não-ser do ser; não serão esses traços já nossos conhecidos? A dialética do finito e do infinito não reproduz ou, se preferirmos, não anuncia

---

65   *Ibid.*, p. 34: *"Die vernichtende Unruhe des Unendlichen ist ebenso nue durch das Sein dessen was es vernichtet; das Aufgehobene ist ebenso absolut als es aufgehoben ist; es entsteht in seinem Vergehen, denn das Vergehen ist nur, idem etwas ist das vergeht. Was also in Wahrheit im Unendlichen gesetzt ist, ist, dass es das Leere sei, in dem siche alles aufhebt und dieses Leere ebendarum zugleich ein Entgegengesetztes oder ein Glied dessen das aufgehoben wird, die Beziehung des Einem und Vielen, die aber, selbst der Nichtbeziehung des Einen und Vielen gegenübersteht, aus diesem Gegenübersehen aber in absoluter Unstätigkeit in die Einfachheit zurückgenommen und nur als dies Zurückgenommene, Reflectierte gesetzt ist."*

a dialética da eternidade e do tempo? Ou simplesmente a do tempo? De fato, a análise dialética do infinito e do finito nos esboça os quadros do instante e do tempo. Quando chegar à análise do tempo, desse infinito móvel e inquieto que para ele não é mais – e aí está a importância da sua atitude – "imagem de uma eternidade imóvel", Hegel dirá:[66] "O infinito, nessa simplicidade, é – como momento

---

66   *Ibid.*, p. 202: *"Das Unendliche in dieser Einfachheit ist, als Moment gegen das sich Selbsgleiche, das Negative, und in seinen Momenten, indem es sich an sich selbst die Totalität darstelt, das Ausschliessende, Punct oder Grenze überhaupt, aber in diesem seinem Negieren sich unmittelbar aud das andere beziehend und sich selbst negierend. Die Grenze oder der Moment der Gegen-wart*[1], das absolute Dieses der Zeit oder das Jetzt, ist absolut negativ einfach, absolut alle Vielheit aus sich ausschliessend und darum absolut bestimmt, nicht ein sich ausdehnendes Ganzes oder Quantum, das auch eine unbestimmte Seite an sich hätte ein Verschiedenes, das an ihm glichgültig oder äusserlich sich auf ein anderes bezöge, sondern es ist absolut differente Beziehung[2] des Einfachen. Dieses Einfache in diesem seinem absoluten Negieren ist das Tätige, das Unendliche gegen sich selbst als ein Sichgleiches; es ist als Negieren ebenso absolut auf sein Gegenteil bezogen, und seine Tätigkeit, sein einfaches Negieren ist Beziehung auf sein Gegenteil, und das Jetzt ist unmittelbar das Gegenteil seiner selbst[3], das sich Negieren. Indem diese Grenze in ihrem Ausschliessen oder in ihrer Tätigkeit sich selbst aufhebt, so ist das Nichtesein derselben vielmeher das Tätige gegen sie und das sie Negierende. Dies, das die Grenze in ihr selbst unmittelbar nicht ist, dieses Nichtsein ihr entgegengesetzt als das Tätige, oder als das, was vielmehr das Ansichseiende, das sein Gegenteil Ausschliessende ist, ist, die Zukunft der das Jetzt nicht widerstehen kann; denn sie ist das Wesen der Gegenwart, welche in der Tat das Nichtsein ihrer selbst ist. Die Gegenwart so sich aufhebend indem die Zukunft vielmehr in ihr wird, ist selbst diese Zukunft; oder diese Zukunft ist selbst in der Tat nicht Zukunft, sie ist das sie Gegenwart Aufhebende, aber indem sie dies ist, das absolut negierende Einfache, ist sie Vielmehr die Gegenwart die aber ebenso [nach] ihrem Wesen das Nichtsein ihrer selbst oder die Zukunft ist. Es ist in der Tat weder Gegenwart noch Zukunft sondern nur diese Beziehung beider aufeinander, eins ist gegen das andere auf gleiche Weise negativ, und die Negation der Gegenwart negiert ebenso sich selbst; die Differenz beider reduziert sich[4] in die Ruhe der Vergangenheit. Das Jetzt hat sein Nichtsein an sich selbst und wird sich[5] unmittelbar ein Anderes; aber dieser Andre, die Zukunft zu welcher sich die Gegenwart wird, ist unmittelbar das Andre ihrer selbst, denn sie ist jetzt Gegenwart. Aber sie ist nicht jenes erste Jetzt, jener Begriff der Gegenwart sondern ein sich aus Gegenwart durch die Zukunft gewordene[s] Jetzt welchem sich Zukunft und Gegenwart auf gleiche Weise aufgehoben hat, ein Sein das ein Nichtsein beider ist, die aufgehobene absolut berihigte Tätigkeit*

beider Gegeneinander. Die Gegenwart ist nur die sich selbest negierende einfache Grenze, die auseinandergehalten in ihrem negativen Momenten, eine Beziehung ihres Ausschliessens auf sie Ausschliessendes ist. Diese Beziehung ist Gegenwart, als eine differente Beziehung[6], in der sich beide erhielten; aber sie erhalten sich ebenso nicht, sie reduzieren sich auf eine Sichselbstgleichheit, in welcher beide nicht absolut vertilgt sind. Die Vergangenheit ist diese in sich selbst zurückgekehrte Zeit, welche die beiden ersten Dimensionen in sich aufgehoben hat. Die Grenze oder das Jetzt ist leer; denn es ist schlechthin einfach oder Begriff der Zeit[7], es erfüllt sich in der Zukunft[8]. Die Zukunft ist seine Realität; – denn das Jetzt ist seinem Wesen absolut negative Beziehung; dies sein Wesen oder Inneres an ihm selbst habend, als sein Wesen existierend, ist [sie] das Sein dieses Wesens. Dies sein Wesen ist sein Nichtsein oder das Sein der Zukunft in dem Jetzt, die Reälitat des Jetzt es an ihm selbst seiend, was es als Begriff des Jetzt nur als inneres hat. Diese Reälitat des Jetzt oder das Sein der Zukunft ist ebenso das unmittelbare Gegenteil seiner selbst, jetzt dies Gegenteil an ihm selbst. Und dies Gesetzte Aufheben beider ist das Ehmals, die in sich reflectierte[9] oder reale Zeit. Aber das Ehmals ist selbst nicht für sich, es ist ebenso das durch Zukunft zum Gegenteil seiner selbst werdende Jetzt, und es also nicht abgesondert von diesen; es ist an sich selbst nur dieser ganze Kreislauf die reale Zeit, die durch Jetzt und Zukunft Ehmals wird. Die reale Zeit als Ehmals, der Gegenwart und Zukunft entgegengesetzt, ist selbst nur Moment der ganzen Reflexion: sie ist als Moment, welches die sich in sich selbst zurückgekommene Zeit ausdrückt, sie als das Sichselbstgleiche, sich auf sich Beziehende, und zwar als die Bestimmtheit des sich selbst Beziehens, oder sie ist iht erster Moment: sie ist vielmehr das Jetzt als die Vergangenheit, diz ebenso wie die andern Momente sich selbst sufhebt, dass das ganze Unendliche als sich auf sich selbst beziehend, als Totalität geworden, sich so unmittelbar das passive oder erste Moment ist.

Die Zeit ist auf diese Weise als unendlich, in ihrer Totalität, nur ihr Moment, oder wieder ihr erstes seiend, wäre in der Tat nicht als Totalität oder sie existiert so nicht als das, was der Grund dieser Unendlichkeit [ist] die nur ist als in sich einfache Unendlichkeit oder nicht nur das Uebergehen in das Entgegengesetzt, und aus diesem wieder in das Erste, eine Wiederholungs des Hin – und Hergehens, welche unendlich viel ist, d. h. nicht das warhafte Unendliche; die unendlich häufige Wiederholung stellt die Einheit als Gleichheit der Wiederholten dar, welche Gleichheit nicht an diesem Wiederholten, sondern ausser ihm ist. Das Wiederholte ist gleichgültig gegen das, dessen Wiederholtes es ist, und für sich ist es nicht ein Wiederholtes[10]. Die Wierderholung der Reflexion der Zeit ist zwar eine solche, in welcher jades Moment aus dem entgegengesetzten entsteht und also vor und rückwarts ein Glied in dieser absolut differenten Reihe ist; aber es ist nur Glied, und dass es als dieses bestimmte Glies unmittelbar das Entgengesetzte ist, ist die absolute Einheit der entgegengesetzten Momente. Das Moment ist aber nicht an ihm selbst als dieses

Hegel de Iena

was es vorher gewesen oder nachher sein wird; diese Reflecion ist ausser ih-nem, und dass es das wieder wird was es gewesen, ist in der Tat eine Einheit welche nur als ein Wiederholtes ist.

Die Totalität des Unendlichen ist aber in Wahrheit nicht ein Zurückgehen in das erste Moment; sondern das erste Moment ist selbst als eines der Momente aufgehoben worden. Die Totalität fälit nur zum ersten Momente zurück, als dem entgegengesetzt aus dem sie unmittelbar her kommt. Aber dies ist in der Tat das aufgehobene Erste und das Aufheben seiner selbst; und die Totalität als Gegenteil des differenten Moments ist es nur als die Einheit beider oder als das Ansich des zweiten, was an diesen als zweiten nur für uns ist[11]. Das dritte ist aber dieser Ausdruck dieses Ansich; und es ist so nicht drittes sondern die To-talität beider und die reale Zeit ist die Vergangenheit nur gegen die Gegenwart und Zukunft. Aber dieses dritte ist die Reflexion der Zeit in sich, oder es ist in der Tat Gegenwart, und die Reale Zeit ist sich ebenso indem das Ehemals Jetzt ist, zum ersten Momente geworden als sie dieses Jetzt, das so nur als zurückgeke-hrtes Moment sich darstellte, aufhob, und [ist] so das Aufheben inrer Momen-te und das Aufheben dessen, dass sie in ihrer Reflexion sich nur zum Momente wird. Das Aufheben dieser formalen Reflexion macht sie zur sichselbstgleichen Totalität welche sich als Bewegung in sich, die nur zwar ein Darstellen des Gan-zen aber nur als eines geteilten oder differenten ist, aufhebt.

Die Vergangenheit, die hiemit ihre Beziehung auf Jetzt und Einst aufgehoben, hiemit selbst nicht mehr Ehemals ist, diese reale Zeit ist die paralysierte Un-ruhe des Absoluten Begriffs, die Zeit die sich in ihrer Totalität das absolut An-dere geworden, aus der Bestimmtheit des Unendlichen, dessen Darstellung die Zeit ist, in das Entgegengesetzte, die Bestimmtheit der Sichselbstgleichheit übergegangen, und so als die sichselbstgleiche Gleichgültigkeit, deren Mo-mente in der Form dieser gegeneinander sind, Raum ist.

*As chamadas *entre colchetes* [ ] correspondem às notas especiais que o pró-prio Alexandre Koyré preparou para as traduções dos textos hegelianos que o presente Capítulo compreende.

[1] O termo alemão *Gegen-wart* exprime uma oposição, uma contradição que o termo "presente" não exprime.

[2] Relação diferente: *differente Baziehung*. Poderíamos dizer: relação dife-renciante.

[3] O agora, sendo simples, é negação do diverso. Mas por isso mesmo ele se refere ao seu contrário, o diverso, e não é mais simples. O agora, limite nega-tivo absoluto ele mesmo, se nega, se suprime e não é. O agora nunca é agora. Ele escapa a si mesmo.

[4]Se reduz: *reduziert sich*. Poderíamos dizer: absorve-se ou se reduz a zero.

[5] *Wird sich*, escreve Hegel, o que é absolutamente incorreto.

[6] O termo "diferente" é usado aqui num sentido ativo.

[7] *Begriff*: aqui no sentido de noção abstrata.

[8] O porvir é pois a verdade do presente.

oposto ao igual a si mesmo – o negativo, e nesses momentos, enquanto se apresenta a [si mesmo] e em si mesmo a totalidade [ele é] em geral o excluindo, o ponto ou o limite, mas, nessa sua [ação de] negar, ele se refere imediatamente ao outro e se nega a si mesmo. O limite ou o momento do presente,[n.t.a.1] o "isto" absoluto do tempo, ou o "agora" é de uma simplicidade negativa absoluta, que exclui de si absolutamente toda multiplicidade e, por isso mesmo, é absolutamente determinado; [ele é] não um todo ou um *quantum* que se estenderia em si [e] que, em si mesmo, teria também um momento indeterminado, um diverso que, indiferente ou exterior em si mesmo, se referisse a um outro, mas essa é uma relação absolutamente diferente[n.t.a.2] do simples. Esse simples, na sua negação absoluta, é o ativo, o infinito oposto a si mesmo como [a] um igual-a-si; enquanto negação ele se refere também absolutamente ao seu contrário, e sua ação, sua simples negação, é uma referência ao seu contrário e o agora é imediatamente o contrário de si mesmo,[n.t.a.3]a negação de si. Enquanto esse limite, na sua [ação de] exclusão ou na sua atividade se suprime a si mesmo, é antes o seu não-ser que age contra ele mesmo e que é a negação dele. Ora, já que o limite em si mesmo [e isso] imediatamente não é, o não-ser oposto a ele mesmo como o ativo, ou que antes é o ente-em-si que exclui seu contrário, ele é o porvir, ao qual o agora não pode resistir, pois ele é a essência do presente que, de fato, é o não-ser dele mesmo. O presente, suprimindo-se de tal maneira que antes do que o porvir que se engendra [se torna] nele, ele mesmo é esse porvir; ou esse próprio porvir não é porvir, ele é aquilo que suprime o presente, mas, enquanto é isso, esse [alguma coisa de] simples que é uma ação de negação absoluta, ele é antes o presente que, entretanto, na sua essência, é da mesma forma o não-ser de si-mesmo, ou porvir. De fato, não existe nem presente, nem porvir, mas apenas essa relação mútua dos dois, igual-

---

[9] Refletido em si: *in sich reflechtiert*; o tempo se lança do presente para o porvir e do porvir é refletido, como um raio luminoso, para o passado.

[10] Repetição: *Wiederholung*. Reproduzindo idêntico a si mesmo; o reproduzido não é repetido por ele mesmo, já que o fato de ser reproduzido não é um momento que lhe pertença como próprio, mas lhe é exterior.

[11] A distinção entre o *em si* e o para *nós* na descrição fenomenológica, como bem sabemos, é fichteana.

mente negativos um com relação ao outro, e a negação do presente se nega também a si mesma; a diferença dos dois se reduz[n.t.a.4] no repouso do *passado*. O agora tem o seu não-ser em si mesmo e torna-se por si mesmo[n.t.a.5] imediatamente um outro, mas esse outro, o porvir no qual o presente se transforma, é imediatamente o outro de si mesmo, pois ele é agora o presente. Mas ele não é esse primeiro "agora", essa noção do presente, mas um agora que se engendrou do presente pelo porvir, um agora no qual o porvir e o presente estão igualmente suprimidos e absorvidos, um ser que é o não-ser dos dois, a atividade, ultrapassada e absolutamente em repouso, de um sobre o outro. O presente é apenas o limite simples, negando-se a si mesmo, que, na separação de seus momentos negativos, é uma relação de sua [ação de] exclusão com aquilo que a exclui [ela mesma]. Essa relação é [o] presente, como uma relação diferente[n.t.a.6] na qual os dois se conservaram; mas, da mesma forma como não se conservam, eles se reduzem a uma igualdade a si mesmo na qual os dois não existem, e são absolutamente destruídos. O passado é esse tempo re-tornado (entrado) em si mesmo que absorveu em si as duas primeiras dimensões. O limite ou o agora é vazio; pois ele é absolutamente simples ou [é] a noção[n.t.a.7] do tempo; ele se realiza no porvir.[n.t.a.8] O porvir é sua realidade, pois o agora é, em sua essência, uma relação absolutamente negativa. Possuindo essa sua essência ou interior em si mesmo, existindo como sua essência [ele é] o ser dessa essência. Essa sua essência é seu não-ser ou o ser do porvir no agora, a realidade de agora sendo nele mesmo aquilo que, enquanto noção do agora, só existe como seu exterior. Essa realidade do agora, onde o ser do porvir é também o contrário imediato dele mesmo, [ele é] agora esse contrário nele mesmo a supressão dos dois, [supressão] colocada, e [é] o antigamente, o tempo refletido em si,[n.t.a.9] ou real. Mas o antigamente não é ele mesmo por si, ele é igualmente o agora se transformando pelo porvir no contrário de si mesmo e, portanto, não é separado deles; em si mesmo ele é apenas todo esse circuito, ou seja, o tempo real, que, pelo agora e pelo porvir, se torna antigamente. O tempo real, oposto enquanto antigamente ao presente e no futuro, é ele mesmo só um momento da reflexão inteira; ele *é* como [o] momento que exprime o tempo retornado nele mesmo, [ele o exprime] como o igual a si mesmo se referindo a si mesmo, e notadamente como a determinação de se referir a si mesmo, ou ele [o tempo real] é seu [da determinação] primeiro momento; ele é muito mais o agora do que o passado, que, tanto quanto os outros momentos, se suprime a si mesmo, a fim de que o infinito inteiro, como se referindo ele mesmo a ele mesmo, seja então para ele mesmo imediatamente momento passivo ou primeiro.

"Dessa maneira o tempo só é infinito, na sua totalidade, como seu momento, ou ainda, sendo seu primeiro [momento] ele não seria de fato como totalidade, ou, ainda, ele existe assim não como aquilo que [é] o fundamento dessa infinidade, a qual é apenas como infinidade simples em si, ou [ainda ele] não é apenas a passagem-transformação [do uno] no seu contrário e, deste, novamente no seu primeiro, uma repetição do movimento de vaivém, cuja [repetição] é infinitamente numerosa, ou seja, não é o infinito verdadeiro; a repetição infinitamente frequente representa a unidade como a igualdade do repetido, igualdade que não é a do repetido, mas está fora dele. O repetido é indiferente para com aquilo de que é a repetição e, para si, não é um repetido.[n.t.a.10] Ainda que a repetição da reflexão do tempo seja uma [repetição] tal que cada momento se engendre a partir de seu contrário e é assim, tanto para frente como para trás, um membro dessa série absolutamente diferente, ele é entretanto apenas um membro e [o fato] de que, enquanto é esse membro determinado, é imediatamente o [seu] contrário, constitui a unidade absoluta dos momentos opostos. O momento, enquanto tal, no entanto, não é em si mesmo o que foi antes ou o que será mais tarde; essa reflexão está fora dele e [o fato] de se tornar novamente o que havia sido, é de fato uma unidade que é como uma repetição."

"Ora, a totalidade do infinito, na verdade, não é um retorno no primeiro momento; pois o primeiro momento é ele mesmo absorvido enquanto um dos momentos. A totalidade recai para o primeiro momento apenas como [no momento] oposto àquele do qual ela procede imediatamente. Mas este é, de fato, o primeiro [momento] ultrapassado, e [a ação de] se ultrapassar a si mesmo; e a totalidade, como o contrário do momento diferente, só o é como a unidade dos dois ou como o em-si do segundo; ela só se encontra ali enquanto [ele é] segundo, para nós.[n.t.a.11] Em compensação o terceiro é a expressão desse em-si; e assim ele não é o terceiro, mas a totalidade dos dois e o tempo real só é o passado [como] oposto ao presente e ao porvir. Mas esse terceiro [momento] é a reflexão do tempo nele mesmo, ou seja, de fato, ele é o presente; e o tempo real, já que portanto o antigamente se tornou agora, e se fez, igualmente, por si mesmo o primeiro momento, enquanto suprimiu e absorveu esse agora que, assim, só se apresentou como momento retornado a si; ele é assim a supressão de seus momentos e a supressão [do fato] que, na sua reflexão, ele só se constitui como momento. A supressão dessa reflexão formal faz dele uma totalidade igual a si mesma, que se suprime como movimento nela mesma, a qual [totalidade] nada mais é, na verdade, do que uma representação do todo, mas apenas como um todo divido ou diferente."

"O passado que, através disso, suprimiu a sua relação com o agora e o antigamente, e, portanto, ele mesmo não é mais antigamente, esse tempo real é a inquietude paralisada do conceito absoluto, o tempo que, na sua totalidade, se fez absolutamente outro, que pela determinação do infinito de que o tempo é a representação, se transformou em seu contrário, a determinação da igualdade-em-si e assim, enquanto in-diferença igual-a-si, cujos momentos são opostos na forma desta [este tempo] é espaço."

Tentamos traduzir o texto de Hegel tão fielmente quanto possível, sem todavia nos iludirmos sobre o valor dessa "tradução". Pedimos desculpas ao leitor que bem poderia considerá-la incompreensível; efetivamente, ela o é. Mas, para dizer a verdade, o próprio texto de Hegel, que citamos *in extenso* e que se pode consultar, o é quase tanto quanto nossa tradução. Pelo menos tão incompreensível que não nos damos conta de seu caráter verdadeiro. Pois até parece que aquilo que Hegel se esforça para nos mostrar aqui, ou, mais exatamente, se esforça para mostrar a si mesmo, não é de forma alguma uma análise da "noção" do tempo. Muito pelo contrário: é a "noção" do tempo, noção abstrata e vazia que Hegel pretende destruir nos demonstrando e nos descrevendo de que maneira se constitui o tempo na realidade viva do espírito. Dedução do tempo? Construção? Estes termos, ambos, são impróprios. Pois não se trata de "deduzir", ainda que dialeticamente, nem de "construir"; trata-se de separar, de descobrir – não de apresentar hipoteticamente –[67] na e para a própria consciência, os momentos, as etapas, os atos

---

67   Assim como faz a construção de Fichte.

espirituais nos e pelos quais se constitui, no e pelo espírito, o conceito do tempo. Dessa forma os termos da descrição hegeliana – nós nos permitimos lembrar agora a conclusão de um estudo anterior –[68] são absolutamente o oposto de termos abstratos. Pelo contrário, são concretos no mais alto grau. De alguma forma é preciso tomá-los literalmente, no seu sentido mais direto, mais rude. Só que não são coisas, objetos, estados o que eles designam. As frases, caóticas e contraditórias, as expressões muitas vezes incorretas de Hegel (*sich werden*, por exemplo etc.) descrevem um movimento, tomam a forma das articulações e do ritmo, designam atos, e até mesmo ações do espírito. Quando Hegel nos fala de oposição e de contradição, ele não pensa numa relação entre os dois termos. Ele pensa, ou melhor, ele vê em si mesmo um ato que "apresenta" alguma coisa e um outro que lhe "opõe" outra coisa, ou que "se opõe" à ação do primeiro; um ato que "diz" alguma coisa, alguma coisa que é "contradita". E é por isso que a "contradição" é uma tensão e um dilaceramento internos; uma luta na qual o espírito "se apresenta", "se nega" – se renega – "se suprime", se ultrapassa e "se aniquila". Os termos "diferentes" não são termos que são *diferentes*, estaticamente, ou seja, que se repelem e se afastam um do outro; por isso os atos "diferentes" são atos que fazem "diferir", que tornam "diferentes", e, por isso mesmo, "outros" os termos aos quais se referem, atos que diferenciam e que distinguem, e são eles que encontramos no fundo de toda "diferença". Poderíamos dizer que, contrariamente à tradição milenar da filosofia, Hegel não pensa com substantivos mas com verbos.

O fragmento que acabamos de citar descreve, portanto, ou pelo menos tenta descrever, a constituição ou, mais exatamente, a autoconstituição do tempo, ou, se preferirmos – o que significa a mesma coisa – a constituição ou a autoconstituição do conceito de tempo.[69] Digamos, ainda uma vez, que não se trata, de forma alguma, de uma análise da noção do tempo, noção abstrata do tempo abstrato, do tempo tal como se apresenta na física, o tempo newtoniano, o tem-

---

68 Nota sobre a língua e a terminologia hegelianas, adiante, p. 150.
69 O conceito hegeliano, de fato, não é uma entidade, mas um ato. Ato que, no entanto, possui um conteúdo; ele é, portanto, tanto um ato de compreender e de se compreender quanto é o ser compreendido, ou seja, o ser compreendendo-se a si mesmo.

po kantiano, o tempo em linha reta das fórmulas e dos relógios.[70] Trata-se de outra coisa. Trata-se do tempo "ele mesmo", da realidade espiritual do tempo. Este tempo não escoa de maneira uniforme; ele tampouco é um intermediário homogêneo através do qual nós nos escoamos; ele não é nem quantidade do movimento, nem ordem dos fenômenos. Ele é enriquecimento, vida, vitória. O que ele é – vamos dizer logo – é espírito e conceito.

*

Já indicamos antes[71] a importância que volta a ter no pensamento hegeliano a noção do infinito intimamente ligada à importância do próprio espírito, visto que (e acabamos de indicar de que maneira) do nosso ponto de vista a dialética do infinito reproduz, ou, se preferirmos, "corresponde" à dialética do tempo. Dissemos que, para Hegel, a dialética do infinito conduz diretamente à dialética do tempo. Poderíamos dizer que de agora em diante se transforma nela ou, se preferirmos, se realiza nela. É que a dialética do infinito, tal como nos foi apresentada por Hegel, ainda se representava no abstrato. É que, para dizer a verdade, não se tratava do infinito, mas, se assim podemos dizer, da infinidade, ainda "igual-a-ela-mesma", que no seu interior se opõe ao finito que a limita, nega e consolida, mas que, ainda, não se opõe a nenhum outro e não se opõe a nada que lhe seja outro. Ora, é preciso que ela se oponha a um outro para absorvê-lo nela mesma, ultrapassá-lo e refletir-se nele. A infinidade abstrata representa o espírito ainda abstrato, que, é verdade, "é aquele que se encontra e que está no [ato de] se encontrar",[72] mas que, todavia, não é verdadeiramente reencontrado, ainda que não estando efetivamente alienado e perdido. A infinidade abstrata é eternidade abstrata, intemporal, separada do concreto.[73] Para que

---

70   Este tempo é espaço. Ou, como Hegel dirá mais tarde, o tempo na natureza é apenas o agora, *Jetzt*. Cf. *Encyclopädie*, § 259 add.

71   k *supra*, p. 120-121, 126 e segs. E "Hegel em Iena", *Revue philosophique*, 1934. O conceito do infinito, dizíamos ali, é um dos coneitos-chave do hegelianismo.

72   *Jenenser Logik*, p. 181.

73   Cf. *Encyclopädie*, § 259 add.

ela se realize, para que se torne a eternidade viva e presente[74] do espírito, é preciso também que se realize o seu outro, o seu oposto, o seu contrário. É preciso, para completar, que a dialética da eternidade se re-presente na dialética do instante.[75] Que ele se constitua no e pelo tempo.[76]

Ora, o tempo – observemos bem que Hegel não parte da análise da noção do "instante", limite intemporal e pontual entre o passado e o futuro, limite abstrato entre duas abstrações, mas da apreensão concreta que temos dele – se constitui em nós e para nós a partir do "agora". Ora, este "agora" limite, digamos mais uma vez, não "entre" alguma coisa e alguma outra coisa, mas, de alguma forma, limite em si, e também laço por excelência, é essencialmente instável, inapreensível e transitório. Esse "agora" nunca está ali. Imediatamente ele se transforma em outra coisa. Ele se renega e se suprime a si mesmo. Mas – e este é o ponto central – ele se transforma e se renega não recaindo de alguma forma no passado, abismando-se no que não *é mais agora*. O agora hegeliano, apesar de ser instantâneo e não comportar nenhuma densidade, é um instante *dirigido*. Mas não é para o passado que ele é dirigido. Pelo contrário, é para o porvir que, inicialmente, apresenta-se a nós como "por-vir", que lança para o "não é mais" aquilo que para nós era "agora". Assim fazendo, renega-se a si mesmo, tornando-se por sua vez "agora", para, por sua vez, através de um novo "por-vir", ser ele também lançado para o "não é mais" e transformar-se em "antigamente". Como vemos: nessa análise o conteúdo e a forma não se separam. Hegel descreve o fluxo da vida espiritual concreta, não uma imagem abstrata do porvir, e essa é a razão pela qual mais tarde ele dirá que não são as coisas ou os processos que estão no tempo, mas o próprio tempo que de alguma forma é o tecido do porvir e, por conseguinte, do ser.

---

74   A eternidade é "presente eterno", já que ela é eternamente "presente" a ela mesma, mas de forma alguma ela é um" agora" eterno. A eternidade, pelo menos a eternidade concreta, não está separada do tempo. Ela é o próprio tempo. A eternidade abstrata, pelo contrário, é a intemporalidade.

75   Termo que Hegel não emprega. Mas nós empregamos com conhecimento de causa.

76   Não se trata de encontrar a eternidade no tempo, como gostariam Spinoza e Schleiermacher, mas o tempo na eternidade.

Mas retornemos à descrição hegeliana. Não é "do passado" que nos vem o tempo, mas do porvir. A duração não se prolonga do passado ao presente. O tempo se forma estendendo-se, ou, melhor, exteriorizando-se a partir do "agora", mas não, ainda uma vez, prolongando-se nele, permanecendo nele. É, pelo contrário, do porvir que ele vem a si no agora. A dimensão prevalente do tempo é o porvir que de alguma forma é anterior ao passado.

É essa insistência sobre o porvir, é a primazia conferida ao porvir sobre o passado, que, do nosso ponto de vista, constitui a maior originalidade de Hegel. E isso nos faz compreender por que, nos acréscimos à *Enciclopédia*, Hegel fala da espera, da esperança. E também do arrependimento. Isso porque o tempo hegeliano é, antes de tudo, um tempo *humano, o tempo do homem*, ele mesmo esse ser estranho que "é o que não é e não é o que é", ser que se renega naquilo que é em proveito daquilo que não é, ou que ainda não é; ser que, partindo do presente, o renega, procurando se realizar no porvir, que vive para o porvir encontrando nele, ou pelos menos ali buscando a sua "verdade", ser que só existe nessa transformação contínua do porvir no agora, e que deixa de existir no dia em que não existe mais porvir, onde nada mais testa por vir, onde tudo já veio, onde tudo já está "completo".[77] E é porque o tempo hegeliano é humano que ele é também *dialético*, assim como é porque ele é uma coisa e outra, que ele é essencialmente um tempo histórico.

Mas retornemos ainda uma vez à descrição hegeliana. O agora, o porvir, o antigamente, esses três momentos "diferentes" do tempo, se coordenam, se implicam, se invocam. Eles não estão justapostos na equivalência "indiferente" como as três dimensões do espaço. O instante é orientado. Mas ele tem também uma estrutura. O "agora", transformado em "antigamente" pelo "porvir" tornado "agora" não desapareceu; opondo-se ao "agora" atual, ele mesmo volta a ser "agora", como "agora" é também o porvir ainda não realizado. O instante solda e funde esses três momentos diferentes que, na sua diferenciação, se estendem e dão lugar a um *quatum* do tempo, mas que, retomados na sua unidade e nas suas diferenças, constituem

---

77 Poderíamos mesmo dizer que o tempo hegeliano é o tempo da busca e da aspiração, ou que o homem hegeliano é "faustiano".

numa unidade viva e inquieta, aquilo que, juntamente com Hegel, chamaremos "presente". O instante presente, como vemos, não é simples. Ele possui essa estrutura interna que, só ela, lhe permite ser presente para si mesmo; que, só ela, lhe permite realizar a dialética do espírito que, no conjunto de seus "momentos" (espera do porvir, re-presentação do passado), movimentos e atos de negação, de supressão, de oposição e de retomada sobre si mesmo e de si mesmo, "torna-se" mais e mais "presente", constituindo na, para e por essa presença a si mesmo um presente cada vez mais amplo, cada vez mais rico e cada vez menos "igual-a-si". E é porque o "antigamente", tornando a ser "agora", é absorvido e sublimado no presente que se torna possível a autoconstituição do espírito e seu enriquecimento na evolução histórica, ou seja, essa identidade da história e da lógica na qual, com razão, percebeu-se o particular do sistema hegeliano.

Ora, parem esse movimento incessante da dialética temporal; suprimam a tensão, a inquietude do instante: e o tempo então se "completa", se finaliza e, tempo finalizado, cai naturalmente e inteiro no passado. De fato, só o passado está finalizado, e só aquilo sobre o que o porvir não tem mais nenhum domínio é verdadeira e efetivamente passado. O tempo completado se dilata, se estanca: em lugar do movimento e da tensão nós temos a "paralisia" e o repouso. O "tempo" se detém, e se expõe: em lugar de uma viva "diferença" na interioridade, nos vemos diante da indiferença exposta de uma ordem de sucessão. Estamos diante do tempo "real"; tempo das coisas, exterioridade, tempo ele mesmo transformado em uma coisa, uma *res*. Mas esse tempo paralisado e exposto não é mais tempo. A linha reta que o simboliza faz mais do que simbolizá-lo; ela exprime a sua natureza. Esse tempo, de fato, é *espaço*.[78]

*

Como vemos muito bem, a "dialética" hegeliana é uma fenomenologia.[79] E, mais uma vez, Hegel não precisou de se dar conta daqui-

---

78 Teria sido interessante confrontar a análise do tempo feita por Hegel com a análise feita por Bergson. Essa comparação – assim como a comparação das análises de Hegel e de Heidegger – não pode ser feita aqui.

79 Vemos através das análises que precedem, que a famosa tríade: tese, antítese, síntese, na qual, equivocadamente, pretendeu-se ver o fundamento do

lo que efetivamente fazia para conceber a ideia da *Fenomenologia do espírito*, que, pelo menos nas suas melhores partes, é só uma descrição visionária da realidade espiritual, análise das estruturas essenciais do espírito *humano*, da constituição no e pelo pensamento e da atividade do *homem* do mundo *humano* no qual ele vive.[80] Teria sido interessante poder prosseguir, passo a passo, na análise hegeliana. Infelizmente nos é necessário tomar um atalho. De fato, o caderno que continha os cursos de 1803/04 está incompleto. Falta toda a sua primeira parte. E era ela que continha a análise do tempo. Foi-nos conservada apenas uma frase, escrita na margem de uma análise do ser espacial: *o espírito é tempo, Geist ist Zeit*.[81] J. Holffmeister propõe corrigir: o espírito está *no* tempo, *Geist ist* IN DER *Zeit*. Não acreditamos que seja necessário fazê-lo. O espírito hegeliano é tempo, e o tempo hegeliano é espírito.

Os cursos de 1805-1806[82] nos trazem de novo uma longa passagem sobre o tempo. Mas o caráter do texto não é mais o mesmo. Ele é muito mais correto. Mais cuidado. Mais bem ordenado. Dividido em parágrafos como mais tarde será a *Enciclopédia*. Hegel não escreve mais para si mesmo, para notar e fixar uma intuição. Ele pensa em seus auditores; pensa também em seus leitores; pois, se já há muito tempo ele tinha o desejo, há pouco tempo ele tem também a esperança de poder, finalmente, publicar seu *Sistema*. O estilo é mais seco. Mais "abstrato". Parece mais com aquilo que se tem o hábito de chamar "dialética". A ordem da exposição – ordem da construção – também muda; não é mais partindo do tempo que se encontra o espaço, tempo paralisado. Muito pelo contrário, parte-se do espaço

---

método hegeliano, de forma alguma representa um papel preponderante no seu trabalho fenomenológico.

---

80 Insistimos no termo *humano*. Pois, repetimos, bem compreendida, a *Fenomenologia do espírito* é uma *antropologia*.

81 Hegel nos diz, é verdade, que o tempo é o que existe de mais funesto (*das Schlechteste, Enc.*, § 258 add.), porque de mais abstrato, como, aliás, o espaço. Mas se trata do tempo abstrato; se quiséssemos, de qualquer maneira, corrigir a passagem, seria então necessário acrescentar: o espírito está acima do tempo, *Geist ist über der Zeit*.

82 Eles formam o volume XX dos *Sämtliche Werke*. Eu os citarei como *Jenenser Realphilosophie*, v. II.

e chega-se ao tempo.[83] Além disso, o tempo e o espaço são apresentados como condicionando-se e engendrando-se mutuamente. Preocupação de "sistema"? Caminho do mais "abstrato" para o mais "concreto", do mais "simples" para o mais "rico"? Sabemos muito bem, é verdade, que Hegel sempre pensou "sistema". Ele não pôde deixar de ver que, do ponto de vista dialético, apresentar o espaço como tempo paralisado era um erro grave. De fato, como o espírito poderia prosseguir seu movimento? E, por outro lado, o espaço, se ele é indiferença, pura exterioridade, como admitir nele as distinções das dimensões e a unidade? Esta unidade, essas distinções, nós e o tempo é que as introduzimos nele. E é com relação à indiferença ao múltiplo puro que, de agora em diante, se constitui, na e pela diferenciação, o movimento dialético do tempo.[84]

"O espaço, escreve Hegel,[85] é a quantidade existente imediata, o conceito nele mesmo ou imediatamente, ou seja, no movimento

---

83   O espaço vazio e o tempo vazio, não os esqueçamos, são abstrações sem realidade. O tempo e o espaço só são unidos, na duração, no lugar e no movimento. Sendo a construção hegeliana uma reconstrução, uma análise, há uma inegável vantagem metodológica em derivar o mais rico do mais pobre, o mais complexo do mais simples: não é o espírito um enriquecimento contínuo? Sendo o espaço tempo "paralisado", está claro que não podemos "fazer sair" a mobilidade do tempo da imobilidade do espaço. Entretanto, justamente porque ele é o tempo *paralisado*, o espaço o inclui. E nós bem que podemos tirá-lo dali. Insistimos – junto com Hegel – no *nós*. Porque, de fato, o aspecto antropológico do seu pensamento se acentua cada vez mais.

84   As dimensões são direções. Numa multiplicidade pura, não se trata de distingui-las. Elas só têm sentido com relação a nós, ou seja, com relação ao homem situado no espaço. E vivendo o tempo.

85   *Jenenser Realphilosophie*, v. II, p. 10. "*Der Raum ist die unmittelbare daseiende Quantität, der Begriff an ihm selbst oder unmittelbar oder in dem Elemente der Gleichgültigkeit und des Auseinanderfallens seiner Momente. Der Unterschied ist aus dem Raume herausgetreten, heisst: er hör auf diese Gleichgültigkeit zu ein, er ist für sich in seiner ganzen Unruhe[12] nicht mehr paralysiert. Er ist das selbst des* Meinens, *whoin wir ihn fallen sahen. Diese reine Quantität als reiner für sich* da *seiende Unterschied ist da abstracte Unendliche oder an sich selbst Negative: die Zeit.*
"*Indem der Gegensatz die Gleichgültigkeit verloren, so ist sie das daseiende Sein das unmittelbar nicht* ist*, und [das] daseiende Nichtsein, das ebenso unmitelbar ist; sie ist der daseiende reine Widerspruch. Der Widerspruch hebt sich auf; sie ist eben das Dasein dieses beständigen Sich-Aufhebens[13]. Ihre*

da indiferença e da separação de seus momentos. A distinção saiu do espaço: [o que] significa que ele deixa de ser essa indiferença [equivalência], ele não está mais, para si, paralisado em toda a sua inquietude.[n.t.a.12] Ele é o si da *opinião*, onde o vimos cair. Essa quantidade

---

Momente sind eben diese reinen Abstractionen als die des Raums; wenn die letzteren als Dimensionen realer erscheinen, so ist es allein durch die Form des gleichgültigen Bestehens."

"Die Entfaltung des Negativen an der Zeit stellt zwar seine Dimensionen dar, aber diese haben nicht diese verschiedenen Stellungen, sondern sind unmittelbar ihr Sichselbstaufheben. Wie der Raum als Raum überhaupt die Substanz seiner Momente is [ist es] ebenso die Zeit[14]. Häher betrachtet (α) gehört das Eins des Raumes eigentlich als Eins[15] der Zeit an; für den Raum ist es nur ein Jenseits. Der Zeit aber ist es immanent; denn Eins ist dieses Sichaufsichselbstbeziehen, Sichselbstgleichsein das schlechthin ausschiessend, das heisst, Anderes negierend, ist. In seinem Begriff ist daher absolut das Negieren, d. h. es ist an sich selbst Negieren, es ist dies Andre, *welches von ihm negiert wird. Dies Eins* ist, *es ist unmitterlbar; denn seine Sichselbstgleichheit ist eben die* Unmitelbarkeit. *Es ist die* Gegenwart. *Das Jetzt schliesst schlechthin alles Andre aus sich aus. Es ist schlechthin einfach (β). Aber diese* Einfachheit *und sein* Sein *ist ebenso das unmittelbare Negative seiner Unmittelbarkeit, sein Aufheben seiner selbst: die Grenze, welche sich aufhebt Grenze zu sein, und ein Anderes ist. Oder als das absolut sich Unterscheidende hebt sie dies auf; denn sie ist reine Gleicheit. Das Jetzt* ist; *dies ist die unmittelbare Bestimmtheit der Zeit oder ihre erste Dimension. Halten wir das Nichstein ihres Seins fest gegen sie, die als seiend gesetzt ist, so dass dies Nichtsein sie aufhebe, so setzen wir die Zukunft; es ist ein Andres, welches das* Negieren *dieses Jetzt ist: die zweite Dimension. Die Zukunft wird sein [heisst] wir stellen sie als etwas vor, wir tragen selbst das* Sein *der Gegenwart auf sie über, wir stellen sie nicht als etwas blos negatives vor. Aber dies ihr erteilte Sein fällt ausser ihr; es ist ein Vorgestelltes. Ihr wahrhaftes Sein ist, Jetzt zu sein. Eben wie das positive, das Jetzt, dies ist, sein Sein unmittelbar aufzuheben, ebenso ist [das] Negative dies, sein Nichtsein unmittelbar zu verneinem und zu sein; es ist selbst Jetzt, wie die Fläche als Grenze des Raums selbst räumlich ist. Die Zukunft ist daher unmittelbar in der Gegenwart; denn sie ist das Moment des Negativen in derselben Das Jetzt ebenso Sein das verschwindet als das Nichtsein [das] unmittelbar zu seinen eignen Gegenteil, zum Sein umgeschlagen ist. Um dieser Unmittelbarkeit willen fällt das Sein ihres Unterschiedes ausser ihnem.*

(Y) Die Zukunft ist gegen das Jetzt, das seiende Aufheben des Seins bestimmt als das nichtseiende *Aufheben. Dieses Nichtsein, sich unmittelbar aufhebend, ist zwar selbst seined und Jetzt, aber sein Begriff ist ein anderer, als der [des] eigentlichen unmitterlbaren Jetzt; es ist das Jetzt, welches das negierend Jetzt*

pura enquanto diferença pura existente para si é o infinito abstrato ou negativo em si: *o tempo*."

"Enquanto a oposição perdeu sua indiferença, ela é o ser existente que, imediatamente, *não é* e [o] não-ser existente que, também imediatamente, é; ela é a contradição pura existente. A contradição se suprime a si mesma; ele [o tempo] é justamente a existência dessa supressão [ultrapassagem] contínua de si.[n.t.a.13] Seus momentos são as mesmas abstrações puras que as do espaço; se essas últimas parecem mais reais enquanto dimensões, é apenas graças à forma da substância indiferente."

"O desenvolvimento do negativo aplicado ao tempo representa bem as suas dimensões, mas estas não têm suas diversas posições [que elas têm no espaço], mas são imediatamente a sua autossupressão. Da mesma forma que o espaço, enquanto espaço em geral, é a substância de seus momentos, assim também o tempo [o é dos seus].[n.t.a.14]

---

des unmittelbaren aufgehoben hat. Als entgegengesetzt diesen anderen Dimensionen ist diese del Vergangenheit. *Wir halten sie ausser den anderen Dimensionen.* Um deren Unmittelbarkeit *willen aber sowohl negativ gegen das negierende Jetzt zu sein, oder die Zukunft zur Vergangenheit zu machen, oder in Beziehung auf sich selbst, als negierend sie aufzubehen, ist [sie] selbst Jetzt; und um der Unteilbarkeit des Jetzt Willen sind alle drei ein und dasselbe Jetzt.*"

[12] Hegel quer dizer que as dimensões do espaço enquanto sendo diferentes e intercambiáveis (sendo o espaço, de fato, exterioridade pura), sua distinção, que faz dele direções, não pode ter sua origem e sua sede no próprio espaço. Ela está em nós; nós é que distinguimos, diferenciamos e introduzimos nela a inquietude dialética e temporal do ser. Também a diferença que saiu do espaço ainda somos nós; mas, como a homogeneidade do espaço implica a equivalência de suas dimensões-direções, sua distinção é alguma coisa de subjetivo; logo, matéria de opinião (*Meinung*). O espaço abstrato, galileano ou newtoniano, não é de forma alguma aquilo que existe de *mais*, porém aquilo que existe de *menos* objetivo.

[13] São quase os mesmos termos que os da *Enciclopédia*.

[14] O tempo é a "substância", quer dizer, também a "verdade" de seus momentos que só possuem ser e verdade no interior do tempo já constituído. A construção do tempo é, portanto, analítica: partimos necessariamente do tempo (e do espírito) constituído. Reproduzimos, não produzimos.

[15] Este uno é o instante presente, logo consciente.

"Visto mais de perto (α), o uno do espaço pertence, no fundo, enquanto *uno* [n.t.a.15] ao tempo; para o espaço ele é apenas o seu lá; para o tempo, pelo contrário, ele é imanente; pois [esse] UNO é esse referir-se-a-si-mesmo, ser-igual-a-si-mesmo, que é absolutamente exclusivo [de tudo], o que significa: que nega o *outro*. O que, portanto, por isso mesmo, é absoluto na sua noção, é a negação, ou seja, ele é nele-mesmo negação, ele é esse outro que é negado por ele. Esse UNO é; ele é *imediatamente*; pois sua igualdade-a-si-mesmo é exatamente a imediação. É o *presente*. O agora exclui de si-mesmo absolutamente qualquer outro. Ele é perfeitamente simples (β). Mas essa *simplicidade* e seu *ser* é também imediatamente a negação de sua imediação, sua supressão de si-mesmo; o limite que se suprime e se ultrapassa enquanto limite e que é um outro. Ou ainda: sendo aquilo que se distingue absolutamente, ele o suprime, pois ele é igualdade pura. O agora é; aí está a determinação imediata do tempo ou sua primeira dimensão. Mantemos firmemente o *não-ser* do seu *ser* opondo-o a ela, apresentada como existente de tal maneira que esse não-ser a suprima: colocamos o *porvir*; é um outro, que é a *negação* desse agora: a segunda dimensão. O porvir será [quer dizer]: nós o *apresentamos*[86] como alguma coisa, transferimos nós mesmos para ele o *ser* do presente, não o representamos para nós como alguma coisa puramente negativa. Mas esse ser conferido a ele cai fora dele: é um [ser] representado. Seu ser verdadeiro é ser agora. Da mesma forma que o positivo, o agora consiste em suprimir imediatamente seu ser, da mesma forma que [o] negativo [consiste em] negar imediatamente seu não-ser e ser. Ele é ele-mesmo agora, assim como a surperfície, sendo limite do espaço, é ela mesma espacial. Assim o porvir está imediatamente no presente; pois é o momento da negação nele. O agora é tanto o ser que desaparece quanto o não-ser [que], imediatamente é transformado no seu próprio contrário, no ser. Em virtude dessa imediação, o ser de sua distinção cai fora deles."

(ϒ) "O porvir, em oposição ao agora, supressão *existente* do ser, é determinado como a supressão *não existente* [do ser]. Esse *não--ser*, suprimindo-se imediatamente a si mesmo, é ele-mesmo exis-

---

86   Hegel diz *vorstellen*, representar, mas no sentido literalmente de *colocar diante*. Ele quer dizer que nós é que projetamos o porvir diante de nós.

tente e agora, mas sua noção é outra do que a noção do agora imediato propriamente dito: foi o agora que suprimiu e absorveu o agora negador do imediato. Enquanto oposta a essas outras dimensões, esta é o *passado*. Nós a mantemos fora das outras dimensões. Mas, graças à sua *imediação*, [especialmente] a de ser por sua vez negação dirigida contra o agora negador, ou de fazer do porvir passado, ou [ainda] com relação a si-mesma, suprimi-la enquanto negação, ele [o passado] é ele mesmo agora; e, em virtude da indivisibilidade do agora, todos três são um só e mesmo agora."[87]

Será necessário insistir sobre as concordâncias e as diferenças do texto da *Realphilosophie* que acabamos de citar e o da *Jenenser logik* que havíamos analisado precedentemente? Já havíamos dito quanto o texto mais recente nos parece mais ordenado, mais sistematizado, mais "dialético". Observamos que a terminologia primitiva não é conservada; a distinção, no entanto, tão importante, entre "o presente" e o "agora", é provisoriamente abandonada. Talvez porque não pudesse ser mantida em toda parte; especialmente porque Hegel não dispunha de um outro termo para opor a "porvir" (*Zukunft*), como o "agora" se opunha ao "presente"e o "antigamente" ao "passado". Observamos também que, de agora em diante, a análise hegeliana se refere mais aos próprios atos do que aos seus *correlata*, seus objetos imanentes; que ela assume, além disso, uma postura, de alguma forma, experimental; segue passo a passo a ação da negação, a dialética do "não" aplicada ao agora e ao tempo. Observamos, enfim, a insistência sobre o caráter de *imediação* do agora. O agora *é*. Essencialmente. É isso que concede ao agora – instante presente – a sua primazia ontológica e explica, por outro lado, que a dialética do instante estabeleça a contrapartida necessária para a dialética do infinito. O agora é imediatamente, e partindo dessa imediação é que se constituem o porvir e o passado. O porvir, primeiro, e o passado "em seguida" – Hegel permanece fiel à sua doutrina da primazia do porvir sobre o passado – não saem do agora, não o prolongam nem se prolongam nele como o faria uma linha que se fizesse passar por um ponto. O porvir – aquilo que *será* – retira o seu ser do agora que *é*, mas assim fazendo ele o nega

---

87   Hegel chama aqui, *agora*, aquilo que, na *Jenenser logik*, ele havia separado terminologicamente em "agora" e "presente".

e o substitui, renegando dessa maneira a si mesmo. E, se agora nós é que conferimos ou transferimos o ser do "agora" para porvir, só o fazemos negando o "agora". Mais do que isso, é a própria negação do agora que, negando-o e negando assim o seu ser, se projeta no porvir que ela lhe opõe e assim se opõe a ela mesma. Da mesma forma é se negando – como porvir – que o porvir se torna agora e existente. Fazendo isso realiza o presente que ele suprime; também se realiza a si mesmo e se opõe novamente ao futuro que ele era e não é mais, ao passado que ele será e ainda não é. Ora, o passado, opondo-se ao "agora", é ele mesmo agora. Um segundo agora, aquilo que Hegel havia anteriormente chamado de "presente".

Hegel prossegue:[88]

---

88 *Jenenser realphilosophie*, v. II, p. 10. *"Die Vergangenheit ist die vollendete Zeit; teils als Vergangenheit, nämlich als Dimension, ist sie das reine Resultat, oder dieWahrheit der Zeit,[16] teils aber ist sie die Zeit als Totalität; die Vergangenheit ist selbst nur Dimension, unmittelbar an ihr aufgehobenes Negieren, oder sie ist Jetzt. Das Jetzt ist nur die Einheit dieser Dimensionen. Die Gegenwart ist nicht mehr und nicht weniger als die Zukunft und Vergangenheit. Was absolut gegenwärtig oder ewig ist, ist die Zeit selbst als die Einheit der Gegenwart, Zukunft und Vergangenheit.*

'Wenn von der Zeit gesagt wird, dass sie in der absoluten Betrachtungsart vertilgt sei, so wird sie getadelt teils wegen der Vergänglichkeit oder ihres negativen Characters. Aber diese Negativität ist der absolute Begriff selbst,[17] das Unendliche, das reine Selbst des Fürsichseins, wie der Raum das reine Ansi-chsein, gegenständlich gesetzt [ist]. Sie ist um deswillen die höchste Macht alles Seiend und die wahre Beltrachtungsart alles Seienden ist deswegen es in seiner Zeit, d. h. seinem Begriffe, worin alles nur als verschwindentes Moment ist, zu betrachten, Teils aber [wird sie getadelt] weil in der Zeit die Moment des Realen auseinandertreten, einer Jetzt ist, das andere gewesen ist, ein anderes sein wird; in der Wahrheit alles ebenso, als es geschieden, unmittelbar in einer Einheit ist. Allein dies Auseinanderhalten kommt nicht der Zeit als Zeit zu, sodern vielmehr dem Raume, der an ihr ist; denn sie ist eben nicht dies gleichgültige Auseinanderstellen der Momente, sodern eben dieser Widerspruch das schlechtlin und rein Entgegengesetzie in einer unmittelbaren Einheit zu haben. Diesercharacter der Unm, Helbarkeit, in welcher die Momente sich auflösen, ist das was erinnert worden, das nämlich die Unterscheidung von ihren Dimensionen ausser ihr fällt, dass wir der Raum sind, worein sie gestelt, verschieden sind, ebenso wie wir die Zeit sind, welche die Negative des Raumes bewegt dass sie seine Dimensionem und deren verschiedne Stellungen sind.

Die Zeit geht in ihrer Vergangenheit als ihrer Totalität selbst unter, oder diese Dimension ist das ausgesprochene Aufheben derselben.[18] Dass dies ihre Wahrheit ist, liegt in der Unmittelbarkeit des Sichaufhebens der Momente, d.

"O passado é o tempo realizado; por um lado, enquanto passado, ou seja, como dimensão, é o resultado puro ou a verdade do tempo;[n.t.a.16] por outro lado, entretanto, é o tempo da totalidade; o próprio passado só é dimensão, negação imediatamente suprimida nele, ou então é *agora*. O agora é a unidade dessas dimensões. O presente não é nem mais nem menos do que o passado ou o porvir. O que é absolutamente presente ou eterno; é o próprio tempo com unidade do presente, do futuro e do passado.

'Quando se diz do tempo que, do ponto de vista do absoluto, ele está aniquilado, reprova-se-lhe ou sua instabilidade [o fato de ser efêmero e passageiro], ou seu caráter negativo. Mas essa negatividade é o próprio conceito absoluto, o infinito, o si puro do ser para si,[n.t.a.17] como o espaço é o puro ser em si, colocado objetivamente. Por causa disso ele é a potência maior de tudo aquilo que é, e, por isso mesmo, a verdadeira maneira de encarar qualquer coisa é encará-la no seu tempo, ou seja, no seu conceito, onde tudo existe como momento evanescente. Por outro lado, entretanto, [censura-se-o] porque os momentos do real se separam no tempo: um é *agora*, o outro *foi*, um outro *será*; [mas] na verdade, tudo, ao mesmo tempo que está separado, está imediatamente numa unidade. Ora, esse fato de estar separado não pertence ao tempo enquanto tempo, mas muito mais ao espaço que o acompanha; pois ele não é justamente essa separação indiferente dos momentos colocados um fora do outro, mas justamente essa contradição de possuir numa unidade imediata aquilo que é pura e completamente oposto.

---

h. aber ihres Nichtbestehens, Aber die Zeit is nur dieses Unterscheiden; sie ist nicht da, insofern ihre Unterschiede nicht sind; und sie sind nicht in dieser Unmittelbarkeit des Sichaufhebens. Sie ist die reine Vermittlung, die vielmehr in die Unmittelbarkeit zusammensinkt. Sie hat wie der Raum die Zeit, so sie ihn zu ihrem Resultate."

[16] O tempo encontra a sua verdade no porvir, porque é o porvir que completa e realiza o ser. Mas o ser completado e realizado, por este fato mesmo, pertence ao passado.

[17] Cf. *Phänomenologie des Geistes* (SW, II, p. 36): "O tempo... é o conceito existindo ele mesmo", *der daseyende Begriff selbst*. O ser para si, o ser consciente dele mesmo, é, portanto, essencialmente negador e temporal.

[18] O tempo completado e realizado, portanto estancado, é espaço.

'Esse caráter de imediação, no qual os momentos se dissolvem, é aquilo que acabamos de lembrar, especialmente, que a distinção de suas dimensões cai fora delas, que nós é que somos o espaço onde elas estão colocadas, distinguidas, da mesma forma que somos o *tempo que move* as negatividades do espaço [de tal maneira] que elas são suas dimensões e suas posições diferentes...

'O próprio tempo se abisma no seu passado como [formando] sua totalidade, ou seja, essa dimensão é sua supressão expressa.[n.t.a.18] Que aí esteja a sua verdade, isso está fundamentado na imediação da autossupressão dos momentos, o que significa justamente dizer de sua não manutenção. Mas o tempo é apenas [essa ação de] distinguir; ele *não está lá* assim como suas distinções não estão; e elas não estão nessa imediação de autossupressão. É antes a mediação pura que recai na imediação. Assim, da mesma forma que o tempo [resulta] do espaço, ele é também o seu resultado.

'Essa imediação na qual o tempo retornou é, todavia, uma outra diferente da primeira, da qual nós partimos, pois ela é também o absolutamente mediatizado. Ela é apenas a *substância* dos dois, é sua unidade, sua substância (manutenção), e que como ela todavia eles não foram ainda apresentados, um de seus momentos caindo sempre para fora de cada um deles, no outro.

'Ela [substância] é a *duração*; é apenas nela que estão o espaço e o tempo.'"

Será preciso comentar longamente esses textos nos quais Hegel coloca a união necessária, a identidade dialética da essência e da existência, da eternidade e do tempo, que formam a base de todo o edifício do hegelianismo, base da "identidade da lógica com a história", base por conseguinte da lógica e da filosofia da história? Será necessário insistir sobre a luz que eles projetam sobre os textos da *Enciclopédia* que citamos acima?

Mas, de fato, o que é que nós encontramos na *Enciclopédia* em lugar dessas análises e dessas descrições tão profundas e tão ricas? Quase nada: uma frase sobre o Chronos, uma outra sobre a necessidade de separar a eternidade e o tempo. E toda a doutrina tão curiosa da prevalência do porvir sobre o passado é condensada na *ordem* em que Hegel enumera os momentos ou dimensões do tempo: agora, porvir, passado.

E não se pode deixar de experimentar um sentimento de desgosto imaginando quão poucos textos publicados por Hegel nos informam sobre os reais procedimentos de seu pensamento, pensando quanto os seus textos exotéricos são, no fundo, esotéricos e secretos; e um sentimento de admiração se imaginarmos exatamente esse trabalho secreto que subtende e que sustenta as frases esotéricas da *Enciclopédia*.

Mas voltemos ainda uma vez ao tempo, a esse tempo hegeliano que não é, sabemos muito bem, nem "imagem móvel de uma eternidade imóvel", nem meio homogêneo, nem categoria do movimento. A esse tempo que renegando-se a si mesmo se lança para o porvir antes de recair no passado; a esse Chronos todo-destruidor, essencialmente oposto à persistência e à manutenção, porque, essencialmente, princípio da criação, do novo, ao tempo que, só ele é eterno porque é espírito, e que, só ele é real, porque ele é essencialmente presente. Presente dialético, tenso, dramático. Presente vitorioso do passado, englobando-o e tornando-o *presente*: esse tempo, vamos repetir, não é o tempo das fórmulas e dos relógios. Esse tempo é o tempo histórico, o tempo essencialmente humano. Pois, diz Hegel, *nós* é que nos projetamos no porvir, negando nosso presente e fazendo dele um passado. E *nós* é que na nossa memória retomamos e revificamos esse passado morto e consumado. É em *nós*, é na *nossa* vida que se realiza o *presente* do espírito. A dialética do tempo é a dialética do homem. É porque o homem é essencialmente dialético, o que quer dizer, essencialmente negador, que a dialética da história, não, que a própria história, é possível. É porque o homem diz não à sua manutenção – ou a ele mesmo – que ele tem um porvir. É porque ele se nega que tem um passado. É porque ele é tempo – e não apenas temporal – que ele tem também um *presente*. Presente vitorioso do passado.

Vitorioso do passado; englobando-o, mas não o suprimindo. Pois é preciso que o passado, a morte do tempo, o tempo escoado, estancado, sub-tenda cada instante da duração espiritual e seja ultrapassado pelo espírito. Pois, dirá Hegel mais tarde, "não é o espírito que ignora a morte, mas aquele que a domina e que a traz em si é que é o espírito verdadeiro". O instante do presente – todo instante do presente – a manutenção voltada para o porvir, e englobando o passado, já é instante de eternidade. Todo *nunc* é um *nunc aeternitatis*, pois a eternidade é o próprio tempo, o momento eterno do espírito.

Ora, ainda que o tempo seja a dialética existente e por isso mesmo existencial do espírito, o tempo não pode ser mais separado do espaço do que o espírito da natureza. É só na sua união – igualmente dialética – que eles se realizam. E da mesma forma que o tempo e o espaço só existem realmente na *duração* e no *lugar*, e que, como para Hegel, não existe mais nem tempo inespacial nem espaço intemporal, não existe tampouco natureza não espiritualizada, nem espírito não naturado. Pois, se o espírito assim como afirma Hegel numa fórmula impressionante, é "o que se encontra" e que só existe no e por esse ato de se reencontrar, para se encontrar e se reencontrar é preciso que, previamente e ao mesmo tempo, ele se disperse e se perca. E se o tempo, no presente real, reencontra o passado morto e lhe infunde uma vida, é preciso também que, nele mesmo, seja sempre o momento de cair ali, de se extinguir, de morrer, e que ele já o tenha feito.

É assim que, na concepção hegeliana, a natureza dialética do instante assegura o contato e a compenetração do Tempo e da Eternidade. Mas isso é também o que explica, em última análise, o fracasso do esforço hegeliano. Pois, se o tempo é dialético e se ele se constrói *a partir* do *porvir*, ele é – diga o que disser Hegel dele – eternamente inacabado. E, ainda mais, o próprio presente – que já é porvir – não é nada que possa ser apreendido. Pois o espírito, de fato, pode tornar presente o passado. No entanto, só o pode fazer com a ajuda do porvir.

Assim, só o caráter dialético do tempo torna possível uma filosofia da história; mas ao mesmo tempo o caráter temporal da dialética a torna impossível. Pois a filosofia da história, queiramos ou não, é um estancamenteo dela. Não se pode prever o porvir, e a dialética hegeliana não nos permite isso, já que a dialética, expressão do papel criador da negação, exprime ao mesmo tempo a liberdade dela. A síntese é imprevisível: não podemos construí-la; só podemos analisá-la. A filosofia da história – e por isso mesmo a filosofia hegeliana, o "sistema" – só seria possíveil se a história estivesse terminada; se não existisse mais porvir; se o tempo pudesse se estancar.

É possível que Hegel tenha acreditado nisso. Ele pode até mesmo ter acreditado que ali estava não apenas a condição essencial do sistema – só de noite é que as corujas de Atena começam a voar – mas também que esta condição já estava realizada, que a história estava efetivamente concluída, e que justamente por isso ele podia – teria podido – realizá-la.

NOTA SOBRE A LÍNGUA E A TERMINOLOGIA HEGELIANAS[1]

Não existe filósofo, pelo menos em se tratando de filósofos modernos, cujo pensamento tenha sido interpretado de maneiras tão diversas e também tão divergentes quanto Hegel.[2] E os comentadores de suas doutrinas – mesmo que não estejam de acordo a respeito de mais nada – concordam, no entanto: *a.* sobre a dificuldade intrínseca extrema do seu pensamento, e *b.* sobre a dificuldade suplementar, extrínseca, mas quase ainda maior, que a língua e a terminologia de Hegel apresentam – ou opõem – à sua compreensão. A língua de Hegel – já se disse muitas e muitas vezes – é intraduzível. "Sua terminologia", como diz L. Herr, "pertence-lhe como propriedade particular... ela talvez não contenha um único termo técnico que tenha seu equivalente na língua abstrata da filosofia francesa."[3] Mas não é apenas intraduzível. Ela é – também já se disse muitas vezes – ininteligível, mesmo para um alemão. E os historiadores alemães se queixam do "abuso de uma terminologia criada arbitrariamente" (*selbstgeschaffene Terminologie*).[4] Foi, aliás, a propósito de Hegel que se forjou esta célebre definição da filosofia: "abuso de uma terminologia criada especialmente para esse fim" (*Misbrauch einer eigens dazu erschaffenen Terminologie*). De tal maneira que o mais recente historiador de Hegel, Th. Haering, proclamando ser "um segredo de polichinelo que nenhum dos intérpretes de Hegel conseguiria expli-

---

1   *Revue philosophique*, 1931.

2   Sabemos que do hegelianismo saíram tanto a reação quanto a revolução, tanto o panteísmo quanto o teísmo, e que a escola hegeliana bem rapidamente dividiu-se em "esquerda" e em "direita". Ver sobre esse assunto o livro recente de W. Moog, *Hegel, un seine Schule*, Munique, 1930.

3   HERR, L. Verbete "Hegel", da *Grande Encyclopédie*, t. XVI, p. 1.001.

4   W. Moog ainda o reprova. Ver MOOG, op. cit. p. 14.

car, palavra por palavra, uma única página de seus escritos" e que "a leitura das obras dedicadas a expor a filosofia de Hegel não serviam absolutamente de nada a quem quisesse abordar o estudo direto das obras do filósofo",[5] conclui pela necessidade de um estudo-comentário que, seguindo, passo a passo, a formação do pensamento e da linguagem hegelianos, esclarecesse um através da outra e assim permitisse, finalmente, penetrar nesse mundo de pensamento, ao que parece, quase inteiramente fechado[6] até agora. E que Ch. Andler, proclamando a possibilidade de traduzir a *Fenomenologia do espírito*[7] e de apresentá-la num francês inteligível, exige – como primeira coisa a ser realizada – a constituição de um léxico, de um *Hegel-Lexicon*, assim como existe para Aristóteles ou para Platão.[8]

Esses testemunhos dispensam comentários. A incompreensibilidade da língua e – sobretudo – da terminologia de Hegel é incontestável. A necessidade de constituir um *Hegel-Lexicon* é patente. Entretanto, deve-se considerar que a própria constituição de um tal léxico apresenta uma dificuldade, não incontornável, é verdade, mas real; especialmente, é claro que, para distinguir e tornar precisas as diferentes acepções dos termos empregados por Hegel, é necessário começar por compreender-lhes o sentido. Parecemos ter chegado assim a esse famoso "círculo" que todos os lógicos – exceto Hegel – sempre declararam inadmissível e "vicioso".

Mas, na verdade, por que a linguagem de Hegel é incompreensível? Qual é, se assim podemos dizer, a natureza dessa incompreensibilidade?

É certíssimo que as queixas de seus historiadores e comentadores, por mais fundamentadas que sejam, teriam – caso ele pudesse

---

5   HAERING, Th. *Hegel, sein Wollen und sein Werk*, v. I, Leipzig, 1929, prefácio.

6   Que o pensamento de Hegel tenha permanecido incompreendido, é também a opinião de R. Kroner; ver seu *Von Kant bis Hegel*, v. II, Tübingen, 1924, p. 231 e segs.

7   Possibilidade realizada depois brilhantemente pelo Sr. Jean Hippolite: *Phénoménologie de l'esprit*, Paris, 1939-1941.

8   Ver a resenha dos cursos de Ch. Andler no *Collège de France* no meu "Rapport sur l'état des études hégéliennes en France", in *Verhandlungen des ersten Hegelkongresses*, Haia, 1930, p. 104 (*supra*, p.115). – Cf. *infra*, p. 199. – Foi realizado um primeiro esboço de tal *Lexicon* pelo Sr. Glockner, no *Index* da *Jubilaeums-Ausgabe* das *Obras* de Hegel, Stuttgart, 1929.

ter tido conhecimento delas – ao mesmo tempo divertido e indignado Hegel.

Elas o teriam divertido porque, como veremos em seguida, a incompreensão era, por assim dizer, prevista pelo próprio sistema.[9] Mas as acusações de falar uma língua artificial e abstrata, de utilizar uma terminologia arbitrária o teriam indignado: de fato Hegel tinha consciência de nunca ter feito isso; ele tinha a pretensão curiosa, mas real, de reagir contra o abuso da terminologia abstrata; e até mesmo considerava que a filosofia não precisava dela.

De fato, desde 1800, jovem professor na Universidade de Iena, alertando seus ouvintes contra a mania – que no momento ali causava estragos – de empregar palavras "filosóficas" e "abstratas" para designar coisas bastante simples (ou ainda, atribuindo-se uma aparência de "profundidade" não designar absolutamente nada), anuncia aos seus ouvintes que, "no sistema filosófico que ele ensina, não se encontrará nenhum traço dessa torrente de fórmulas".[10]

---

9 A filosofia de Hegel, pretendendo realizar um *modo de pensamento novo*, marcando uma etapa nova e superior da evolução do espírito, um passo decisivo dado para adiante, evidentemente não podia ser compreendida por aqueles que, por sua maneira de pensar, haviam ficado para trás e não eram seus contemporâneos espirituais. É claro que os que não veem a natureza positiva da negação e só podem pensar através de noções rígidas e não dialéticas não podem compreender Hegel. É preciso que eles primeiro adquiram essa faculdade de pensar de maneira diferente da que pensaram até agora. Cf. Hegel, G. W. F. *Die Wissenschaft der Logik*, introdução (WW, III), p. 41: *"Das Einzige, um den wissenschaftlichen Fortgang zu gewinnem und um dessen ganz* einfache *Einsicht sich wesentlich zu bemülhem ist, ist die Erkennthiss des logichen Saltzes, dass das Negative ebenso sehr positiv ist, oder dass das sich Widersprechende nicht in Null, in das abstracte Nichts äuflost, sondern wesentlich nur in die Negation seines* besonderen *Inhalts, oder dass eine solche Negation nicht alie Negation, sondern de Negation der bestimmten Sache, die sich auflöst, somit bestimmte Negation ist; dass also im Resultate wesentlich das enthalten ist, woraus es resultiert; was eigentlich eine Tautologie ist, denn sonst wäre es ein Unmttelbares, nicht ein Resultat. Indem das Resultierende die* Negation, *bestimmte Negation ist, hat sie einen* Inhalt. *Sie ist ein neuer Begriff, aber der höhere, reichere Begriffals der vorhergehende; denn sie ist um dessen Negation oder Entgegengesetztes reicher geworden; enthält ihn also, aber auch mechr als ihn, und ist die Einheit seiner und seines Entgegengesetzien."*

10 ROSENKRANZ, K. *Das Leben Hegels* (WW, XIX), p. 554: *"Ich sage Ihnem im voraus dass Sie in dem philosophischen Systeme welches ich vortrage von*

Não podemos dizer tudo simplesmente? E não são as palavras de linguagem corrente profundas o bastante? Ser, Não-Ser, Uno, Múltiplo, Propriedade, Dimensão... estes conceitos "presentes" bastam à filosofia. Aliás corresponde à mais alta civilização de um povo poder dizer tudo na sua língua.[11]

Vinte e cinco anos depois, autor célebre da *Fenomenologia do espírito*, da *Lógica* e da *Filosofia do direito*, certamente o filósofo mais em evidência da Alemanha, Hegel renova suas asserções. A filosofia – e o filósofo – não precisa criar sua linguagem especial. As palavras da língua nacional, da linguagem corrente assim como da linguagem científica, fornecem todos os meios de expressão de que ele pode necessitar. É preciso usar a linguagem viva, tal como ela foi formada pela e na história. Frente ao esforço para "nacionalizar" os termos abstratos da linguagem e para substituir as expressões de origem estrangeira por expressões "alemãs" (esforço de que mais de um de seus contemporâneos tornou-se culpado e que em alguns deles, especialmente em Krause, levou à criação de uma terminologia pseudoalemã perfeitamente artificial e geralmente ininteligível), Hegel proclama que "a origem dos termos empregados não tem importância nenhuma" e que "todas as palavras, inclusive as palavras estrangeiras, quando se enraizaram e adquiriram direito de cidadania na língua viva, podem e devem ser empregadas sem temor".[12]

A linguagem do filósofo deve ser viva e concreta, porque o seu pensamento deve ser vivo e concreto. E o filósofo não precisa – ou quase não precisa – criar palavras novas e especiais, porque essas palavras seriam necessariamente abstratas, e que o filósofo que se ocupa não de abstrações, mas da realidade e unicamente da realidade, não tem o que fazer com elas e não poderia servir-se delas. Hegel, certamente, teria sustentado que a sua própria língua, em vez

---

diesen Schwall des Formalismus nichts finden werden." Hegel caçoa daqueles que, em vez de dizer de uma coisa que ela é longa, dizem que ela se estende em comprimento, e falam a cada instante e fora de propósito de Magnetismo e de Eletricidade.

---

11   *Ibid.*: *"Elgentlich gehört es zur höchsten Bildung eines Volkes in seiner Sprache alles zu sprechen."*
12   Ver *Wissenschaft der Logik* (WW, III), prefácio, p. 39.

Nota sobre a Língua e a Terminologia Hegelianas

de ser arbitrária e abstrata, é , pelo contrário, de uma concretude tão grande quanto possível. E se, geralmente, ela é incompreendida, isso ocorre justamente porque sua grande concretude a torna dificilmente permeável aos espíritos habituados ao pensamento abstrato e que não se elevaram ao pensamento especulativo, pensamento concreto por excelência e, por assim dizer, por definição. Não nos insurjamos contra o paradoxo. Que a linguagem hegeliana é bem diferente de uma língua artificial e abstrata,[13] outros que não L. Herr, já o haviam proclamado.[14] E todos os comentadores da *Lógica* de Hegel − cito apenas dois, Mc Taggart e Baillie −[15] lamentaram-se sempre da maneira desenvolta com que Hegel emprega noções científicas concretas (a atração ou a repulsa etc.) para designar categorias puramente lógicas, assim como a maneira arbitrária com que emprega um único termo para designar duas coisas diferentes ao mesmo tempo, como, por exemplo, o termo "espírito", usado algumas vezes no sentido de espírito "oposto à natureza", usado, outras vezes, para designar o espírito independentemente dessa oposição, ou, ainda, o espírito enquanto tenha ultrapassado a oposição em questão. Em geral, para designar ao mesmo tempo o todo e a parte constitutiva desse todo. Fato também assinalado por Ch. Andler,[16] que demonstra quanto o significado de um termo hegeliano pode variar segundo o caso, e quantos sentidos diversos ele pode ter sucessivamente e, acrescentaria eu, ao mesmo tempo.

---

13   Que a língua de Hegel não é "arbitrária" foi bem observado por G. Noël (ver NÖEL, G. *La logique de Hegel*, Paris, 1897). Ele diz que é verdade que "acepção hegeliana da palavra noção não é a sua acepção mais comum", e que ela é "fundamentada sobre uma convenção explícita" (p. 87). Entretanto, um pouco mais adiante, dizendo com muita razão que "a noção hegeliana corresponde sob muitos aspectos à *ideia* platônica e à *forma* de Aristóteles, ele acrescenta que "a escolha desse termo não é exatamente arbitrária... O sentido que ele recebe aqui não é de forma alguma estranho à linguagem ordinária..."

14   Ver HERR, L. *Loc. cit.* Herr fala do caráter "individual e concreto" da língua de Hegel.

15   Ver Mc. TAGGART, J. *Commentary of Hegels logic*, Cambridge, 1918, p. 143 e segs., e *Studies in Hegelian dialectics*, Cambridge, 1922, p. 166 e segs.; Baillie, *The Origin and significance of Hegels logic*, Cambridge, 1906, p. 201 e segs.

16   ANDLER, Ch. Op. cit.

Mas, poderiam nos objetar, será que a recusa em empregar uma linguagem "abstrata", constatada em Hegel, equivale, como parecemos acreditar, a uma terminologia vaga e imprecisa? De forma alguma, porém – sempre do ponto de vista de Hegel – equivale ao abandono de toda terminologia estrita e artificialmente fixada, de todo esforço para estabelecer uma relação unívoca e recíproca entre um termo e seu significado.[17] Não que isso seja impossível: qualquer terminologia rigorosamente abstrata se propõe e, numa certa medida, atinge esse objetivo; mas de nenhum modo ela é necessária para a filosofia. É até mesmo extremamente perigoso para ela, pois, inversamente, uma tal terminologia será necessariamente abstrata. Ora, fixando, isolando os significados diversos, confundidos ou reunidos pela língua, separando assim o pensamento filosófico dos valores espirituais e da vida espiritual encarnada na língua, ela chega a uma parada do pensamento, à sua atomização, à sua fixação; ou seja, à sua morte.[18]

Hegel diz isso muito claramente; a "terminologia" susta o pensamento; pelo contrário, o uso dos termos da linguagem viva, na exata medida em que esses termos têm significados diferentes, convida o pensamento a não se fixar, mas, pelo contrário, enquanto passa de um desses significados para outro, a descobrir relações internas entre coisas, à primeira vista, inteiramente diferentes, a descobrir – ou a reencontrar –, no lugar da identidade morta e rígida do abstrato, a identidade viva do concreto. O pensamento, realizando as relações

---

17 Ver ROSENKRANZ, K. *Das Leben Hegels* (WW, XIX), p. 544: *"Für das 'Fixieren' der Begriffe ist ein Mittel vorhanden... nämlich die philosophische 'Terminolgie', die zu diesen Behufe constituierten Wörter aus fremden, aus der lateinischen und der grienchischen Sprache... Allein das was 'an sich' ist muss eben nicht diese Fremdartigkeit 'für uns' haben und wir müssen ihm nicht durch eine fremdartige Terminologie dieses fremdartige Ansehen geben, sondern uns für überzeugt halten dass der Geist selbst allenthalben lebt und dass er in unserer unmittelbaren Volkssprache seine Formen ausdrückt..."*

18 *Ibid.: "Diese fremde Terminologie, die teils unnützer, teils verkehrter Weise gebraucht wird, wird aber ein grosses Uebel dadurch, dass sie die Begriffe, welche an sich Bewegung sind, zu etwas Festem und Fixiertem macht, wodurch der Geist und das Leben der Sache selbst verschwindet und sich die Philosophie zu einem leeren Formalismus beschränkt, welchen sich anzuschafen und darin zu schwatzen nichts leichter ist."*

Nota sobre a Língua e a Terminologia Hegelianas   201

sugeridas pela linguagem, põe-se em movimento, progride, aprofunda-se, e as noções congeladas do entendimento chegam assim a se transformar em conceitos vivos da razão.[19] E Hegel, muito conscientemente, na minha opinião, aplica o preceito que formula.[20] Ele procura revificar os tesouros ocultos da língua; procura realizar, sintetizar, integrar o trabalho histórico da razão encarnado nela;[21] e, fazendo isso, muito frequentemente realiza o que, em nossos dias, denomina-se pelo termo depreciativo de "etimologia popular".[22]

*

Hegel não foi o único a acreditar na sabedoria encarnada na língua; muito pelo contrário, toda a sua época, todos os seus contemporâneos compartilhavam dessa convicção e até mesmo iam mais longe do que ele. Todos haviam sofrido o contragolpe das memoráveis descobertas de Bopp; e a repercussão dessas descobertas, a importância que elas permitiram atribuir ao fato da linguagem, enxertando-se às ideias de Herder, de Rousseau, de Hamann e reunindo a tradição místico-teosófica do século XVII e do século XVIII, decididamente fizeram da filologia uma "ciência filosófica", e da língua, um objeto de estudos filosóficos por excelência. Etimologia popular todo mundo fazia; a língua, objetivação e encarnação do espírito, era – da mesma forma quase que o organismo – o modelo sobre cujo padrão um pensador da época romântica, um Schleget, um Schelling, um Novalis, um Kanne, um Creuzer, criava uma imagem – ou um conceito – da realidade espiritual. Esse movimento, por um lado, levou

---

19   Ver Hegel, *Wissenschaft der Logik*, prefácio à 2ª edição (WW, III), p. II, citado adiante, p. 206.

20   Th. Haering, em seu livro citado acima, valoriza o quanto Hegel sempre se preocupou em dar vida aos elementos e às formas, inseparáveis do conteúdo da vida do povo (nação, *Volk*).

21   Ver os textos citados adiante, p. 170 e segs.

22   Baillie se lamenta de que às vezes Hegel só faz etimologia: Op. cit. p. 217 e segs. Conhecemos os exemplos: *Erinnerung = Er-Innerung, meinen = mein-en*; *Bedingung* e *Ding* são postos em conexão por *Be-Ding-ung, wirklick* e *wirken* etc.

à obra admirável de um Humboldt[23] e, por outro lado, aos exageros, para não dizer divagações, de um Baader[24] e de um Creuzer. Hegel não fez, é verdade, *ex professo* de filosofia da linguagem. E a língua, na *Filosofia do espírito* professada em Iena, só é tratada incidentalmente. Pois a filosofia do espírito é concebida de maneira ampla, muito ampla. Ela abrange tudo o que hoje classificaríamos sob as rubricas: psicologia, sociologia, filosofia do direito, filosofia da religião, filosofia da história; tudo que se poderia, ou deveria, designar pelo termo antropologia.

Hegel parte da intuição (*Anschauung*) para progressivamente elevar-se até a tomada de consciência e à tomada de posse do espírito por ele mesmo. Nesse caminho, história de autoconstituição do espírito, paremos por um instante. Instante decisivo, marcado pelo aparecimento da linguagem,[25] como *potência que atribui o nome*.

---

23 Cf. HUMBOLDT, W. *Einleitung zum Kawi-Werk* (*Sämtiche Werke*, Akademie Ausgabe), p. 55-59: *"Indem in der Sprache das geistige Bestreben sich Bahn durch die Lippen bricht, kehrt das Erzeugnis desselben zum eignem Ohr zurück; die Vorstellung wird also in wirkliche Objectivität hiüberversetz, ohne darum der Subjectivität entzogen zu werden. Dies vermag nur die Sprache; und ohne diese, wo Sprache mitwirkt auch stillschweigend immer vorgehende Versetzung in zum Subject zurückkehrende Objectivität ist die Bildung des Begriffs, mithin alles wahre Denken unmöglich."*

24 F. v. Baader relaciona *Versöhnung* e *Sohn*, assim como *Sonne*; mas Hegel segue suas interpretações mais de uma vez. E as etimologias baaderianas frequentemente fornecem a chave para os termos hegelianos.

25 *Jenenser Realphilosophie* (editada por Johannes Hoffmeister, *Sämtliche Werke*, v. XX, Leipzig, F. Meiner, 1932), II, p. 183: *"Dies ist die Sprache als die namengebende Kraft. Einbildungskraf [ist] nur leere, Form gebende, bezeichnende, die Form als innerliches setzende, aber die Sprache [ist die das innerliche] als Seiendes [setzende Kraft]. Dies ist dann das wahre Sein des Geistes als Geistet überhaupt. Er ist da als Einheit zweier freien Selbst und is [ein] Dasein das seinem Begriffe gemäss ist. Es hebt sich somit unmittelbar auf, verhallt, aber ist vernommen, Zunächst spricht die Sprache nur mit diesen Selbst, der Bedeutung des Dings, gibt ihm ein [en] Namen und spricht diesen als das Sein des Gegenstands aus. [Auf die Frage] was ist dies? antworten wir: Es ist ein Löwe. Esel usf. Es ist, d. h. es ist gar nicht ein Gelbes, Füsse – und so fort – habendes, ein eignes Selbständiges, sodern ein Name, ein Ton meiner Stimme – etwas ganz Anderes als es in der Anschauung ist und dies [ist] sein wahres Sein. [Hiernach meinen wir] Dies ist nur sein Name, das Ding selbst ist etwas ganz anderes, dh. wir fallen dann zurück in die sinnliche Vorstel-*

Nota sobre a Língua e a Terminologia Hegelianas   203

"A imaginação [é apenas uma potência] vazia, informante, designante, que coloca a forma como [alguma coisa de] interior; a língua, pelo contrário, é a [potência] interior, que coloca o interior como um ser (*Seiendes*). Aí está *o ser* verdadeiro do espírito enquanto espírito em geral. Ele está aí como unidade dos dois "sis" livres e [é] uma existência que está de acordo com o seu conceito. Ele também se suprime imediatamente, se perde, mas é *entendido*. A língua inicialmente só fala com esse si, a *significação* da coisa, lhe dá um nome e o pronuncia como o ser do objeto. [À pergunta]: *O que é* isso? Respondemos: é um leão, um asno etc. Isto *é*, ou seja, isto não é de forma alguma uma gema que possui pés – é assim por diante –, um independente próprio, mas um *nome*, um som da minha voz, alguma coisa absolutamente diferente daquilo que está na intuição e isso é o seu *ser* verdadeiro. [Mas tarde nós pensamos]: isso é apenas seu *nome*, a própria coisa é alguma coisa bem diferente, ou seja, recaímos então na *representação sensível*, ou bem [nós pensamos; isso *é*] *apenas um* nome no sentido mais elevado, pois o nome é o *ser espiritual*, mas muito superficial. É pelo nome, portanto, que o objeto é *como ser* saído de mim. Aí está a primeira potência criadora que o espírito exerce. Adão deu nomes a todas as coisas; aí está o primeiro direito de soberania e a primeira tomada de posse da natureza inteira ou sua criação pelo espírito. Logos é razão, *essência* das coisas e palavra, *coisa* e *relato*, categoria. O homem fala ao objeto como ao *seu próprio* e vive numa natureza espiritual, no seu mundo, e esse é o ser do objeto."

"O mundo, a natureza, não é mais um mundo de imagens, interiormente suprimidas, que não têm nenhum ser, mas um mundo de nomes. Esse mundo de imagens é o espírito que *sonha*, que se refere a um conteúdo que não possui nenhuma realidade, nenhum

---

lung, *[oder wir meinen es sei] nur- ein Name in höherer Bedeutung denn der Name ist selbst nur das sehr oberflächliche geistige* Sein. *Durch den Name ist also der gegenstand als seined aus dem Ich herausgeboren. Dies ist die erste Schöperkraft die der Geist ausübt. Adam gab allen Dingen einen Namem. Dies ist das Majestätsrecht und erste Besitzergreifung der ganzen Natur oder das Schaffen derselben aus dem Geiste.* λόγος *[ist]* Vernunft, Wesen *der Dinge und* Rede, Sache *und* Sage, Kategorie. *Der Mensch spricht zu dem Dinge als dem seinigen und lebt in einer geistigen Natur, in seiner Welt, und das ist das Sein des Gegenstandes."*

ser. Seu despertar é o mundo dos nomes. Só agora é que as imagens possuem a verdade".[26] É aqui também que se encontra a separação; ele é como a consciência.

A língua é assim a fronteira interior do espírito, criação de um mundo próprio;[27] de um mundo que, só ele, possui o ser. Não é de se espantar que toda evolução ulterior tenha a linguagem por meio e por veículo; que ela se encarne na língua – única encarnação do Logos que Hegel conhecia – e essa é a razão pela qual Hegel, o filósofo que havia proclamado que o mundo da metafísica é – para o senso comum – o mundo invertido, ignore absolutamente a crítica da linguagem. Ele pode criticar o mau uso da linguagem – o de seus contemporâneos –, não a própria linguagem. A linguagem – palavra e pensamento, *sermo e verbum*, é realidade espiritual. A linguagem pode ser abstrata, doente e até morrer. Mas isso porque o espírito (a forma particular, *Gestalt*, do espírito) é abstrato, doente e morre. A história da língua, a vida da língua, é ao mesmo tempo a história e a vida do espírito.

A língua, o verbo, é um fato comum; fala-se e escuta-se em comum, a língua se destaca do indivíduo; ela tem uma existência supraindividual e, com relação à sua realidade, quão factícia, contingente, inessencial parece a realidade do eu individual. A língua encarna o espírito. Mas não existe a "língua". Só existem as línguas. Por isso não é simplesmente o espírito que ela exprime, mas o espírito de um povo. Uma língua "verdadeira" só é possível enquanto o povo que a fala é ele mesmo um povo "verdadeiro". E um povo nem sempre é "verdadeiro".

Na *Fenomenologia do espírito* tampouco Hegel apresenta uma fenomenologia da linguagem propriamente dita. Isso, entretanto, não deve ser invocado contra mim, pois as passagens que ele lhe

---

26 *Ibid.*, p. 184: *"Die Welt, die Natur ist nicht mehr ein Reich von Bildern, innerlich aufgehoben [en], die kein Sein haben, sondern ein Reich der Namen. Jenes Reich der Bilder ist der träumende Geist, der mit einem Inhalte zu tun hat, der keine Realität, kein Dasein hat. Sein Erwachen ist das Reich der Namen. Jetzt haben sein Bilder erst Wahrheit".*

27 Basta indicar as alusões a Fichte ou insistir sobre o caráter profundamente romântico dessa filosofia da linguagem que, para além de Herder, nos conduz a Comenius e à teosofia do Renascimento.

consagra bem demonstram toda a importância que Hegel atribuía à linguagem e permitem dizer que para Hegel a língua era o Espírito realizado; que a evolução do Espírito se encarnava e se traduzia na evolução da língua; que o espírito era inconcebível fora dela e que o pensamento era impossível fora da palavra. A palavra intervém desde os inícios do desenvolvimento dialético da *Fenomenologia* e o ritmo duplo dessa dialética, ritmo de transmutação e de tomada de consciência, pressupõe, implica e realiza o julgamento formulado em palavras.[28]

Além disso, se, em perfeito acordo com as teorias humboldtianas, Hegel nos diz que o estudo comparativo e o conhecimento de uma língua – aliás, expressão primeira do *Volksgeist* – permitem reconhecer o espírito ou a razão que nela estão encarnados,[29] a *Fenomenologia do espírito*, quando define a língua como "a invisibilidade visível de sua essência" (da essência do espírito), quando diz que "a unidade do conceito... se torna real nesse movimento de mediação, cujo ser (*Dasein*) simples, enquanto seu centro (*Mitte*) é a língua", e que "os dois momentos da língua são o universal abstrato e o si (*Selbst*) puro",[30] nos traça dela, descrevendo as etapas essenciais da evolução histórica do espírito, alguns quadros rápidos que nos permitem tomar conhecimento de seu papel, e até mesmo de sua potência, enquanto fator dessa evolução. A língua da "consciência dilacerada" que do "conselho"(*Rat*), modo essencial e característico da consciência "real", faz uma "lisonja" (*Schmeichelei*), por essas palavras e esses nomes "faz" a realidade verdadeira dessa época do espírito. Pois,

---

28 Desde o início da *Fenomenologia do espírito*, desde a análise do *Dieses* e do *Jetzt*.

29 Hegel, *Wissenschaft der Logik* (WW, III), p. 45: "*Wer... einer Sprache mächtig ist und zugleich andere Sprachen in Vergleichung mit ihr kennt, dem erst kann sich der Geist und die Bildung einer Volkes in der Grammatik seiner Sprache zu fühien geben; er kann durch die Grammatik hindurch den Ausdruck des Geistes überhaupt, die Logik erkennen.*"

30 Hegel, *Phänomenologie des Geistes* (WW, II), p. 543: "*die Sprache [ist] die sichtbare Unsichtbarkeit scines [des Geistes] Wesens...*" *et ibid.*, p. 384: "*Die* Einheit *des Begriffis... wird in dieser vermittelnder Bewegung wriklich, deren einfaches Daseyn, als* Mitte, *die Sprache ist... Die beiden Momente, [zu welchen beide Seite vereinigt und daher] Momente der Sprache sind, sind das abstracte Allgemeine und das reine Selbst.*"

ali, são os nomes que criam a coisa. E, nesse sentido, "a língua do dilaceramento é a língua perfeita ou o verdadeiro espírito existente de todo esse mundo de civilização (*Bildung*)".[31] "Essa alienação, entretanto, só se realiza na língua, que aqui aparece na sua significação particular. – *Lei* e *Ordem*,[32] no mundo da moralidade, *Conselho* no mundo da realidade (*Wirklichkeit*), ela tem por conteúdo a essência e é a forma dela; mas lá, no mundo da civilização, recebe por conteúdo a própria forma do seu ser e de agora em diante se realiza como *palavra*; é a potência da palavra enquanto tal que realiza o que está para ser realizado. Pois ela é o ser (*Dasein*), o si puro; é nela que a *particularidade existente para si* da consciência enquanto tal aparece na existência, de maneira a ser *para outros*. O eu só pode existir

---

31 Hegel, *Phänomenologie des Geistes*, p. 479: *"Die Sprache der Zerrissenheit aber ist die vollkomm ne Sprache oder de wahre existierende Geist dieser ganzen Welt der Bildung."*

32 Hegel, *Phänomenologie des Geistes* (WW, II), p. 482 e segs.: *"Diese Entfrendung aber geschieht allein in der* Sprache *welche hier in ihrer eigentümlichen Bedeutung auftrit. – In der Welt der Sittlichkeit Gesetz und* Befehl *–, in der Welt der Wirklickeit erst* Rath, *hat sie das Wesen zum Inhalte und ist dessen Form; hier aber erhält sie die Form, welche sie ist, selbst zum Inhalte und gilt als* Sprache; *es ist die Kraft des Sprechens als eines solchen welche das ausführt was auszuführen ist. Denn sie ist das Daseyn des reinen Selbst; in ihr tritt die* für sich seiende Einzelheit *des Selbstbewusstseyns als solche in die Existenz, so dass sie für* Andere *ist. Ich als dieses* reine *Ich ist sonst nicht da; in jeder anderen Aüsserung ist es in eine Wirklickeit versenkt, eine Gestalt aus welcher es sich zurückziehen kann; es ist an seiner Handlung wie an seinem physiognomischen Ausdrucke in sich reflectiert und lässt solches unvollständiges Daseyn, worin immer ebenosehr zu viel als zu wenig ist, entseelt liegen. Die* Sprache *aber enthält es in seiner Reinheit, sic allein spricht Ich aus, es Selbst, Dieses sein Daseyn ist als* Daseyn *cine Gegenständlichkeit, welche seine wahre Natur an ihr hat. Ich ist dieses Ich aber abenso* Allgemeines; *sein Erscheinen ist ebenso unmittelbar die Entäusserung und das Verschwinden dieses Ichs, und dadurch sein bleiben in sein Allgemeinheit. Ich das sich ausspricht ist vernommen; es ist eine Ansteckung worin es unmittelbar in die Einheit mit denen für welche es da ist, übergegangen und allgemeines Selbstbewusstseyn ist. – Das es* vernommen wird, darin ist sein Daseyn selbst unmittelbar verhallt; dies sein Andersseyn ist in sich zurückgenommen; und ebeu dies ist sein Daseyn als selbstbewusstes jetzt, wie es da ist, nicht da zu seyn und durch dies Verschwinden da zu seyn. Dies Verschwinden ist also selbst unmittelbar sein Bleiben. Es ist sein eignes Wissen von sich, und sein Wissen von sich als einem das ineinanderes Selbst übergegangen, das vernommen worden und allgemeines ist."*

enquanto esse eu puro, dessa única maneira; em qualquer outra manifestação ele está mergulhado numa realidade, e ligado a uma forma (*Gestalt*) da qual pode se retirar; de sua ação assim como de sua expressão fisionômica ele se reflete em si mesmo e assim abandona esse existente (*Dasein*) incompleto e privado de alma onde existe sempre o "demais" e o "não o bastante". A língua, pelo contrário, o contém [o eu], na sua pureza; só ela diz "eu" e o exprime ele mesmo. Este ser [da língua] é enquanto ser (*Dasein*) uma objetividade que tem sua verdadeira natureza nela mesma. "Eu" é "este eu-aqui", mas é também alguma coisa de geral; sua manifestação é de uma maneira bastante imediata a exteriorização e o desaparecimento desse *eu* e por isso mesmo a sua conservação na sua generalidade. O eu que se exprime é percebido; é um contágio, no qual ele é imediatamente unido àqueles para quem está ali; ele é assim consciência geral. No fato de ser *entendido* seu ser (*Dasein*) ele mesmo se resolve imediatamente; ele é absorvido; seu outro (*Andersein*) é retornado nele e por ele mesmo; e é justamente isso que constitui o seu ser (*Dasein*) como agora consciente de si, especialmente de não estar aí como ele está aí, e de estar presente no e por esse próprio desaparecimento. Esse desaparecimento é, portanto, ele mesmo e imediatamente sua presença. É seu próprio conhecimento de si, seu conhecimento de si como um [si] que passou para um outro [de um si] que foi estendido e que por isso é alguma coisa de geral".

"Ora, o espírito verdadeiro é justamente essa unidade do absolutamente separado, e é justamente pela realidade (*Wirklichkeit*, o que implica ação] livre desses dois extremos, privados de si (*selbstlos*), que ele chega à existência enquanto seu centro e seu meio. Seu ser (*Dasein*) consiste nesse falar e julgar geral, no qual se dissolvem todos os momentos que devem fazer-se valer como seres verdadeiros e como membros verdadeiros de tudo; que é igualmente um jogo dissolvente consigo mesmo. Esse "julgar" e "falar" é por isso mesmo o verdadeiro e o instransponível, enquanto domina tudo; ele é a coisa de que unicamente se trata nesse mundo. Toda parte desse mundo aspira [nesse mundo] a que seu espírito seja expressado ou que se fale dela com espírito e que seja dito dela o que ela é."[33]

---

33 Hegel, *Phänomenologie des Geiste*, p. 393: *"Der wahre Geist aber ist eben diese Einheit des absolut Getrennten und zwar kommt er eben durch die*

208 Estudos de História do Pensamento Filosófico | Alexandre Koyré

"O espírito recebe aqui essa realidade, pois os extremos de que ele é a unidade possuem de uma maneira bastante imediata a determinação de ser para si sua própria realidade. Essa unidade é dissolvida em "lados" rígidos de que cada um é para o outro um objeto real repelido e excluído por ele. A unidade aparece, portanto, como um *centro mediador* (*Mitte*), que é distinto e excluído da realidade separada dos lados. Ela é por isso mesmo uma objetividade real, distinta da realidade dos lados separados, e é para ele, ou seja, ela é um ser (*daseiende*). A substância espiritual só aparece como tal na existência quando, junto dela, adquiriu essas consciências de si que conhecem o si puro como uma realidade imediatamente válida e que nela sabem também imediatamente só sê-lo pela mediação alienante. Através desta os momentos são elucidados até o ser da categoria que se conhece a si mesma e por isso mesmo até aqueles momentos do espírito. Por aquela, a espiritualidade aparece no ser (*Dasein*). Ele é assim o centro mediador (*Mitte*) que pressupõe esses extremos e é engendrado pelo seu ser, mas ele é também o todo espiritual que surgiu entre eles, que se divide neles e só os engendra cada um em seu princípio através dessa integração no todo. O fato de os dois extremos serem em si já suprimidos e dissolvidos engendra a sua unidade e esse é o movimento que os une e envolve, troca suas determinações e as envolve, especialmente, em cada um dos extremos. Essa mediação por isso mesmo coloca o conceito de cada um dos dois extremos na sua realidade, ou seja, ela transforma aquilo que cada um é *em si*, no espírito."[34]

---

freie Wirklichkeit dieser selbstlosen Extreme selbst als ihre Mitte zur Existenz. Sein Daseyn ist das allgemeine Sprechen und Urtheilen in welchem alle jene Momente die als Wesen und wirkliche Glieder des Ganzen gelten sollen, sich auflösen, und welches ebenso dies auflösende Spiel mit sich selbst ist. Dies Urtheilen und Sprechen ist daher das wahre und unbezwinbare, während es alles überwältig, dasjenige um welches es in dieser realen Welt allein zu tun ist, jeder Theil dieser kommt darin dazu das sein Geist ausgesprochen oder dass mit Geist von ihm gesprochen und von ihm gesagt word, was er its."

---

34 Hegel, *Phänomenologie des Geistes*, p. 383: *"Der Geist erhält hier diese Wirklichkeit, weil die Extreme deren Einheit er ist eben so unmittelbar die Bestimmung haben für sich eigne Wirklichkeit zu seyn. Ihre Einheit ist zersetzt in spröde Seiten, deren jede für die andere wirklicher, von ihr ausgeschlosse-*

Essa preponderância quase ontológica da língua, da "linguagem", "do falar e julgar" é certamente um traço característico do mundo da consciência dilacerada que só existe no e pelo seu reflexo no Outro. Não é, de forma alguma, a mesma coisa para outros mundos espirituais. E entretanto, quando Hegel chega a descrever a "bela alma" (*schöne Seele*) ele escreve:[35] "Vemos aqui mais uma

---

ner Gegenstand ist. Die Einheit tritt daher als eine Mitte hervor, welche von der abgeschiedenen Wirklichkeit der Seiten, augeschlossene und unterschiedene Gegenständlichkeit ist und ist für sie, d. h. sie ist daseyende. Die geistige Substanz tritt als solche in die Existenz, erst indem sie zu ihren Seiten solche Selbstbewusstseyn gewonneb hat, welche dieses reine Selbst als unmittelbar geltende Wirklichkeit wissen und darin ebenso unmittelbar wissen, dies nur durch die entfremdende Vermittlug zu seyn. Durch jenes sind die Momente zu der sich selbst wissenden Categorie und damit bis dahin geläutert, dass sie Momente des Geistes sind. Durch dieses tritt erst Geistigkeit in das Daseyn. – Er ist so die Mitte welche jene Extreme voraussetzt und durch ihr Daseyn erzeugt wird, – aber ebenso das zwischen ihnen hervorbrechende geistige Ganze, das sich in sie entzweit und jedes erst durch diese Einführung zum Ganzen in seinem Principe erzeugt. – Dass die beiden Extreme schon an sich aufgehohen und zersetzt sind bringt ihre Einheit hervor, und diese ist die Bewegung, welche beide zusammenschliesst, ihre Bestimmungen austauscht, und sie und zwar in jedem Extreme zusammenschilesst. Diese Vermittlung setzt hiermit den Begriff eines jeden der beiden Extreme in seine Wirklichkeit, oder sie macht das was jeder an sich ist, zu seinem Geiste."

---

35   Hegel, *Phänomenologie des Geistes*, p. 491: *"Wir sehen hiermit wieder die Sprache als das Daseyn des Geistes. Er ist das für Andere seyende Selbstbewusstseyn, welches unmittelbar als solches vorhanden und als dieses allgemeines ist. Sie ist das sich von sich selbst abtrennende Selbst, das als reines Ich = Ich sich gegenständlich weiss, in dieser Gegenständlichkeit sich eben so als dieses Selbst erhält, wie es unmittelbar mit denn Anderen zusammenfliesst und ihr Selbstbewusstseyn ist. Es vernimmt ebenso sich als es von den anderen vernommen wird und das Vernehmen ist eben das zum Selbst gewordene Daseyn.*
Der Inhalt den die Sprache hier gewonnen, ist nicht mehr das verkehrte und verkehrende und zerrissene Selbst der Welt der Bildung, sondern der in sich zurückgekehrte seiner und in seinem Selbst seiner Wahrheit oder seines Anerkennens gewisse und als dieses Wissen anerkannte Geist. Die Sprache des sittlichen Geistes ist das Gesetz und der einfache Befehl und die Klage...
Das moralische Bewusstseyn hingegen ist noch stumm, bei seich in seinem innern verschlossen, denn in ihn hat das Selbst noch nicht Daseyn, sondern das Daseyn und das Selbst stehen erst in äusserer Beziehung aufeinander. Die

vez a língua como ser (*Dasein*) do espírito. Ele é a consciência de si que existe para outros e que, de uma maneira imediata, está lá *como* tal e é universal como *ela*. Ela é o si-mesmo que se separa de si que, enquanto o puro Eu = Eu se torna objetivo para si, e se mantém nessa objetivação como *esse mesmo si*, do mesmo modo que, imediatamente, ela se une a outros e é *sua* consciência de si. Ele se percebe, se entende [*vernimmt*, o que implica um momento auditivo e, portanto, o intermediário da linguagem] tão bem a si mesmo quanto é entendido por *outros* e esse "entender" é justamente o ser (*Dasein*) tornado *si*.

O conteúdo que a língua adquire [nessa etapa] não é mais o si dilacerado, virado pelo avesso e transformando tudo no inverso de si mesmo do mundo da civilização, mas o espírito voltado a si [retornado a si], seguro de si mesmo e, no seu si, certo da sua verdade ou de sua aprovação, o espírito que se reconhece valer tanto quanto essa certeza-saber. A língua do espírito moral é a lei e a ordem simples e é a queixa...

"A consciência moral, pelo contrário, ainda está muda, encerrada em si, no seu interior, pois o si-mesmo ainda não é o ser (*Dasein*), mas o ser (*Dasein*) e o si mesmo só existem numa relação exterior um com o outro. Ora, a língua só aparece como centro e intermediário (*Mitte*) de consciências de si independentes, reconhecidas, válidas, e o si existente (*daseiendes*) é, de uma maneira imediata, universal, múltiplo e, nessa multiplicidade, simples reconhecimento. O conteúdo da língua da consciência moral é *o si conhecendo-se como essência.*"

Como vemos, a língua se desenvolve, ou seja, se enriquece e se aprofunda com o desenvolvimento – quer dizer, enriquecimento e aprofundamento – do próprio espírito, e talvez mesmo arriscamos dizer "com" ele. Pois os dois processos são na realidade um só e mesmo, e não *dois* processos; duas faces... mas mesmo a imagem de "face" ou de "aspecto" é ainda demasiada exterior e introduz demasiada separação e independência relativa – ou independência

---

Sprache aber tritt nun als die Mitte selbstständiger und anerannter Selbstbewusstseyn hervor, und das daseyende Selbst ist unmittelbar Allgemeines, Vielfaches und in diesser Vielheit einfaches Aneranntsein. Der Inhalt der Sprache des Gewissens ist das sich als Wesen wissende Selbst."

Nota sobre a Língua e a Terminologia Hegelianas 211

unilateral – naquilo que é apenas unidade dialética e viva de uma só e mesma realidade.

E Hegel, fiel a si mesmo, persegue sua característica da língua, ou seja, etapas da encarnação e, ao mesmo tempo, da tomada de consciência de si do espírito.

"A língua [é] um ser (*Dasein*) [que é] existência consciente de si. Da mesma forma que a consciência individual está nela, ela é também, ao mesmo tempo e de uma maneira imediata, universal...; a particularização perfeita do ser para si é ao mesmo tempo a fluidez e a unidade, universalmente participada, dos múltiplos "sis" (*Selbst*) eles mesmos. Ela é a alma existente enquanto alma."[36] E é porque, finalmente, "o espírito adquire o verdadeiro ser (*Dasein*) consciente de si na língua que não é mais a língua da consciência estranha a si, e por conseguinte contingente e não universal", [37] ... mas "que é a língua do pensamento que se conhece."[38] Essa língua, a língua na qual se exprime o espírito absoluto, é a língua da filosofia mais exatamente, a língua de um povo que se elevou ao grau da filosofia, cuja civilização alteou-se ao nível do saber absoluto, saber esse, Hegel acredita firmemente, que é realizado pela lógica dialética elaborada por ele.

Compreenderemos melhor agora todo o alcance desse texto do prefácio da *Lógica*, ao qual já havíamos feito alusão acima e que agora gostaríamos de citar integralmente:[39] "É uma vantagem para uma

---

36 Hegel, *Phänomenologie des Geistes*, p. 534: *"Die Sprache, ein Dasein das selbstbewusste Existenz ist. Wie das einzelne Selbstbewusstsein in ihr da ist, so ist es ebenso unmiltelbar als Allgemeines... die vollkommene Besonderung des Fürsichseins ist zugleich die Flüssigkeit und die allgemein mitgeteilte Einheit der vielen Selbst; sie ist die als Seele existierende Seele."*

37 *Ibid.*, p. 536: *"Das wahre selbstbewusste Daseyn Dass der Geist in der Sprache die nicht die Sprache des fremden, und zufälligen, nicht allgemeinen Selbstbewusstseins ist, erhält."*

38 *"Die sprache des sich wissenden Denkens."*

39 Hegel. *Wissennschaft der Logik*, Prefácio (WW, III), p. II e segs. *"Es ist ein Vorteil einer Sprache, wenn sie einen Reichtum an logischen Ausdrücken, nämlich eigentümlichen und abgesonderter, für die Denkbestimmungen selbst besitzt; die deutsche Sprache hat darin viele Vorzüge von den anderen modernen Sprachen; sogar sind manche ihrer Wörter von der weiteren Eigenheit, verschiedene Bedeutungen nicht nur sondern entgegengetzte zu haben, so dass darin selbst ein speculativer Geist der Sprache nicht zu verkennen ist; es kann dem Denker eine Freude gewähren, auf solche Worte zu stossen, un*

língua possuir uma riqueza de expressões lógicas, principalmente [de expressões] especiais e particulares para designar as determinações do próprio pensamento... nesse ponto a língua alemã possui muitas vantagens com relação a outras línguas modernas; muitas de suas palavras até mesmo têm, além de tudo, a particularidade de possuir não apenas vários significados, mas até mesmo significados opostos, de tal maneira que, nesse fato, não podemos deixar de reconhecer o espírito especulativo da própria língua; e o pensador pode ter a alegria de tropeçar em tais palavras, e aí ver realizada de uma forma ingênua através do vocabulário – enquanto termos que têm significados opostos – a reunião dos contrários, esse resultado da especulação que, no entanto, aparece ao entendimento como um contrassenso." E é isso que faz a predestinação, se assim podemos chamar, da língua alemã para servir de suporte e de veículo ao pensamento especulativo: é que ela realiza, como acabamos de ver, de maneira especialmente feliz, as condições do pensamento e da proposição especulativos: esta "destrói a natureza da proposição ou do julgamento em geral, que inclui nela a distinção entre predicado e sujeito,... a proposição idêntica [proposição especulativa] contém a contradição dessa relação. Esse conflito entre a forma de uma proposição em geral e da unidade do conceito que a destrói é comparável ao que ocorre ao ritmo entre a medida e o acento. O ritmo resulta do centro mediador (*Mitte*) e da reunião móvel dos dois. É assim que na proposição filosófica a identidade do sujeito e do predicado não deve destruir sua diferença, que é expressa pela forma da proposição; sua unidade deve resultar dela como harmonia".[40] O que

---

die Vereinigung Entgegengesetzter, welches Resultat der Speculation für den Verstand aber widersinnig ist, auf naive Weise schon lexicalisch als ein Wort von entgegengesetzten Bedeutungen vorzufinden. Die Philosophie bedarf daher überhaupt keiner besonderen Terminologie; es sind wohl aus fremden Sprachen einige Wörter aufzunehmen, welche jedoch durch den Gebrauch bereits das Bürgerrecht in ihr erworben haben."

---

40 Hegel, *Phänomenologie des Geistes*, p. 47: *"Formell kann das Gesagte so ausgedrückt werden, dass die Natur des Urteils oder Satzes überhaupt, die den Unterschied des Subjectes und Prädikats in sich schliesset, durch speculativen Satz zerstört wird, und der identische Satz zu dem der erstere wird den Gegensatz zu jenem Verhältnisse enthält. Dieser Conflict der Form eines Satzes*

é próprio do pensamento especulativo é justamente essa inversão de atitude, a inversão e o movimento perpétuo que faz com que ele passe do sujeito ao predicado e do predicado é de novo jogado para o sujeito; que ele inverta seu lugar respectivo e por essas inversões mantenha seu próprio movimento circular; que retorne assim a si mesmo enriquecido com tudo o que encontrou pelo caminho. Mas tudo que encontrou, tudo de que se apoderou, de alguma forma, já estava lá, na experiência espiritual da humanidade,[41] e especialmente na linguagem. É um modo de pensamento novo – não um objeto novo – e particular que é a característica da filosofia. E aí está por que a filosofia "não tem necessidade de terminologia própria".[42]

*

Mas se assim é, e se a filosofia, falando com franqueza, não tem necessidade de terminologia própria, por que a de Hegel é incompreensível e intraduzível?[43] É que, ainda que a língua *já* contenha de alguma forma todos os conceitos de que a filosofia tem necessidade, ainda que, por exemplo, "os objetos lógicos e suas expressões sejam conhecidos por todo mundo... não é menos verdade que aquilo que é assim *conhecido* não é por isso *reconhecido*"[44] pelo que é como um ato de pensamento. Bem mais ainda: se tudo aquilo que pode ser objeto da meditação e da especulação filosófica já está, como acabamos de dizer, incluído e contido na experiência histórica da humanidade – de um povo – e encarnado na língua, não é menos verdade

---

überhaupt und der sie zerstörenden Einheit des Begriffs ist dem ähnlich der im Rhytmus zwischen dem Metrum und dem Accente stattfindet. Der Rhytmus resultiert aus der schwebenden Mitte und Vereinigung beider. So soll auch im philosophischen Satze die Identität des Subjects und Prädicats den Unterschied derselben, den die Form des Satzes ausdrückt nicht vernichten, sondern ihre Einheit soll als Harmonie hervorgehen."

---

41   Cf. *Ibid.*, p. 604, citado adiante, p. 175, n. 75.
42   Cf. fim da nota 38, p. 172.
43   Os textos que eu cito não pretendo tê-los verdadeiramente "traduzido".
44   Hegel, *Wissenschaft der Logik*, p. 13: *"Aber indem so die logischen Gegenstände, wie deren Ausdrücke, etwa in der Bildung Allbekanntes sind, so ist, wie ich anderwärts gesagt,was* bekannt *ist darum nicht erkannt."*

que só o pensamento filosófico e especulativo consegue reconhecer esse conteúdo, tomar consciência dele e descobrir na especulação ingênua da linguagem a verdade especulativa da razão. É por isso – já que, assim como dizia Hegel e seus alunos desde 1806,[45] "o espírito do mundo se prepara para dar um novo salto para frente" – o sentido que o pensamento especulativo descobre ou re-descobre nos termos da língua, integrando dialeticamente nela os diversos significados com que eles historicamente se enriqueceram, é, com relação ao significado "ingênuo" ou "racional" (*verständig*) desses termos um sentido novo. O sentido que esses conceitos assumem no pensamento hegeliano – com efeito, é ele que realiza o primeiro salto para a frente –, permanece necessariamente estranho às consciências subjetivas que não – ou que ainda não – participaram dos progressos realizados, consciências para as quais esses conceitos permanecem noções e não se tornam "conceitos".[46]

A língua e a terminologia hegelianas efetuam, portanto, uma síntese dialética das significações diversas encarnadas nas palavras.

Poderíamos também dizer – se não temêssemos pecar por desrespeito – que a terminologia e a linguagem hegelianas em geral estão cheias de trocadilhos mais ou menos bem-sucedidos. Alguns deles são bem conhecidos, como, por exemplo, o famoso *aufheben*,

---

45   ROSENKRANZ, K. *Das Leben Hegels*, p. 214-215: *"Wir stehen in einer wichtigen Zeitepoche, einer Gährung wo der Geist einen Ruck getahn, über seine vorige Gestalt hinausgekommen ist, und eine neue gewinnt. Die ganze Masse der bisherigen Vorstellungen, Begriffe, die Bande der Welt sind aufgelöst und fallen wie ein Traumbild in sich zusammen."* – "Encontramos-nos em uma época importante, uma fermentação onde o espírito deu um salto, transcendeu à forma que ele assumia até então, e está em vias de adquirir uma nova. Toda a massa das concepções, representações, conceitos que eram válidos até aqui, os vínculos do mundo, estão desfeitos, e, como uma imagem de sonho, abismam-se neles próprios."

46   Tem-se o hábito de traduzir o termo hegeliano *Begriff* por noção. G. Noël, na sua *Logique de Hegel*, e o Sr. Jean Wahl, no seu *Malheur de la conscience dans la philosophie de Hegel*, seguiram essa tradição. Eu me permito desviar dela pelas seguintes razões. Nenhuma das tradições é boa. *Concept* guarda entretanto uma relação ainda perceptível – com boa vontade, é verdade – com *capio, conceptus*, equivalentes de *greifen, Begriff*. "Noção", pelo contrário, é inteiramente abstrata.

Nota sobre a Língua e a Terminologia Hegelianas   **215**

querendo dizer ao mesmo tempo suprimir e conservar.[47] Émile Boutroux[48] e também o Sr. Jean Wahl[49] consagraram páginas admiráveis à análise desse termo. Estaríamos errados, entretanto, se víssemos no *Aufheben* um caso isolado: quando Hegel junta *Meinung* (opinião) com *mein* (meu), para extrair daí a conclusão de que *meinen* designa necessariamente o fato de ter uma opinião subjetiva,[50] minha, que por definição, portanto, não pode pretender ser a verdade, que, por definição também, é universal e "não me pertence", e para incluir o aspecto da subjetividade no seu emprego do termo *meinen, ele* segue exatamente o mesmo método que o caso de *aufheben*; ou quando Hegel, usando – ou abusando – da etimologia, junta lembrança e interiorização (*erinnerung* = *er-innerung*)[51] e faz, no sentido que ele dá a esse termo, representar e transparecer cada vez as duas noções; quando o termo *bestimmung* (determinação) é entendido de maneira a lembrar a noção de predestinação, de vocação de finalidade, para fazer, na determinação de uma coisa, descobrir seu destino e seu fim; quando o termo *gleichgültig* (indiferente) é etimologicamente decomposto para dar *gleich-gültig* (equivalente); quando a noção de *einbildung* (fantasia, imaginação) se transforma em conceito especulativo fazendo ressoar de alguma forma os significados harmônicos de *bilden* (formar) = *bauen* (construir) para chegar ao *sich einbilden*, que faz sentir, por assim dizer, imediatamente, que a ação da imaginação é ao mesmo tempo a de construir o mundo sensível e de nos introduzir nele encerrando-nos, fazendo de nós elementos dessa construção; quando Hegel faz entrever no sentido de *concret* o significado de *concrescere* com todas as suas coerências de vida, de "crescimento" orgânico, para chegar ao "universal concreto" que é vida, riqueza de determinação, movimento; quando na sua noção de mediatização (*vermittelung*) ele faz subentender não apenas a

---

47   O *Aufheben* corresponde extamanete ao *tollore*. Traduz-se atualmente o *Aufheben* por ultrapassagem, o que é um contrassenso, talvez deliberado.
48   Ver BOUTROUX, E. *La Philosophie allemande*, Paris, 1926, p. 73 e segs.
49   WAHL, J. *Le Malheur de la conscience dans la philosophie de Hegel*, Paris, 1929, p. 140 e segs.
50   Cf. *Encyclopädie*, § 20: "*was ich... meine... ist mein*".
51   Cf. *Phänomenologie des Geistes*, p. 438 e segs., 565.

ideia do mediador, como o Sr. Jean Wahl fez ver muito bem,[52] mas também a de meio-centro (*mitte*)[53] organizador, separando e religando ao mesmo tempo os termos opostos entre os quais ele serve de mediador, servindo também, e ao mesmo tempo, de único meio no interior do qual se pode fazer a separação e a oposição desses termos, organizando e centrando o amorfo e inorgânico "imediato" (*unmittelbare*) e formando-o através e por esse mesmo *mitte*; quando finalmente fazendo intervir no seu conceito do conceito (*begriff*), ao lado de outras ideias, aquelas ideias bem simples de *greifen* (apreender), *be-greifen* (envolver),[54] Hegel inclui, no sentido etimológico, por assim dizer, do termo, a ideia com que ele designa uma atividade espiritual (*conceptus*) que envolve e contém o si mesmo e o seu contrário, ele faz "etimologia popular". É verdade que, fazendo isso, ele faz também e sobretudo especulação.

*

Agora se coloca uma pergunta: se na sua língua e no seu estilo, nas suas frases contraditórias, de inversão e de movimento de vaivém, Hegel segue, muito conscientemente do seu ponto de vista, a ideia que ele fez da "proposição filosófica" e do "pensamento especulativo",[55] que é a ideia que ele persegue quando, não menos conscientemente, ele encerra nos seus termos trocadilhos baseados na etimologia popular? Será simplesmente porque, sofrendo a influência do movimento geral dos espíritos do seu tempo aos quais

---

52   WAHL, J. Op. cit. p. 672 e segs.

53   Cf. *Phänomenologie des Geistes*, p. 236 e segs., 383, 384.

54   A relação entre *greifen* e *Begriff* é a mesma que *capio, concipio, conceptus*. BAILLIE, J. A. *The origin and significance of Hegels Logic*, já havia assinalado (v. p. 239, 244, 248), assim como as etimologias de: juízo *Urtheil* = *Ur-Theil*, e de *Reflexion* = *Re-Flection* (p. 246). Cf. *Phänomenologie des Geistes*, p. 26, 43, 69, 575 e segs.; *Wissenschaft der Logik* (WW, III), p. 8, 38, 39.

55   Eu não acredito que Hegel, conforme se diz, baseando-se na famosa descrição de Hotho, estivesse, por assim dizer, embaraçado com suas próprias riquezas e incapaz de lhes dar uma expressão verbal adequada. Pelo contrário, acredito que Hegel, que talvez não falasse tão bem, é um dos maiores escritores da Alemanha.

Nota sobre a Língua e a Terminologia Hegelianas   217

nós aludimos acima, seu gênio, imaginativo e emotivo,[56] servido por uma imaginação verbal extraordinariamente desenvolvida,[57] ele simplesmente se deleitou com os "jogos de palavras", com que sempre se deleitara e que perseguiam com uma paixão que nos espanta, a mentalidade primitiva[58] e o pensamento filosófico nascente[59] e aos quais a língua alemã[60] se prestava – e se presta – tão bem? Talvez aí esteja a razão última, a mais profunda. Muito certamente a influência do meio, o *Zeitgeist*, representou o seu papel. Mas no fim das contas, as influências que o homem sofreu – assim pensa Hegel – só revelam o que ele já é;[61] por outro lado, qualquer que seja o fundamento último – "o em si" – da personalidade e do pensamento de Hegel, tanto quanto ele mesmo é o "para si", é a teoria justificativa da sua maneira, é a maneira pela qual o próprio Hegel "compreende" o seu modo de proceder que deve nos interessar aqui.

Ora, é preciso observar que os trocadilhos, os jogos de palavras e as etimologias populares (mais exatamente o emprego dessas últimas) de Hegel diferem das de seus contemporâneos num ponto que me parece essencial: Hegel, de fato, não emprega – ou emprega pouco – o método do "no fundo". Hegel não diz: tal termo que, hoje, no século XIX, quer dizer tal coisa [por exemplo, *Einfluiss* que significa influência] exprime na realidade coisa bem diferente [a saber, "in-fluência", "*in-flux*", *Ein-fluss*, a ação ou a paixão de *ein-fliessen*]. Hegel, certamente, empregará o termo em questão de maneira a uti-

---

56   Esta é a opinião expressa por HERR, L. Op. cit. p. 1.000, e também por BRÉHIER, E. *Histoire de la philosophie allemande*, Paris, 1921, p. 106 e segs.
57   Ver HERR, L. Op. cit. p. 1.002.
58   Para esta, assim como para Hegel (cf. *supra*, p. 198, n. 1) e para alguns filósofos e sociólogos de hoje, *nomen dat esse rei*.
59   Lembremo-nos do *Crátilo*.
60   É supérfluo lembrar os trocadilhos de M. Heidegger.
61   Hegel, *Phänomenologie des Geistes*, p. 230: "*Was auf die Individualität Einfluss, und welchen Einfluss es haben soll, was eigentlich gleichbedeutend ist, hängt nur von der individualität selbst ab;* dadurch *ist diese Individualität* diese bestimmte *geworden, heisst nichts anderes als dass sie es schon gewesen.*" – "O que pode ter uma influência sobre a individualidade, e *que* influência poderia ter – que, no fundo, significa a mesma coisa – depende, portanto, unicamente da própria individualidade; assim essa individualidade torna-se esta [individualidade] *determinada*, e não quer dizer nada mais do que *já era.*"

lizar o jogo de palavras e falará da influência da realidade [*Ein-fluss der Wirklichkeit*] de maneira a poder fazer um apelo ao fluxo da realidade (*Strom der einfliessenden Wirklichkei*)[62] ou relacionará *Denken* e *Ding* para explicar que o pensamento é a realidade das coisas;[63] mas, como acabamos de dizer, ele não marcha no sistema do "no fundo" (*eigentlich*). Hegel não tem a superstição das "origens", muito pelo contrário, e, entre os significados que um termo pode tomar, ele de forma alguma busca o "sentido primitivo" (*Ur-sinn*). Em geral, ele não escolhe: ali, como em qualquer outra parte, quando outros dizem *entweder – oder*, ele diz *sowohl als auch*.

É que para Hegel, cuja ambição última é unir dialeticamente o repouso ao movimento[64] e de ligar o tempo à eternidade[65] através da sua noção de devir intemporal,[66] todas as etapas que o espírito percorre no seu desenvolvimento ao mesmo tempo essencial e real, todos os degraus que ele realiza no seu devir para si mesmo têm seu valor e sua verdade próprios. Todos – e cada um – formam a experiência total do espírito, e nessa experiência total eles estão todos conservados na lembrança. Formam uma posse inamissível que reencontra, interiorizando-se e tomando consciência do seu ser eterno, o espírito (o conceito) hegeliano, que compreende nele – compreendendo-se a si mesmo –, ultrapassadas mas não suprimidas as formas anteriores de seu devir. E é por isso que os conceitos hegelianos – pois a língua sendo uma corporificarão do pensamento

---

62 V. *Phänomenologie des Geists*, p. 231.
63 Cf. *Wissenschaft der Logik* (WW, III), p. 21.
64 "Bewegung" e "Ruhe": *ibid.*, p. 4.
65 "Zeit" e "Ewigkeit"; cf., adiante, p. 219, n. 2.
66 A noção do devir intemporal é um dos pontos essenciais da dialética hegeliana. Tentei, aliás, mostrar que a origem dessa noção se encontra em Boécio – *aeternitas est innumerabilis vitae simul tota et perfecta possessio* – passando por N. de Cusa e Boehme (v. minha *Philosophie de J. Boehme*, Paris, 1929, p. 306, 520 e segs.). Acredito que Taggart enganou-se quando escreveu (TAGGART, J. M. *Studies in Hegelian dialect*, Cambridge, 1922, p. 167): *"The absolute idea must be looked on as eternally realised, the reality is timeless"* e (*ibid*, p. 7): *"Though the dialectic process is a valid description of reality, reality itself is not, in its truest nature, a process, but a stable and timeless state."* *Timeless*, se quiserem, mas estável? Em todo caso, não móvel.

exprime e deve exprimir conceitos[67] (ou noções) – apresentam esse conjunto desconcertante de significados historicamente realizados na experiência. É que, no pensamento de Hegel, o conceito eterno é posto em relação direta e essencial com a história e o tempo. Conhecemos bem a importância da história e do tempo na economia do sistema hegeliano. A identidade da lógica com a história é, como disse L. Brunschvicg, um dos pilares essenciais do sistema.[68] Mas essa identidade – identidade dialética *sine confusione dualitatis nec separatione unitatis* – não deve ser entendida de maneira a se ver na "realidade histórica" apenas um pálido reflexo, no fundo bem supérfluo e imperfeito (*Ohnmacht der Natur*), da evolução eterna e eternamente acabada do espírito; isso na verdade é aonde necessariamente chega o pensamento hegeliano pela própria razão de suas razões religiosas e teológicas; mas, por outro lado, se a ideia boetiana e boehmiana da eternidade não priva a evolução histórica de seu significado e de seu valor real,[69] não é menos verdade que em Hegel ela, praticamente, só serve para assentar em definitivo o seu otimismo antirromântico através da certeza da vitória eternamente arrebatada pelo espírito; e que Hegel, historiador de gênio, tinha suficiente sentimento da realidade da história para não tentar o esforço de lhe restituir seu lugar – ou, mais exatamente ainda, para lhe dar esse lugar – e para não deixar o tempo se abismar na eternidade.

Por isso Hegel, que ainda uma vez tenta loucamente unir o ponto de vista da eternidade, do ser eternamente acabado na sua produção eterna fora do tempo com o do ser (o ser-aí, o *Dasein*) eternamente se fazendo e eternamente inacabado, Hegel que – não importa o que Baader diga sobre isso – não quer de forma alguma fazer seu "Deus" se submeter a um curso de "educação histórica",[70]

---

67 Cf. *Encyclopädie*, § 20.

68 Cf. BRUNSCHVICG, L. *Le Progrès de la conscience dans la philosophie occidentale*, Paris, 1927, t. I, p. 397 e segs.

69 Hegel, *Encyclopädie*, § 212, add.: *"Die Vollführung des unendlichen Zwecks ist so nur die Täuschung aufzuheben als ob er noch nicht vollführt sei. Das Gute, das absolute Gute vollbringt sich ewig in der Welt und das Resultat ist, dass es schon an und für sich vollbracht ist und nicht errst auf uns zu warten braucht."*

70 Ver BAADER, F. V. *Bemerkungen weber einige antireligiöse Philosophene unserer Zeit*, Werke, v. III, p. 306 e segs.

mas que, por outro lado, não pode admitir a superfluidade e o caráter factício dessa mesma "educação histórica"; que não pode deixar a história da humanidade se reduzir a uma simples comédia representada pelo eterno, Hegel, que deseja que o assunto seja sério, escreve na *Fenomenologia do espírito* que "nada é conhecido que não esteja na experiência ou, o que significa a mesma coisa, que, enquanto verdade sentida, enquanto Eterno interiormente revelado, enquanto objeto sagrado da fé, ou qualquer expressão que ainda se empregue, não esteja presente [na experiência histórica da humanidade]".

"Pois a experiência é justamente o fato [este] que o conteúdo – e ele é o Espírito – é em si substância e, portanto, objeto da consciência. Ora, essa substância que é o espírito [seu próprio crescimento] e seu dever para aquilo que ele é em si. E é apenas como esse devir refletindo-se em si que ele é em si verdadeiramente o Espírito." Como vemos: a experiência, o movimento, o devir temporal são elementos essenciais do crescimento do Espírito. Pois o espírito hegeliano, nós o sabemos, não é a eternidade do intemporal imóvel.[71]

"Ele é em si movimento que é o reconhecimento, a transformação desse em-si no para-si, da substância em sujeito, do objeto da consciência em objeto da consciência de si, ou seja, no objeto superado (*aufgehoben*) ou no conceito. Ele é o círculo reentrando em si mesmo, que pressupõe seu começo e só atinge no fim."

Qual fim? O fim da história? Ou o fim do desenvolvimento intemporal do absoluto que, este fim, é eternamente atingido sendo eternamente perseguido? Estamos na eternidade ou no tempo? Es-

---

71 *Phänomenologie des Geistes*, p. 604: *"Es muss diesem Grunde gesagt werden dass nichts gewusst wird was nicht in der Erfahrung ist oder, wie dasselbe auch ausgedrückt wird, was nicht als gefühlte Wahrheit, als innerlich geoffenbartes Ewiges, als geglaubtes Heiliges, oder welche Ausdrücke sonst gebraucht werden, vorhanden ist. Denn die Erfahrung ist eben dies, dass der Inhalt, und er ist der Geist, an sich Substanz und also Gegenstand des Bewusstseyns ist. Diese Substanz aber die der Geist ist, ist das Werden seiner zu dem was er an sich ist. Und erst als dies sich in sich reflectierende Werden ist er an sich Wahrheit der Geist. Er ist an sich die Bewegung, die das Erkennen ist, die Verwandlung jenes an sich in das fürs ich, der Substanz in das Subject, des Gegenstannds des Bewusstseins in den Gegenstand des Selbstbewusstseyns, d. h. in ebensosehr aufgehobenen Gegenstand, oder in den Begrigg. Sie ist der in sich zurückgehende Kreis der seinen Anfang voraussetzt und ihn am Ende erreicht."*

Nota sobre a Língua e a Terminologia Hegelianas 221

tamos, é bem verdade, nos dois, pois só o tempo permite realizar o desenvolvimento dialético, já que só ele, sendo negação e morte, é também fonte de movimento e de vida. "Está de acordo com o conceito do espírito", dirá Hegel, "que o desenvolvimento da história caia no tempo. O tempo contém a determinação do negativo." – Mas, por isso mesmo, ele implica também o contingente, o inessencial do ser-aí. "É alguma coisa, um acontecimento positivo para nós; que entretanto seu contrário possa ser, também, essa relação com o não-ser é o tempo, e isso, de uma tal maneira, que nós não pensamos apenas esta relação, mas também temos a intuição dela. O tempo é o sensível, o inteiramente abstrato. Quando o não-ser não irrompe em alguma coisa, diremos que isso dura."[72]

Implicará isso que o conteúdo da história, esse conteúdo fugidio, que passa e não dura, seja alguma coisa que, em virtude desse caráter "abstrato e sensível", esteja fora do pensamento, do conceito, por conseguinte também fora da filosofia? De forma alguma, pois se o tempo, o "ser que, enquanto é, não é e, enquanto não é, é", é "abstrato e sensível"; ele é, por outro lado, a encarnação, por assim dizer, no ser-aí (*Dasein*) do próprio movimento dialético, "o devir objeto de intuição".[73]

E Hegel, tomando resolutamente partido contra Kant, acrescenta: "No tempo, diz-se, tudo nasce e desaparece. Quando se faz abstração de tudo, especialmente do conteúdo do tempo assim como do conteúdo do espaço, permanece o tempo vazio assim como o espaço vazio. Mas não é no tempo que tudo nasce e perece, é o próprio tempo que é o devir, o nascimento e o desaparecimento, a abstração realizada, o todo-engendrador e o todo-destruidor Chronos."[74]

---

72   Hegel, *Philosophie der Geschichte* (WW, IX), p. 133: *"Es ist dem Begriff des Geistes gemäss, dass die Entwicklung der Geschichte in die Zeit fällt. Die Zeit enthält die Bestimmung des Negativen. Es ist Etwas, eine Begebenheit positiv, für uns; dass aber auch das Gegenteil sein kann, diese Beziehung auf das Nichtsein ist die Zeit, und zwar so dass wir diese Beziehung nicht bloss denken, sondern auch anschauen. Die Zeit ist das ganz Abstracte, Sinnliche. Wo das Nichtsein in Etwas nicht einbricht, so sagen wir, es dauert."*

73   *Encyclopädie*, § 258. *"Die Zeit... ist das Sein des indem es ist, nicht ist, und indem es nicht ist, ist, – das angeschaute Werden."*

74   *Ibid.*: *"In der Zeit sagt man, entsteht und vergeht alles; wenn von allem, nämlich von der Erfüllung der Zeit, ebenso wie von der Erfüllung des Raumes abs-*

"No que diz respeito ao *tempo*, de que se deveria pensar que, de maneira análoga ao espaço, forneceria a matéria da outra parte das matemáticas puras, ele é o conceito existindo (*daseiend*) ele mesmo."[75] "O tempo é o próprio conceito que está lá e que, como intuição vazia, se apresenta à consciência; é por isso que o espírito aparece necessariamente no tempo e ele aparece no tempo tão longamente quanto não tenha apreendido seu conceito puro, ou seja, não tenha suprimido o tempo. Ele é o eu, puro objeto de intuição e não apreendido pelo si, o conceito apenas intuído. Enquanto este se apreende a si mesmo, ele suprime a sua forma temporal, compreende a intuição e é a intuição compreendida e compreendente. O tempo aparece, portanto, como o destino e a necessidade do espírito que, em si, não está acabado; a necessidade de enriquecer a parte da consciência de si na consciência, de pôr em movimento a imediação do em-si, – forma na qual a substância está na consciência – ou inversamente, de realizar o em-si tomado como o interior, e de revelar o que só é *interior*, ou seja, de reivindicá-lo para a certeza de si."[76] E "o devir representa um movimento pesado e uma sucessão

---

trahiert wird so bleibt die Icere Zeit wie der leere Raum übrig. Aber nicht 'in der Zeit' entsteht und vergeht alles, sondern die Zeit selbst ist dies Werden, Entstehen und Vergehen, das seiende Abstrahieren, der alles gebärende und seine Geburten zerstörende Chronos."

---

75 Hegel, *Phänomenologie des Geistes*, p. 36: *"Was die Zeit betrifft von der man meinen sollte dass sie zum Gegenstücke gegen den Raum den Stoff des anderen Theils der reinen Mathematik aus machen würde, so ist sie der daseyende Begriff selbst."* – Aqui Hegel faz uma alusão a Kant.

76 *Ibid.*, p. 604: *"Die Zeit ist der Begriff selbst, der da ist und als leere Auschauung sich dem Bewusstseyn vorstellt; deswegen erseheint der Geist notwendig in der Zeit und er erschint so lange inder Zeit als er nicht seinen reinen Begriff erfasst, d. h. nicht die Zeit tilgt. Sie ist das von aussen angeschaute, vom Selbst nicht erfasste reine Selbst, der nur angeschaute Begriff: indem dieser sich selbst erfasst, hebt er seine Zeitform auf, begreift das Anschauen und ist begriffenes und begreifendes Anschauen. – Die Zeir erscheint daher als das Schicksal und die Nothwendigkeit des Geistes der nicht an sich vollendet ist –, die Nothwendigkeit, den Anteil, den das Selbstbewusstseyn an dem Bewusstseyn hat, zu bereichern, die Unmittelbarkeit des An sich – die Form in der Substanz im Bewusstseyn ist in Bewegung zu setsen oder umgekehrt das An sich als das Innerliche genommen, das was nur innerlich ist, zu realisieren und zu offenbaren, d. h. es der Gewissheit seiner selbst zu windicieren."*

Nota sobre a Língua e a Terminologia Hegelianas   223

de espíritos, uma galeria de imagens, de que cada uma é dotada da riqueza completa do espírito e se move tão vagarosamente justamente porque o si tem de penetrar e digerir toda essa riqueza de sua substância".[77] E, como sua perfeição consiste em conhecer perfeitamente aquilo que ele é, sua substância, seu saber é um retorno em si mesmo no qual ele abandona seu ser (*Dasein*) e transmite sua forma à reminiscência. Nesse movimento de retorno em si ele é mergulhado na noite da sua consciência de si; ora, seu ser (*Dasein*) desaparecido está conservado aí, e esse ser, suprimido e conservado (*aufgehobenes*) – enquanto aquele que o precede é de novo engendrado no saber, – é um ser (*Dasein*) novo, um mundo novo e uma nova forma do Espírito. Ora, nesse ser novo, o Espírito deve de novo partir de sua imediação e recomeçar seu desenvolvimento como se tudo aquilo que precede estivesse perdido, como se ele não tivesse aprendido nada da experiência dos espíritos de antigamente. Mas a reminiscência [a interiorização, *Erinnerung*] o conservou. Ela é a forma interior e, de fato, superior da substância. Se, portanto, esse espírito, parecendo partir dele mesmo, refaz o processo de sua formação começando-o pelo começo, é também num nível superior que ele começa. O reino do Espírito que, dessa maneira, se formou no ser, consiste numa sucessão na qual um Espírito substitui o outro e onde cada um recebeu o reino do mundo de seus predecessores. Seu fim é a revelação da profundidade, e esta é o conceito do absoluto".[78]

---

77   Hegel, *Phänomenologie des Geistes*, p. 611: *"Das Werden stellt eine träge Bewegung und Aufeinanderfolge von Geistern dar, eine Galerie von Bildern, deren jedes mit dem vollständigen Reichtum des Geistes ausgestaltet, eben darum sich so träge bewegt, weil das Selbst diesen ganzen Reichtum seiner Substanz zu durchdringen und zu verdauen hat."*

78   *Ibid., p.* 611: *"Indem seine Vollendung darin bestecht, das, was er ist, seine Substanz, vollkommen zu wissen, so ist das Wissen, sein Insichgehen, in welchem er sein Daseyn verlässt und seine Gestalt der Erinnerung übergibt. In seinem Insichgehen ist er in der Nacht seines Selbstbewusstseyns versunken, sein verschwundenes Daseyn aber ist in iht aufbewahrt; und dies aufgehobene Daseyn, das vorige aber aus dem Wissen neugeborene, ist das neue Daseyn, eine neue Welt und Geistesgestalt. In ihr hat er ebenso unbefangen von vorn bei ihrer Unmittelbarkeit anzufangen und sich von hier aus wieder gross zu ziehen, als ob alles Vorhergehende für ihn verloren wäre und es aus der Erfahrung früherer Geister nichts gelernt hätte. Aber die Erinnerung hat sie aufbewahrt und ist das innere und die in der Tat höhere Form der Substanz.*

"O movimento de produção da forma de seu saber de si mesmo é a tarefa que o espírito realiza como história real."[79] É por isso que "a filosofia não tem em vista uma determinação essencial mas [a tem em vista] enquanto ela é essencial; não é o abstrato ou o irreal o seu elemento e seu conteúdo, mas o real, que se coloca a si mesmo e vive nele mesmo, o ser (*Dasein*) no seu conceito. É o processo que engendra e percorre seus próprios momentos e esse movimento inteiro realiza nele o positivo e a verdade. Esta contém nela, portanto, também a negação, o que poderíamos chamar de falso, se ele pudesse ser encarado como alguma coisa de que deveríamos fazer abstração. Aquilo que desaparece deve, pelo contrário, ser encarado como essencial, não na determinação de alguma coisa de firme e de fixa, que, separada do verdadeiro, fora dele, deveria ser relegada não se sabe para onde; e da mesma forma, por outro lado, o verdadeiro [não deve ser encarado] como o positivo morto e que permanece imóvel. O fenômeno [*Erscheinung*] é o nascimento e o desaparecimento que, ele mesmo, não nasce nem perece, mas é em si e constitui a realidade e o movimento da vida da verdade. O verdadeiro é assim uma bacanal onde nenhum membro está sóbrio e, já que cada um enquanto se separa se destrói também imediatamente, ele é da mesma forma o simples transparente repouso. – Nesse movimento – que é um *julgamento* – as formas particulares do espírito e os pensamentos determinados não permanecem, é verdade, mas eles são momentos positivos e necessários tanto quanto são negativos e transitórios. No todo do movimento – encarado como repouso – o que ali se distingue e se denuncia um ser-aí (*Dasein*) particular é conservado como alguma coisa que se recorda [*erinnert*], se conserva, alguma coisa cujo ser-aí (*Dasein*) é o saber de si mesmo, como este

---

Wenn also dieser Geist seine Bildung, von sich auszugehen scheinend, wieder von forn anfängt, so ist es zugleich auf einer höheren Stufe, dass er anfängt. Das Geisterreich, das auf diese Weise sich in dem Daseyn gebildet, macht eine Aufeinanderfolge aus, worin einer dem anderen ablöste und selber das Reich der Welt von dem vorhergehenden übernahm. Ihr Ziel ist die Offenbarung der Tiefe, und diese ist der absolute Begriff."

---

79 Hegel, *Phänomenologie des Geites*, p. 605.

Nota sobre a Língua e a Terminologia Hegelianas   225

é também imediatamente o ser (Dasein)."[80] É verdade, "é só natural o finito que está no tempo; ele está no tempo na própria medida em que é finito e porque o é. O verdadeiro, pelo contrário, a ideia, o espírito, é eterno. Mas o conceito da eternidade não deve ser compreendido de maneira negativa, como uma abstração do tempo, como alguma coisa que "existiria" de alguma forma "fora deste".[81]

"Ora, só o espírito inteiro está no tempo[82] e as formas (*Gestalten*), que são formas do espírito inteiro, apresentam-se numa sucessão; pois só o todo tem uma realidade (*Wirklichkeit*) propriamente dita, e por isso mesmo só ele possui a forma da liberdade pura com relação ao Outro, que se manifesta como tempo. Mas seus momen-

---

80 Hegel, *Phänomenologie des Geites*, p. 36 e segs: *"Die Philosophie betrachtet dagegen nicht unwesentliche Bestimmung, soudern sie, insofern sie wesentliche ist; nicht das Abstracte oder das Unwirkliche ist ihr Element und Inhalt sondern das Wirkliche, sich selbst setzende und insichlebende, das Daseyn in seinem Begriffe. Es ist der Process der sich seine Momemte erzeugt und durchläuft, und diese ganze Bewegung macht das Positive und seine Wahrheit aus. Diese schliesst also ebensosehr das Negative in sich, dasjenige was das Falsche genannt werden würde, wenn es als ein solches betrachtet werden könnte, von dem zu abstrahieren sei. Das Verschwindende ist vielmehr, selbst als wesentlich zu betrachten, nicht in der Bestimmung eines Festen, das vom Wahren abgeschnitten, ausser ihm, man weiss nicht wo, liegen zu lassen sei, so wie auch das Wahre nicht als auf der anderen Seite ruhende, todte Positive. Die Erscheinung ist das Entstehen und Vergehen, das selbst nicht entsteht und vergeht, sondern an sich ist und die Wirklichkeit und Bewegung des Lebens der Wahrheit ausmacht. Das Wahre ist so der bacchantische Taumel, an dem kein Glied nicht trunken ist, und weil jedes, indem es sich absondert ebenso unmittelbar sich auflöst –, ist er ebenso die durchsichtige und einfache Ruhe. In dem Gerichte iener Bewegung bestehen zwar die einzelnen Gestalten des Geistes wie die bestimmten Gedanken nicht, aber sie sind so sehr auch positive notwendige Momente als sie negagativ und verschwindend sind. – In dem Ganzen der Bewegung, es als Ruhe aufgefasst, ist dasjenige was sich in ihr unterscheidet und besonderes Daseyn gibit, als ein solches das sich erinnert, aufbewahrt, dessen Daseyn das Wissen von sich selbst ist, wie dieses ebenso unmittelbar Daseyn ist."*

81 *Encyclopädie*, § 58: *"Nur das Natürliche [endliche] ist darum der Zeit untertan, insofern es endlich ist, das Wahre dagegen, die Ideee, der Geist, ist ewig. Der Begriff der Ewigkeit muss aber nicht negative so gefasst werden als die Abstraction vonder Zeit dass sie aussehalb derselben gleichsam "existiere"...* Cf., anteriormente, p. 130-131, 163.

82 Na época de Iena, Hegel havia escrito: *Geists ist Zeit.* Cf., anteriormente, p. 133.

tos, consciência, consciência de si, razão e espírito, porque são momentos, não têm existência distinta uns dos outros."[83] Todavia, a distinção não é uma distinção abstrata. Os diferentes momentos e as diferentes etapas se realizam no tempo e é no tempo que elas adquirem a independência relativa de seu ser-aí. É no tempo que elas se formam, essas "formas" (*Gestalten*) do espírito de que apenas o conjunto constitui sua realidade total. "E assim como o espírito foi distinguido de seus momentos, também, a determinação particular de seus momentos deve ser distinguida deles mesmos. De fato, temos visto cada um desses momentos se diferenciar nele mesmo na sua própria evolução e assumir formas diversas; como, por exemplo, na consciência a certeza sensível se distinguiu da percepção. Pois o espírito desce de sua universalidade à particularidade através da determinação. A determinação ou centro mediador é consciência, consciência de si."[84] Suas formas se sucedem, mas, por outro lado, se complicam e se integram, se "negam" – pois o tempo é a própria negatividade –[85] e ao mesmo tempo se conservam no espírito pois "as particularidades constituem as formas desses momentos. Estas portanto representam o espírito na sua particularidade ou a realidade e se distinguem no tempo, de tal maneira porém que a seguinte guarda em si aquelas que precedem".[86] O tempo é, de fato, o ser-aí,

---

83　Hegel, *Phänomenologie des Geistes*, p. 51 e segs.: *"Der ganze Geist nur ist in der Zeit und die Gestalten, welche Gestalten des ganzen Geistes als solchen sind, stellen sich in einer Aufeinanderfolge dar; denn nur das Ganze hat eigentliche Wirklichkeit und daher die Form der reinen Freiheit gegen Anderes, die sich als zeit ausdrückt. Aber die Momente desselben, Bewusstseyn, Vernunft und Geist, haben, weil sie Momente sind, kein voneinander verschiedenes Daseyn."*

84　Ibid.: *"Wie der Geist von seinen Momenten unterchieden wurde, so ist noch drittens von diesen Momenten selbst ihre vereinzeklt Bestimmung zu unterscheiden. Jeder dieser Momente sahen wir nämlich wieder an ihm selbst sich in seinem eignen Verlauf unterscheiden und verschiden gestalten wie z. B. das Bewusstseyn, die sinnliche Gewissheit und die Wahrnehmung sich unterschied. – Denn der Geist streigt aus seiner Allgemeinheit durch die Bestimmung zur Einzelheit herab. Die Bestimmung oder Mitte ist Bewusstseyn, Selbstbewusstseyn."*

85　Cf. *Encyclopädie*, § 57.

86　*Phänomenologie des Geistes*, p. 514: *"Die Einzzelheit abet machen die Gestalten dieser Momente aus. Diese stellen daher den Geist in seiner Einzelheit oder Wirklichkeit dar und unterscheiden sich inder Zeit, so jedoch dass die folgende die vorhergehenden an ihr behält."*

o próprio *Aufheben*. A história e só a história realiza o espírito; só a história permite ou, mais exatamente, só ela *é* o crescimento do espírito tornando-se ele mesmo, enriquecendo-se no seu devir de todas as riquezas que ele traz em si. Pois a história – que é espírito – é também vitória sobre o tempo, vitória sobre a negação e a morte que o tempo traz nele.[87] Ela realiza, tanto quanto somos capazes disso, o *nunc aeternitatis* do presente eterno. A história é a vida do espírito nele mesmo, ela é o seu ser, não mais o seu ser-aí. Pois a história não se ocupa do passado. Ela o ultrapassa assim como ultrapassa o tempo. E Hegel escreve:

"Tanto quanto compreendemos a história do mundo, temos inicialmente que nos referir à história como a um passado. Mas de uma forma igualmente absoluta nós nos referimos ao presente. Aquilo que é verdadeiro é eternamente em si e para si, não é ontem ou amanhã, mas simplesmente e absolutamente presente, *"nunc"* no sentido do presente absoluto. Na ideia é eternamente inadmissível aquilo que parece passado, "ter sido". A ideia é presente, o Espírito é imortal, não existe "quando", ou ele não teria sido ou não seria, ele não é "não é mais" e não é "ainda", mas ele é simplesmente e absolutamente *"nunc"*. Por isso, já está dito que o mundo real, aspecto e forma do Espírito, sua consciência de si, compreende nele todas as etapas que parecem na história como anteriores. Estes se desenvolveram sucessivamente como independentes uma da outra; mas aquilo que o Espírito é "em si" ele sempre foi; a diferença está apenas na manifestação desse "em si". O espírito do mundo real é o conceito que o espírito tem dele mesmo; é ele que mantém e que rege o mundo; ele é resultado de seis mil anos de esforços. Ele é aquilo que o Espírito, pelos trabalhos da história do mundo, tirou de si e colocou diante de si; e aquilo que, por esse trabalho, teve que se produzir."

---

87 *Phänomenologie des Geistes*, p. 22: *"Der Tod, wenn wir jene Unwirklichkeit so nennen wollen ist das furchtbarste, und das Tote fest zu halten, das was die grösste Kraft erfordert... Aber nicht das Leben das sich von dem Tode scheut und von der Verwüstung rein bewart, sondern das ihn erträgt und in ihm sich erhält ist das Leben des geistes. Diese Macht ist er nicht als das Positive welches von dem Negativen wegsieht, sondern er ist diese Macht nur indem er dem Negativen ins Angesicht schaut, bey ihm verweit. Dieses Verweilenist die Zauberkraft die es in das Seyn verkehrt."*

"Portanto, já que consideramos que estamos tratando da ideia do Espírito e que na história do mundo nós encaramos tudo como sua expressão, nós só nos ocupamos, quando percorremos o passado, tão vasto quanto seja ele, do presente. A filosofia se refere ao presente, ao real. Os momentos que o Espírito parece ter atrás de si, ele os tem igualmente na sua profundidade presente. Assim como ele percorreu seus momentos na história, ele tem que percorrê-los no presente no conceito dele mesmo."[88]

Ora, é "na língua que se realiza antes de tudo o conceito de si mesmo", pois "as formas de pensamento são antes de tudo exteriorizadas e realizadas na linguagem do homem; não se pode, atualmente, insistir demais sobre o fato de que é o pensamento que distingue o homem do animal. A linguagem penetra tudo aquilo que se torna alguma coisa de interior para o homem, toda representação, tudo que ele faz seu, e que ele faz verbo e que ele exprime em palavras, contém e envolve – implicitamente ou explicitamente – uma

---

88 Hegel, *Philosophie der Geschichte* (WW, IX), p. 165 e segs.: *"Indem wir die Weltgeschichte begreifen, so haben wir es mit der Geschichte zunachst als mit einer Vergangenheit zu tun. Aber ebenso schlechterdings haben wir es mit der Gegenwart zu tun. Was wahr ist, ist ewig an und für sich, nicht Gestern und nicht Morgen, sondern schlechthin gegenwärtig, 'Itzt' im Sinne der absoluten Gegenwart. In der Idee ist, was auch vergange scheint, ewig unverloren. Die Idee ist präsent, der Geist unterblich; es gibt kein Eist, wo er nicht gewesen wäre oder nicht sein würde; er ist nicht vorbei und ist nicht noch nicht, sondern er ist schlechterdings itzt. Es ist hiermit schon gesagt dass die gegenwärtige Welt, Gestalt des Geistes, sein Selbstbewusstsein, alle in der Geschichte als früher erscheinenden Stufen in sich bergreift. Diese haben sich zwar als selbstständig nacheinander ausgebildet, was aber der Geist ist, ist er an sich immer gewesen, der Unterschied ist nur in der Entwicklung dieses Ansich. Der Geist der gegenwärtigen Welt ist der Begriff den der Geist von sich selbst macht; er ist der die Welt hält und regiert und er ist das Resultat der Bemühungen von 6 000 Jahren, das, was der Geist durch die Arbeit der Weltgeschichte vor sich gebracht hat und was durch diese Arbeit hat herauskommen sollen."*
"Indem wir es mit der Idee des geistes zu tun habe, und in der Weltgeschichte alles nur als seine Erscheinung betrachten, so beschaffen wir uns, wenn wir Vergangenheit wie gorss sie auch immer sei, durchlaufen, nur mit dem Gegenwärtigen; die Philosophie hat es mit dem Gegenwärtigen, Wirklichen zu tum, Die Momente die der Geist hinter sich zu haben scheint, hat er auch in seiner gegenwärtigen Tiefe. Wie er in der Geschichte seine Momente durchlaufen hat, so hat er sie in der Gegenwart zudurchlaufen in dem Begriff von sich."

Nota sobre a Língua e a Terminologia Hegelianas   229

categoria".[89] Ora, a língua real contém as categorias e as formas do "passado", desse passado que a história – a verdadeira história que é o espírito dialético – torna "presente" fazendo dele pensamento, espírito no qual as "categorias" se apresentam não mais como formas (aspecto, *Gestalten*) determinadas da consciência mas como conceitos determinados.[90]

Pois se para a consciência comum... "pelo fato de alguma coisa se tornar alguma outra coisa, essa alguma coisa desaparece"... "não é a mesma coisa para o pensamento e o espírito. Aí não se trata mais de uma substituição do Outro pelo Outro: os diferentes momentos que estão em relação não desaparecem nem se expulsam, mas permanecem em relação"; e é por isso que os conceitos do pensamento filosófico não suprimem os diferentes significados de termos que eles encarnam, mas os fazem reviver e os envolvem – os compreendem – num único movimento – presente – do pensamento.[91]

Aí está a razão pela qual não se pode traduzir Hegel, ou pelo menos porque é tão difícil fazê-lo. Não porque sua linguagem é "imaginativa e poética" e cheia de elementos afetivos. O próprio Hegel não se prendia muito a essas formas da linguagem que "sugerem o inefável e o inexprimível". O inefável e o inexprimível não tinham para ele – e segundo ele – nenhuma espécie de valor. O que ele prezava acima de tudo era a clareza, "o conceito claro que não deixa nada não revelado",[92] e que exprime o que existe de mais profundo no homem, sua "própria natureza" que é pensamento e que é espírito. Síntese e somatório ou, se preferimos, integração dos momentos (conceitos, formas, *Gestalten*) do passado no "presente": – esse é o "conceito" hegeliano. Mas se a história da humanidade, enquanto *realiza* a história do espírito é una, enquanto se *realiza*, ela se particu-

---

89 Hegel, *Wissenschaft der Logik*, p. 10 e segs.: *"Die Denkformen sind zunächst in der Sprache des Menschen herausgesetzt und niedergelegt, es kann in unseren Tagen nicht oft genug daran erinnert werden, dass das, wordurch sich der Mensch vom Thiere unterscheidet, das Denken ist. In Alles, was ihm zu einem Innerlichen, zur Vorstellung überhaupt wird, was er zu dem Seinigen macht, hat sich die Sprache eingedrängt, und was er zur Sprache mahct und in ihr äussert, enthält eingehüllter, vermischter oder herausgearbeitet, eine Kategorie."*

90 Cf. *Phänomenologie des Geistes*, p. 609.

91 Cf. *Encyclopädie*, § III, add.

92 Cf. ROSENKRANZ, K. *Das Leben Hegels*, p. 544.

lariza, se diferencia, se quebra. A história é una como o pensamento e o espírito, mas as histórias, assim como os povos e as línguas, são diferentes. E é por isso que o pensamento dialético, o *conceito*, representando um momento dessa evolução, mas o representando-o na particularidade de uma linguagem, não pode – geralmente – ser traduzido por um termo de uma outra linguagem. É que a história, o passado que cada vez se tornaria "presente", não seria o mesmo. Aí está a razão pela qual "a língua abstrata da filosofia francesa" não pode traduzir a língua concreta da dialética hegeliana. E aí está também a razão pela qual o melhor comentário de Hegel, até segunda ordem, continua sendo um dicionário *histórico* do alemão.

RELATÓRIO SOBRE O ESTADO DOS ESTUDOS HEGELIANOS NA FRANÇA[1]

Temo um pouco que, após os relatórios, tão ricos em fatos e em nomes, dos meus colegas alemão, inglês e italiano, meu próprio relatório sobre *o estado dos estudos hegelianos na França* lhes pareça relativamente muito magro e muito pobre. É que, contrariamente ao que se passou na Alemanha, na Inglaterra e na Itália, nunca uma escola hegeliana pôde se formar na França, nunca Hegel possuiu ali um discípulo autêntico como Schelling teve na pessoa de Ravaisson, e o próprio neo-hegelianismo, que, como sabemos, representou um papel de primeira importância na evolução do pensamento filosófico na Itália e nos países anglo-saxões, teve na França apenas um único representante – é verdade que de grande envergadura e cuja influência ainda persiste –, Octave Hamelin.[2] As razões desse desafeto do pensamento filosófico francês pelo sistema hegeliano são numerosas e múltiplas; analisá-las nos levaria demasiado longe e eu me limitarei a só citar algumas.

Inicialmente, é a dificuldade de compreensão. Assim como disse muito bem o saudoso Lucien Herr em seu notável artigo da *Grande*

---

1   *Verthandlungen des ersten Hegelkongresses*, Haia, 1930, Tübingen, 1931.

2   Eis como D. Parodi, no seu artigo "La Philosophie d'O. Hamelin", *Reveu de métaphysique et de morale*, 1922, p. 182, caracteriza a oposição de O. Hamelin: "Este é portanto o problema: encontrar... um princípio que seja ao mesmo tempo fonte de inteligibilidade, de ligação necessária, e de fecundidade ou de produção indefinidamente nova... Esse princípio Hamelin encontra, segundo Hegel, na correlação." Exatamente como em Hegel (p. 185): "A consciência é a finalização e a chave de abóbada do sistema inteiro; e ela aparece como inseparável da liberdade e como sua condição necessária." A dedução hameliniana não é mais "analítica" do que a de Hegel; ela é, como D. Parodi disse tão bem (p. 196), uma "construção conceitual por síntese, essencialmente construtiva e progressiva, uma dedução por síntese".

Encyclopédie:[3] "A terminologia hegeliana lhe pertence como proprie-dade particular... talvez não contenha um único termo técnico que tenha seu equivalente exato na língua abstrata da filosofia francesa e deve esse caráter individual e concreto ao procedimento sentimen-tal e imaginativo do pensamento de que ela é a fiel expressão."

Em seguida vem a influência das condições que chamarei de temporais: quando, por volta dos anos 1860, as obras de Hegel – não todas e, principalmente, não as mais importantes –[4] foram traduzidas para o francês[5] por um discípulo mais entusiasta do que competente, o italiano A. Vera (bastante mal, aliás, o que, depois do que acabo de dizer, não espantará ninguém), a filosofia hegeliana, na própria Alemanha, havia caído no mais completo esquecimento, se não no mais profundo desprezo.

---

3   HERR, L. *Grande Encyclopédie*, t. XVI, p. 1.001.

4   Em especial nem a *Fenomenologia do espírito*, nem a *Ciência da lógica*, nem a *Filosofia do direito*. – Adição 1959: essas três obras de Hegel, assim como outras, existem hoje em tradução francesa; cf., anteriormente, p. 193, *post-scriptum*.

5   Aqui está a lista das traduções francesas de Hegel: I. *La Logique subjective de Hegel*, trad. Slowan e Wallon, J. Paris, 1854. – II. *Logique de Hegel*, trad. Véra, A. Paris, 1859, 2. ed. 1874. – III. *Philosophie de la nature*, trad. Véra, A., Paris, 1863-1866. – IV. *Philosophie de l'esprit*, trad. Véra, A., Paris, 1867-1869. – V. *Esthétique* , trad. Bernard, Ch., Paris, 2. ed., 1869-1878. – VI. *Philosophie de la religion*, trad. Véra, A., Paris, 1876-1878. A filosofia hegeliana não era de forma alguma desconhecida, mas era conhecida sobretudo de segunda mão, especialmente através dos trabalhos de Barchou de Penhoen, *Histoire de la philosophie allemande*, 2 vols., Paris, 1836, e mais tarde pela excelente *Histoire de la philosophie allemande* (4 vols., Paris, 1849), de J. Willm, que em 1836 já havia consagrado a Hegel um *Essai sur la philosophie de Hegel*, publicado em Strasbourg. Assinalamos também: OTT, A. *Hegel et la philosophie allemande au exposé et examen critique des principaux systèmes de la philosophie alle-mande depuis Kant et spécialement de celui de Hegel*, Paris, 1844; PREVOST, L. *Hegel, exposition de sa doctrine*, Paris, 1844; o verbete Hegel do *Dictionnaire des sciences philosophiques*, Paris, 1844-1852; VÉRA, A. *Introduction à la phi-losophie de Hegel*, Strasbourg, 1855; os artigos de E. Saisset na *Revue des deux mondes* (fevereiro 1846; março 1856; dezembro 1860); de E. Scherer (*ibid.*, fevereiro 1861); JANET, P. *Études sur la dialectique dans Planton et dans He-gel*, Paris, 1861; WEBER, A. *Introduction historique à la philosophie hégélienne*, Strasbourg, 1866; CAREIL, Foucher de. *Hegel et Schopenhauer*, Paris, 1862.

Quanto à não existência, quase completa, do neo-hegelianismo francês, ela se explica, na minha opinião, de uma maneira diferente. De fato, o apelo *retorno a Kant* foi impulsionado na França bem antes de o ter sido na Alemanha; e a geração filosófica que o realizou em seguimento a Renouvier e Cournot, a geração de Lachelier e de Boutroux, que na França substituiu a dos ecléticos, consciente de renovar uma velha tradição do pensamento filosófico francês – a tradição cartesiana –, orientou-se para uma ligação cada vez mais estreita com o pensamento científico. O que, na França, quer dizer sobretudo e antes de tudo: com o pensamento matemático.

Essa geração – assim como seus sucessores – desviou-se sem hesitação de Hegel e até mesmo do idealismo especulativo em geral. O antimatematismo de Hegel a surpreendia e o condenava aos seus olhos; sua pretensão de construir uma ciência nova na e pela filosofia da natureza parecia ridícula; a ideia da filosofia da história não podia mais ser aceita pela escola histórica nova, a de Fustel de Coulanges.

Acrescentamos – mas isso tem um alcance bem mais geral – que o próprio problema religioso se colocou ao *protestante* Hegel em termos que não provocaram ressonância num país essencialmente católico.[6] Daí resulta, para com Hegel, uma atitude de hostilidade – que ainda dura – e que L. Brunschvicg, um dos mais brilhantes representantes da tradição que eu evoco, resume nos seguintes termos:

---

6   Na França, mais ainda do que na Alemanha, a filosofia de Hegel foi acusada de ateísmo, de imoralismo, de fatalismo etc. Aqui está, por exemplo, o julgamento de Mignet (*Séances de l'Académie des Sciences Morales*, agosto de 1858): "Essa filosofia arrebatava ao mundo seu autor, à criação, sua sabedoria, à vida, sua razão divina e sua finalidade de moral, à alma humana, sua imortalidade. Ela partia da negação do ser, passava pelo nada do devir, concluía com a negação da morte, atravessando de uma maneira fatal um progresso sem motivo, e uma existência sem propósito." Cf. também CARO, E. *L'idée de Dieu et ses nouveaux critiques*, Paris, 1864. CAREIL, Foucher de. *Hegel et Schopenhauer*, Paris, 1862, p. XXXVII, escreve: "Hegel, que é o chefe dos panteístas modernos, vai mais longe [que Schopenhauer]: ele faz do abuso a lei, ele pretende que o erro é um momento da verdade, da mesma forma que o mal é um momento do bem... Essa medicina panteística é perigosa. Ela produz muito depressa o torpor, a insensibilidade, a morte: ela reflete o mal que é a tolerância doentia pelo erro ao aplicá-lo como remédio, e o torna profundo."

"Através dos dois mundos, pode-se dizer que Hegel é ainda hoje o príncipe dos filósofos, no sentido que o era Aristóteles para a Idade Média; é o mestre da escolástica contemporânea, o grande professor dos professores. Forneceu-lhes sucessivamente dois instrumentos, filosofia da lógica e filosofia da história, cuja dualidade o neo-hegelianismo reconhecerá." "Mas, por causa disso, o neo-hegelianismo só pode aparecer com relação ao hegelianismo como um movimento de recuo. Dir-se-ia que os neo-hegelianos perderam a confiança naquilo que é o postulado do sistema enquanto tal: a estrita identidade da síntese lógica e do devir histórico. Só lhes restam entre as mãos os fragmentos dispersos de uma dialética, dos quais eles se mostram tão embaraçados para desfazer quanto para renovar os laços..." "Do ponto de vista lógico, parece que sua ambição de síntese se concentrou em torno da noção do *universal concreto*. Esta noção exprime o desejo de romper com as classificações abstratas da antiga lógica, sem, no entanto, conceder ao nominalismo que o indivíduo se explique por si mesmo, esforçando-se por lhe infundir, de alguma forma, a idealidade de seu tipo e até mesmo de sua relação com o todo. Porém, qualquer que seja a sedução do *universal concreto* com as ricas ressonâncias de que ele se acompanha, é duvidoso que se possa ver ali algo além de uma "escapatória", um meio para a filosofia contemporânea eludir ou adiar o contato com a verdadeira inteligência do real. E é assim, sem dúvida, que o hegelianismo expia, e faz seus discípulos expiarem, o absurdo descaso do romantismo alemão pelo saber científico." Pois, "teremos trezentos anos dentro em breve que a antítese do *universal concreto* não pode mais ser o *universal abstrato* da lógica escolástica; mas o *universal concreto* da ciência positiva, tal como o conceberam e constituíram Descartes, Spinoza e Newton... Pelo fato da ciência cartesiana permitir a racionalização completa do individual, o problema do *universal concreto* não pode mais se colocar; ele se refere a um estado de coisas prescrito desde o século XVI". [7]

O hegelianismo, portanto, sofreu a pior desgraça que pode atingir uma doutrina onde o veredicto da história é erigido como norma suprema de julgamento. Por não ter sabido encarar a "árvore" do car-

---

7   BRUNSCHVICG, L. *Le Progrès de la conscience dans la philosophie occidentale*, v. II, p. 397, Paris, 1927.

Relatório sobre o Estado dos Estudos Hegelianos na França **235**

tesianismo tal como ela se desenvolveu a partir de suas raízes científicas... [ele foi] anacrônico antes mesmo de nascer, ele constituiu uma metafísica da natureza... condenada a não produzir a realidade.[8]

Mas tudo isso não impede o fato de o pensamento hegeliano ter representado um papel, e um papel de primeiríssimo plano na história espiritual da França do século XIX. Eu não poderia caracterizar melhor essa influência do que citando, mais uma vez, o ilustre representante do anti-hegelianismo francês: "Não apenas para a Alemanha do século XIX, mas para a Europa inteira, é válido dizer que a filosofia se desenvolveu sob o signo de Hegel. Na França o movimento começou em 1828 "com o retorno das esperanças constitucionais da França", que permite a Cousin retomar a palavra na Sorbonne. Sem que Hegel seja ali mencionado, as *Lições da introdução à história da filosofia* estão cheias de promessas hegelians. E quando a geração de Vacherot, de Renan, de Taine, para além dos "compromissos mesquinhos", onde a preocupação de defender o regime orleanista havia levado ao ecletismo cousiniano, tentou retomar o fio da especulação desinteressada, ela se voltou para o movimento que conduzia ao hegelianismo: "De 1780 a 1830, a Alemanha produziu todas as ideias de nossa idade histórica e, ainda, durante meio século, talvez durante um século, nossa grande tarefa será repensá-las", escreveu Taine (*Journal des débats*, 1960, reproduzido na *Histoire de la littérature anglaisse*, t. V, II, I, 12. ed., 1911, p. 243), e Proudhon conquistou um público de outro gênero para a influência hegeliana."[9]

Entretanto, essa influência era alguma coisa bastante difusa e bastante imprecisa.[10] Não podemos falar seriamente de um hegelianismo (pelo menos no sentido estrito do termo) de Taine, para

---

8   BRUNSCHVICG, L. *Le Progrès de la conscience...*, v. II, p. 396 e segs.

9   L. Brunschvicg acrescenta que: "O próprio Renouvier, separado de Hegel, foi reconduzido a ele por seu maior discípulo, por Octave Hamelin" (BRUNSCHVICG, *Le Progrès de la conscience dans la philosophie occidentale*, Paris, 1927, v. I, p. 395).

10   O estudo da influência hegeliana na França ainda está por fazer. Assinalamos, como primeiros começos desse trabalho, indispensável, além do artigo do Sr. Ziromski, "Les caractères généraux da la littérature française au XIXe siècle", *Revue des lettres françaises et étrangères*, Bordéus, 1839, e o velho livro de E. Caro, *L'idée de Dieu et ses nouveaux critiques*, Paris, 1864, o livro do Sr. Regnaud, *L'influence allemande en France*, Paris, 1926, e a tese do Sr. Rosca, *L'influence*

quem Hegel encara muito mais o racionalismo enquanto tal e que, praticamente, na sua teoria do meio e da raça é muito mais herderiano do que hegeliano; nem de Renan, para quem ele equivalia mais ou menos (no seu primeiro período) a uma crença na razão e a uma lógica na história, e que mais tarde chegaria a um relativismo mais ou menos completo; nem de Cousin, tão pouco profundo quanto o próprio Cousin, que, aliás, só conhecia Hegel de segunda mão. E Vacherot também não é um hegeliano.[11] Nem podemos colocar Proudhon entre os hegelianos autênticos. K. Marx tinha razão sobre esse ponto. No fundo, ele estava talvez mais próximo de Krause, de quem Ahrens havia propagado a doutrina na França, do que de Hegel. Aliás, como poderíamos chamar de hegeliano quem desprezava o Estado?

Mas deixemos para lá essas sombras do passado. Vamos às coisas mais recentes.

O interesse pela filosofia hegeliana subsiste na França durante a segunda metade do século XIX.[12] Todavia ele diminui visivelmente; da metafísica ele passa à doutrina política e à filosofia do direito.[13]

O interesse geral pela filosofia alemã que cresceu, sobretudo sob a influência de Émile Boutroux e de seu ensino, e ao qual devemos as obras magistrais do próprio Boutroux,[14] de Lucien Lévy-

---

de Hegel sur Taine, Paris, 1928. O Sr. Rosca também publicou uma tradução francesa da Vie de Jésus, de Hegel, com um importante prefácio (Paris, 1928).

---

11   Cf. VACHEROT, E. *Métaphysique de la science*, v, II: *La Philosophie du XIX*e. siècle, Paris, 1864, que mostra um conhecimento muito sólido e de primeira mão da filosofia hegeliana. Vacherot tem grande estima por Hegel, mas de forma alguma se reconhece seu discípulo.

12   O centenário do nascimento de Hegel foi marcado na França pelo artigo de E. Beaussire, "Le centenaire de Hegel en 1870", *Revue des deux mondes*, janeiro de 1871.

13   Assinalamos: MARRAST, A. *La Philosophie du droit de Hegel*, Paris, 1869; BEAUSSIRE, E. "La philosophie politique de Hegel", em *Comptes rendus de l'académie des sciences morales et politiques*, 1871; LÉVY-BRUHL, L. "La théorie de l'état chez Hegel", in *Séances et travaux de l'académie des sciences morales et politiques*, 1889; JAURÈS, J. *Des primis socialismi germanici lineamentis apud Lutherum, Kant, Fichte et Hegel*, Paris, 1892.

14   Citamos, entre os numerosos trabalhos consagrados à filosofia alemã por E. Boutroux, seu admirável ensaio sobre Kant, publicado primeiro na *Grande Encyclopédie* e depois traduzido em seus *Essais d'histoire de la philosophie*

Relatório sobre o Estado dos Estudos Hegelianos na França 237

-Bruhl,[15] de Victor Delbos,[16] de Charles Andler,[17] de Xavier Léon,[18] e ainda de outros, leva ao interesse por Hegel.[19] No começo do século XX, Lucien Herr, que passou 25 anos de sua vida estudando o pensamento hegeliano, e que morreu sem ter podido escrever o livro que se propunha a nos dar e que teria assumido seu lugar ao lado dos livros de Delbos e de Xavier Léon, publicou na *Grande Encyclopédie* um estudo absolutamente notável (cf. v. Hegel), que já citamos e que pode ser considerado como o ponto de partida para um período novo; um período de estudo do pensamento hegeliano e de retomada do contato com ele. Vejamos de que maneira, numa língua de

---

(6. ed. Paris, 1929), igualmente seu magistral curso sobre Kant (3. ed. Paris, 1927), e seu curso sobre *La Philosophie allemande au XVIIe siècle* (Paris, 1928).

---

15 Assinalamos *La Philosophie de Jacobi*, de L. Lévy-Bruhl (Paris, 1894) e sua *Allemagne après Leibniz* (Paris, 1890).

16 Devemos a Victor Delbos *La Philosophie pratique de Kant*, Paris, 1902, 2. ed. Paris, 1928.

17 No seu belo livro sobre *Les Origines du socialisme d'état en Allemagne* (Paris, 1897), Ch. Andler consagrou a Hegel um capítulo inteiro. Extraímos dele algumas passagens (p. 35 e segs.): "A liberdade é o espírito tendo consciência de si como liberdade última. E é preciso que a liberdade exista, sem o que não haveria existência verdadeira. Apresentar da verdade uma definição justa é chamá-la de conformidade do pensamento com o ser. Mas... só pode existir conformidade ali... pela sua identidade. A verdade é uma identidade tão profunda do pensamento com o ser que ela é um ser pensante... Não existe... *ser* verdadeiro senão aquele que pensa. Não existe *pensamento* verdadeiro senão a consciência que um ser toma dele mesmo"; e *ibid.*, p. 34: "Assim toda necessidade prova uma liberdade acima dela... A necessidade é apenas o conjunto, logicamente encadeado dos atos livres." Entretanto, tomando o partido de Schelling, Ch. Andler escreve: "O sistema hegeliano é um esforço prodigioso para fundamentar a liberdade pela razão. Mas a razão nesse sistema se arrisca a subsistir sozinha... O sistema de Hegel seria igual se o mundo não existisse e ele fosse apenas um espetáculo que se oferece ao pensamento especulativo: *Welch Schauspiel! aber ach! ein Schauspiel nur"* (Schelling, *Philosophie der Offenbarung*, WW, t. XIII, p. 57).

18 Todo mundo conhece *La Philosophie de Fichte*, de Xavier Léon (Paris, 1900), assim como sua admirável obra *Fichte et son temps*, 3 vols., Paris, 1920-1927.

19 Em 1897 é publicada em livro a excelente monografia de G. Noël, "La logique de Hegel" (Paris, Alcan), publicada primeiro na *Revue de métaphysique et de morale* (1895, 1896).

precisão e densidade perfeitas, Lucien Herr caracteriza o pensamento hegeliano:

"Os momentos sucessivos do sistema não derivam de princípios colocados através de dedução rigorosa e puramente lógica no sentido abstrato da palavra; eles se engendram através de gênese construtiva. O momento novo não se deduz do momento anterior à maneira da consequência que decorre analiticamente da proposição onde estava implicitamente contida; ele se realiza por meio dos momentos anteriormente colocados que lhe servem como materiais através do processo de uma síntese progressiva e criadora. A marcha do sistema não se faz do menos abstrato ao mais abstrato, nem do abstrato ao abstrato; ela se faz do abstrato, ou seja, do que é simples, pobre, sem conteúdo, ao concreto, quer dizer, ao que é diferenciado, rico e variado. O sistema hegeliano não é, no sentido próprio da palavra, uma explicação lógica e dedutiva do mundo; ele é uma interpretação (ou seja, ao mesmo tempo, extemporal e temporal) de todo o dado."

"Esse sistema é, portanto, no sentido exato do termo, um realismo, já que todos os momentos da realidade são verdadeiros quando eles se produzem... e ao mesmo tempo um intelectualismo e um idealismo crítico, já que a verdade dos momentos percorridos se subordina à verdade do momento superior e se apaga diante dela."[20]

O interesse por Hegel estava reanimado. Não se tratava mais de vencer a indiferença que havia sucedido à hostilidade; tratava-se de combater uma falsa interpretação tradicional que havia invadido os manuais e substituir o Hegel dos manuais, dialético, absurdo e reacionário ultrapassado, por uma imagem mais viva, mais profunda e mais verdadeira.

A isso foi consagrada uma importante mesa-redonda da *Société française de philosophie* (aos 31 de janeiro de 1907), na qual, além de R. Berthelot, relator, tomaram parte, e uma parte muito ativa, Émile Boutroux e Victor Delbos.[21]

---

20   Cf. *Grande Encyclopédie*, s. v. "Hegel", p. 1.002a.
21   V. Delbos já havia consagrado a Hegel um capítulo de seu livro: *Le problème moral dans Spinoza et dans l'histoire du spinozisme*, Paris, 1893: sua tese latina é consagrada ao estudo das relações entre Schelling e Hegel; cf. *De posteriori Schellingii philosophia quatenus hegelianae adversatur*, Paris, 1902.

Insurgindo-se contra as interpretações equivocadas que contribuíram para desacreditar a filosofia hegeliana e considerando que ela não perdera sua potência original e fecunda, R. Berthelot resume essas concepções tradicionais como se segue:

"I – Primeiro os espiritualistas ecléticos e o próprio Renouvier consideraram o hegelianismo como um *determinismo absoluto*.

II – Em seguida, o hegelianismo foi definido também pelos ecléticos e por Renouvier como um *otimismo integral*.

III – Enfim, frequentemente, se considera o hegelianismo como um *panlogismo*."

Ora, nada é mais falso do que essas interpretações. De fato, diz R. Berthelot: "A doutrina hegeliana... é um idealismo dinâmico, um finalismo racional, uma filosofia onde a necessidade lógica só é colocada na e pela sua relação com a liberdade do espírito. Isso não é nem um determinado absoluto, nem um otimismo integral, nem um panlogismo."[22]

Essas incompreensões do pensamento hegeliano têm, no entanto, uma base comum: é a incompreensão do fato de a filosofia hegeliana implicar e trazer uma concepção nova do espírito, do pensamento, da razão. De fato, quando se critica desse modo – e isso é feito quando ela é definida assim – a filosofia hegeliana, esquece-se ou não se vê que "a concepção da razão que ela supõe exige o abandono da lógica tradicional". A razão hegeliana vê que ela "não pode se impedir, no próprio ato que coloca uma noção enquanto tal, de afirmar ser a categoria oposta" (p. 137) e é por isso que (p. 116), "denunciando as contradições onde se cai desde que se queira abstrair e isolar os conceitos fundamentais, a razão se força para ultrapassar cada um deles para só colocá-los na sua relação e na sua totalidade ordenada..." E é por isso também que convém opor à lógica linear de Aristóteles a lógica de Platão e tomar de empréstimo a esta as noções de *ideia* e de *dialética* para lhes dar um desenvolvimento novo e para explicar através delas a própria passagem do Ser das suas for-

---

22 Ou só é um panlogismo se adotarmos a lógica hegeliana. M. Roques (*Hegel, sa vie et ses oeuvres*, Paris, 1912) diz com muita propriedade (p. 15): "Quem não percebe que a corriqueira acusação de racionalização do real e de panlogismo, lançada incessantemente contra Hegel, no fundo, ameaça todo o idealismo?"

mas inferiores às suas formas superiores. É preciso conceber a implicação racional[23] "como uma *ordem* necessária, que não é ordem de *aparência*, para compreender como o objeto da filosofia pode ser determinado pela *dialética* dos momentos da ideia, a sucessão das teses e das antíteses, incompletamente reais e incompletamente inteligíveis, que a razão une em sínteses cada vez mais ricas, num Todo cada vez mais harmônico, passando do conceito abstrato ao espírito vivo por intermédio da natureza material, e passando da individualidade psicológica à personalidade espiritual por intermédio da consciência social".

E que não nos enganemos sobre isso; não se trata de forma alguma de combinar conceitos preexistentes para deles fazer surgir, com a ajuda de uma operação mágica, alguma coisa de novo. R. Berthelot insiste com razão – e dizer que era preciso fazer isso! – sobre o dinamismo e a natureza *sintética* da progressão dialética que leva da generalidade abstrata e vazia à plenitude do universal concreto: "Em todos os momentos da dialética é preciso fazer intervir uma razão dinâmica cujo desenvolvimento escapa às análises do entendimento. Nunca se reconstrói uma forma ulterior da ideia através de uma combinação de formas anteriores." "De fato, o primeiríssimo procedimento da dialética, a dedução do devir a partir das noções do ser e do não-ser, é um procedimento sintético no mais alto grau."[24]

Victor Delbos, que havia tomado parte na discussão do relatório de R. Berthelot, opondo-se a algumas de suas interpretações, especialmente à sua interpretação do papel da contingência no sistema hegeliano, insistiu tanto quanto R. Berthlot sobre o caráter sintético

---

23 Cf. também, *ibid.*, p. 132: "Mas esse conceito novo nenhuma composição dos dois conceitos de diferença e de identidade pode nos fornecer. Apenas porque um ato particular da intelecção nos faz percebê-lo, conhecendo-o diretamente nele mesmo, é que vemos nele a solução de nossa antinomia... Essa síntese progressiva não é uma construção, onde combinaríamos em conjuntos cada vez mais complexos os elementos preexistentes."

24 Cf. *ibid.*, p. 132: "Com os dois primeiros [termos, categorias opostas] apenas, nunca se obterá o terceiro; ele não resulta da combinação dos dois precedentes; é uma qualidade nova que o espírito apreende por um ato particular de intelecção; mas é preciso, para lhe compreender a natureza, o [terceiro termo] colocar nas suas relações com os primeiros como sendo precisamente o termo que permite resolver a contradição aonde se cai quando se limita a apresentar os dois precedentes."

e criador do movimento dialético. Em um curso público, professado na Sorbonne e publicado após sua morte na *Revue de métaphysique et de morale* (1922-1929), ele apresenta a filosofia de Hegel como o pináculo e verdadeira finalização do movimento inaugurado por Kant. O hegelianismo, tanto para Delbos como para R. Berthelot, é antes de tudo uma filosofia dinâmica da liberdade espiritual confundindo-se com a razão. Ora, essa identificação só é possível se a razão é criadora, e, se ela o é, é porque "o pensamento absoluto é criador não em um momento mais ou menos arbitrariamente representado como um momento do tempo onde toda sua virtude, então singularmente limitada, se esgotasse: é em cada um dos momentos racionalmente ligados de seu desenvolvimento"[25] que ele cria o novo.

"A síntese... é sem dúvida o resultado [unidade da tese e da antítese] e Hegel emprega essa palavra, mas ... ela não é, frente à tese e à antítese, como um produto que estaria todo dado nos seus fatores; seria mais exato dizer que esses aparentes fatores é que são os seus produtos."

"A síntese é, portanto, verdadeiramente criadora, é a razão dos momentos que se subordinam a ela, que ela compreende e que só representam com relação a ela o papel de materiais."[26]

---

25 DELBOS, V. "Les facteurs kantiens dans la philosophie allemande", *Revue de métaphysique et de morale*, 1925, p. 281.

26 *Ibid.*, p. 279. V. Delbos escreve (*ibid.*, p. 278), insistindo sobre o papel positivo da negação: "... no pensamento de Hegel, sua dialética está muito longe de erigir a contradição como lei soberana e definitiva. Pois, se a dialética prossegue sua marcha, é exatamente para suprimir a contradição que, como tal, é impossível deter... A unidade dos contraditórios que a razão coloca é a unidade que suprime dos contraditórios aquilo que têm de exclusivo para fazer deles momentos de uma síntese real. A contradição é o que põe o mundo em movimento e é verdadeiramente agradável dizer que a contradição não poderia ser pensada." Cf. BRÉHIER, E. *Histoire de la philosophie allemande*, p. 10, Paris, 1922: "A dialética, por conseguinte, longe de negar o princípio de contradição, é, pelo contrário, sua mais autêntica afirmação; mas o espírito ali não é guiado como na lógica formal por uma aplicação mecânica desse princípio; ele é possuído por uma inspiração que não lhe permite se deter antes de ter afirmado sua soberania; por conseguinte, nada é menos mecânico do que a dialética; ela é vida espiritual ainda mais do que método; não é a aplicação de regras previamente propostas; é feita de procedimentos sempre novos, de decisões do espírito que recusa sustar seu elã por contradições aparentes;

R. Berthelot e V. Delbos representam o estado dos estudos hegelianos antes da [primeira] guerra.[27] A guerra, entre outros equívocos, levou a uma violenta reação contra o pensamento alemão, a arte alemã, a civilização alemã em geral. Vimos homens ilustres... mas *de mortuis nil nisi bonum*... Não pertubemos o repouso de suas sombras evocando os desvarios passageiros de sua velhice.

Como quer que seja, durante alguns anos nada de importante foi publicado na França sobre Hegel. Mas, nesses últimos anos, surgiram três obras – das quais, é verdade, só uma é consagrada especialmente a Hegel, as duas outras envolvendo assuntos mais amplos – que trazem para a interpretação e a compreensão da filosofia hegeliana visões parciais, porém – no meu entender – de um interesse capital.

Em 1922, Émile Meyerson fez publicar sua grande obra sobre a *Explication dans les sciences*, na qual todo um livro é consagrado ao estudo e à reabilitação de uma parte, habitualmente, bastante negligenciada da filosofia hegeliana, – da sua *Naturphilosophie*.

Tomando resolutamente o partido de Hegel, eis os termos em que o eminente epistemólogo glorifica a tentativa hegeliana...: "He-

---

e só torna pensável o seu objeto, purgando-o de contradição, para chegar a uma verdadeira liberação espiritual."

---

27 Em 1912 foi publicado o excelente livro de M. Roques, *Hegel, sa vie et ses oeuvres*, primeira – e até agora a única – monografia francesa consagrada a Hegel que contém uma boa biografia do filósofo assim como uma exposição clara e judiciosa do seu pensamento. Eis como M. Roques caracteriza a filosofia hegeliana: "O hegelismo é uma doutrina do infinito e, entretanto, como todo saber verdadeiro, é feita de determinações. Basta, para se elevar ao saber total, ver que o pensamento se cria inteiro – e se comprova pensando-se... Em lugar de conceber o absoluto como o indeterminado e o impensável, Hegel o define como uma série de determinações encadeadas, como síntese do relativo... O pensamento discursivo se eleva até ele sob a única condição de fazer-se sintético. Nunca, portanto, daremos o salto para o além, nunca tentaremos fazer sair o espírito do espírito, mas nos esforçaremos para fazer compreender a unidade do racional pela dialética; isto é o absoluto." E esse absoluto de Hegel a sua filosofia não "coloca de início; ela mostra como ele se cria. Pois o absoluto se torna, ele é um resultado... ele se determina; em outros termos, em lugar de ser apenas, como acreditavam os românticos, substância universal imediatamente dada, ele é sujeito".

Relatório sobre o Estado dos Estudos Hegelianos na França 243

gel realmente tentou um empreendimento que constitui um postulado eterno do espírito humano, postulado secreto, é verdade, pois mesmo aspirando por ele com todas as fibras do nosso intelecto, não ousamos confessar a nós mesmos essa aspiração, a tal ponto temos simultaneamente o sentimento de que ela não poderia ser satisfeita. Ele, Hegel, tentou essa aventura; se não foi o único a tê-la ousado, certamente foi quem aplicou nela o mais insistente esforço. Ele anunciou ter tido sucesso e não se poderia duvidar um só instante de que foi sincero proclamando isso." Além disso, "tentando uma dedução global do real, Hegel compreendeu o caráter estéril do pensamento lógico. Ele viu que o pensamento não pode progredir no quadro nem segundo o esquema da identidade, mais do que isso, que ele não pode viver ali, que o pensamento analítico é a morte do pensamento."[28]

"Hegel", diz E. Meyerson (*ibid.*, p.130-131), "insistiu com muito vigor nessa importante observação."

"O enunciado A = A, diz Hegel na última parte da sua *Ciência da lógica*, em sua forma positiva, inicialmente nada mais é do que a expressão de uma tautologia vazia. Por isso observamos com razão que esse pensamento é desprovido de conteúdo e não conduz a diante" (*Wissenchaft der Logik* [WW, III], p. 33-34). Mas, segundo Hegel, a verdade só é compreendida na "unidade entre a identidade e a diversidade", e o princípio da identidade é realmente de essência não apenas analítica mas também sintética. Ele "contém mais do que parece significar, a saber... a própria diferença absoluta".[29]

---

28 Cf. MEYERSON, E. *De l'explication dans les sciences*, v. II, p. 89, Paris, 1922; cf. *ibid.*, p. 119: "Hegel, como já dissemos, prestou ao pensamento reflexivo o imenso serviço de tentar um empreendimento sobre-humano e que, no entanto, mesmo sentindo-o assim, esse pensamento deseja ardentemente ver executar; esse empreendimento consiste na racionalização direta do real – não enquanto tema nebuloso e indeterminado, como o apresentaram muitas teorias anteriores, nem enquanto finalidade longínqua, como o faz aparecer a ciência, limitando logo esse progresso assimptótico pela admissão de um irracional, de maneira que não nos aproximemos mais indefinidamente do fim, mas apenas de um limite que é infinitamente distante dele – mas como uma coisa a realizar de uma maneira imediata, de fato."

29 MEYERSON, E. *De l'explication dans les sciences*, v. I, p. 132-133, cf. p. 131: "A verdade é que o princípio da identidade, tal como o aplicamos em nossos ra-

A lógica da *Enciclopédia*, diz E. Meyerson, torna esse pensamento preciso: "A forma do enunciado (*sc.* A = A) já o contradiz, pois um enunciado promete uma diferença entre o sujeito e o predicado, já que aquele que está em questão não realiza aquilo que sua forma exige." Hegel deduz disso que "a identidade não deve ser compreendida como identidade absoluta com exclusão da diferença", e acrescenta mais adiante: "É verdade que o conceito e também a ideia são idênticos a ele mesmos, mas apenas enquanto ao mesmo tempo contêm em si a diferença." Hegel vê, segundo E. Meyerson, que, "formulando uma identidade, mesmo sob a forma mais rude e a mais rigorosa, supomos ou nos propomos ao mesmo tempo uma diversidade, pois sem isso o enunciado não nos serviria de nada e "pensar deveria ser denunciado como a ocupação mais supérflua e a mais aborrecida" (*Encyclopädie* I [WW, VI], p. 230-232). "Assim nosso espírito exige na diferença a identidade e na identidade, a diferença." Existe ali evidentemente uma contradição, mas é uma contradição *necessária*: "O outro, o negativo, a contradição, a disputa fazem parte da natureza do espírito. Por isso a lógica ordinária se engana declarando que o intelecto exclui completamente a contradição do seu interior. Pelo contrário, toda consciência contém a unidade e a contradição e, por conseguinte, uma contradição" (*Phänomenologie des Geistes* [WW, II], p. 25-26)."

Mas, de fato, como Hegel, segundo E. Meyerson, viu muito bem, "o aritmético e o geômetra não raciocinam segundo o esquema da razão concreta, e, além do mais, graças à simplicidade fundamental, à transparência do raciocínio matemático, não existe meio de fazer ilusões a esse respeito..." A geometria obedece "manifestamente às regras da lógica antiga, ou seja, está de acordo com as ordenações da razão abstrata; quer dizer, que o lado formal da evidência matemática consiste em operar ao longo da linha da igualdade..."[30] "A par-

---

ciocínios, nunca é puramente analítico. Nenhum sábio, nem filósofo, e muito provavelmente nenhum homem de espírito são, teve jamais a ideia de enunciar o princípio A igual a A no sentido de uma perfeita tautologia... Deve existir ali *alguma coisa*, uma circunstância qualquer que diversifique o segundo A do primeiro."

---

30 MAYERSON, E. *De l'explication dans les sciences*, v. II, p. 48 e segs.

Relatório sobre o Estado dos Estudos Hegelianos na França

tir daí, *não é possível* que o raciocínio matemático seja de essência análoga à da física; é preciso, pelo contrário, que haja entre os dois um corte", e aí está a verdadeira razão pela qual Hegel tenta a constituição de uma ciência nova, procedendo por dedução dialética. Não que Hegel não conhecesse a ciência do seu tempo. Muito pelo contrário, ele havia "reconhecido perfeitamente que a explicação tal como as ciências físicas realizam repousa sobre a persistência, sobre a identidade" ou, como ele diz, "sobre a perseguição da identidade e a continuação nela (*Naturphilosophie*, p. 622). Assim, a teoria química supõe a diversidade substancial e inalterável dos elementos. Suas explicações são obra da razão abstrata..., mas é também uma obra que não poderia se finalizar, a fixidez dos elementos [constituindo] o defeito fundamental"[31] de suas explicações. E E. Meyerson acrescenta: ... "As percepções de Hegel sobre a natureza íntima da explicação mecanista são tão corretas quanto profundas. Quase ousaríamos dizer: demasiado corretas. De fato... ele percebe claramente que a explicação científica só procede e só pode proceder pesquisando a causa da razão, igualando-a ao efeito e progredindo assim de identidade. Essa obra inteira lhe aparece, portanto, como uma imensa tautologia... um palavrório tautológico e vazio."[32]

Ora, não é só isso. A ciência não é apenas vazia; o raciocínio explicativo da razão abstrata é ainda interiormente contraditório. E. Meyerson ilustra o pensamento hegeliano com este exemplo – particularmente bem escolhido –, o da reação química: "Os químicos *explicam* as reações supondo substância elementares imutáveis." Mas a quem é que uma explicação desse gênero pode servir? De fato, "é claro que se ela pudesse ser real, completa, conseguiria indicar de onde vêm *todas* as propriedades dos produtos que a reação cria; ora, ela só o poderia fazer afirmando que nada se cria, que nada se perde, que, por conseguinte, tudo preexiste. Assim, não teria havido reação nenhuma. Isso é absurdo pois, se não tivesse havido mudança, os químicos não se teriam dado ao trabalho de uma explicação. Não é mais *simples* a partir daí (é o termo que Hegel utiliza muitas vezes em ocasiões como essa) supor que o ar se transforma diretamente

---

31   *Ibid.*, p. 49 e segs.
32   *Ibid.*, p. 53-54.

em água etc.? Pois a natureza, isso é certo, deve estar de acordo com as exigências de nossa razão, *razoável*. Teria sido razoável de sua parte ter mantido as substâncias elementares e assim ter preparado de alguma forma uma aparência de explicação quando essa explicação só pode chegar ao absurdo? Não é infinitamente mais provável não ser nada disso e que todas as pretensas demonstrações dos químicos sejam puramente aparentes?"[33]

"Seria atrever-se demais", conclui E. Meyerson, "ver nessas deduções sobre a vaidade da ciência explicativa, tal como é praticada pelos próprios sábios – ideias que se apoiavam... no fato de ele realmente ter, com uma perspicácia admirável, posto a nu os profundos assentamentos lógicos da ciência –, o ponto de partida das concepções epistemológicas de Hegel? Assim, julgando vão o esforço explicativo da ciência, ele teria concluído que sua obra inteira só poderia constituir um erro fundamental, uma aberração formal do espírito humano, e que seria necessário, portanto, buscar verdadeiras explicações numa outra direção, quem sabe até deixar esse fenômenos inteiramente inexplicados. Mas pode um verdadeiro filósofo renunciar a compreender? Não Hegel, em todo caso. Tendo realmente conseguido demonstrar que o raciocínio científico, que bem como ele diz, é: uma corrente contínua de identidades "abstratas que, no fim das contas, só pode chegar a um todo indistinto no tempo e no espaço"... "Hegel considerou ter encontrado um método, seu método dialético, que lhe permitia deduzir a realidade ou pelo menos tudo o que pudesse existir de essencial nela, partindo exclusivamente do conceito. Isto foi o que fez poder considerar como um inconveniente lógico das matemáticas o fato de "não proceder do conceito ao teorema..."[34]

Então por que, pergunta-se E. Meyerson, se Hegel tinha razão, a sua tentativa chegou a um fracasso tão estrondoso, tão completo? Porque, pode-se dizer, Hegel tinha ainda mais razão do que ele mesmo pensava; e também porque ele se enganou sobre a natureza do pensamento matemático. De fato, o pensamento matemático progride; ele caminha, é verdade, de identidade a identidade, mas, como qualquer pensamento, inclui a contradição. É justamente isso que,

---

33   MEYERSON, E. *De l'explication...*, v. I, p. 112.
34   *Ibid.*, v. III, p. 58-59.

Relatório sobre o Estado dos Estudos Hegelianos na França | 247

segundo E. Meyerson, Hegel "parece não ter visto", pois ele "afirmou expressamente que suas observações sobre a marcha do raciocínio não se aplicavam em geral ao raciocínio matemático". Este foi o seu erro, pois existe uma contradição no fundo de toda equação, e "essa contradição que se encontra no fundo do enunciado geométrico mais simples acompanhará o pensamento em todas as situações... Se eu quero raciocinar, se pretendo que meu pensamento progrida, não tenho outra escolha senão, mesmo tendo consciência da diversidade e conservando fortemente essa noção no meu espírito, *passar adiante dela (aufheben)*".[35] Mas Hegel não havia visto essa contradição interna do raciocínio matemático. Ele não havia percebido a presença do *Outro*, e foi por isso que ele fracassou. De fato, "considerando a dedução *dialética* aplicável às *ciências físicas*, Hegel acreditou, por conseguinte, que nesse domínio, em todas as circunstâncias, existia o *mesmo* conflito que se resolvia da mesma maneira. Ora... não era assim". E por isso Hegel chegou a esse resultado paradoxal: "O irracional, tal como Hegel o concebe estritamente falando, só servirá para edificar as matemáticas..."[36] Ora, o que Hegel queria edificar era a física.

"Assim, poderíamos dizer que aquilo que distingue a atitude de Hegel da atitude da ciência de nossos dias é que Hegel só admitia, no interior da sua ciência, um irracional único, o *Anderssein*, aliás declarando-o *razoável*, enquanto a nossa ciência conhece uma série deles."[37]

"A ciência é sem dúvida incapaz de explicar *completamente* um fenômeno, por menor que ele seja; Hegel tem, perfeitamente, razão sobre esse ponto. Mas Hegel partiu daí para afirmar que a obra da explicação científica sendo, por esse fato mesmo, viciada na sua essência, só poderia ser, por conseguinte, absolutamente ilusória. O que é, em suma, uma prova pelo absurdo."

---

35 *Ibid.*, v. I, p. 134 e segs.
36 *Ibid.*, v. II, p. 163
37 *Ibid.*, p. 68; cf. p. 160: "Foi porque ele julgou único o obstáculo que se revelara a ele, e porque estava convencido de que, uma vez ultrapassado esse obstáculo, a razão só teria que realizar o seu trabalho, sem temer nenhuma nova interrupção, que Hegel colocou o seu conceito de razão concreta. Ora, essa razão concreta, a *Vernunft*, enquanto princípio superior à razão abstrata e que regulamenta de maneira essencialmente diferente desta o curso de nossos pensamentos, não existe."

Estudos de História do Pensamento Filosófico | Alexandre Koyré

"Será ela válida? Isso não é possível, já que a ciência explicativa existe e que todos os dias celebra novos triunfos. No entanto, reconhecemos, o ponto de partida da demonstração é perfeitamente exato."[38]

"Existiria pois, verdadeiramente, contradição entre essa demonstração e esse resultado, e a ciência "racional" triunfaria contrariamente à razão? O leitor verá..." conclui E. Meyerson, "que, num certo sentido, é exatamente assim..."[39]

Eu evoquei – rapidamente, como convém – a reação que na época da guerra se produziu na França contra a filosofia hegeliana, e que parecia querer provocar o esquecimento da interpretação, já conhecida, do hegelianismo como filosofia do espírito e da liberdade. Em comovente conjunto com os reacionários alemães, apresentaram-nos numa segunda tentativa a filosofia hegeliana – especialmente a sua filosofia social – como uma divinização do Estado-Moloch, ao qual eram impiedosamente sacrificados os direitos do indivíduo. É contra essas deformações do pensamento hegeliano que se levanta V. Basch no seu trabalho: *As doutrinas políticas dos filósofos da Alemanha,*[40] proclamando (p. 323): "O que importa é o conjunto. Ora, o conjunto do pensamento hegeliano repugna radicalmente

---

38 Considero dever sublinhar a importância, para a interpretação do pensamento hegeliano, do novo ponto de vista trazido por E. Meyerson. De fato, os partidários mais decididos da filosofia hegeliana se mostram em geral menos ardorosos na defesa da *Naturphilosophie*. Basta citar Mac Taggan, Caird, Wallace, Berthelot. Mas essa falta de ardor implica – e se explica – pelo desconhecimento do papel e do lugar ocupado pela *Naturphilosophie* no sistema hegeliano, e isso por sua vez não permite ver até que ponto, como bem demonstrou E. Meyerson, Hegel realmente "desmontou" o mecanismo do raciocínio científico. O que, por sua vez, implica um desconhecimento do papel da dialética na lógica e, portanto, na filosofia hegeliana. Indicamos a esse respeito as "notas" de E. Meyerson em apêndice à sua grande obra: nota IX: "Les hégeliens et la Naturphilosophie de Hegel;" nota X, "La philosophie de la nature et le progrès des sciences;" nota XI: "Hegel, Schelling et la théorie chimque"; nota XIV; "La dialectique hégelienne et l'expérience"; nota XV: "Schelling, Hegel et Victor Cousin" (*De l'éxplication dans les sciences*, v. II, p. 417-431).

39 MEYERSON, E. *De l'explication...* v. II, p. 163.

40 BASCH, V. *Les doctrines politiques des philosophes classiques de l'Allemagne,* Paris, 1927. Observamos que V. Basch já havia consagrado a Hegel alguns capítulos de seu livro *Individualisme anarchiste*, Paris, 1904, 2. ed. 1928.

Relatório sobre o Estado dos Estudos Hegelianos na França   249

a qualquer imperialismo ou até mesmo nacionalismo exacerbado. Uma filosofia que faz do Estado a realização da Ideia moral, o Espírito moral manifestado, a encarnação da liberdade é, quaisquer reservas que se possa fazer sobre a concepção hegeliana da liberdade e da moralidade, absolutamente incompatível com as ideias às quais se quis aparentá-las..." *Ibid.*, p. 288: "Contrariamente ao que foi dito tantas vezes, ele não desposou cegamente a concepção platônica do Estado. A originalidade da concepção política de Hegel consiste exatamente em ter tentado reconciliar... o ideal antigo do Estado com a concepção do indivíduo que foi criada pelo cristianismo e que os filósofos do século XVIII e os homens da Revolução herdaram dele." *Ibid.*, p. 305: "Não é verdade que para Hegel a vontade do indivíduo deva ser sacrificada à vontade do Estado: pelo contrário, ela tem um valor absoluto igual ao valor do Estado, sob a condição, no entanto, de não ser um impulso caprichoso mas uma vontade verdadeira, ou seja, racional, pois, sendo isso, ela no fundo é idêntica à vontade do Estado. Que se conteste essa identidade... Mas o que é inadmissível é fazer de Hegel um intransigente defensor do Estado. Sustentar isso... é esquecer a subestrutura metafísica de toda a sua construção."[41]

"É de fato da moral, da *sua* moral, que Hegel deduziu a sua concepção do Estado: o Estado nada mais é do que a forma última da *Sittlichkeit*, do que a perfeita realização da liberdade, e "sua substância última e imutável é a moralidade pura". E, sendo dado que a realidade inteira é Espírito, que esse Espírito está em evolução e em elaboração contínuas, que o cume dessa evolução e dessa elaboração é a *Sittlichkeit* e sua suprema encarnação: o Estado, o Estado é a própria encarnação do Espírito."

Por conseguinte...

"Impossível confundi-lo com a sociedade civil...

---

41 Cf. BASCH, V. *Les doctrines politiques des philosophes classiques de l'Allemagne*, p. 328 e segs. "Hegel é daqueles que, compreendendo quanto o individualismo extremo e o estatismo absoluto são inconcebíveis, tentou conciliá-los. Toda a sua filosofia prática, já vimos, está consagrada ao estudo desse problema. Sua solução, nós sabemos, é a identidade fundamental dos direitos do indivíduo e das prerrogativas do Estado, estando o indivíduo profundamente enraizado no Estado, sendo toda vida individual ao mesmo tempo separada de toda vida exterior à sua e una com essa vida exterior, e toda existência particular não constituindo uma substância isolada mas sim inseparável da vida do todo."

'Impossível fazê-lo nascer, como pretendeu Rousseau, de um contrato implícito ou explícito...

'Impossível até mesmo sustentar com Haller que o Estado foi criado só pela força já que, por definição, o Estado é o Todo moral, a liberdade realizada, a mais elevada expressão da Razão.

'Impossível opor-lhe a religião e até mesmo a ciência...

'Impossível, finalmente, opor o direito ao Estado.'"[42]

"Pode parecer surpreendente que a doutrina política de Hegel, essa doutrina que tão frequentemente foi classificada de imoral ou, pelo menos, de amoral, seja inteiramente fundamentada na moral e que o Estado seja para esse suposto catecismo da reação a própria realização da liberdade. O paradoxo se explica quando se compreende o que Hegel entende por liberdade e por Estado."

"Antes de tudo, a *moral hegeliana não é uma moral do dever, mas do ser*..."

"Em segundo lugar... a moral de Hegel não é *uma moral individual, mas uma moral social*..."

"O verdadeiro ato moral consiste, pois, não mais em estar de acordo consigo mesmo, mas com essas leis e esses princípios que só surgem da consciência todos equipados, mas que criaram, através de um labor multissecular, essa organização moral e política da comunidade humana ou, antes, das comunidades humanas, que Hegel chama a *Sittlichkeit,* a moral objetiva."[43]

Não é menos verdade que, segundo V. Basch, o qual, com muita razão, aproxima a concepção hegeliana da concepção de Durkheim, "o ato moral por excelência que para uma consciência individual consiste em se opor nos momentos de crise à opinião moral reinante... se torna propriamente criminoso".[44] E essa é a mais forte objeção que se pode fazer ao pensamento de Hegel.

É por um outro lado bem diferente que o Sr. J. Wahl aborda o pensamento de Hegel. O belo livro que ele consagrou ao estudo da *Malheur de la conscience dans la philosophie de Hegel* (Paris, 1929) é

---

42   BASCH, V. *Les doctrines politiques des philosophes classiques de l'Allemagne,* p. 289.

43   *Ibid.,* p. 296 e segs.

44   *Ibid.,* p. 329

Relatório sobre o Estado dos Estudos Hegelianos na França 251

um esforço para retomar, por detrás e por debaixo das fórmulas abstratas do sistema, a vida e o sangue que o nutrem, e de que elas são apenas pálidas e longínquas expressões. "A filosofia de Hegel," escreve o Sr. Wahl, "não pode ser reduzida a algumas fórmulas lógicas... essas fórmulas recobrem alguma coisa... A dialética, antes de ser um método, é uma experiência..." (p. 9). Essa experiência, esse vivido hegeliano, é que, segundo o Sr. Wahl, "é trágico, romântico, religioso, uma espécie de intuição mística e de calor afetivo" que está na origem do sistema.

São os escritos da juventude (os inéditos que Dilthey já havia utilizado para sua célebre *Jugendgeschichte*,[45] e que Nohl publicou em 1905) que, segundo o Sr. Wahl, nos dão a chave dessa intuição hegeliana. Dão-nos a chave porque nos mostram o seu ponto de partida. Ora, Hegel não partiu de uma reflexão sobre um problema puramente intelectual.[46] O que o preocupava em primeiro lugar era

---

45 DILTHEY, W. *Jugendgeschichte Hegels*, Abh, der Kgl, Preuss. *Ac. der Wissenschaften*, Berlim, 1905; *Werke*, v. IV, Leipzig, 1921.

46 Cf. BRÉHIER, E. *Histoire de la Philosophie allemande*, Paris, 1922, p. 118 e segs.: "Foi de uma reflexão sobre a religião que saíram as primeiras fórmulas do pensamento hegeliano: isso não dever ser esquecido..." Eu não acredito que Hegel tenha jamais feito outra coisa além de dar a essas ideias da *Vida de Jesus* uma forma mais intelectual. O que é, de fato, a especulação hegeliana no seu conjunto? É uma teogonia, é a história da ocorrência do espírito e da razão do universo; todas as formas do ser são para ela apenas degraus da realização do espírito. Ora, o espírito é, sem dúvida, apenas uma forma intelectualizada do amor." Cf. HERR, L. "Hegel", *Grande Encyclopédie*, t. XVI, p. 999 a: "... A evolução psicológica pela qual ele [Hegel] se encaminhou para lá... foi autônoma e toda pessoal... ele procede a partir de dados sentimentais... ele evolui não como um filósofo que parte de uma doutrina abstrata e que se eleva por degraus a uma forma de pensamento abstrato mais elevado, mais compreensivo, mais satisfatório, mas como teólogo humanitário que procura satisfazer, através de uma filosofia completa, as aspirações sentimentais que ele sabia serem as suas e que imaginava serem as dos homens do seu tempo. Acrescento, finalmente, que nessa ascensão para o intelectualismo ele procedeu como um homem de sentimento. Ele caminhou para lá não através do progresso regular de uma dedução lógica, mas através de passadas sucessivas, de aproximações graduais. Até no próprio cerne do seu sistema acabado, um dos mais abstratos que a história já conheceu, o ritmo e o método são marcados como que por arrancos e por esforços sucessivos de invenção descontínua e de criação. Houve alguma coisa ainda mais potente do que a sua faculdade de abstração, foi o seu dom de representação concreta e de imaginação verbal."

o problema religioso. E nós nos equivocaríamos, segundo o Sr. Wahl, se não víssemos nos escritos de juventude apenas um ponto de partida, um estágio, superado e ultrapassado mais tarde. Superado, sim, se quisermos. Mas no sentido hegeliano, ou seja, ao mesmo tempo absorvido e conservado. E é por isso que a leitura das obras da maturidade nos fazem retornar às obras da juventude, as esclarecem e se esclarecem através delas. E é por isso também que, mesmo nas obras mais "abstratas", por trás do filósofo nós reencontramos o teólogo, por trás do racionalista, "o romântico", e, por trás da consciência satisfeita – senão feliz – do filósofo berlinense, reencontramos "a consciência infeliz" do romântico, do místico, do cristão.

Pois a "consciência infeliz", a consciência dolorosa do dilaceramento da alma, dividida nela mesma, separada dela mesma e de Deus, é a consciência cristã por excelência: bem mais que isso, a "infelicidade" é o próprio de toda consciência humana, de toda alma que, por isso mesmo, é *natu aliter christiana*; e até mesmo, já que na alma humana – e particularmente na alma do filósofo que reflete sobre si mesmo e sobre a infelicidade da consciência – é o Universo que toma consciência de si, a infelicidade da consciência infeliz do homem é a expressão, o signo, o símbolo de um dilaceramento, de um desequilíbrio, de uma infelicidade no próprio seio do Ser. É para essa infelicidade que o Cristianismo procura dar remédio, extraindo felicidade da dor mais profunda, trazendo aos termos contrários que se opõem uma "mediação", uma conciliação, uma síntese, na qual se fundem, sem se confundirem nem desaparecerem, e se unem, ultrapassados, mas não suprimidos, os termos primitivamente hostis e estranhos uns aos outros. E é por isso que o mesmo problema se recoloca em toda parte: na lógica, na moral, na religião. Pois é sempre o mesmo ritmo de vida espiritual, mais sentido do que pensado, que subtende a reflexão hegeliana, e o problema da *Aufhebung* da dor na felicidade é o mesmo problema do conceito na noção.

"A separação é dor: contradição é o mal... Não é de se espantar", escreve o Sr. Wahl, "que a palavra do enigma, que depois chamará de razão, ele chame inicialmente de amor" (p. II), e que o universal concreto seja, inicialmente, o Cristo, o Homem-Deus, mediador verdadeiro, conciliação e síntese, e que o ritmo da dialética hegeliana seja o ritmo da vida, da morte e da ressurreição.

Ora, se é assim, se a "infelicidade" é o fato essencial da vida da consciência, fato que determina sua natureza e sua evolução, se a filosofia é, antes de tudo, uma mediação que, pela tomada de consciência de sua infelicidade, permite à consciência transcendê-lo e ultrapassá-lo, nós compreendemos a partir daí a importância que a ideia da "consciência infeliz" adquire. Ela é a constatação da contradição, essencialmente inerente à vida do pensamento, pelo fato de toda afirmação do espírito promover a afirmação contrária; mas essa "ironia", essa troca perpétua que a consciência faz com ela mesma, não é apenas o estágio sobre o qual o espírito deve perpetuamente triunfar para caminhar na direção de uma consciência "mais feliz". Essa contradição interna indica também o caminho que o pensamento deve seguir para poder "preencher o vazio... que separa a razão como realidade da razão como espírito" (p. 22). Pois uma "noção só se torna verdadeira aprofundando-se, e só se aprofunda englobando seu contrário", e o movimento progressivo e vitorioso do espírito não é uma "oposição e uma oscilação incessantes", mas é um movimento de síntese cíclico, retorno "enriquecido por todas as etapas intermediárias ao seu ponto de partida".

O que Hegel procura é "um romantismo clássico... um classicismo romântico"; é fazer sair "da mais profunda infelicidade da consciência a sua felicidade mais elevada", felicidade que, por sua vez, só é "possível no movimento que ultrapassa eternamente a infelicidade, que preenche o abismo, o dilaceramento, que "mediatiza" e que reconstitui, ou, melhor, que constitui a unidade viva do concreto". É, portanto, da infelicidade que Hegel parte, por assim dizer, a consciência da infelicidade é que é o motor do desenvolvimento do seu pensamento – do pensamento – e a história da consciência infeliz, sendo história da consciência enquanto tal, termina por constituir o sujeito e o fundamento de sua obra inteira. Pelo menos essa é a impressão que o estudo erudito e sutil do Sr. Wahl nos dá, e "o lugar da consciência infeliz" no pensamento de Hegel parece ser o mais profundo e o mais central.

Às filosofias da reflexão assim como às filosofias românticas Hegel irá opor "a ideia do espírito saindo dele mesmo para melhor retornar a si, afirmando-se pela negação"; à filosofia do imediato, da indiferença, desse absoluto que é "a noite onde todos os gatos são pardos", ele opõe a ideia da luz, da mediatização das diferenças. "Desde 1802.. a ideia de uma oposição absoluta no absoluto, de uma igualdade das diferenças oposta à igualdade da morte, a definição do infinito como uma inquietude, a substituição do *Aufgehobensein* pelo *Aufheben* distinguem profundamente Hegel do filósofo da identidade." Para Hegel, portanto, será o caso de chegar à união daquilo que existe de mais profundo no objetivismo antigo e no subjetivismo cristão, mais especialmente protestante, de conservar "a oposição e o sofrimento" como elementos da posição e da felicidade do espírito, de que a vida é movimento negando sua negação, do espírito que suporta a morte, e engloba e se mantém nela.

A consciência infeliz, essa "negatividade simples que toma consciência dela mesma", nos força a prosseguir um caminho que nos leva a uma infelicidade sempre mais profunda, uma divisão sempre maior: o estoicismo, o judaísmo, o cristianismo primitivo e medieval, o subjetivismo do século XVIII são as etapas da dialética da infelicidade. Mas esse caminho da infelicidade é também um caminho de enriquecimento; é apenas da divisão infinita que pode nascer a verdadeira positividade, a que envolva a posição e a negação, o finito e o infinito, o "isso" e a "noção", o *Dieses* e o *Begriff*. Ora, essa solução, que a filosofia busca não é dada pelo Cristo? E o Sr. Wahl diz excelentemente: "a teologia de Eckart, as especulações de Boehme se fundem com experiência luterana da salvação; longe de acreditar que a filosofia de Hegel é uma filosofia puramente racional, diríamos que ela é um esforço para a racionalização de um fundamento que a razão não atinge... O que existia primitivamente no fundo da alma do autor da *Lógica* era uma visão cristã da cruz e uma visão boehmiana da cólera de Deus. O que existe no fundo da alma desse racionalista é esse duplo mistério, no fundo da alma desse otimista, é essa dupla dor" (p. 143).

"Sem dúvida, pouco a pouco", diz o Sr. Wahl, "os conceitos hegelianos perderão alguma coisa de sua vida, se enrijecerão; e, de fato, para nós não se pode fazer ao sistema hegeliano, sob sua forma definitiva, uma objeção mais forte: por mais rico que seja, ele não é rico o suficiente para conter em si a multidão de pensamentos, imaginações e esperanças do jovem Hegel. O Hegel homem destrói o seu sistema ao mesmo tempo que o explica. ... Entretanto, nós sempre podemos encontrar ainda vivos esses elementos primitivos do seu pensamento, aqueles que, para nós, representam a parte maior do seu valor, mesmo quando eles arriscam fazer explodir a armadura do sistema. Pois, talvez, eles sejam mais preciosos do que o sistema" (p. 250). Essa é a imagem nova, singularmente atraente e até mesmo perturbadora que, continuando os trabalhos de Dilthey, o Sr. Jean Wahl nos oferece da obra de Hegel. Ela pode – como qualquer outra – provocar críticas; mas ninguém contestará que o Sr. Wahl conseguiu dar um som humano às fórmulas glaciais da dialética hegeliana e nos mostrou o fogo que esse gelo recobria.

Assim, de três lados diferentes o pensamento filosófico francês se aproxima do grande filósofo e procura retomar contato com o seu pensamento. E eu espero não ser qualificado de presunçoso ao dizer que, do meu ponto de vista, nesses três caminhos que levam a Hegel, já foram descobertos e valorizados pontos de vista interessantes e novos.

Para terminar meu relatório, permitam-me acrescentar que a obra impressa não é tudo, e que o pensamento de Hegel encontrou um lugar em nosso ensino superior. Peço perdão por mencionar o curso que ministrei na *École pratique des hautes études* (seção das ciências religiosas), na Sobornne, sobre a filosofia religiosa de Hegel, mas já há dois anos que, no *Collège de France*, Ch. Andler consagra a Hegel uma parte de seus ensinamentos,[47] e eu gostaria de imaginar

---

47 Devo à enorme amabilidade de Ch. Andler esse resumo muito breve de dois desses cursos que ele me autorizou a publicar.

I. Charles Andler, professor no *Collège de France*, tratou de Hegel, em dois cursos diferentes, de 1928 e 1929. Ele conduziu até às abordagens de 1835 a sua exposição geral do pensamento religioso na Alemanha no século XIX. Pareceu-lhe pois, que Hegel é o principal filósofo do protestantismo no século, assim como Franz Baader, com uma força construtiva bem menor, foi o principal filósofo do catolicismo. O Sr. Andler expôs as diferentes fases da filosofia religiosa de Hegel servindo-se das edições que, atualmente, nos forneceram todos os manuscritos do filósofo. Para os fragmentos da juventude, antes ou depois do abandono de Kant, ele encontrou o trabalho de interpretação muito adiantado por Wilhelm Dilthey e Jean Wahl. O mesmo não se dá para os períodos ulteriores, o de Heildelberg, e principalmente o de Berlim. O Sr. Andler procurou marcar ao mesmo tempo as etapas e as transições. Ele tentou fazer justiça ao prodigioso esforço de Hegel para conceber a evolução ascendente das religiões e dos cultos a partir do naturismo dos povos primitivos. Ele se esforçou para dizer em que a sociologia moderna parece retornar a algumas

que desses ensinamentos, finalmente, sairá um livro – quer seja ele escrito por Ch. Andler ou por um de seus discípulos – que será, para Hegel, o que os livros de Delbos e de Xavier Léon foram para Kant e para Fichte.

POST-SCRIPTUM

Desde a publicação deste relatório (1930), a situação de Hegel no mundo da filosofia europeia, e particularmente francesa, mudou completamente: a filosofia hegeliana conheceu um verdadeiro renascimento, ou, melhor, ressurreição, e só perde para o existencialismo ao qual, aliás, ela às vezes procura se unir.

---

das ideias de Hegel. Falando da religião cristã, ele definiu em que consistia, em Hegel, a ambição de arrematar a Reforma protestante que permanecia incompleta. O curso terminou por um estudo da ideia religiosa de Deus, que tentou trazer novas luzes sobre o misticismo racionalista de Hegel.

II. Numa outra série de lições, o Sr. Andler interpretou o texto alemão da *Phénoménologie de l'espirt*, de Hegel. Ele acreditou poder afirmar que esse texto formidável pode ser vertido para uma prosa francesa inteligível. Esforçou-se para determinar as causas da obscuridade de Hegel: 1º) ela se prende a dificuldades de vocabulário, onde as mesmas palavras aparecem, em Hegel, com nuances muito diferentes; 2º) ela se prende às frequentes alusões que Hegel se permite fazer a fatos da história das ideias difíceis de identificar, porque Hegel nem sempre nomeia os homens de quem fala, e porque esses fatos estão atualmente esquecidos; 3º) finalmente, Hegel tem hábitos de redação muito desajeitados. Por sua exposição escoa um pensamento já acabado no seu espírito mas que ele não se deu ao trabalho de elucidar discursivamente. A finalização do seu pensamento está, pois, frequentemente presente, através de alusões, na exposição dos seus princípios. O Sr. Andler: 1º) tentou dizer segundo que método seria necessário constituir o léxico geral de Hegel. Tentou constituí-lo sobre alguns pontos importantes. Todavia, seria muitíssimo necessário redigir um *Hegel-Lexikon*, como existe um léxico de Platão, de Schopenhauer ou de Nietzsche; 2º) tentou fazer reviver os fatos aos quais se referem as alusões silenciosas de Hegel; 3º) ele fez um esforço sistemático de explicação, para restabelecer, na exposição de Hegel, a ordem lógica.

O estudo dos diferentes degraus da *Fenomenologia* prosseguiu até a teoria do Espírito. Patenteou-se, parece, que nenhuma obra expõe melhor os diferentes aspectos do real nas suas relações com o pensamento lógico. Essa demonstração, feita a propósito da certeza sensível, da percepção exterior, da vida, do organismo, da consciência de si e da razão, talvez tenha aberto o caminho para uma exposição sistemática da filosofia de Hegel num plano novo.

Relatório sobre o Estado dos Estudos Hegelianos na França   257

As razões dessa renovação do hegelianismo são, sem dúvida, múltiplas. Por um lado, poderíamos invocar a evolução normal cíclica ou espiralóide do pensamento filosófico que, após um "retorno a Kant", realizou um retorno a Schelling, a Fichte e, finalmente, a Hegel: poderíamos invocar, por outro lado, a "aceleração da história", promovida – segundo Hegel – à condição de juiz supremo do homem e de sua ação; finalmente – *last not least* – a emergência da Rússia soviética como potência mundial e as vitórias dos exércitos e da ideologia comunistas... Hegel *genuit* Marx; Marx *genuit* Lenin; Lenin *genuit* Stalin. Quaisquer que sejam, aliás, as razões que explicam o aparecimento na cena filosófica de um neo-hegelianismo novo – aliás, bastante diferente do hegelianismo clássico e dos neo-hegelianismos que o precedem –, ele, com efeito, se inspira na *Fenomenologia do espírito*, ou seja, na obra de Hegel, que, exceto na Rússia e na Holanda, nunca teve muita influência – o fato permanece: depois de 1930, e sobretudo depois da guerra, um número considerável de artigos e de livros consagrados a Hegel, assim como de traduções de suas obras, foi publicado em francês.

Não tenho a intenção de passá-las em revista, nem mesmo de apresentar delas uma bibliografia completa. Vou me limitar a uma lista das traduções e dos livros.

1. *Traduções francesas das obras de Hegel depois de 1930.*

HEGEL, G. W. F. *Leçons sur la philosophie de l'histoire* (prefácios por Édouard Gans e Karl Hegel). Tradução J. Gibelin, 2 vol., Lovaina e Paris, 1937. Nova ed. revista. Paris, 1946.

HEGEL, G. W. F. *Morceaux choisis*. Tradução e introdução por Henri Lefèbvre e N. Gutermann, Paris, 1939.

HEGEL, G. W. F. *La phénoménologie de l'esprit*. Tradução J. Hyppolite, tomo I, Paris, 1939; tomo II, Paris, 1941.

HEGEL, G. W. F. *Principes de la philosophie du droit*. Tradução André Kaan, Paris, 1940.

HEGEL, G. W. F. *Esthétique*. Tradução S. Jankélévitch, 4 vol., Paris, 1944.

HEGEL, G. W. F. *Les preveus de l'éxistence de Dieu*. Tradução, introdução e notas por Henri Niel, Paris, 1947.

HEGEL, G. W. F. *L'esprit du christianisme et son destin*. Introdução por Jean Hyppolite. Tradução Jacques Martin, Paris, 1948.

HEGEL, G. W. F. *Science de la logique*. Tradução S. Jankélévitch, 2 vol., Paris, 1949.

HEGEL, G. W. F. *Sa vie, son oeuvre*. Por André Cresson e René Serreau. Extratos de Hegel. Tradução e notas por R. Serreau, Paris, 1949. 2. ed., Paris, 1955.

HEGEL, G. W. F. *Premières publications; Différence des systèmes philosophiques de Fichte et de Schelling; Foi et Savoir*. Tradução, introdução e notas por Marcel Méry, 1952.

Hegel, G. W. F. *Précis de l'encyclopédie des sciences philosophiques*. Tradução J. Gibelin, Paris, 1952.

HEGEL, G. W. F. *Esthétique*. Textos escolhidos por Claude Khodoss, Paris, 1954.

HEGEL, G. W. F. *Leçons sur l'histoire de la philosophie*. Tradução J. Gibelin, Paris, 1954.

HEGEL, G. W. F. *Leçons sur la philosophie de la religion*. 3ª parte: "La religion absoute". Tradução J. Gibelin, Paris, 1954.

2. *Obras sobre Hegel, publicadas em francês, desde 1930.*

ALAIN. *Idées: Planton, Descartes, Hegel*, Paris, 1932, 2. ed. 1939.

AMAR, André. *Les grands courants de la pensée européenne*, Paris, 1951 (um capítulo sobre Hegel).

ASVELD, Paul. *Hegel réformateur religieux, 1793-1796*, Lovaina, 1952.

ASVELD, Paul. *La pensée religieuse du Jeune Hegel*, Lovaina, 1953.

Études hégéliennes, em *Deucalion*, Cadernos publicados sob a direção de Jean Wahl, Neufchâtel, 1955 (Être et penser, 40º caderno).

GAIDE, DOM GILLES, O. S. B. GRAMPON, ROGER, e LAURIE, Adrien. *Rôle des martyrs dans l'histoire (Hegel, Marx)*. La Pierre qui Vire, 1955.

GRÉGOIRE, F. *Aux sources de la pensée de Marx, Hegel, Feuerbach*, Lovaina, 1947.

GRÉGOIRE, Franz. *Études hégéliennes*. Lovaina, Paris, 1958.

HEGEL. "Miscelânea", in *Revue internationale de philosophie*, nº 19 (Bruxelas, 1952), fasc. I.

HOUANG, François. *Le neo-hégélianisme en Angleterre, la philosophie de Bernard Bosanquet (1848-1923)*, Paris, 1954.

HYPPOLITE, Jean. *Études sur Marx et Hegel*, Paris, 1955.

HYPPOLITE, Jean. *Genèse et structure de "La phénoménologie de l'esprit" de Hegel*. Tese de Doutorado, Paris, 1946.

HYPPOLITE, Jean. *Introduction à "La philosophie de l'histoire" de Hegel*, Paris, 1948.

HYPPOLITE, Jean, *Longique et existence. Essai sur la logique de Hegel*, Paris, 1953.

KOJÈVE, Alexandre. *Introduction à la lecture de Hegel*. Aulas sobre fenomenologia do espírito, proferidas de 1933 a 1939 na *École des hautes études*, Paris, 1947.

LOEWITCH, K. *La conciliation hégélienne*, Paris, 1935.

MARIETTI, Angèle. *La pensée de Hegel*, Paris, 1957.

MUELLER, Fernand-Lucien. *La pensée contemporaine en Italie et l'influence de Hegel*, Genebra, 1941.

NÖEL, Georges. *La logique de Hegel*, Paris, 1933 (reedição).

Número especial da *Revue de métaphysique et de morale: études sur Hegel*, por B. Croce, N. Hartmann, Ch. Andler, V. Basch, R. Berthelot, M. Gueroult, Ed. Vermeil, Paris, 1931.

TEYSSÈDRE, Bernard. *L'esthétique de Hegel*, Paris, 1958.

WEIL, Eric. *Hegel et l'état*, Paris, 1950.

DA INFLUÊNCIA DAS CONCEPÇÕES FILOSÓFICAS SOBRE A EVOLUÇÃO DAS TEORIAS CIENTÍFICAS[1]

Na comunicação que acabamos de escutar, o Sr. Philip Frank[2] nos explicou que as razões a favor ou contra a aceitação de certas teorias científicas nem sempre se reduzem à consideração do valor *técnico* da teoria em questão, ou seja, à sua capacidade para nos apresentar uma explicação coerente dos fenômenos de que ela trata, mas depende, frequentemente, de numerosos outros fatores.

Como, por exemplo, no caso da astronomia coperniciana, não tínhamos apenas de escolher entre uma teoria mais simples e uma outra, mais complicada, dos movimentos celestes, mas também entre uma física que parecia mais simples (a de Aristóteles) e uma outra que parecia mais complicada, entre a confiança na percepção sensível – como Bacon observou tão bem –[3] e sua rejeição em proveito de uma especulação teórica etc.

Estou inteiramente de acordo com o Sr. Frank. Lamento apenas que ele não tenha ido longe o bastante, e que em sua análise não tenha desenvolvido a influência exercida pela subestrutura ou pelo "horizonte" filosófico das teorias em questão. Estou, de fato, profundamente convencido de que o papel dessa "subestrutura filosófica" teve uma importância muito grande, e que a influência das concepções filosóficas sobre o desenvolvimento da ciência foi tão grande quanto a das concepções científicas sobre o desenvolvimento da filosofia. Poderíamos alegar numerosos exemplos dessa influência. Um dos melhores, e que vou expor resumidamente, nos é dado pelo

---

1 Conferência pronunciada na reunião da *Americam association for the advancement of science*, em Boston, 1954; cf. *The Scientific Monthly*, 1955.
2 *Ibid.*
3 Por isso Bacon rejeita o copernicianismo.

período pós-copérniciano da ciência, período que comumente concordamos em considerar como o das *origens da ciência moderna*; quer dizer, da ciência que dominou o pensamento europeu durante mais ou menos três séculos, *grosso modo*, desde Galileu até Einstein e Planck, ou Niels Bohr.

Não há dúvida que considero a omissão cometida por Philip Frank muito grave e bastante lamentável. Mas, para dizer a verdade, ela é quase normal. Pois se falamos muito da influência do pensamento científico sobre a evolução das concepções filosóficas, e com justiça já que ela é evidente e certa – para isso basta evocar os nomes de Descartes, de Leibniz, de Kant –, em contrapartida, falamos muito pouco, ou quase nada, da influência da filosofia sobre a evolução do pensamento científico. A menos que, como fazem às vezes os historiadores de submissão positivista, só se mencione essa influência para ensinar que, nos tempos de outrora, a filosofia, efetivamente, influenciou e até mesmo dominou a ciência, o que é justamente a isso que a ciência antiga e medieval deve sua esterilidade. Mas, que depois da revolução científica do século XVII, a ciência se revoltou contra a tirania dessa pretensa *Regina scientiarum*, e que seu progresso coincidiu justamente com sua liberação progressiva e seu estabelecimento sobre a base firme do empirismo. Liberação que não se fez de um só golpe – infelizmente em Descartes, e até mesmo em Newton, ainda encontramos traços de especulação metafísica, e foi preciso esperar o século XIX ou mesmo o século XX para vê-los desaparecer inteiramente – mas que de todo modo se realizou, graças a Bacon, Auguste Comte, Ernst Mach e à escola de Viena.

Alguns historiadores vão mais longe e nos dizem que, no fundo, a ciência como tal – pelo menos a ciência moderna – nunca esteve realmente ligada à filosofia. Assim sendo, o Sr. E. Strong, na sua bem conhecida obra *Procedure and metaphysics* (Berkeley, 1936), explica que os prefácios e as introduções filosóficas dos grandes criadores da ciência moderna às suas obras são, frequentemente, apenas gestos polidos, ou prescritos, expressões de um acordo conformista com o espírito do tempo, e que, mesmo onde revelam convicções sinceras e profundas, não tem maior importância, nem maior relação com os *procedimentos*, ou seja, com o trabalho real desses grandes personagens, do que com as suas convicções religiosas...

Praticamente, só o Sr. E. A. Burtt, autor do célebre *Metaphysical foudations of modern physical science* (Londres, 1925) admite a influência positiva e o papel importante das concepções filosóficas na revolução da ciência. Mas mesmo o Sr. Burtt só vê nelas suportes, andaimes, que ajudam o sábio a formar e a formular suas concepções científicas e que, uma vez acabada a construção teórica, podem ser retirados, e o são efetivamente pelas gerações posteriores.

Dessa maneira, quaisquer que sejam as ideias paracientíficas ou ultracientíficas que tenham guiado um Kepler, um Descartes, um Newton, ou até mesmo um Maxwell na direção de suas descobertas, no fim das contas, elas têm pouco – ou nenhuma – importância. O que conta é a descoberta efetiva, a lei estabelecida, a lei dos movimentos planetários e não a Harmonia do Mundo, a conservação do movimento e não a imutabilidade divina... Como disse Heinrich Herz: "A teoria de Maxwell são as equações de Maxwell."

Poderíamos dizer que, segundo o Sr. Burtt, as subestruturas ou os fundamentos metafísicos teriam na evolução do pensamento científico um papel análogo ao que ali representam as imagens segundo a epistemologia de Henri Poincaré.

Isso já seria bastante interessante. Acredito, da minha parte, que não se deve falar muito mal das imagens. De fato, o que me surpreende não é que definitivamente elas não concordem com a realidade teórica... pelo contrário, é o fato de elas concordarem tão bem, e que a imaginação – ou a intuição – científica chegue a fabricá-las tão belas, a penetrar tão profundamente (vemos isso cada dia mais) em regiões – o átomo, e até mesmo o seu núcleo – que, à primeira vista, deveriam estar completamente fechadas a elas. Por isso vemos retornar às imagens até mesmo quem – como Heisenberg –, de início, as havia descartado radicalmente.

Admitamos, pois, com o Sr. Burtt, que as considerações filosóficas são apenas andaimes... Ora, como raramente se vê a construção de casas *sem* eles, a comparação de Burtt poderia levar a uma conclusão diametralmente oposta à sua, a saber, a da necessidade absoluta desses andaimes que sustentam a construção e a tornam possível.

O pensamento científico pode, sem dúvida, rejeitá-los *post factum*. Mas talvez apenas para substituí-los por outros. Ou, ainda, para deixá-los escoar no esquecimento, na inconsciência das coisas nas quais não se pensa mais – como as regras de gramática que esquecemos à proporção que aprendemos uma língua, e que desaparecem da consciência no próprio momento em que mais a dominam. E, para retornar ao Sr. Strong, está evidentemente muito claro que a obra de Faraday não se explica melhor por sua adesão à obscura seita dos Sandemanianos do que a de Gibbs por seu presbiterianismo, a de Einstein por seu judaísmo ou a de Louis de Broglie por seu catolicismo (ainda que fosse temerário negar *qualquer* influência; os caminhos do espírito são tão extravagantes e tão ilógicos!); e é bastante possível que, frequentemente, as asserções filosófico-teológicas dos grandes sábios dos séculos XVII e XVIII tenham tanto valor quanto as asserções análogas de nossos contemporâneos que afirmam ter encontrado a luz no materialismo dialético ou nas obras geniais do grande Stalin. Mas, certamente, isso não acontece sempre. Seria fácil por exemplo – ou pelo menos possível – demonstrar que a grande batalha que domina a primeira metade do século XVIII, a batalha entre Leibniz e Newton, resulta, em última análise, de uma oposição teológico-metafísica, e que ela não é uma oposição entre duas vaidades, ou mesmo entre duas técnicas, mas, simplesmente, entre duas filosofias.[4]

A história do pensamento científico nos ensina portanto (pelo menos eu tentarei sustentar isso):

1º Que o pensamento científico nunca foi inteiramente separado do pensamento filosófico;

2º Que as grandes revoluções científicas foram sempre determinadas por subversões ou mudanças de concepções filosóficas;

3º Que o pensamento científico – falo das ciências físicas – não se desenvolve *in vacuo*, mas está sempre dentro de um quadro de ideias, de princípios fundamentais, de evidências axiomáticas que, em geral, foram considerados como pertencentes exclusivamente à filosofia.

O que não significa, bem entendido, que eu pretenda negar a importância da descoberta, dos fatos novos, nem a da técnica, nem

---

4   Cf. hoje o meu *From the close world to the infinite universe*, Baltimore, 1957. [Ed. bras.: *Do mundo fechado ao universo infinito*. Rio de Janeiro: Forense Universitária.]

Da Influência das Concepções Filosóficas sobre a Evolução das Teorias... **265**

tampouco a autonomia e até mesmo a autologia do desenvolvimento do pensamento científico. Mas isso é uma outra história, sobre a qual não tenho a intenção de falar aqui, hoje.

Quanto a saber se a influência da filosofia sobre a evolução do pensamento científico foi boa ou má, isso é uma questão que, para dizer a verdade, *ou* não tem grande sentido, já que acabo justamente de afirmar que a presença de uma ambiência num quadro filosófico é uma condição indispensável da própria existência da ciência, *ou* tem um sentido muito profundo, pois nos levaria ao problema do progresso – ou da decadência – do próprio pensamento filosófico.

De fato, se respondêssemos que as boas filosofias têm uma boa influência e as más, uma menos boa, iríamos de Cila a Caribde, pois seria necessário saber quais são as boas... E se as julgamos de acordo com seus frutos, o que é bastante natural, realizaríamos talvez, como nos ensinou Descartes num caso análogo, uma espécie de círculo vicioso.

Além disso, é preciso desconfiar das apreciações demasiado prematuras – aquilo que ontem era admirável hoje pode não ser mais e, ao contrário, aquilo que ontem era ridículo hoje pode absolutamente não ser. A história nos fornece muitos exemplos desses *corsi e ricorsi* verdadeiramente supreeendentes, e, se em nenhum caso ela nos ensina a ἐποχή, seguramente ela nos ensina a prudência.

Mas poderiam objetar – peço perdão por me deter tanto tempo em considerações preliminares: elas me parecem, de fato, de grande importância – que mesmo se eu tivesse razão, ou seja, que mesmo se eu tivesse provado, e até aqui eu só fiz afirmar, que a evolução do pensamento científico foi influenciada, e não entravada, pela evolução do pensamento filosófico, isso só teria valor para o passado, e nada poderia nos ensinar a respeito do presente ou do futuro.

Em suma, a única lição da história seria a de que não se pode tirar dela nenhuma lição. Além disso, o que é a história, especialmente a história do pensamento científico ou técnico? Um cemitério de erros, ou até mesmo uma coleção de *monstra* relegados com razão ao quarto de despejos bons apenas para um canteiro de demolição. *A graveyard of forgotten theories* ou mesmo um capítulo da *Geschicte der menschlichen Dummheit*. Essa atitude com relação ao passado – que, aliás, é muito mais a atitude do técnico do que a do grande pensador criador – é, confessamos, bastante comum, ainda que não seja de todo inevitável. E, muito menos, justificável. É bastante normal que para quem, a partir do presente, e até mesmo do futuro, para onde dirige seu trabalho, lança um olhar na direção do passado – um passado já há muito tempo *ultrapassado* – as teorias antigas apareçam como monstros incompreensíveis, ridículas e disformes. De fato, remontando a corrente do tempo, ele as reencontra no momento de sua morte, velhas, ressequidas, esclerosadas. Ele as vê, em resumo, como a *Belle Heaumière* que Rodin mostrou para nós. Só o historiador é que a encontra em sua primeira e gloriosa juventude, em todo o esplendor de sua beleza. Só o historiador é que, re-fazendo e re-correndo à evolução da ciência, apreende as teorias do passado em seu nascimento e vive, com elas, o *l'élan* criador do *pensamento*.

Olhemos então para a história.

A revolução científica do século XVII, época do nascimento da ciência moderna, tem, por si mesma, uma história bastante complicada. Mas, como já tratei disso numa série de trabalhos, vou me permitir ser breve. Vou caracterizá-lo então pelos seguintes traços:

a. Destruição do Cosmos, ou seja, substituição do mundo finito e hierarquicamente ordenado de Aristóteles e da Idade Média por um Universo infinito, ligado pela identidade de seus elementos componentes e pela uniformidade de suas leis; e

b. Geometrização do espaço, ou seja, substituição do espaço concreto (conjunto de "lugares") de Aristóteles pelo espaço abstrato da geometria euclidiana daqui para frente considerado como real.

Poderíamos acrescentar – mas, no fundo, é apenas a sequência do que acabo de dizer: substituição da concentração do movimento--estado pela do movimento-processo.

As concepções cosmológicas e físicas de Aristóteles têm, falando em geral, má fama. O que se explica, do meu ponto de vista, sobretudo:

a. Pelo fato de a ciência moderna ter nascido em oposição a, e em luta contra, a de Aristóteles; e

b. Pela persistência na nossa consciência da tradição histórica, e dos juízos de valor, dos historiadores dos séculos XVIII e XIX. Para eles, que de fato consideravam as concepções newtonianas não só verdadeiras, mas também evidentes e até mesmo naturais, a própria ideia de um Cosmos finito parecia ridícula e absurda. Quanto não se caçoou de Aristóteles por ter atribuído ao mundo dimensões determinadas, por ter pensado que os corpos podiam mover-se sem serem puxados ou empurrados por forças exteriores, pela sua crença de que o movimento circular era um movimento de uma espécie particularmente importante, e tê-lo chamado de um movimento natural!

Hoje sabemos – mas ainda não *aceitamos* e *admitimos* – que tudo isso não era, talvez, tão ridículo, e que Aristóteles tinha muito mais razão do que ele mesmo supunha. No fim das contas, o movimento circular parece, na verdade, ser particularmente difundido no mundo, e particularmente importante: ao que parece, tudo dá voltas e gira, as galáxias e as nebulosas, os astros, os sóis e os planetas, os átomos e os elétrons... os próprios fótons não parecem constituir exceção à regra.

Quanto ao movimento espontâneo dos corpos – depois de Einstein sabemos perfeitamente que uma curvatura local do espaço pode muito bem produzir movimentos desse gênero; sabemos também, ou acreditamos saber, que nosso Universo não é de forma alguma infinito – ainda que ele não tenha limites, contrariamente ao que Aristóteles acreditava – e que fora desse Universo não existe rigorosamente nada, justamente porque não existe nenhum "fora" e porque o espaço está "dentro".

Era exatamente isso que Aristóteles dizia e, não tendo à sua disposição os recursos da geometria riemaniana, limitava-se a afirmar que fora do mundo não existia *nada*, nem *pleno*, nem *vácuo*, e que todos os *lugares*, ou seja, *todo o espaço, estavam no interior,* ou dentro.[5]

A concepção aristotélica não é uma concepção matemática – aí está a sua fraqueza; e também a sua força: ela é uma concepção metafísica. O mundo de Aristóteles não é um mundo que possui uma curvatura geométrica; ele é, se assim podemos dizer, metafisicamente curvado.

---

5   Cf. "Le vide et l'espace infini au XIVe siécle", *Archives d'histoire doctrinale et littéraire du Moyen Age,* 1949; ver p. 23 e segs. do presente volume.

Os cosmologistas de hoje, quando tentam nos explicar a estrutura do mundo einsteiniano, ou pós-einsteiniano, com seu espaço curvo e finito ainda que não tendo limites, habitualmente nos dizem que são concepções matemáticas bastante difíceis e quem não tiver a formação matemática necessária não será capaz de compreendê-las como se deve. O que, sem dúvida, é correto. Todavia, é muito divertido observar que os filósofos medievais, quando tinham de explicar aos profanos – ou aos seus estudantes – a cosmologia de Aristóteles, diziam alguma coisa análoga, a saber, que se tratava de concepções metafísicas muito difíceis, e quem não tivesse uma formação filosófica suficiente, e que não pudesse se elevar acima da imaginação geométrica, não poderia compreendê-las e continuaria a apresentar questões (estúpidas) como por exemplo: o que é que existe fora do mundo? ou ainda: o que aconteceria se impulsionássemos um bastão através da superfície última da abóbada celeste?

A dificuldade real da concepção aristotélica consiste na necessidade de colocar uma geometria euclidiana no interior de um Universo não euclidiano, num espaço metafisicamente curvado e fisicamente diferenciado. Confessamos que isso absolutamente não preocupava Aristóteles. Pois a geometria para ele não era uma ciência fundamental do real que exprimisse a sua essência e a sua estrutura profunda; era apenas uma ciência abstrata e que, para a física, ciência daquilo que é, não passava de um adjuvante.

A percepção e não a especulação matemática, a experiência e não o raciocínio geométrico a *priori*, eis o que para ele era o fundamento da verdadeira ciência do mundo real.

Em contrapartida, a situação era muito mais difícil para Platão, que tentara ligar a ideia do Cosmos a uma tentativa de construir o mundo do devir, do movimento e dos corpos a partir do vácuo, ou do espaço puro ($\chi\omega\rho\alpha$) plena e inteiramente geometrizado. A escolha entre essa duas concepções – a da ordem cósmica e a do espaço geométrico – era inevitável, ainda que só tenha ocorrido muito tarde, exatamente no século XVII, quando, levando a sério a geometrização do espaço, os criadores da ciência moderna tiveram que rejeitar a concepção do Cosmos.

Parece-me perfeitamente evidente que essa revolução, que substituiu o mundo qualitativo do senso comum e da vida cotidiana

Da Influência das Concepções Filosóficas sobre a Evolução das Teorias... 269

pelo mundo arquimediano da geometria reificada, só pode se explicar pela influência de uma experiência mais rica ou mais ampla do que a que os antigos – Aristóteles – tinham à sua disposição. De fato, assim como P. Tannery mostrou já há bastante tempo, a ciência aristotélica, justamente porque era fundamentada sobre a percepção sensível e era realmente empírica, tinha um acordo bem melhor com a experiência comum do que a ciência de Galileu e de Descartes. No fim das contas, os corpos pesados caem *naturalmente* para baixo, o fogo aponta *naturalmente* para cima, o Sol e a Lua se levantam e de deitam, e os corpos projetados não continuam, indefinidamente, seu movimento em linha reta... O movimento inercial não é, certamente, um fato da experiência, que, na verdade, o contradiz todos os dias.

Quanto à infinitude do espaço, evidentemente, ela não pode ser um objeto de experiência. O infinito, assim como Aristóteles já havia observado, não pode ser transposto nem dado. Comparado à eternidade, um milhar de ano é como nada; comparados à infinitude espacial, os mundos que os telescópios nos revelaram – mesmo o de Palomar – não são muito maiores do que o mundo dos gregos. Ora, a infinitude do espaço é um elemento essencial da subestrutura axiomática da ciência moderna; ela está implicada nas suas leis do movimento, particularmente na lei da inércia.

Enfim, quanto às "experiências" alegadas pelos promotores da ciência moderna, e sobretudo pelos seus historiadores, elas não *provam* nada porque: *a*. Tal como foram executadas – eu demonstrei isso no meu estudo sobre a medida da aceleração no século XVII –[6] elas não são precisas; *b*. Para serem válidas, exigem uma extrapolação ao infinito; e *c*. Devem, pretensamente, nos demonstrar a existência de alguma coisa – assim como o movimento inércia – que não apenas não pôde e não poderá nunca ser observado por ninguém, mas que além disso é estrita e rigorosamente impossível.

O nascimento da ciência moderna é concomitante a uma transformação – mutação – da atitude filosófica, a uma inversão do valor atribuído ao conhecimento intelectual em relação à experiência sen-

---

6 "An experiment in measurement", *American philosophical society procee-dings*, 1953.

sível da descoberta do caráter positivo da noção de infinito. Por isso é perfeitamente adequado que a infinitização do Universo – "a ruptura do círculo", como denominou a Srta. Nicholson[7] ou "o estilhaçamento da esfera", como eu mesmo preferi chamá-la –, tenha sido obra de um filósofo puro, Giordano Bruno, e que, por razões científicas – empíricas – ela tenha sido violentamente combatida por Kepler.

Giordado Bruno, sem dúvida, não é um grande filósofo. É um sábio de pouco valor. E as razões que nos apresenta em favor da infinitude do espaço e da primazia intelectual do infinito não são muito convincentes (Bruno não é Descartes). Todavia, esse não é o único caso – existem muitos, não só em filosofia como também em ciência pura: pensamos em Kepler, em Dalton ou mesmo em Maxwell – onde um raciocínio defeituoso que parte de premissas inexatas chega a resultados extremamente importantes.

A revolução do século XVII, que outrora denominei "a desforra de Platão", foi, de fato, o efeito de uma aliança. A de Platão com Demócrito. Estranha aliança! Na verdade, isso acontece na história quando o Grande Turco se alia ao Rei Cristianíssimo – os inimigos de nossos inimigos são nossos amigos –, ou, para retornar à história do pensamento filosófico científico, o que pode haver de mais estranho do que a aliança, mais recente, entre Einstein e Mach?

Átomos democriteanos no espaço de Platão – ou de Euclides: compreende-se bem que Newton tenha tido necessidade de um Deus para manter a ligação entre os elementos constitutivos de seu Universo. Também compreende-se bem o caráter estranho desse Universo – pelo menos *nós* o compreendemos bem: o século XIX estava por demais acostumado a ele para reconhecer toda a sua estranheza – cujos elementos materiais, objetos de uma extrapolação teórica, mergulham, *sem serem afetados por ele*, no não-ser necessário e eterno, objeto de um conhecimento *a priori*, do espaço absoluto. Compreende-se igualmente a implicação rigorosa desse absoluto, ou *desses absolutos* – espaço, tempo, movimento absolutos – rigorosamente incognoscíveis, a não ser pelo pensamento puro, pelos dados relativos – espaço, tempo, movimento relativos –, os únicos que nos são acessíveis.

---

7   *The breaking of the circle.* Evanston, 1950. Cf. meu *From the closed world to the infinite universe.*

A ciência moderna, a ciência newtoniana, está indissoluvelmente ligada a essas concepções de espaço absoluto, de tempo absoluto, de movimento absoluto. Newton, tão bom metafísico quanto foi bom físico ou bom matemático, reconheceu isso perfeitamente bem. Assim como seus grandes discípulos MacLaurin e Euler, e o maior dentre eles, Laplace: apenas sobre esses fundamentos é que os *Axiomata seu leges motu* são válidos e até mesmo têm um sentido. Além disso, a contraprova nos é dada pela história. Basta citar Hobbes que não aceita a existência de um espaço separado dos corpos e, por este fato, não compreende a nova concepção, galileana, cartesiana, do movimento. Mas Hobbes é, talvez, um exemplo ruim. Ele não é forte nas matemáticas. E não foi à toa que John Wallis disse um dia que era mais fácil ensinar um surdo-mudo a falar do que fazer o Dr. Hobbes compreender o sentido de uma demonstração geométrica. Leibniz, cujo gênio matemático é *nulli secundus*, é um testemunho bem melhor. Ora, coisa curiosa, na dinâmica, Hobbes é que é modelo de Leibniz. Isso porque, assim como Hobbes, Leibniz nunca admitiu a existência de um espaço absoluto, e, portanto, nunca pôde compreender o verdadeiro sentido do princípio da inércia. O que, aliás, talvez só fosse uma *blessing in disguise*: de outro modo, como poderia ele ter concebido o princípio da menor ação? Finalmente, podemos citar nada menos do que Einstein: está claro que na física einsteiniana a negação do movimento e do espaço absolutos leva imediatamente à negação do princípio da inércia.

Mas retornemos a Newton. É possível, nos diz ele, que não exista um só corpo no mundo que esteja verdadeiramente em repouso e que, além disso, seja impossível distingui-lo de um corpo em movimento uniforme. É verdade também que não podemos, e não poderemos nunca – ainda que Newton pareça ter tido essa esperança – determinar o movimento absoluto – uniforme – de um corpo, o seu movimento com relação ao espaço, mas apenas o seu movimento relativo, ou seja, seu movimento com relação a outros corpos sobre o movimento dos quais – enquanto se trata de movimentos uniformes e não de aceleração – estamos tão pouco informados quanto sobre o primeiro. Mas isso não significa uma objeção contra as noções do espaço, do tempo, do movimento absolutos; pelo contrário, é uma rigorosa consequência da sua própria estrutura. Além disso, está claro que, no mundo newtoniano, é infinitamente improvável que um corpo jamais se encontre em repouso absoluto; e absolutamente impossível que jamais se encontre um corpo em movimento uniforme. Todavia, a ciência newtoniana não pode deixar de utilizar essas noções.

No mundo newtoniano, e na ciência newtoniana – contrariamente ao que deles pensou Kant, que os compreendeu mal, mas com sua má interpretação abriu caminho para uma epistemologia e uma metafísica novas, possíveis fundamentos de uma ciência não newtoniana – não são as condições do saber que determina as condições do ser fenomenal dos objetos dessa ciência – ou dos entes –, mas, pelo contrário, é a estrutura objetiva do ser que determina o papel e o valor de nossas faculdades de saber. Ou, para empregar uma velha fórmula de Platão: na ciência newtoniana, e no mundo newtoniano, não é o homem, é Deus a medida de todas as coisas. Os sucessores de Newton puderam esquecer dele, puderam acreditar que não tinham necessidade da ideia de Deus, andaimes de agora em diante inúteis de uma construção que se matinha por si mesma: eles se enganaram; privado do seu suporte divino, o mundo newtoniano se constatou instável e precário. Tão instável e tão precário quanto o mundo de Aristóteles que ele havia substituído.

A interpretação da história e da estrutura da ciência moderna que acabo de esboçar não é a *communis opinio doctorum*, pelo menos ainda não, mas me parece estar se tornando. Porém, ainda não chegamos lá. De fato, a interpretação mais corrente é bastante diversa. É ainda, e sempre, a interpretação positiva, pragmatista.

Os historiadores de tendência positivista têm o hábito de insistir, na obra dos Galileu e dos Newton, sobre o seu aspecto, ou lado, experimental, empirista, fenomenista; sobre sua renúncia à pesquisa das causas em proveito da pesquisa das leis, sobre o abandono da questão: *por quê?* E sua substituição pela questão: *como?*

Essa interpretação, certamente, não é desprovida de fundamentos históricos; o papel da experiência, ou, mais exatamente, da experimentação, na história da ciência, é a própria evidência; as obras dos Gilbert, dos Galileu, dos Boyle etc. estão cheias de elogios à fecundidade dos métodos experimentais opostos à esterilidade da especulação. E quanto à pesquisa das leis de preferência à pesquisa das causas, todo mundo conhece a famosa passagem dos *Discorsi* na qual Galileu nos anuncia que seria *inaproveitável* e inútil discutir as teorias causais da gravidade propostas por seus contemporâneos e predecessores já que ninguém sabe o que é a gravidade – que é apenas um nome – e que muito mais vale contentar-se com o estabelecimento da lei matemática da queda.

E todo mundo conhece igualmente a passagem não menos célebre dos *Principia* na qual Newton, a propósito da mesma gravidade, tornada nesse meio-tempo atração universal, nos diz que, até agora, ele não fora capaz de descobrir a causa "das propriedades [partindo] dos fenômenos" e que ele não "finge" hipóteses explicativas, "pois aquilo que não é deduzido dos fenômenos deve ser chamado hipótese, e as hipóteses, tanto físicas quanto metafísicas, mecânicas ou [propondo] qualidades ocultas, não têm lugar na filosofia experimental. Nesta filosofia, as proposições particulares são inferidas dos fenômenos e, em seguida, tornadas gerais por indução". Em outros termos, as relações estabelecidas pela experiência são, por indução, transformadas em leis.

Por isso não é surpreendente que para um grande número de historiadores e de filósofos, esse aspecto legalista, fenomenista, positivista, para falar claro, da ciência moderna apareça como sua essência, ou pelo menos como seu *proprium* e que eles oponham à ciência realista e dedutiva da Idade Média e da Antiguidade.

A essa interpretação, entretanto, eu gostaria de objetar:

a. Enquanto a tendência legalista da ciência moderna é absolutamente indubitável, e além disso foi exatamente fecunda permitindo aos sábios do século XVIII consagrar-se ao estudo matemático das leis fundamentais do Universo newtoniano – estudo que culmina na obra admirável de Lagrange e de Laplace – ainda que, para dizer a verdade, uma dessas leis, a lei da atração em especial, tenha sido transformada por eles em *causa* e em *força* –, seu caráter *fenomenista* é muito menos aparente; de fato não são os φαινόμενα mas os νοητὰ que se encontram ligados juntos por leis causalmente inexplicadas – ou inexplicáveis. De fato, não são os corpos de nossa experiência comum, mas os corpos abstratos, as partículas e os átomos do mundo newtoniano que são os *relata*, ou os *fundamenta* das relações matemáticas estabelecidas pela ciência;

b. A autointerpretação e autorrestrição positivas da ciência não são de forma alguma um fato moderno. Assim como Schiaparelli, Duhem e outros já observaram, elas são quase tão velhas quanto a própria ciência e, como todas as coisas, ou quase todas as coisas, foram inventadas pelos gregos. A finalidade da ciência astronômica, explicavam os astrônomos alexandrinos, não é descobrir o mecanismo real dos movimentos planetários, que aliás nós não podemos conhecer, mas apenas preservar os fenômenos, σώζειν τὰ φαινόμενα combinando, sobre a base empírica das observações, um sistema de círculos e de movimentos imaginários – um truque matemático – que nos permita calcular e *predizer* as posições dos planetas em concordância com as observações futuras.

Aliás, é essa epistemologia pragmatista e positiva que Osiander recorre (em 1543) para disfarçar por detrás dela o impacto revolucionário da obra coperniciana. E justamente *contra* essa má interpretação positivista é que protestam tão violentamente os grandes fundadores da astronomia moderna, Kepler, que coloca ΑΙΤΟΛΟΓΕΤΟΣ no próprio título de sua grande obra sobre Marte,[8] assim como Galileu e até mesmo Newton que, apesar do seu célebre *Hypotheses non fingo*,[9] constitui nos *Princípios matemáticos da filosofia natural* uma ciência não apenas realista, mas até mesmo causalista.

Pois, ainda que ele tenha renunciado – provisória ou mesmo definitivamente –[10] à pesquisa do *mecanismo de produção* da atração, ainda que ele tenha até mesmo negado a realidade física da ação a distância, ele no entanto a propõe, como uma força *real* – transfísica – que subtende a "força matemática" de sua construção. O ancestral da ciência – física – positivista não é Newton. É Malebranche.

Na verdade, a atitude newtoniana que renuncia à explicação física da atração e a apresenta como um fato de ação tranfísica, da

---

8 Astronomia nova ΑΙΤΟΛΟΓΕΤΟΣ *sive Physica Coelestis, tradita commentariis de motibus stellae martis*, 1609.

9 Cf. hoje meu "Hypothése et expérience chez Newton", *Bulletin de la societé française de philosophie*, 1956, e COHEN, I. B. *Newton and Franklin*, Filadélfia, 1956.

10 Definitivamente, enquanto pesquisa da explicação *mecânica* da atração; provisoriamente, enquanto pudesse reduzir-se à ação das forças *não mecânicas* – elétricas – alternadamente, ora de repulsão, ora de atração.

perspectiva positivista, não tem sentido. Daquele ponto de vista, uma ação instantânea a distância, assim como outrora nos explicou Ernst Mach, e mais recentemente o Sr. P. W. Bridgman, nada tem de repreensível: exigir a continuidade temporal ou espacial é estar atado por um preconceito.

Pelo contrário, tanto por Newton quanto pelos seus melhores sucessores, a ação a distância – através do vácuo – sempre foi sentida como uma coisa impossível e, portanto, inadmissível, e essa convicção que, como acabo de lembrar, podia invocar a autoridade do próprio Newton é que conscientemente inspirou a obra de Euler, de Faraday, de Maxwell e, finalmente, a de Einstein.

Como bem observamos, não é atitude positivista, mas, pelo contrário, é a atitude do *realismo matemático* que está na origem da física dos campos, esse novo conceito-chave da ciência, cuja importância capital Einstein nos mostrou tão bem.

No entanto, quer me parecer possível concluir, pelo menos provisoriamente, que o ensino da história nos mostra:

a. Que a renúncia – a resignação – positivista é apenas uma posição de recuo de curta duração e que se o espírito humano, na sua procura do saber, periodicamente assume essa atitude, na verdade ele nunca aceita – pelo menos até agora nunca o fez – como definitiva e última; cedo ou tarde ele deixa de fazer da necessidade virtude, e de se felicitar por sua derrota. Cedo ou tarde retorna à sua tarefa, e se põe outra vez a procurar a solução inaproveitável, ou impossível de problemas considerados como desprovidos de sentido, tentando encontrar uma explicação causal e real das leis estabelecidas por eles.

b. Que a atitude filosófica, que a *longo prazo* se reconhece como boa, não é a do empirismo positivista ou pragmatista, mas, pelo contrário, é a do realismo matemático. Em suma, não a de Bacon ou de Comte, mas a de Descartes, Galileu e Platão.

Eu poderia, acredito – se tivesse tempo para isso – apresentar casos de desenvolvimento absolutamente paralelos extraídos de outros domínios da ciência. Poderia, por exemplo, seguir o desenvolvimento da termodinâmica desde Carnot e Fourier – sabe-se, aliás, que foram os cursos de Fourier que inspiraram Auguste Comte – e ver em que ela se tornou nas mãos de Maxwell, de Bolzmann e de

Gibbs; sem esquecer a reação – tão significativa no seu perfeito insucesso – de Duhem.

Poderia estudar a evolução da química que, apesar da oposição – absolutamente "razoável" – de grandes químicos, substituiu a *lei* das proporções definidas por uma concepção atômica e estruturalista da realidade subjacente e justamente nela encontrou uma explicação da lei.

Poderia analisar a história do sistema periódico que, há algum tempo, meu colega e amigo G. Bachelard nos apresentou como exemplo perfeito de "pluralismo coerente" e ver em que ele se transformou nas mãos de Rutherfort, de Moseley e de Niels Bohr.

Ou, ainda, a história dos princípios de conservação, princípios metafísicos por excelência, princípios para cuja manutenção é obrigatório que se postulem seres – tal como o *neutrino* – não observados ou até mesmo não observáveis na época de sua postulação, e cuja existência parece ter um único fim, a saber: a manutenção da validade dos princípios em questão.

Acredito mesmo que chegaremos a conclusões absolutamente análogas se estudarmos a história – e acredito que começamos a poder fazer isso – da revolução científica do nosso tempo.

Não há dúvida que uma meditação filosófica é que inspirou a obra de Einstein – daí poderíamos deduzir que, como Newton, ele foi tão filosófico quanto foi físico. Está claríssimo que sua negação decidida, e até mesmo apaixonada, do espaço absoluto, do tempo absoluto, do movimento absoluto – negação que, num certo sentido, prolonga a negação que Huygens e Leibniz, anteriormente, opuseram a esses mesmos conceitos – está fundamentada num princípio metafísico.

Por isso, não são os absolutos em si que estão proscritos. No mundo de Einstein e na ciência einsteiniana existem absolutos – modestamente nós os chamamos de invariantes ou constantes – como a velocidade da luz ou a energia total do Universo, que fariam tremer de horror um newtoniano, mas apenas absolutos que não se encontram fundamentados na natureza das coisas.

Em contrapartida, o tempo absoluto assim como o espaço absoluto, realidades que Newton aceitou sem hesitar – já que podia apoiá-las em Deus e fundamentá-las em Deus –, tornam-se para

Einstein fantasmas sem consistência e sem significado, não porque, como às vezes se disse, seja impossível apoiá-las no homem – a interpretação kantizante me parece ser tão falsa quanto a interpretação positivista –, mas porque são quadros vazios, sem nenhuma relação com o que existe dentro. Para Einstein, assim como para Aristóteles, o tempo e o espaço estão no Universo, e não o Universo neles. É porque não existe ação física imediata a distância – nem Deus que possa suprir sua ausência – que o tempo se encontra ligado ao espaço e que o movimento afeta as coisas que se movem. Entretanto, se não é mais Deus, e tampouco o homem, é a própria natureza a medida das coisas tais como são.

E é por isso que a teoria da relatividade – tão mal enunciada – afirma justamente o valor absoluto das leis da natureza como tais – e devem ser formuladas de tal maneira que sejam cognoscíveis e verdadeiras para qualquer sujeito cognoscente. Sujeito, bem entendido, que seja finito e imanente ao mundo, e não sujeito transcendente como o Deus de Newton.

*

Lamento não poder desenvolver aqui as observações que acabo de fazer a respeito de Einstein. Mas acredito ter falado o suficiente para demonstrar que a interpretação corrente – positiva – de sua obra não é de forma alguma adequada, e indicar o sentido profundo da sua oposição decidida ao indeterminismo da física quântica. Aí, de novo, não são preferências subjetivas ou hábitos de pensamento, são filosofias que se opõem, e isso explica por que, tanto hoje quanto no tempo de Descartes, um livro de física começa sempre por um tratado de filosofia.

Pois a filosofia – talvez não aquela que hoje se ensina nas faculdades, mas acontecia a mesma coisa no tempo de Galileu e de Descartes – voltou a ser a raiz de que a física é o tronco e a mecânica é o fruto.

A EVOLUÇÃO FILOSÓFICA DE MARTIN HEIDEGGER[1]

O estudo sobre a *Essência da verdade*[2] me parece ocupar, na obra filosófica do Sr. Heidegger, um lugar de primeiríssima importância. De fato, é significativo que, três anos depois da publicação do *Sein und Zeit*, seu autor acreditou dever submeter o problema da verdade – problema fundamental de toda filosofia, e especialmente da sua – a um exame novo e mais profundo; é significativo igualmente que, apresentadas em conferências no início dos anos 30,[3] suas ideias tenham levado mais de 10 anos para amadurecer e tomar forma definitiva; é, talvez, mais significativo ainda, ver o opúsculo seguido de uma "nota" liminar que, dialeticamente, o completa e o esclarece ao mesmo tempo que o "ultrapassa". Aliás, eis a "nota". Sua importância, que se evidenciará cada vez mais claramente a seguir, é, de fato, tamanha, que me parece indispensável citá-la na íntegra:

"A questão decisiva (*Sein und Zeit*, 1927) que diz respeito ao "sentido" (*S.u.Z.*, p. 151), ou seja, que diz respeito ao domínio da projeção, ou seja, a abertura, ou seja, a verdade do ser e não apenas a do ente,[4] é deliberadamente não desenvolvida. O pensamento se

---

1   *Critique*, nºˢ 1 e 2, Paris, 1946.

2   HEIDEGGER, Martin. *Vom Wesen der Wahrheit*, p. 32, Frankfurt, 1943. – Foi publicada em 1954 uma tradução francesa pelo Sr. A. de Waehlens.

3   Cf. *Vom Wesen der Wahrheit*, nota liminar: "A questão precedente sobre a essência da verdade foi comunicada primeiramente numa conferência pública" (outono e inverno de 1930, em Bremen, Maburgo, Friburgo-sobre-Brisgau e verão de 1932, em Dresden).

4   Eu me proponho traduzir *Seiendes, das Seiende = ens = aquele que é*, como *"l'étant"* ("o ente") assim como já fizeram os Srs. Lévinas e Jean Wahl. Empregarei *"existence"* ("existência") no sentido de: *existentia = Vorhandenheit*, e escreverei *"ek-sistense"* (*"ek-sistência"*), como o próprio Martin Heidegger, para traduzir *Ek-sistenz*, termo que designa o modo de ser do homem (de todo ente da estrutura do *Dasein*), modo de ser no qual o homem se supera

atém aparentemente ao caminho da metafísica e, entretanto, realiza, nos seus procedimentos decisivos, que levam da verdade como justiça à liberdade de *ek-sistente*, e desta à verdade como dissimulação e trevas, uma transformação da interrogação que pertence à ultrapassagem (ou superação, *Ueberwindung*) da metafísica."

"O saber atingido na discussão chega à sua plenitude na experiência essencial de que é apenas a partir do *Da-sein*,[5] no qual o

---

e "sai" dele mesmo (se transcende), e da natureza em geral. As expressões do Sr. Heidegger não parecem ser mais facilmente traduzíveis para o latim escolático do que para o francês; algumas vezes eu as farei acompanhar de seus equivalentes latinos.

---

5   O termo *"Dasein"*, que representa papel tão importante na filosofia do Sr. Heidegger, foi traduzido pelo Sr. Corbin (cf. *Qu'est-ce que la métaphysique*, por Martin Heidegger, Paris, 1938) como *"realité humaine"* ("realidade humana"). Essa tradução, sem dúvida correta, já que *Dasein* designa a estrutura fundamental do ser humano, tem, no entanto, o inconveniente de estabelecer uma confusão entre a *realidade* (modo de ser) do homem e a *realidade* (modo de ser) daquilo que assim é *para* o homem. Além disso, ela se equivoca ao antropologizar a doutrina heideggeriana. O *Dasein* é uma "estrutura" ou, para empregar um termo mais habitual, uma *essência* que se atualiza no homem, mas que poderia (e talvez o faça) se atualizar em outros "entes", ou quem sabe até não se atualizar. Por isso eu preferi seguir o exemplo do Sr. A. de Waehlens (cf. *La philosophie de Martin Heidegger*, Lovaina, 1942) e não traduzir o termo *Dasein*, empregando-o tal qual, como *terminus technicus*; tanto mais que, mesmo em alemão, ele é apenas um *terminus technicus heideggerianus*. De fato, tanto na linguagem corrente quanto na língua filosófica pré-heideggeriana, o substantivo *Dasein* quer dizer: existência = *existentia* e habitualmente não significa nada além disso. Por isso fala-se do *Dasein Gottes* exatamente no mesmo sentido em se fala da existência de Deus. *Sein* e *Dasein* se opõem, ou se confundem, exatamente como *esse* e *existentia*, o segundo desses termos, permitindo frequentemente uma mudança de realização ativa, como em Fichte, que chega a falar do *kräftiges Dasein des Seins* – a forte (potente) existência do ser. Apenas em Hegel, em consequência da identificação dialética do ser e do nada, é que o *Dasein* aparece como o resultado desse processo: *Das Sein im Werden, als eins mit dem Nichts, so wie das Nichts eins mit dem Sein, sind nur verschwindend; das Werden fällt mit seinem Widerspruch in sich in die Einheit, in der beide aufgehoben sind, zusammen; sein Resultat ist somit das Dasein* (*Encyclopedie*, § 89). Literalmente *da sein* (verbo) quer dizer estar aí, estar presente (*ich bin da* = eu estou aí). O Sr. Heidegger também escreve *Da-sein* (com um traço da união) no sentido de atualização, presentificação do ato de existir (*mein Da-sein*) e, indo mais além, fala também do *Sein des Da*,

A Evolução Filosófica de Martin Heidegger **281**

homem pode se introduzir, que se prepara para o homem histórico uma proximidade com a verdade do ser. Não só qualquer tipo de "antropologia" e qualquer subjetividade do homem como sujeito são abandonados, como já no *Sein und Zeit*, e a verdade do ser é procurada como "fundamento" de uma atitude histórica fundamental nova, mas o progresso do confronto se esforça para pensar a partir desse outro "fundamento" (o *Da-sein*). A sucessão das interrogações é nela mesma o caminho de um pensamento que, em lugar de apresentar representações e conceitos, se experimenta e se percebe como uma transformação da relação com o ser."

O estudo sobre a *Essência da verdade* não ocupa apenas um lugar importante na obra do Sr. Heidegger. Parece também que ele marca uma etapa importante na evolução do seu pensamento. Do meu ponto de vista, ele nos traz a explicação autêntica do grande mistério da filosofia heideggeriana: a não publicação do segundo volume do *Sein und Zeit*. Por isso a confrontação das teses do *Vom Wesem der Wahrheit* com o tratamento do mesmo problema do *Sein und Zeit* me parece impor-se. Comecemos pois pelo *Sein un Zeit*. A análise da noção de verdade que encontramos ali começa sua crítica na identificação parmenidiana da verdade com o ser e passa em seguida à concepção tradicional da verdade, cujas origens se encontram em Aristóteles (ainda que Aristóteles jamais a tenha professado com a rigidez e a exclusividade que ela recebeu mais tarde) e segundo a qual o "lugar" da verdade se encontra no juízo (asserção, enunciado), que a "verdade" consiste numa "similitude" (ὁμοὶωσις), ou, como se dizia na Idade Média, uma *adaequatio*, uma *correspondentia*, uma *convenientia intellectus ad rem*.

É claro, entretanto, que nessa *adaequatio*, ou *convenientia* de entidades tão dessemelhantes quanto *intellectus* e *res*, ou seja, o conhecimento, ou o juízo, e seu objeto, não se pode tratar de uma identidade, nem mesmo de uma similitude (imagem e original) en-

---

o ser do aí, o que não significa "ser do lugar (aí)", mas significa o ser de uma presença efetiva, ato especializante e temporalizante do ente da estrutura do *Dasein*, a única que dá um sentido ao *aí*. O Sr. de Waehlens, às vezes, emprega o termo *"haeccétié"* (*"haecceidade"*), o que, no entanto, apresenta a grande desvantagem de lembrar a *haecceidade scottista* com a qual a do Sr. Heidegger nada tem em comum. Talvez pudéssemos dizer: *Hiccéité* (*hicceidade*).

tre um "conteúdo psíquico" ou "imanente ao sujeito" e um objeto "real" ou "transcendente".[6] As desventuras da teoria do conhecimento, desde há dois mil anos, nos demonstram que esse é um conhecimento sem saída.

Deixemos, pois, as teorias de lado. Coloquemos-nos na atitude do juízo, do próprio conhecimento. O conhecimento é verdadeiro, quer dizer, é *conhecimento*, quando nos apresenta a coisa tal como ela é; em outros termos, no conhecimento a própria coisa se apresenta e se revela a nós tal como ela é. Não são as representações que são relacionadas, ou comparadas, entre si, nem tampouco comparadas com o objeto real. A asserção visa à coisa, e considera a coisa, não os conteúdos da consciência; ela pretende nos dizer da coisa o que ela é, mostrá-la a nós tal como ela é. Por isso é verdadeira quando é verdadeiramente assim, ou seja, quando a asserção é confirmada (*bewährt*) por um ato de conhecimento, quando, por exemplo, na percepção, o objeto visado pelo enunciado se apresenta a si mesmo e se mostra como sendo a própria coisa que era visada e como sendo justamente tal como ela era.[7] É nessa apresentação da coisa pelo juízo (a asserção), apresentação que entrega a nós tal como ela é que consiste a *adaequatio*, e a verdade, do juízo. A relação do juízo – e mais geralmente, do *intellectus* – com a coisa é uma relação absolutamente *sui generis*;[8] o juízo (a asserção) visa à coisa, o que o Sr. Heidegger formula dizendo que ele é "um ser para o ente" (*Sein zum Seienden*), e sua função é própria de nos mostrar a coisa, de desvendá-la (*Entdecken*) para nós e de esconder (para nós) o que ela era antes, torná-la acessível, manifesta, des-coberta, des-velada para nós. A verdade da asserção é de ser descobridora, des-veladora. Conhecer significa: ser descobridor frente à coisa (à coisa real, ao ente).

É no reencontro do "des-cobrir", do "des-velar" com o "ser des-coberto", "des-velado", ou "descobrimento" que se realiza para nós o fenômeno original da verdade. Fenômeno que, segundo o Sr. Heidegger, os gregos já tinham em vista quando designaram o fenôme-

---

6   A substituição do juízo, processo psíquico real, por um "conteúdo ideal" não muda nada, e agrava o problema inicial com uma dificuldade nova, a saber, o problema da participação do juízo *hic et nunc* no seu conteúdo ideal.

7   É essa coincidência entre a autoapresentação da coisa e a maneira pela qual ela é "visada" que Edmund Husserl chama "evidência".

8   Foi a essa relação que Husserl deu – ou restituiu – o nome de intencionalidade.

no original da verdade pelo termo ἀλήθεια, o "não estar escondido" (*Unverborgenheit*). O λόγος, que diz como as coisas são, as retira de seu ser escondido, velado, as des-cobre, as des-vela, as revela.

O "des-cobrir" e o "ser des-coberto" pressupõem que as coisas (os seres reais, os entes) são essencialmente des-cobríveis[9] e também – e até mesmo sobretudo – que qualquer um pode efetivamente des-cobri-las. De fato, se ninguém as descobrisse elas permaneceriam "cobertas", "escondidas", "veladas" nelas mesmas. É preciso, pois, que haja um "des-cobridor", um ser (um ente) cuja estrutura e maneira de ser lhe permita exatamente realizar essa função. Eis a condição essencial da possibilidade da verdade, seu lugar e sua sede. Ora, o único ser *capax veritatis*, ou seja, o único ser (ente) que, por sua própria essência, seja "des-cobridor", que eu conheço, sou eu mesmo ou, mais exatamente, o homem ou, mais exatamente ainda, o ente que realiza a estrutura essencial – realizada no homem – que o Sr. Heidegger chama de *Dasein*.[10] A condição essencial da verdade é, portanto, a existência do *Dasein*.

Por isso, afirma o Sr. Heidegger: a "verdade" tem dois aspectos: o "des-cobrir" e o "ser-des-coberto". Mas esta segunda "verdade", a verdade das coisas, pressupõe a primeira, a "verdade" do *Dasein*. Aquilo que é descoberto é, portanto, "verdadeiro" apenas num sentido derivado (segundo). "Verdadeiro, no sentido originário e primeiro do termo, é o *Dasein*, o "des-cobridor" e não o "des-coberto", o "des-velador" e não "des-velado". Pois – e aí não nos devemos deixar iludir pela expressão – não é uma verdade preexistente que o *Dasein* des-cobre. É nessa própria des-coberta que ela se constitui; é no e pelo seu ser des-cobridor que o *Dasein* a fundamenta. Ele é, portanto, *verdadeiro* no sentido mais forte e mais absoluto do termo.[11]

---

9   O "descobridor" implica, pelo menos para o Sr. Heidegger, que as coisas (os entes) estão escondidas nelas mesmas, veladas, mergulhadas nas trevas e na opacidade.

10 O *Dasein* é, portanto, *ens ostentativum* ou *ens revelativum*. No *Dasein* ou graças ao *Dasein*, o Ser (o ente) chega a ser conhecido: nova reedição da concepção do papel "especulativo" do homem no Universo.

11 O Sr. Heidegger afirma isso *expressis verbis*. Diz até mesmo que, quando não havia *Dasein* ou quando não houver mais *Dasein* existente (*wenn kein Dasein existiert*), não havia e não haverá mais verdade. Podemos nos questionar se essa asserção tem um sentido.

Analisar a estrutura essencial do *Dasein* significa expor a filosofia do Sr. Heidegger inteira, o que evidentemente não podemos fazer aqui.[12] Entretanto, é indispensável saber que *Dasein* não é uma coisa, uma *res*, nem mesmo uma *res congitans*.[13] Nada, segundo o Sr. Heidegger, foi tão funesto para a filosofia quanto o emprego geral dessa categoria – *res* – para o estudo dos diferentes seres (entes); nada mascarou melhor a oposição essencial entre diferentes entes e suas maneiras de ser. Uma coisa – uma *res* – é aquilo que ela é. Por assim dizer, fechada nela mesma e indiferente a todo resto. O *Dasein*, pelo contrário, é essencialmente um ser em relação, um ser que se refere a outra coisa, um ser (um ente) cujo ser consiste em ser estendido na direção de outra coisa, em ser dirigido para outra coisa. Seu ser é, como diz o Sr. Heidegger, um "ser para o ente", *ein Sein zum Seienden*.[14]

O *Dasein* não está em relação apenas com outros entes; ele também está em relação consigo mesmo, e aí podemos esclarecer a natureza dessa "relação". O *Dasein* está essencialmente preocupado consigo mesmo, com seu próprio ser que está perpetuamente "em jogo" para ele. Essa relação consigo mesmo é tão fundamental para o *Dasein* que o Sr. Heidegger não hesita em dizer que a "preocupação" constitui a sua essência. É porque ele está essencialmente "preocupado" que as relações do *Dasein* com os outros entes serão, de maneira geral, modos de "se preocupar com" (*besorgen*), o que significa que, na sua existência necessitada e preocupada, o *Dasein* terá uma porção de coisas com que se preocupar "em vista dele mesmo", ou seja, em vista do seu próprio ser.[15] É por isso também que os entes, quer dizer, as coisas lhe parecem primeiro e originalmente

---

12 O leitor poderá se dirigir ao excelente trabalho do Sr. A. de Waehlens, *La philosophie de Martin Heidegger*, Lovaina, 1942, onde encontrará uma exposição notavelmente exata e inteligente do pensamento do filósofo alemão.

13 A grande censura que o Sr. Heidegger faz a Descartes é justamente ter estabelecido, com sua própria terminologia, um paralelo entre o pensamento e a extensão, *res cogitans* e *res extensa*, e ter assim mascarado sua heterogeneidade ontológica.

14 Em terminologia husserliana = ele é intencional.

15 Frente a más interpretações tão frequentes, parece-me útil definir aqui que o termo alemão *Sorge* e sobretudo o verbo *Sorgen* querem dizer não apenas "preocupação" mas também "cuidado", "estar preocupado" e "tomar cuidado".

A Evolução Filosófica de Martin Heidegger   285

não como – e tais como – são nelas mesmas, mas como se referindo a ele, às suas necessidades, à sua ação. As coisas antes de serem *coisas* (*Ding*) são objetos práticos (*Zeug*); elas são, para nós, *zuhanden* (ao alcance da mão) e não *vorhanden* (objetivamente dadas).[16]

Na "preocupação" se revela para nós o caráter precário do nosso ser, na sua finitude essencial, sua instabilidade fundamental, seu inacabamento. O *Dasein* é ele mesmo o seu próprio fundamento, ele tem "de ser" o seu próprio ser e por isso ele é fundamentalmente um *poder-ser* (*Seinkönnen*). Por isso ele nunca é "aquilo que ele é" (como as coisas), mas é sempre, de alguma forma, aquilo que ele não é, ou seja, ele é suas próprias possibilidades que ele projeta (*entwirft*) diante dele mesmo,[17] e nas quais ele se ultrapassa perpetuamente a si mesmo. O *Dasein* está assim perpetuamente em avanço sobre si mesmo (e, portanto, também em atraso sobre si mesmo); ele transcende a si mesmo; ele *é* em se transcendendo. Exprimiremos a mesma coisa se dissermos que ele *é* (ativamente, dinamicamente) seu próprio ser, que ele se determina a si mesmo, e que ele *é* essencialmente liberdade. Podemos dizer igualmente – já que seu ser está sempre inacabado e que ele é sempre poder-ser outra coisa – que o *Dasein* não tem essência[18] e que é a sua existência que constitui a sua essência. Existência caracterizada além disso, e essencialmente, por sua finitude e sua facticidade: o *Dasein* não escolheu sua existência. Ele é de fato e isso é tudo. Como vemos bem: o *Dasein* é um ente de uma espécie absolutamente particular. Sua "existência" – que se determina e se revela na sua estrutura – nada tem em comum com a *existência* estática de uma *res*.

---

16   É difícil dizer se, para o Sr. Heidegger, o modo de presença da *Vorhandenheit* é uma superação ou uma degradação da *Zuhandenheit*: o utensílio só se torna coisa quando é quebrado... Não é preciso insistir muito sobre a origem pragmatista e bergsoniana das concepções de Sr. Heidegger. Todavia é necessário observar que o trabalho não forma uma estrutura essencial do *Dasein*: ele não é *faber*.

17   Ou nas quais ele se "projeta".

18   Sua "essência" é formada pela e na sua existência, o que não impede o *Dasein* de ser uma "estrutura essencial" e, portanto, uma "essência". Insisto nisso porque frequentemente interpretou-se mal o sentido da asserção do Sr. Heidegger.

A estrutura interna do *Dasein* se caracteriza por três momentos essenciais: afetividade (*Befindlichkeit*),[19] compreensão (*Verstehen*) e palavra (*Rede*), o que significa dizer que o *Dasein*, necessariamente, se "sente" a si mesmo, se encontra num estado afetivo determinado, sequência e expressão do fato de estar sempre "afetado" (ou infectado) pelo mundo, e se descobre a si mesmo nesse estado; que, não menos necessariamente, ele se compreende – e compreende o ser – ou pelo menos ele se interpreta a si mesmo e interpreta o ser (em termos tradicionais ele é consciência de si e do mundo), e que essa autocompreensão ou autointerpretação é constitutiva do seu próprio ser; ele não é inicialmente, e em seguida se compreende como tal, mas ele *é* sua autointerpretação; enfim, que ele "fala" – mesmo se calando, a palavra que engloba o silêncio como um dos seus modos –, ou seja, que necessariamente ele se exprime e se exterioriza.

Nós já vimos que o *Dasein* é essencialmente um ser em relação, um ser *para*. Esta era uma determinação demasiado geral e abstrata. Mas agora podemos torná-la mais precisa: o ser do *Dasein* é "ser-no--mundo" (*inesse mundo*), o que não significa que ele é "no mundo", como uma coisa entre outras coisas ou como uma coisa é "numa" outra,[20] mas que ele é presente ao mundo (e o mundo presente a ele), que ele é "aberto" ao mundo,[21] que, de alguma forma, ele é fora dele mesmo. Por isso é que ele não tem necessidade de "sair de si mesmo" para "ir às coisas": ele está sempre, desde já,[22] em relação

---

19 Literalmente: "*se portance*" ("poder de se levar"). Dessa maneira, o estado afetivo ou emocional, geralmente concebido como aquilo que existe de mais subjetivo no homem, é, para o Sr. Heidegger, o efeito de uma relação com (de uma afeição por) o ente em totalidade. Não podemos levar mais longe a negação do subjetivismo.

20 Não se trata de uma relação espacial. O *Dasein* não está no mundo como a água na garrafa ou como todo ente está, para Aristóteles, na (no interior do) abóbada celeste (mundo). Trata-se de uma relação de presença em, tensão para, interesse por... *Anima est ubi amat*, disse Santo Agostinho; o *Dasein est ubi curat*.

21 O *Dasein* é exatamente o contrário de uma mônada leibniziana: esta não tinha nem portas nem janelas para fora; o *Dasein* tampouco, mas porque não tem mais muros e, portanto, não tem mais interior. No fundo, ou, se preferirmos, "dialeticamente", é exatamente a mesma coisa.

22 O *Dasein* – ou seja, o homem – não constrói o seu "mundo" a partir de "sensações" e não o projeta para fora; ele se projeta a si mesmo para o mundo que "já está aí".

com as coisas. É justamente por isso que ele as pode "des-cobrir", "des-velar". Seu ser des-cobridor – condição da possibilidade de juízo verdadeiro – é um modo de "ser-no-mundo". Assim, pois, o "ser-no-mundo" é que é o fundamento da possibilidade da verdade.[23] É preciso mencionar aqui, para evitar possíveis equívocos, que o mundo do Sr. Heidegger não deve ser identificado com o conjunto das coisas materiais, nem mesmo com o conjunto de tudo aquilo que é (o conjunto dos entes). O "mundo" é alguma coisa como um quadro, ou uma rede de relações possíveis que tem seu fundamento no *Dasein* e que o *Dasein* projeta (*Entwurf*) sobre aquilo que é (os entes, *das Seiende*); o "mundo" é condição da possibilidade do "encontro" dos "entes" por um ente da estrutura do *Dasein* (pelo homem), a estrutura categorial que torna possível a "des-coberta". Ele forma, por assim dizer, o fundo (o "horizonte")[24] sobre o qual aparecem os "entes" quando expressamente des-cobertos pelo *Dasein*.[25]

Nesse sentido, todos os entes estão também "no mundo", mas de uma maneira totalmente diferente da que o próprio *Dasein* está "em" ou "no" mundo: os entes são "intramundanos". É preciso acrescentar igualmente que a concepção do Sr. Heidegger não é de forma alguma solipsista: ser-no-mundo quer dizer, essencialmente e ordinariamente, ser-com-outros. O *Dasein* não é nunca sozinho. Ele é sempre e já com outros *Dasein*. O homem não é um ser isolado. A existência dos "outros" é para ele tão certa e tão indubitável quanto sua própria.

---

23 O ser do *Dasein* foi caracterizado por sua facticidade: seu ser-no-mundo (seu *Dasein*) se caracteriza pela *Geworfenheit*, o fato de ser "jogado" no mundo e de ser aí de alguma forma "abandonado". O Sr. Corbin (cf. HEIDEGGER, M. *Qu'est-ce que la métaphysique?* Paris, 1938) traduz *Geworfenheit* por "*déréliction*" ("desamparo"), o que, entretanto, parece implicar a ideia de uma degradação, de uma queda, que não existe na *Geworfenheit*. A *Geworfenheit* é um fato da minha existência atual, não um fato do passado: eu estou como que jogado no mundo, e como que "já" estando aí jogado. O *Dasein* se realiza em bloco, como em Kant. Poder-se-ia dizer que o *Dasein* não tem passado.

24 Husserl fala nesse sentido do "horizonte do ser das coisas" (*Seinshorizont der Dinge*).

25 Pode-se dizer, portanto, que o "mundo" está no *Dasein*, ou que ele é uma maneira de ser (*eine Seinsweise*) do *Dasein* e que por esse fato ele mesmo é "uma realidade humana".

Vimos acima que o ser do *Dasein* se caracteriza como um poder--ser, ser nas e por suas possiblidades.[26] Já o vimos ser "na frente dele mesmo" (e, portanto, atrás dele mesmo). Tudo isso implica e fundamenta, ou, melhor, revela sua temporalidade essencial. Ainda uma vez não é preciso imaginar o *Dasein* como existindo "no tempo": ele não existe mais "no tempo" do que existia "no" espaço intramundano. O *Dasein* é o próprio tempo original, ele "se temporaliza", se estende (um ato, não um estado) no porvir, no passado, no presente: antecipação, repetição, presença.[27] Ele é ex-tático com relação a si mesmo, ele está nas ex-tases do porvir, do passado, do presente, e a unidade dessas ex-tases no *Dasein* é o tempo "verdadeiro", essencialmente finito (nosso porvir é finito), essencialmente acabado. O tempo espacializado da ciência e da vida cotidiana é apenas um travestimento deformado dele.

O *Dasein* é, como já vimos, relação consigo mesmo e com o mundo, compreensão de si mesmo e do mundo, presença em si mesmo e no mundo: isso implica e está fundamentado em alguma coisa que o Sr. Heidegger chama *Erscheossenheit*, o que significa transparência (passiva e ativa). O *Dasein* é, em princípio – nunca de fato –, transparente para si mesmo. É essa transparência para si mesmo, o fato de ser para si mesmo des-coberto, des-velado, que fundamenta seu ser des-cobridor frente às coisas. O *Dasein* é, portanto, essencialmente sua transparência e seu transparecer, sua autorrevelação e, por conseguinte, é essencialmente "verdadeiro", ele é "verdadeiramente" aquilo que ele é. Ele está, portanto, na *verdade*.

Todavia, é apenas em princípio que o *Dasein* está na verdade. De fato, ele pode estar, e até mesmo está no mais das vezes, na não verdade. Pois o *Dasein* pode se realizar de duas maneiras essencial-

---

26   O *Dasein*, no seu ser, realiza a primazia do possível sobre o real. Poder-se-ia dizer que ele é essencialmente *ens in potentia* ou que ele é um *posset*.

27   A primazia do possível implica a primazia do porvir sobre os outros "*ex-tases*" (dimensões) do tempo. Nós vivemos e agimos a partir do porvir. Sobre este ponto como sobre outros, por exemplo, na caracterização do *Dasein* como um ser que não é aquilo que ele é e é aquilo que ele não é, o Sr. Heidegger está de acordo com Hegel – fato que ele parece não ter observado ou, pelo menos, não ter revelado. Cf. meu estudo sobre "Hegel em Iena", *Revue d'histoire et de philosophie religieuses*, 1934; *supra*, p. 115 e segs.

A Evolução Filosófica de Martin Heidegger **289**

mente diferentes, ambas pertencentes às suas possibilidades de ser originais (nesse sentido tão verdadeira uma quanto a outra). Ele está "na verdade" quando é para si mesmo aquilo que é na sua própria essência, ou seja, quando o des-cobridor e o des-coberto coincidem na clareza e na transparência. Essa revelação de si mesmo para si mesmo se realiza no sentimento da angústia e no ato pelo qual, através de uma espécie de projeção antecipadora de si mesmo, ele se coloca frente à possibilidade essencial de seu próprio não-ser, quer dizer, de sua morte, quando diante do nada que a angústia lhe revela ele se reconhece na sua finitude essencial e própria. Ele está então, de maneira "autêntica", no modo de ser da "autenticidade", existência angustiada e silenciosa que o Sr. Heidegger chama "ser voltado para a morte" ou "ser para a morte"[28] (*Sein zun Tode*). Ele pode também se realizar da maneira "inautêntica" que é a da nossa existência cotidiana, e que se caracteriza por uma dispersão "nas" coisas, uma despersonalização no "Se",[29] tagarelice, na distração, na subtração de si mesmo, no travestimento para nós mesmos da nossa realidade essencial, a saber, da maneira do ser voltado para a morte.[30] Nesse modo de ser, o *Dasein* é, falando em geral, vítima da aparência (*Schein*), sua interpretação de si mesmo é ilusória e lhe é necessário um ato de violência para arrancar-se à banalidade do cotidiano, para arrancar o véu da ilusão e chegar à verdade — revelação sobre si--mesmo e sobre o Ser. Inútil dizer que, no modo de ser da inautenticidade — estado "normal" já que cotidiano — do *Dasein*, ele não está na "verdade" mas na "não verdade" (*Un-wahrheit, inexatidão*).[31]

*

---

28   O *Dasein* — ou o homem — portanto poderia se definir como: *um ser (ente) mortal que se sabe mortal*. A filosofia do *Sein un Zeit* é um *memento mori* no sentido mais forte e mais absoluto, o sentido da aniquilação total. Por isso não é de se surpreender que o existencialismo heideggeriano tenha se desenvolvido como uma filosofia do desespero.

29   "Diz-se; faz-se"... O "se" não é o "eu". O "se" não é ninguém.

30   Pensamos irresistivelmente no "divertimento" pascaliano.

31   O Sr. Heidegger insiste sempre no fato de que o inautêntico (*uneigentliches*) é tão original quanto o autêntico (*eigentliches*) e que ele diz respeito às possibilidades essenciais do *Dasein*. Entretanto, caracteriza o primeiro estado como *Verfall*, degradação, caducidade.

Voltemos-nos agora para a *Essência da verdade*.[32]
Aqui começa o estudo da verdade na vida cotidiana. O que é que comumente se compreende por "verdade"? A verdade é aquilo que torna "verdadeiro" aquilo que é verdadeiro.[33] Mas o que é verdadeiro? Falamos de uma "alegria verdadeira"... Entendemos: uma alegria pura, uma alegria real, uma alegria que é "realmente" uma alegria. O verdadeiro é, portanto, o real. Falamos do ouro "verdadeiro" para distingui-lo do "ouro falso". O ouro falso não é "realmente" aquilo que parece ser. Ele é só "aparência" e por conseguinte é "irreal". Entretanto, o ouro falso é também alguma coisa de real. É necessário, portanto, esclarecer: o ouro real é o ouro "de verdade" (*echt*). Em contrapartida, todos os dois são reais, o ouro verdadeiro não me-

---

32   A terminologia do *Vom Wessen der Wahrheit* difere profundamente da terminologia do *Sein und Zeit*. Assim, não se encontra mais aí nem a *Sorge* (preocupação), nem o *inder-Welt-sein* (ser-dentro-do-mundo ou ser-no-mundo, esse *in mundo* e *inesse mundo*), nem a tríade *Befindlichkeit* (estado afetivo), *Verstehen* (compreensão) e *Rede* (palavra), nem mesmo a *Geworfenheit* e o *Entwurf*. O *Entdecken* (descobrir) é substituído pelo *Ent-bergen* (des-velar) provavelmente por preocupação de correspondência com *Verbergen* (ocultar, dissimular) que o Sr. Heidegger havia usado na sua tradução de ἀλήθεια = *Unverborgenheit*. Em contrapartida, uma série de termos novos faz sua aparição: das *Offene* e *Offenheit* (o "aberto" e a "abertura"'), a *Irre* (o "vagar", as trevas ou o vagar hipostasiado) etc. A *Existenz* de agora em diante se escreve *Ek-sistenz* e se encontra oposta e relacionada a *In-sistenz*... O Sr. Heidegger não comunica a razão dessas mudanças terminológicas. Pode ser que ela se encontre no seu estudo sobre Hölderlin; mas pode ser igualmente que o Sr. Heidegger tenha percebido que a terminologia "originalmente descobridora" de *Sein un Zeit* podia transformar-se em "*Gerede*" (tagarelice) ainda com muito mais facilidade do que a terminologia "reificada" da tradição. Com efeito, a terminologia esotérica das obras do Sr. Heidegger tem certamente contribuído para a sua surpreendente popularidade. O esoterismo é cheio de atrativo... E também cheio de perigos. Assim sendo, o Sr. Heidegger se queixou recentemente de nunca – ou quase nunca – ter sido compreendido. Seu caso, portanto, ilustra bem a tese segundo a qual "a difusão de uma doutrina filosófica é função direta do número de contrassensos que se pode cometer a seu respeito".

33   Não se trata de verdade científica, mas de toda espécie de verdade, da arte ou da fé da decisão política. Na sequência do ensaio *A Essência da Verdade*, entretanto, o Sr. Heidegger só trata da verdade intelectual.

nos do que o falso que circula por toda parte.[34] A questão, portanto, é novamente colocada: o que quer dizer verdadeiro de verdade? O ouro verdadeiro é esse cuja realidade concorda com aquilo que, "estritamente falando", antecipadamente e desde sempre, entendemos por "ouro". Por outro lado, quando suspeitamos do falso ouro, dizemos: "há qualquer coisa errada aqui". Pelo contrário, quando alguma coisa está "como deve", nós fazemos a observação: está em ordem, está certo (*es stimmt*)." Todavia, não é apenas a uma joia verdadeira, ao ouro verdadeiro, e a entes desse gênero que chamamos de verdadeiros; chamamos também, e até mesmo antes de tudo, de verdadeiras e falsas as nossas asserções (enunciados) que dizem respeito ao ente que, ele mesmo, pode ser verdadeiro ou falso e, na sua realidade, pode ser determinado de tal ou qual outra maneira. Uma asserção (enunciado) é verdadeira quando aquilo que ela significa e aquilo que ela diz concordam com a coisa da qual ela diz. Aí também dizemos: está certo. Ora, agora, não é a coisa que está certa, mas a *proposição.*"

"O verdadeiro, quer seja uma coisa verdadeira, ou uma proposição verdadeira, é aquilo que é certo, aquilo que corresponde. Ser verdadeiro e verdade significam portanto correspondência da coisa com a sua noção, previamente formada e, por outro lado, correspondência daquilo que é dito na asserção (enunciado) com a coisa."

Esse duplo aspecto da correspondência é esclarecido pela definição tradicional da verdade: *veritas est adaequatio rei et intelectus*. O que pode querer dizer: a verdade é a adequação da coisa ao conhecimento. E que pode também querer dizer: a verdade é a adequação do conhecimento à coisa. Sem dúvida, temos o hábito de só apresentar a definição que acabamos de citar na forma: *veritas est adaequatio intellectus ad rem*. Mas, a verdade assim compreendida, a verdade da proposição, só é possível se estiver fundamentada na verdade da coisa, na *adaequatio rei ad intellectum*. Os dois conceitos essenciais da *veritas* querem sempre dizer: "ajustar-se a (*sich richten*

---

34 A realidade não comporta graus; segundo a doutrina de *Sein und Zeit*, a existência "verdadeira", autêntica, não é "mais real" do que a existência degradada. A autenticidade e a não autenticidade, é bom repetir, são dois modos de ser do *Dasein*, tão reais e mesmo tão originais um quanto o outro.

nach), ou "regulamentar-se segundo", e, portanto, concebem a verdade como exatidão (*Ricktigkeit*).

As duas acepções da fórmula clássica implicam concepções diferentes de *intellectus* e *res*. O que fica claro desde que se reconduzam a fórmula em questão à sua origem imediata (medieval).

"A *veritas* como *adaequatio rei ad intellectum* não visa à concepção transcendental, bem posterior, e possível apenas sobre o fundamento da subjetividade do ser humano, de Kant, concepção segundo a qual "os objetos podem se adequar ao nosso conhecimento", mas a crença teológica cristã segundo a qual as coisas só são, e só são aquilo que são, na medida em que, enquanto coisas criadas (*ens creatum*), correspondem à *ideia* preconcebida no *intellectus divinus*, ou seja, no espírito de Deus, ajustam-se assim à ideia (são corretas) e, nesse sentido, são "verdadeiras". Mas o *intellectus humanus* é igualmente um *ens creatum*. Ele deve, enquanto faculdade conferida por Deus ao homem, concordar com a sua ideia. Ora, o entendimento só está de acordo com a sua ideia quando, nas suas asserções, ele efetua a adequação do pensamento à coisa que, por sua vez, concorda com a ideia. Se todo ente é "criado", a possibilidade da verdade do conhecimento humano está fundamentada no fato de a coisa e a ideia serem semelhantemente adequadas à ideia e, portanto, previamente combinadas na unidade do plano criador de Deus. A *veritas* como *adaequatio rei (creandae) ad intellectum (divinum)* garante a *veritas* como *adaequatio intellectus (humani) ad rem (creatam)*. *Veritas* na sua essência quer portanto dizer em todas as situações: *convenientia*, um acordo do próprio ente como criatura com o Criador, uma conformação com a destinação da ordem da criação."

Ora, a concepção da ordem cósmica (ordem da razão, ordem lógica) não está ligada à ordem da criação. Pode dissociar-se dela, sem que com isso a concepção da verdade sofra uma modificação essencial. A essência da verdade da proposição permanece sempre certeza da asserção. "Lá mesmo onde nos esforçamos, com notável insucesso, para explicar como essa certeza poderia se realizar, ela é pressuposta como essência da *verdade*. *Da mesma forma, "verdade da coisa" sempre que dizer: conformidade da coisa com o seu conceito essencial "racional".* O que faz crer – equivocadamente – que essa determinação da essência da verdade é independente da explicação da essência do ser de tudo aquilo que é, explicação que implica necessariamente uma explicação correspondente da essência do homem como suporte (*Träger*, sujeito) e realizador do *intellectus.*" "Assim, a fórmula que exprime a essência da verdade (*veritas est adaequatio intellectus et rei*) torna-se para todo mundo uma coisa óbvia. Sob a impressão da evidência dessa noção, cujos fundamentos frequentemente permanecem despercebidos, admite-se, como óbvio, que a verdade possui um oposto e que existe também uma não verdade. A não verdade de uma proposição (o fato de não ser certo, a não certeza) é não conformidade da asserção com a coisa. A não verdade da coisa significa a não conformidade do ente com sua essência." Cada vez nos referimos a um desacordo, a alguma coisa que se encontra excluída da essência pura da verdade e que, por isso, pode ser oposta a ela.

"Ora, se levarmos em conta tudo isso, em particular o fato de que a noção da verdade da coisa é apenas um resto de concepções teológicas com as quais a filosofia não tem mais por que se embaraçar, nós nos vemos reconduzidos a uma bem antiga – ainda que de modo nenhum a mais antiga – tradição do pensamento, que vê a essência da verdade na similitude (ὁμοίωσις) do enunciado (λόγος) com a coisa (πρᾶγμα). E então que ainda resta para procurar? Nada, já que sabemos o que quer dizer similitude de uma asserção com uma coisa."[35]

Está claro que não se pode tratar aqui de uma similitude tal como ela pode existir entre duas coisas. Uma asserção não é uma coisa e nenhuma das qualificações – físicas, por exemplo – da coisa pode lhe pertencer. Mais do que isso, se a asserção se assimilasse à coisa, ela deixaria de ser asserção e essa relação não ocorreria. Por isso o caráter dessa conformidade ou dessa assimilação se determina pela natureza da relação entre a asserção e a coisa.

---

35 Fiz questão de apresentar ao leitor este início da análise porque, de fato, o Sr. Heidegger integra na sua concepção da verdade todos os seus elementos tradicionais, até mesmo e inclusive a assimilação da "verdade" com a "veridicidade"* e a "verificabilidade".
*N. do T. – No original francês, *véritabilité* (de *véritable*, "verdadeiro", que não apresenta equivalência semântica com *vrai*, a que corresponde o substantivo *vérité*).

"A asserção que diz respeito a uma coisa "se" refere a essa coisa enquanto a representa e diz desse representado – sob um certo aspecto – o que ele é dela. A asserção representante enuncia a coisa representada tal como ela é enquanto esta coisa. Esse "tal como" (*so wie*) diz respeito à representação e a seu representado. Por "representar" entendemos aqui, abandonando todas as pré-concepções que pertencem à "psicologia" e à "teoria do conhecimento", o simples fato de deixar uma coisa se sustentar diante de nós como objeto.[36] O que se sustenta diante de nós deve, enquanto colocado dessa maneira, superar uma distância aberta (*offenes Entgegen*)[37] e, no entanto, permanecer nele mesmo como coisa e se mostrar como uma constante. Esse lançamento da coisa na superação da distância se realiza no interior de um aberto (*Offenes*) cujo caráter de ser aberto (*Offenheit*) não é criado pela representação, mas só é cada vez assumido e retomado como um domínio de relações (*Bezugsbereich*). A relação da asserção representante com a coisa é efetuação (realização) dessa relação (*Verhältniss*) que originariamente e sempre se movimenta como comportamento (*Verhalten*). Ora, todo comportamento tem seu caráter distintivo no [fato] de, mantendo-se no aberto, ele se referir sempre a um manifestado (*Offenbares*) *enquanto tal*. No pensamento ocidental, desde muito cedo, o que é assim manifestado e, no sentido rigoroso, só ele foi sentido como "aquele que está presente, e, depois de muito tempo, foi chamado de o ente" (*Seiendes*)."[38]

---

36 *Vorstellen* quer dizer literalmente: colocar diante. É preciso, portanto, não ter em consideração o caráter re-presentativo da representação que, aliás, está ausente no "representar-se" algo. Seria preciso traduzir *Vorstellen* por "presentificar".

37 *Entgegen* querendo dizer "contra" e "em direção a" exprime para o Sr. Heidegger o duplo "movimento" da coisa – em direção a nós, pelo qual ela se oferece a nós, e movimento de recuo, pelo qual ela permanece em si mesma.

38 Tentei traduzir tão exatamente e tão literalmente quanto possível o texto do Sr. Heidegger. O resultado sem dúvida não é brilhante. Porém, assim como outros, além de mim, já experimentaram, é impossível reproduzir em francês a estrutura verbal – ou, se preferirmos, o perpétuo jogo de palavras – do Sr. Heidegger, jogo que para um pensamento alemão parece apresentar uma atração quase irresistível e uma tentação quase invencível. É impossível reproduzir em francês as "correspondências" entre *Offen, Offenes, Offenstaendigkeit, Offenbares, Beziehung* e *Bezug, Verhaeltniss* e *Verhalten, Irren* e *Irre Not* e *Notwendigkeit* etc.

A Evolução Filosófica de Martin Heidegger   295

O que, se não me engano, poderia ser apresentado como se-gue: devemos fazer abstração de todas as teorias de percepção e da representação elaboradas pela psicologia e pela teoria do conhecimento tradicionais, pois foram ambas vítimas de um erro e de uma ilusão fundamentais, a saber, a da reificação da "consciência" ou da "alma" ou do "espírito". Por isso, quiseram interpretar a relação, absolutamente *sui generis*, entre a asserção, ou a percepção, ou a representação e a coisa,[39] como uma relação entre duas coisas (*inter rem et rem*). Por essa razão nunca puderam livrar-se das dificuldades inextricáveis que com isso elas mesmas criaram para si. Vamos deixá-las de lado e ver como as coisas se passam realmente, ou seja, descritivamente.

Quando nós representamos alguma coisa – e o termo "representação"[40] englobará para nós tanto a percepção quanto a representação propriamente dita – nós a colocamos, de alguma forma, diante de nós, num espaço "aberto". Nós estamos "abertos" para a coisa e a coisa está "aberta" para nós; nessa "abertura" mútua abolimos a distância e a oposição que nos separam: a coisa vem para nós e nós vamos para ela sem que, no entanto, ela deixe de ser aquilo que é e aí mesmo onde está. Em outros termos, na representação, a coisa se manifesta a nós e se torna manifesta. Poder-se-ia dizer que ela se mostra a nós na claridade, que ela está esclarecida, ou que ela está na luz...[41] Daí resulta que a asserção – verdadeira – nos "mostra" a coisa – sob o aspecto considerado – *tal como ela é.*

Ora, não é a representação que cria essa "abertura" (essa claridade) na qual as coisas se mostram a nós. Muito pelo contrário, a representação só é possível se ela se inserir numa rede de relações que, já, nos reúnem e nos ligam ao mundo. A representação – e toda cognição – é um "comportamento", ou seja, uma maneira de se comportar frente, ou em face, de alguma coisa que já está aí para nós, que já está manifesta. E é aquilo que assim se manifesta a nós, aquilo que se mostra, aquilo que se apresenta a nós como *o mesmo* é que – pelo menos no Ocidente – se chamou: "o ente", o "aquilo que é"

---

39   Lembramos que essa relação foi designada por E. Husserl como *intencionali-dade.*

40   "Representação" significará para nós "presentificação".

41   Todavia o Sr. Heidegger não emprega nenhum desses termos.

(*ens*), e é sobre essa experiência da presença, de estar lá, e de ser "o mesmo" que construímos nossa noção de ser.

Ora, portanto, prossegue o Sr. Heidegger, se o enunciado (a asserção) é capaz de nos mostrar a coisa "como" ela é, e de nos "dizer" dela aquilo que nela é dela, isso ocorre porque em todos os nossos comportamentos teóricos e práticos já estamos "abertos" às coisas, em contato, em comércio com elas. Decorre daí que essa "abertura" que forma a condição da possibilidade do juízo verdadeiro (certo) "tem um direito mais original a ser considerada como essência da verdade do que a verdade (certeza) do juízo."[42]

O comportamento "aberto" significa aquele no qual a asserção "concorda com" e "se regulamenta segundo" a coisa, ou, em outras palavras, a atitude puramente receptiva ou perceptiva pressupõe a liberdade. Daí identificando expressamente "fundamento interno da possibilidade" e "essência", o Sr. Heidegger conclui que "a essência da verdade é a liberdade". Mas, por sua vez, "a liberdade só pode ser o fundamento da possibilidade interior da certeza (verdade do juízo) porque recebe sua essência da essência ainda mais originária da verdade unicamente essencial". Isso significa, sem dúvida, que a verdade do juízo pressupõe a liberdade do julgador e que esta só é possível se estiver fundamentada na verdade mais profunda, substancial,[43] de seu profundo ser.

---

42 Confesso que não pude acompanhar o Sr. Heidegger nessa conclusão. As condições de possibilidade ou a origem de uma coisa não são, de forma alguma, a essência dessa coisa. E a lógica emanatista – a lógica do Sr. Heidegger – que as identifica me parece essencialmente falha. Por isso, de maneira alguma me parece justificável proclamar que "*por esse fato* (o grifo é meu) a atribuição habitual e exclusiva de verdade ao julgamento... se desmorona". Esta atribuição é sem dúvida falsa. Mas essa falsidade ainda não está demonstrada. Não deixa de ser verdadeiro que, ainda que seja do lugar da verdade, se coloca com razão a questão que diz respeito ao fundamento da possibilidade interna do comportamento "aberto".

43 Sem dúvida, o Sr. Heidegger protestaria, contra o emprego do termo "substancial". Não é, segundo ele, um dos maiores equívocos da filosofia ter empregado o mesmo termo para designar entidades absolutamaete diferentes na sua estrutura e no seu ser, substância material e substância espiritual, *res extensa* e *res cogitans*? Poderíamos, no entanto, objetar ao Sr. Heidegger: *a.* Que substância não quer sempre, nem necessariamente, dizer *res* (a qual *res* não é sempre nem necessariamente uma *res extensa*: a substância spinozista

A liberdade que se realiza na atitude perceptiva pode (e segundo o Sr. Heidegger ela até mesmo deve) ser descrita como o "deixar--ser" (*Sein-lassen*): ela "deixa" a coisa ser aquilo que é, não age sobre ela, limita-se a desvelá-la, a conferir-lhe, saindo de sua frente para que ela se revele, esse caráter de não estar velada (*Unverborgenheit*) que o termo grego ἀλήθεια exprime. A liberdade enquanto "deixar--ser" é "ex-ponente" (*aus-setzend*) e "*ek-sistente*", o que significa que ela des-vela as coisas e as ex-põe ao nosso olhar nessa região de claridade (o "aberto") de que havíamos falado antes, e que o faz em virtude de sua própria *ek-sistência*, ou seja, em virtude do fato de ser transcendente com relação ao seu próprio ser, ou, ainda, de que no seu ser ela "sai" do ser dos entes puramente naturais, que se transporta a si mesma para o aberto. Mais exatamente, ela não se transporta para lá, ela assume essa "abertura" e essa claridade por e na sua própria *ek-sistência*. Por isso "a exposição no caráter (ou região) de não ser velado (*Unverborgenheit*) do ente enquanto tal nada mais é do que a *ek-sistência* enraizada na verdade como liberdade. E o fundamento essencial a partir do qual o homem é capaz de *ek-sistir* é o *Da-sein*".

O que, traduzido na linguagem vulgar da filosofia tradicional, significa que todo comércio intelectual com as coisas (cognição da coisa) só é possível para um ser que transcenda a natureza, o que, evidentemente, implica liberdade. E até mesmo liberdade substancial ou essencial, ou seja, consciência. Em outros termos, se o homem é *capax veritatis*, é que ele é *capax libertatis*, e isso só pode ser se, na sua essência, ele for liberdade.

Mas retornemos ao Sr. Heidegger e à *ek-sistência*. A *ek-sistência* do homem histórico começa, nos diz ele, no momento em que um homem colocou-se, e colocou, a questão: o que é o Ser (a totalidade de tudo aquilo que é)? Foi então que o fenômeno da ἀλήθεια foi experimentado pela primeira vez, foi então que o ente revelou-se

---

ou leibniziana ou fichteana nada mais é do que uma "coisa"); *b.* Que o próprio emprega o mesmo termo: *Seiendes = ens =* ente para designar "entidades" tão diferentes quanto o *Da-sein*, os animais ou as pedras. Que se ele nos respondesse que assim o faz porque, apesar de suas diferenças, essas entidades "são" e, portanto, são "entes", poderíamos retorquir que é exatamente esse sentido do termo "substância" ou do termo *res* para Descartes.

como natureza (φύσις) e foi então também que começou a historia.[44] (Vamos traduzir: é com a colaboração do problema do Ser que a história começa, já que é por e nessa questão que o homem se opôs à natureza e tomou consciência de si.) Por isso mesmo, continua o Sr. Heidegger, ele se colocou como liberdade. Uma liberdade de que "ele não dispõe". De fato, "o homem não possui a liberdade como propriedade; o contrário é que é verdadeiro: a liberdade, o *Da-sein ek-sistence*, desvelante, possui o homem, e isso de maneira tão originária que é *apenas ela* [a liberdade] que confere ao homem uma relação com o ente em totalidade, relação que só ela confere à história o seu fundamento e o seu caráter distintivo. Só o homem *ek-sistente* é histórico. A natureza não tem história". O que significa – como já se disse muitas vezes –[45] que a história é a história da tomada de consciência do espírito por si mesmo, história da liberdade e, portanto, da verdade.

Infelizmente, a história não é apenas a história da verdade. Ela é até mesmo uma coisa bem diferente. Pois, já que "a verdade na sua essência é liberdade", decorre daí que "o homem histórico, no deixar-se do ente, pode também *não* deixar o ente ser aquilo que ele é. O ente é então re-velado e dissimulado. A ilusão se instala no lugar da verdade; a antiessência (*Un-Wessen*)[46] da verdade faz aí a sua aparição. Ora, já que a liberdade *ek-sistence* como essência da verdade não é uma propriedade do homem, mas, pelo contrário, apenas

---

44   Poderíamos perguntar, todavia, se antes de se tornar "histórico", ou seja, antes de se colocar a questão: o que é o ser? o homem, para o Sr. Heidegger, já era um homem. Pois se não era capaz nem de liberdade nem de verdade, ele não possuía a estrutura essencial do *Dasein*. Entre ele e nós existiria um abismo tão profundo ou até mesmo mais profundo do que entre o homem e o animal. Nesse caso, falar do homem "não histórico" não teria sentido algum, e o *homem* deveria se definir como ente *essencialmente* histórico. Ora, como a sua história começa, para o Sr. Heidegger, pelo fato de colocar a questão metafísica – *O que é o ser?* –, ele poderia se definir também como ente essencialmente metafísico. E nesse caso a *Ueberwindung der Metaphysik*, que o Sr. Heidegger nos anuncia, poderia significar o seu fim.

45   Essencialmente Hegel.

46   Um jogo de palavras intraduzível, *Un-wesen* significando desordem, mau comportamento etc. Até agora, *Un-wesen* jamais fora empregado como termo filosófico. Traduzi *Un-wesen* como "antiessência" para poder traduzir *Gegenwesen* como "contraessência".

como propriedade da liberdade é que o homem *ek-siste* e assim se torna histórico; daí se deduz que a antiessência da liberdade não é alguma coisa que nasce, *post factum*, da incapacidade e da negligência do homem". A não verdade deve ter uma origem mais profunda. Ela nasce da própria essência da verdade.

Ora, portanto, com frequência se tem dito, a liberdade fundamenta a verdade e ao mesmo tempo mina os seus alicerces. Todavia, não confundamos a situação em que o Sr. Heidegger coloca o homem com a situação em que o havia colocado Descartes. Pois, quando Descartes nos explicou que graças à nossa liberdade é que, geral e habitualmente, permanecemos no erro e na confusão e, ao mesmo tempo, nos propôs apelar a essa mesma liberdade para que ela nos liberte deles e nos permita atingir a verdade, ou seja, a claridade e, portanto, o ser, ele se referia a uma liberdade de que o homem seria o senhor e não a propriedade. Por isso a liberdade dele podia dizer "não" ao mundo, à natureza, à ilusão, e sobre esse "não" fundamentar o "sim" da adesão à claridade, à ἀλήθεια; mas a liberdade do Sr. Heidegger não pode nunca dizer "não" (esta, eu acredito, é a sua fraqueza essencial). Ela diz sempre "sim", e, quando se decide, sua decisão é uma aceitação. Por isso ela não poderá nos libertar do erro, da ilusão e da confusão.

"A essência da verdade revelou-se como liberdade. Esta consiste no deixar-se *ek-sistindo* e des-velado o ente." Esse des-velamento visa ao ente em totalidade, aliás com quem estamos sempre em relação e que sempre nos afeta (e nos infecta), afetação ou infecção que nada mais é do que o estado emocional (*Stimmung*)[47] no qual nos encontramos.

"Ora, desvelar o ente em totalidade não é a mesma coisa que reunir todos os entes conhecidos ou fazer a soma de tudo aquilo que sabemos sobre os entes. Muito pelo contrário, justamente aí onde se sabe pouca coisa, aí onde o ente é conhecido pela ciência de uma maneira muito pobre e muito grosseira, é que a revelação do ente em totalidade pode se realizar de uma maneira mais essencial do que aí onde o conhecido se tornou impossível de abarcar com a vista.

---

47   A *Stimmung* corresponde ao que o *Sein un Zeit* chamou de *Befindlichkeit* e dá lugar, bem entendido, a uma série de jogos de palavras.

Pois é justamente a multiplicação desmedida dos conhecimentos, o desejo de "conhecer" tudo que faz com que a revelação do ente em totalidade caia no nada aparente da indiferença ou, pior ainda, no do esquecimento."

Isso pode ser sustentado. Pois significa apenas dizer que com o desenvolvimento das ciências e do saber científico o "sentido" para a filosofia e o interesse para a metafísica se enfraquecem e se perdem. Tomado ao pé da letra, todavia, quereria dizer que não existe progresso, mas apenas regressão constante na filosofia depois – pelo menos – dos pré-socráticos (o que parece ser a opinião do Sr. Heidegger, para quem a decadência da filosofia começa com Platão).[48] Mas então a história nos serviria para quê?

De fato, a situação é ainda mais grave. Pois mesmo que nós – ou o *Dasein* – estejamos sempre e originariamente em relação com o ente em totalidade, esse ente em totalidade se dissimula ao nosso olhar. Na verdade, o "deixar-ser", justamente "deixando ser" o ente singular ao qual se refere, e desvelando-o, dissimula com isso o ente em totalidade. "O deixar-ser é ao mesmo tempo uma dissimulação. Na liberdade *ek-sistente* do *Dasein* se realiza a dissimulação do ente em totalidade; ela *é* a dissimulação." Isso significa que o conhecimento objetivo, e, sobretudo, o saber científico, que realiza perfeitamente bem o desvelamento dos entes (dos objetos reais), *destrói* com isso a possibilidade do saber metafísico "velando" e "dissimulando" o seu objeto. Poder-se-ia dizer *salva reverentia* que as árvores nos ocultam a floresta... E essa "dissimulação do ente em totalidade não é alguma coisa que só intervenha de repente, como sequência do conhecimento sempre fragmentário do ente. A dissimulação do ente em totalidade, a não verdade autêntica, é anterior a todo desvelamento de tal ou qual ente.

É também mais antiga do que o próprio deixar-ser que, desvelando, já revelou e que se refere à dissimulação".

Poderíamos dizer que isso é óbvio: pois, se a verdade é um desvelamento, pressupõe um "véu" mais antigo que ela, ou, como já se disse, muitas vezes o erro é anterior à verdade. Mas agora o assun-

---

48 Essa atitude de retorno a Tales é característica do objetivismo decidido e perfeitamente antiexistencialista do Sr. Heidegger.

to é outro: trata-se do re-velamento do ente na sua totalidade – e também, e até mesmo sobretudo, do Ser – no e pelo próprio ato do desvelamento, do deixar-ser dos entes particulares.

A dissimulação, o re-velamento do ente em totalidade aparece, pois, como uma condição do deixar-ser desvelador, do conhecimento dos entes particulares. Portanto, o saber objetivo não se *segue* a, mas *pressupõe* a "dissimulação", o "esquecimento", a destruição da filosofia. Mas a situação parece ser ainda mais grave. Pois é a própria liberdade *ek-sistente* do *Dasein* que é a dissimulação.

"O desvelamento do ente enquanto tal é em si mesmo ao mesmo tempo re-velamento do ente em totalidade.[49] Nesse "ao mesmo tempo" do des-velamento e do re-velamento reina o extravio (*Irre*).[50] A dissimulação do dissimulado e o extravio (*Irre*) pertencem à essência original da verdade."

"A liberdade, compreendida a partir da *ek-sistência* in-sistente[51] do *Dasein* é a essência da verdade (no sentido da certeza da representação) só porque a própria liberdade nasce da essência da verdade, da ação (*walten*) do mistério nas trevas (*Irre*). O deixar-ser do ente se efetua num comportamento aberto. Mas o deixar-ser do ente enquanto ente em totalidade só se realiza de acordo com a essência quando ele é assumido na sua essência original."

---

49   F. von Baader já havia dito: *revelatio est re-velatio*.

50   A *Irre* não é o erro (*Irrtum*). Na linguagem popular emprega-se o termo na expressão *er geht in die Irre* = ele se embrenha num labirinto, numa região inexplorada, sem rotas nem indicações, onde só podemos nos perder = ele di-vaga, ele des-carrila. O Sr. Heidegger emprega esse termo para designar o estado – ou a região – de confusão total, de obscuridade vaga, na qual o homem não encontra suporte algum nem fundamento algum e onde ele erra (*irrt*) presa da desordem. Após ter tentado uma série de traduções possíveis (infelizmente o termo francês "*l'erre*" que dizer exatamente o contrário de "*Irre*", a saber, direção), eu me decidi por "*égarement*" (extravio). De fato, a *Irre* é alguma coisa como as trevas exteriores nas quais o homem extraviado prossegue seu curso "errático" (*Irrgang*).

51   *In-sistir* não quer dizer apenas *in-der-Welt-sein*, ser-dentro-do-mundo (*esse in mundo*) mas ser perto (*bei*) das coisas do mundo, ser "mundano", ser na caducidade e na degradação, ser *no* mundo (*inesse mundo*).

"Então a resolução-abertura[52] (*Entschossenheit*) para o mistério está a meio caminho nas trevas (*Irre*) enquanto tais. Então a questão que se refere à essência da verdade se coloca de uma maneira mais original. Revela-se então o fundamento da intercalação do erro e da verdade com verdade da essência. O olhar lançado das trevas para o mistério é a interrogação no sentido da questão única: o que é que o ente enquanto tal é em totalidade? Essa interrogação pensa a questão essencialmente perturbadora e, por isso mesmo, ainda não dominada na sua multivocidade, que diz respeito ao ser do ente."

O que significa, aparentemente, que a liberdade transcendente e *ek-sistente* na qual o Sr. Heidegger havia inicialmente visto – enquanto formava o fundamento da possibilidade do des-velamento do ente e de sua elevação à categoria de ente des-velado –, a essência da verdade de forma alguma esgota a essência do *Da-sein*, já que ela está sempre acompanhada por uma liberdade, inextricavelmente misturada à primeira e intimamente entrelaçada com ela, cujo ser consiste justamente no velar, no dissimular, no travestir do ente. A luz natural que o *Da-sein* projeta sobre o ente é, portanto, veri-ficadora e falsi-ficadora ao mesmo tempo. Por isso mesmo, o *Da-sein* não é clarividência transparente, mas turva, e sua essência – unidade do verdadeiro e do falso – é mistério, confusão e miséria. Mistério, confusão e miséria cujo fundamento não desvelado mas possível, fundamento cuja possibilidade se enuncia na questão, abordada de leve pelo Sr. Heidegger, da "verdade da essência" talvez consista justamente na falsidade essencial desta. Compreendemos, então, que, se assim é, a filosofia como olhar lançado das trevas no, ou para o mistério, só possa ser uma *interrogação*.

O ente (em totalidade) se manifesta velando-se; mais exatamente, o *Dasein* torna manifesto o ente (em totalidade), velando-o e travestindo-o.[53] O deixar-ser desvela e dissimula ao mesmo tempo; compreende-se que o Sr. Heidegger tenha chegado a falar do mis-

---

52   O termo *Entschlossenheit* significa: resolução; mas, submetendo-o ao jogo dos prefixos, obtemos *Ent-schlossenheit*, oposto a *Verschlossenheit* = fechamento, logo, abertura. A resolução nos torna abertos ao mistério. O Sr. Corbin traduz *Entschlossenheit* por "decisão resoluta". Na minha opinião seria preferível dizer: "aceitação decidida".

53   No fundo, tudo isso é muito kantiano.

tério e a nos dizer que o mistério reina no *Da-sein* do homem. De fato, "o *Da-sein* encerra, enquanto existe, o primeiro e o mais vasto não desvelamento (*Un-entborgenheit*), a não verdade autêntica. A antiessência (*Un-wesen*) da verdade é mistério".

Mistério, poder-se-ia dizer, absolutamente misterioso – *Mysterium Magnum* – pois, para cúmulo, a dissimulação se dissimula a si mesma. O que significa que, na nossa vida cotidiana onde devemos tratar com entes particulares, nem mesmo sabemos que o ente em totalidade nos está ocultando. Ignoramos o travestimento pela não verdade; não sabemos que *estamos enganados*. Não pensamos no ente em totalidade. Nós o esquecemos. Nós esquecemos o mistério.

Ora, o mistério esquecido do – e pelo – *Da-sein* não é abolido pelo esquecimento. Pelo contrário, "o esquecimento confere ao desaparecimento aparente do esquecido uma presença própria". Quase poderíamos dizer, interpretando um pouco livremente o pensamento do Sr. Heidegger, que nada é mais perigoso do que um mistério esquecido: ele atua por sua ausência e abandona o homem esquecido do mistério à sua triste sorte. "Assim abandonado, o homem completa seu "mundo" a partir de suas necessidades e de suas intenções as mais recentes e o preenche com suas necessidades e seu planos."[54]

Esses mundos, sem dúvida, são os "mundos" historicamente criados pelo homem: o "mundo" grego, o "mundo" cristão, o "mundo" moderno. É desses mundos que o homem toma emprestada as medidas... "sem refletir ainda sobre o fundamento daquilo que é medido..." "Por isso ele se mede mal e perde sua medida,[55] e tanto mais que ele se erige a si mesmo como sujeito exclusivo para a medida de tudo aquilo que é". No seu esquecimento presunçoso do mistério, o homem se prende ao cotidiano, ao estabelecido, ao habitual, ao que se apresenta a ele sem esforço, ao que lhe é imediatamente acessí-

---

54   No *Sein und Zeit*, o Sr. Heidegger já nos havia dito que o mundo do *Dasein*, correlativo à sua preocupação consigo mesmo, é constituído para ele por objetos *utilitaires* e *outlitaires*,* que lhe são *Zuhanden* e não *Vorhandes*; cf. *supra*. Nota 15.
       ***N. do T.** – Jogo de palavras: *utilitaires* = utilitários, *outilitaires* = utilitários de *outils* = utensílios.

55   Jogo de palavras. *Messen* = medir, de onde vem *vermessen* = medir mal, não ter medida; *Vermessenheit* = desmedida, temeridade, insolência.

vel. Ora, esse esquecimento, essa cegueira, é, de fato, fundamentada no *Da-sein*. Pois "o *Da-sein* não só *ek-siste* mas ainda in-siste, ou seja, se atém obstinadamente àquilo que o ente descoberto lhe oferece como dele mesmo e nele mesmo".

"*Ek-sistindo o Da-sein é in-sistente*. A existência in-sistente é também ela regida pelo mistério, mas [o mistério só age ali] como essência da verdade esquecida e também tornada inessencial."[56]

Como bem vemos: a in-sistência, ou seja, a degradação do *Da--sein*, ou, melhor, a forma degradada, inautêntica da existência, aquilo que *Sein und Zeit* chamou *Verfall* (caducidade), é fundamentada na estrutura mais essencial do *Da-sein*. Ela é, portanto, como tal *invencível*.[57] Enquanto in-sistente o homem se volta para aquilo que existe de mais acessível no ente. Mas ele só in-siste como já *ek-sistente*", o que significa que a in-sistência, que se poderia chamar "conversão ao banal", só é possível para um existente que *ek-siste*, ou seja, se transcende e por esse fato é *capax veritatis*.[58] "É o ente enquanto tal que ele toma como regra", o que significa que ele, ainda assim, procura a verdade, mas já que sua in-sitência, ou seja, sua con-versão à banalidade, é ao mesmo tempo uma a-versão ao mistério, a verdade lhe escapa e ele a persegue em vão lançando-se de um ente banal para um outro ou de um estado banal para o mistério. "Ele assim vaga de um para outro. Ele está no extravio errático (*Irre*)."

"O homem vagueia. O homem não apenas cai no extravio errático. Ele se move sempre no extravio. Esse extravio no qual ele se move não é só alguma coisa que o acompanha, como uma ravina na qual ele às vezes cai. O extravio errático pertence à estrutura do *Da--sein* na qual o homem histórico está engajado."

---

56 *Unwesentlich*, que também pode significar: antiessencial.

57 A caducidade na inautenticidade sempre foi apresentada pelo Sr. Heidegger como uma possibilidade essencial do *Da-sein*. Mas agora ela não é mais uma das duas possibilidades coordenadas. Ela é mais essencial, mais fundamental que a outra. Poderíamos dizer em termos absolutamente vulgares: que mesmo para filosofar é preciso viver... mas a vida torna a filosofia – se ela quer ser mais do que uma interrogação – impossível.

58 Em termos do *Sein und Zeit*: mesmo para estar na banalidade é preciso ser um *Dasein* e não uma coisa.

"O extravio é a contraessência (*Gegenwesen*) essencial, complementar da essência original da verdade. O extravio errático é o lugar aberto e o fundamento do Erro (*Irrtum*)", não do erro particular e isolado, mas do Erro – do fato de se enganar – em si: "Todo comportamento, segundo sua relação com o ente, tem a sua maneira de errar." O reino do Erro se estende dos falsos movimentos, falsos cálculos etc., até às falsas decisões. O erro dos filósofos – falsidade do juízo – é, pelo contrário, só uma e a mais vulgar maneira de errar. "O extravio no qual uma humanidade histórica é sempre obrigada a caminhar, a fim de que sua caminhada seja errática, guarda essencialmente a "abertura" do *Da-sein*. O extravio domina o homem, penetra-o de um lado a outro, o engana e o induz à confusão. Mas, com essa ação, ele colabora com a possibilidade, que o homem pode sorver na *ek-sistência*, de não se deixar enganar e induzir à confusão, de experimentar as trevas erráticas e de não produzir o mistério."

Assim, portanto, é possível *não* se deixar enganar, desmascarar o extravio e a confusão, descobrir o mistério, vencer o esquecimento. O Sr. Heidegger poderia alegar que demonstrou muito bem essa possibilidade pelo fato. *De esse ad posse valet consequentia*. Concordamos com ele, pelo menos em parte. Pois se está claro que o Sr. Heidegger conseguiu perfeitamente nos revelar o *Irre*, nos conduzir ao labirinto, nos fazer recair na desordem, está certo de ter conseguido vencer o esquecimento? E até mesmo de tê-lo revelado a nós como esquecimento. Não será isso um resto de otimismo platônico? Ou, talvez, um resto de otimismo cristão?[59]

É visível que esse extravio no labirinto errático pelo qual "vagamos" extraviados e que nos mantém sob sua dominação fazendo-nos ignorar sua própria existência é o substituto laicizado do pecado... O cúmulo do pecado não é a ignorância do pecado e o esquecimento do Senhor? Por isso a linguagem do Sr. Heidegger torna-se absolutamente mítica e mística. O extravio nos "oprime" (*bedrängt*) e nos "força" (*nötigt*). O homem está na miséria (*Not*) da coerção (*Nöti-*

---

59   Sem dúvida, o Sr. Heidegger nos responderia que isso não é uma objeção; a consciência religiosa interpreta mal e traveste os fenômenos que desvela. Mas de qualquer modo ela nos desvela.

gung). O *Da-sein* é a conversão à miséria.[60] É do *Da-sein* do homem, e só dele, que nasce a revelação da necessidade (*Notwendigkeit*) e, de acordo com ela, a transposição possível para o indispensável..." É essa possibilidade alguma coisa além de uma esperança? Esperança tão gratuita quanto a graça de que ela é o resíduo? Difícil de acreditar, pois a nossa situação real, pelo menos tal como se revela na análise do Sr. Heidegger, de maneira nenhuma o autoriza.

*

É "no pensamento do ser que a liberdade do homem para a *ek-sistência*, liberação que fundamenta a história, chega ao discurso; discurso que, inicialmente, não é "expressão" de uma "opinião", mas que é desde o começo a trama (bem guardada) da verdade do ente em totalidade. O número de homens que entende esse discurso não vem ao caso. Mas é a capacidade de entendê-lo que decide o lugar do homem na história. Mas no mesmo instante do mundo em que se realiza o nascimento da filosofia começa também, e só então, a dominação expressa do senso comum (da sofística)."

"Este – o senso comum – faz apelo ao caráter não problemático do ente manifestado e interpreta qualquer interrogação do pensamento como um ataque ao bom-senso e à sua susceptibilidade infeliz."

"Ora, o que o senso comum – perfeitamente justificado no seu domínio – pensa da filosofia não diz respeito à essência dela, que só se deixa determinar a partir da relação com a verdade original do ente como tal em totalidade. Mas, já que a essência completa da verdade engloba sua antiessência e, antes de tudo, age como dissimulação, a filosofia como interrogação da verdade é, nela mesma, dúplice. Seu pensamento é a calma dignidade da doçura que não se recusa à dissimulação do ser. Seu pensamento é ao mesmo tempo a resolução-abertura (*Entschlossenheit*) do rigor que não faz eclodir a dissimulação, mas obriga sua essência intacta a se descobrir para a compreensão na sua verdade própria." Dessa maneira, a filosofia

---

60 *Das Da-sein ist die Wendung in die Noth*. Daí *Not-wendigkeit*, necessidade, conversão à miséria.

não se furta à ilusão. A sabedoria, uma vez mais, é reconhecimento--aceitação daquilo que é. Reconhecimento da necessidade essencial da dissimulação. Reconhecimento da impossibilidade de romper o véu do erro. Reconhecimento da impossibilidade, para o homem, de atingir a verdade que ele procura.

A filosofia – olhar lançado do extravio para o mistério – é liberadora no sentido em que ela nos revela as trevas na sua "verdade". Mas ela não vai mais longe. Ela está a "meio-caminho". Ela nos mostra muito bem o caráter "travestido" do mundo do senso comum, do mundo do "Se";[61] demonstra muito bem a inautenticidade da existência inautêntica. Não nos pode guiar para a autenticidade. A metafísica, enquanto desvelamento do Ser, é impossível para o homem. Ou, se preferirmos, ela se realiza no homem como revelação do mistério. O véu de Ísis não pode ser levantado.

O que o resumo final com que o Sr. Heidegger termina sua comunicação nos confirma.

"O presente tenta conduzir a questão que diz respeito à essência da verdade para além da trama da sua determinação habitual através do conceito essencial tradicional e nos permite perguntar se a questão que diz respeito à essência da verdade não deve ser ao mesmo tempo e primeiramente a questão que diz respeito à verdade da essência. Mas, no conceito da essência, a filosofia pensa o ser. A redução da possibilidade interna da certeza de uma asserção à liberdade *ek-sistente* do deixar-ser como seu "fundamento", da mesma forma que o pressentimento da origem essencial desse fundamento na dissimulação e nas trevas, bem poderia fornecer a indicação de que a essência da verdade não é a "generalidade" vazia de uma universalidade "abstrata, mas o único dissimulado da história, ela mesma única do desvelamento do "sentido" daquilo que chamamos Ser e no qual, já há muito tempo, temos o hábito de só pensar como o ente em totalidade". Ora, este é um mau hábito.[62] Pois o ente – mesmo tomado em sua totalidade – não é o Ser. E o pensamento

---

61 **N. do T.** – *On*, no original francês (que corresponde a um pronome indefinido).
62 Assim se explica o anúncio, feito pelo Sr. Heidegger em sua nota liminar, de que caminhamos para uma superação (ultrapassagem, *Ueberwindung*) da metafísica, que só se ocupa do enunciado em sua totalidade. E, portanto, comporta necessariamente um "esquecimento" do Ser.

do ente em sua totalidade nos dissimula, ou nos faz esquecer o Ser muito mais ainda do que o pensamento dos entes particulares." Pode ser que o Sr. Heidegger tenha razão. E que o homem esteja eternamente condenado a "vagar" no labirinto, capaz, quando muito, de se dar conta de sua miséria, capaz, por isso mesmo, de conceber a ideia da verdade, mas incapaz de algum dia atingi-la. É até mesmo bem provável que seja assim. O filósofo não é um sábio. O filósofo é apenas um homem. Um sábio seria um Deus.

A explicação que *Vom Wesen der Wahrheit* nos dá para essa incapacidade, explicação que, ao mesmo tempo, é a explicação da impossibilidade em que o Sr. Heidegger se encontrou para cumprir a promessa imprudentemente feita no *Sein und Zeit*, não se afasta, inicialmente, das mais antigas tradições da filosofia: o homem nunca é "ele-mesmo", nunca é sua "essência", nunca é "verdadeiro" – em termos heideggerianos: o homem nunca é seu *Da-sein* –, e por isso mesmo não coincide nunca com o seu ser e, portanto, não pode nunca se re-lembrar da verdade "esquecida".

O *Sein und Zeit* havia sido mais otimista. E compreendemos por quê. O Sr. Heidegger com efeito acabava de realizar um esforço admirável e, à primeira vista, inacreditável: conseguira determinar a essência do homem – do *Dasein* – a partir de sua existência (havia até mesmo descoberto que sua essência *era* sua existência); havia determinado, além disso, as duas modalidades essenciais nas quais – autenticidade e inautenticidade – essa essência se atualiza.[63-64]

Nada mais natural do que admitir que o inautêntico e o autêntico se opõem com o sim e o não – o *Dasein* está na verdade (autenticidade) ou na não verdade (inautenticidade). *Tertium non datur*. Ora,

---

63   **N. do T.** – *Atualizar-se* tem aqui o sentido de realizar-se.

64   O *Da-sein* – como já disse antes – é a essência, ou a estrutura essencial do homem, mais exatamente de um ser tal como o homem. Mas que homem? O homem em geral, o ser biológico que chamamos de homem? E, então, a atualização do *Da-sein* se faria no gênero humano. Ou apenas o homem "histórico"? E a atualização ou a existência do *Dasein* estaria então "limitada" à existência dos portadores (*Träger*) da história. Se essa última interpretação é que é a correta, podemos compreender muito bem como foi que o Sr. Heidegger pôde, de etapa em etapa, reduzindo a massa dos "homens históricos", chegar à identificação do "homem histórico" e, portanto, de *Da-sein* com a "raça ariana", o "povo alemão", Hitler e, sem cair no biologismo, tornar-se nazista.

o próprio fato de poder desvelar – ou seja, desmascarar – a inautenticidade e de apreendê-la na sua "verdade", isto é, naquilo que ela é,
no seu ser enquanto ilusão, não implicaria necessariamente a possibilidade, e a capacidade de ultrapassá-la e de alguma forma penetrar
na autenticidade? – A conclusão parece inatacável. De fato, muitos
filósofos sucumbiram a um erro desse gênero.

Sem dúvida, não basta *penetrar* na "autenticidade". Seria necessário poder realizar-se nela inteiramente. Mas já que o *Da-sein*,
na sua essência, é finitude e mortalidade, já que ele é "poder-ser",
projeção antecipadora de si-mesmo, "estar em" ou "ser de" suas
possibilidades, não pode ele, projetando-se para seu limite absoluto,
para sua possibilidade mais própria, a possibilidade da impossibilidade de ser, não pode ele, no seu "ser para a morte" ou "ser voltado
para a morte", realizar a totalidade de sua existência, completar o
seu "ser mortal"? E compreendendo assim a sua morte[65] – ou seja,
seu próprio nada – não poderia ele, na verdade da existência de agora em diante adquirida, compreender também o seu próprio ser e,
através disso, abrir-se à compreensão do Ser?[66]

A esperança, o que quer que tenha acontecido em seguida, não
era infundada. Infelizmente, revelou-se ilusória.

Pois – essa é a confissão ou a descoberta que *Vom Wesen der
Wahrheit* no traz – não basta traspassar o véu da ilusão, "compreender" a inautenticidade da existência cotidiana, perceber a despersonalização, o desenraizamento no "Se", para se conquistar – ou
se reconquistar –, para se constituir como autenticidade. O γνῶθι
σεαυτόν, esse velho sonho da filosofia, permanece inacessível. A *Irre*
(trevas, extravio, confusão, alienação) é invencível. O *Dasein* é um

---

65 Cf. *supra*, p. 221, um dos melhores estudos sobre a filosofia do Sr. Hidegger, o
de Sternberger, leva o título de *Der verstandene Tod* (Leipzig, 1934). Podemos
questionar, todavia, se essa insistência sobre a morte, fenômeno essencialmente biológico, não desfigura, desde o início, as análises do Sr. Heidegger.
Entretanto, é preciso observar que o Sr. Heidegger parece querer evitar o biologismo a qualquer preço: seu *Dasein* fala e age, em contrapartida ele não
come nem se reproduz.

66 Frequentemente esquecemos que o fim perseguido pelo Sr. Heidegger é – ou
era – uma ontologia. Cf. atualmente o livro decisivo de Jean Wahl, *La Fin de
l'ontologie*, Paris, 1958.

mistério. Mistério impenetrável, já que a liberdade essencial, fundamento do nosso ser, é, ao mesmo tempo, essência do verdadeiro e essência do falso. Ora, aí está alguma coisa que não podemos compreender. Alguma coisa extremamente pertubadora: pois, se assim fosse – pura possibilidade, sem dúvida, mas que não podemos deixar de evocar –, que a própria essência não fosse "verdadeira" mas "falsa", o que significaria que a correspondência estabelecida por nós entre verdade = autenticidade e falsidade = inautenticidade seja falsa, e que o cotidiano, o impessoal, "o inautêntico" é que seja o "verdadeiramente autêntico" e que o "autêntico" é que seja ilusão.

A situação que o *Vom Wesen der Wahrheit* nos revela, no fundo, já estava predeterminada no *Sein und Zeit*.[67] Pois, se a verdade e a não verdade ali estivessem apenas coordenadas como duas possibilidades imanentes e essenciais do *Dasein* que, por esse fato, poderia existir tanto "na verdade" quanto "na não verdade", que não estando ainda inextricavelmente entrelaçados no "fundamento mais essencial da própria verdade essencial", essa coordenação nos levaria inevitavelmente a nos questionar como ela é possível e a procurar o "fundamento interior de sua possibilidade". Ora, é incompreensível que uma só e mesma estrutura essencial (o *Da-sein*) possa realizar-se de dois modos incompatíveis e rigorosamente opostos, quer seja ela fundamento da possibilidade, que dizer, para o Sr. Heidegger, que ela seja tanto a essência da verdade quanto da não verdade. O inconcebível se tornará mistério quando "a liberdade essencial" aparecer como "velante" e "des-velante", com verdade e como não verdade juntas e ao mesmo tempo... Então, em lugar de estarmos ou (habitualmente) na não verdade ou (raramente) na verdade, estaremos sempre na *Irre*, na confusão, na vertigem e no erro.

A essência da verdade – e da não verdade – é mistério... Isso significa que o próprio *Da-sein* é mistério. E que o *Da-seni*, nosso próprio *Da-sein*, tornou-se transcendente para nós, tão transcendente – e tão ininteligível – quanto o eu inteligível e transcendente de Kant. Por isso, de fato, o que o *Sein und Zeit* nos deu foi apenas uma antropologia[68] (apesar da afirmação em contrário), e o repúdio

---

67 Essa predeterminação, para falar a verdade, só é visível *post factum*.
68 É justamente isso que lhe dá valor.

difinitivo de toda antropologia, como ultrapassagem de toda metafísica que a nota liminar de *Vom Wessen der Wahrheit* nos anuncia, implica o abandono das posições fundamentais do *Sein un Zeit*.

De agora em diante, é para a história que o Sr. Heidegger apela. É na história que se constitui a verdade; é na história que se constitui o "sentido" do ser, já que a própria história, de agora em diante, é apenas a história dessa constituição.

É esse apelo à história legítimo? É ele algo mais do que um esforço desesperado para encontrar uma saída? Pessoalmente eu não acredito em nada disso, apesar de toda a insistência do Sr. Heidegger (desde *Sein und Zeit*) na historicidade do homem, no homem histórico, na identidade da história humana com a história da filosofia.[69] Pois o que é que a história pode ser para ele? Pode ser algo mais do que uma série de interrogações sem resposta?[70] De fato, como é que o "sentido" do Ser, esse dissimulado único, pode se desvelar na história se o *Da-sein* como tal é incapaz de fazê-lo? A condição interna da possibilidade da história nada mais é do que a temporalidade do *Da-sein*. A essência da história, portanto, está "dissimulada" no *Da-sein*.

Ora, sem dúvida, pelo menos à primeira vista, nada é menos individualista do que a filosofia do Sr. Heidegger. Pois se o *Da-sein* é, essencialmente, "meu" *Da-sein*, esse eu ou essa ipseidade não são nunca um eu ou uma ipseidade isolados. O *Da-sein* é essencialmente um *Mit-sein*, uma coexistência; o homem está, portanto, sempre "com" outros homens (a solidão, diz o Sr. Heidegger, é um modo da coexistência). Mas, ao mesmo tempo, nada pode ser mais individualista do que a filosofia do Sr. Heidegger. Pois, ainda que vivamos com outros homens, morremos sozinhos. Em outros termos, é apenas no plano da existência inautêntica que o *Da-sein* se encontra engajado num *Mit-sein*. No plano da autenticidade, pelo contrário, na sua existência "para a morte", ele está absolutamente só; tão só que ele não está mais na solidão; ou, se preferirmos, ele está tão só que nenhuma ausência vem mais romper sua solidão essencial. No autêntico não existe mais contato humano; ou, o que quer dizer a mesma coisa, não existe mais comércio *autêntico* entre os *ek-sistente*. Sem dúvida,

---

69   Existe, sem dúvida, no *Da-sein* do Sr. Heidegger, um pouco de Hegel "esquecido".

70   *Und der Narr Wartet auf Antwort*. E o idiota espera a resposta, já disse Heine.

"os outros" não desaparecem para o *ek-sistema* autêntico; muito pelo contrário, eles estão sempre aí, e são até mesmo, de sua parte, objetos de cuidados e de solicitude. Mas também e sobretudo: objetos de desapego. Tudo que um *Dasein ek-sistente* no modo da autenticidade pode fazer pelo outros é deixá-los ser aquilo que eles são.

Não existe comércio nem comunicação autênticos. Pois, ainda que a palavra (*Rede, Sermo*) seja um dos "atributos"[71] contitutivos do *Dasein*, a mesma observação precedente se impõe. O discurso que exprime a trama do ser na sua totalidade é um engodo. A palavra, enquanto linguagem, ocorre apenas no plano da inautenticidade: conversação, tagarelice, comunicação de informações etc. etc. Ela nunca serve para um comércio entre os seres, ela nunca se eleva ao diálogo. Se objetássemos que o comércio e o diálogo são com toda evidência impossíveis no plano da inautenticidade, seria preciso constatar que, no plano da autenticidade, eles tampouco são possíveis. Pois a palavra da existência autêntica é silêncio. Ou poesia.

Nessas condições, de que maneira poderia existir uma história? A história não é silêncio – nem poesia. A história nem sequer é palavra. A história é diálogo.

É curioso que uma filosofia tão anti-histórica como a de Platão tenha apreendido tão melhor "as condições internas da possibilidade", ou seja, segundo o Sr. Heidegger, a *essência* da história, do que a sua filosofia da historicidade. Pois, se, efetivamente, existe uma história – mesmo que ela seja apenas uma *absurd story, full of sound and fury, told by an idiot, signifying nothing* –, nós não podemos concluir daí que não é no silêncio, mas no diálogo, que se realiza a autenticidade do *Dasein*? O que talvez, em última análise, explique o fracasso do Sr. Heidegger.

*

Mas retornemos à verdade e à sua essência. O fenômeno da verdade revelou-se a nós na coincidência do visado com o revelado, do des-velamento com o des-velado. E nessa mesma coincidência é que se revelou para nós o fenômeno do Ser. É no e pelo *Da-sein* que se realiza essa revelação, e é a estrutura essencial do *Da-sein* (liberdade

---

71 Nada é mais semelhante à relação do *Da-sein* com seus "momentos estruturais" do que a substância spinozista com seus atributos.

ek-sistente que "deixa" as coisas serem aquilo que elas são) que é revelada a nós como condição essencial dessa (e de toda) revelação.

Concluímos daí que era essa "liberdade *ek-sistente*" que constituía a essência da verdade, que ela era fundamento da revelação a si mesma (transparência) que constituía o fundamento de *esse ostentativum* do *Da-sein*. Mas uma análise mais desenvolvida nos mostrou que o desvelamento do ente era sempre acompanhado por um revelamento, e que, até mesmo, só era possível sobre a base de um re-velamento. O ser desvelador do *Da-sein* é ao mesmo tempo, e mais originariamente ainda, um ser velante e dissimulante. O desvelamento do ente reconhece implicar um travestimento. A ostentação reconhece ter por fundamento e, portanto, por condição de sua possibilidade, um ocultamento mais originário do que ela. O ser do *Da-sein* reconhece ser um *esse ocultativum*. E, se assim for, terá sentido falar da verdade do *Da-sein*? E buscar no *Da-sein* as condições de possibilidade – a essência – da verdade? Assim sendo, o problema das condições da possibilidade da verdade é um problema insolúvel (sob a condições de que tenha um sentido) e nos conduz diretamente ao labirinto do extravio sem saída.

Nesse labirinto tudo se transforma sob nossos olhos (ou talvez apenas pareça dissimulado e travestido) e por isso se torna mistério. Pois, se a condição da possibilidade do desvelamento é a ocultação e a dissimulação, é porque o desvelamento é um travestimento, e a verdade é erro. Pois, se a verdade é um desvelamento do travestido pelo *Da-sein* travestidor, então a ilusão é que é o Ser e o Ser é apenas uma ilusão. Mas então é a ilusão que se dissimula e não o Ser, e a dissimulação da dissimulação nos reconduz ao ponto de onde havíamos partido.

Prova de que tomamos o caminho errado quando identificamos a essência às condições de possibilidade e quando procuramos em outra coisa, que não ela própria, as *condições da possibilidade da verdade*, visto que ela – a verdade – é que é a condição de possibilidade de todas as condições de possibilidade.

POST-SCRIPTUM

Desde a publicação deste artigo, um número considerável de obras do Sr. Heidegger – algumas traduzidas para o francês – vieram à luz. Elas permitiriam hoje descrever a evolução do seu pensamento de maneira muito mais perfeita – especialmente no que se refere ao sentido da "ultrapassagem da metafísica", que chega a fazer do homem o "pastor do Ser". Mas, para fazê-lo, seria necessário escrever um livro: por isso eu me decidi a publicar meu estudo tal como está, remetendo o leitor aos trabalhos do Sr. A. de Waehlens e do Sr. Jean Wahl que citei na nota nº 63.

OS FILÓSOFOS E A MÁQUINA[1]

I. A APRECIAÇÃO DO MAQUINISMO

O notável livrinho do Sr. P.-M. Schuhl[2] nos apresenta a história das revelações da filosofia com a técnica ou, mais exatamente, a história das atitudes da filosofia e dos filósofos (termos esses tomados em sua acepção mais ampla) com relação à técnica e, particularmente, com relação à máquina.

A curva que essas atitudes esboçam é muito curiosa, e pode ser resumida como segue: ela vai da resignação sem esperança (Antiguidade) à esperança entusiasta (época moderna) para retornar à resignação desesperada (época contemporânea). Ao que todavia é necessário acrescentar que é à *ausência* da máquina que a filosofia antiga se resigna, e que é com a sua *presença* que a contemporânea é obrigada a se resignar.

O comportamento dessa curva que, para dizer a verdade – pelo menos na sua segunda parte –, exprime muito bem a evolução normal das atitudes humanas, explica-se sem dúvida pelo fato de que, com raríssimas exceções, o que interessava e preocupava os filósofos não era a máquina enquanto tal, nem mesmo a máquina enquanto realidade técnica, mas a máquina enquanto realidade humana e socail. Em outros termos, o problema filosófico do maquinismo não se coloca em função do papel da máquina na produção, mas em função de sua influência sobre a vida humana, em função das transformações que o desenvolvimento do maquinismo lhe provoca ou pode fazê-la sofrer. Isso está muito claro para Aristóteles, que, numa

---

1   *Critique*, n 23 e 26, 1948.
2   A propósito da obra de Pierre-Maxime Schuhl, *Machinisme et philosophie*, 2. ed. P.U.F., 1947.

célebre passagem do início da *Política*, declara que a "escravidão deixaria de ser necessária se as lançadeiras e os plectros pudessem mover-se por si mesmos",[3] o que leva à justificativa da escravidão: – na ausência ou impossibilidade da máquina não são necessários "instrumentos animados" ao lado dos "instrumentos inanimados"? – e implica, como premissa subentendida (tão evidente para um grego que Aristóteles não tem necessidade de expressá-la), a ideia de que existem trabalhos tão penosos, ou tão aborrecidos, que nenhum homem digno desse nome, ou pelo menos que nenhum homem *livre*, poderia aceitar realizá-los;[4] trabalhos que, por isso mesmo, só podem ser realizados pelos escravos; ou pelas mulheres. E partindo daí compreende-se bem o sentido humano dos cantos de alegria de Antifilos de Bizâncio quando glorifica os benefícios do moinho d'água "que libera as mulheres do penoso trabalho da moagem": "Tirai vossas mãos da mó, moleiras; dormi até tarde, mesmo que o canto do galo anuncie o dia, pois Demeter encarregou as ninfas do trabalho daquilo que se encarregavam vossas mãos: elas se precipitam do alto de uma roda, fazem girar o seu eixo que, através de rodas de engrenagem, move o peso côncavo das mós de Nisyra. Nós degustaremos a vida da idade de ouro se pudermos aprender a saborear sem fadiga as obras de Demeter."

Infelizmente, para difundir seus benefícios pelo mundo, Demeter e as Ninfas esperaram uma dezena de séculos, e apenas nos séculos XVI e XVII é que a utilização das máquinas, e em particular a utilização da força hidráulica, começou a se difundir e a representar papel de alguma importância. Em todo caso, de importância suficiente para que Descartes, constatando "quantos autônomos diversos ou máquinas moventes a indústria do homem pode fazer", contemplando "as grotas e as fontes que estão nos jardins de nossos reis"... "relógios, fontes artificiais, moinhos e outras máquinas semelhantes", concebe (na sequência de Bacon, mas contrário a ele, não sobre um

---

3   É absolutamente notável que Aristóteles tenha compreendido tão bem a própria essência da máquina, o *automatismo*, que as máquinas realizaram nos nossos dias.

4   Podemos nos perguntar se é Aristóteles que se engana ao superestimar a natureza humana, ou se nós é que abusamos, ao chamar de "livres" a homens condenados a trabalhos escravos.

sensualismo empirista, mas sobre um matematismo platonizante) a ideia de uma ciência (ou até mesmo de uma filosofia) ativa, operativa, de uma filosofia "prática pela qual conhecendo o forno e as ações do fogo, da água, do ar, dos astros, dos céus e de todos os outros corpos que nos cercam, tão claramente quanto conhecemos os diversos ofícios de nosso artesões", poderíamos "tornar-nos senhores e dominadores da natureza", da natureza exterior pela "mecânica" e da natureza do nosso corpo pela medicina.

Daí compreendemos que, animado por esse sonho grandioso de uma ciência que seria ao mesmo tempo sabedoria e potência, Descartes tenha acreditado que não poderia ocultá-la do mundo "sem pecar gravemente contra a lei que nos obriga a buscar, tanto quanto esteja a nosso alcance, o bem geral de todos os homens", e que, não estivesse apenas decidido a solicitar o apoio público para as experiências que estava fazendo, mas que ainda tivesse sonhado em "criar uma Escola de Artes e Ofícios" e aconselhado "a construir, no *Collège Royal* e em outros lugares que se consagraria ao público, diversas grandes salas para os artesões; a destinar cada sala para cada corpo de artesões; a juntar à cada sala um gabinete repleto de todos os instrumentos mecânicos necessários ou utensílios das Artes que ali se devia ensinar, a realizar fundos suficientes não apenas para cobrir as despesas que as experiências demandariam, mas também para manter os Mestres ou Professores cujo número seria igual ao das Artes que ali se ensinaria. Os Professores deveriam ser hábeis em Matemática e em Física, para poder responder a todas as questões dos artesões, dar-lhes a razão de todas as coisas e esclarecê-los para fazer novas descobertas nas Artes".

O sonho cartesiano de uma humanidade liberada pela máquina de sua sujeição às forças da natureza, de uma humanidade vitoriosa dos males que a oprimiam, animou a Europa durante mais de dois séculos. E ainda hoje está vivo e atuante.[5] No entanto, há mais de cem anos, exatamente desde a época em que a conquista de novas fontes de energia e de novos materiais, em que a substituição da água e da madeira pelo fogo e pelo ferro inaugurou, com a primeira revolução industrial, a idade técnica da história humana e tornou

---

5   Nos EUA e na URSS.

318 Estudos de História do Pensamento Filosófico | Alexandre Koyré

possível a realização dessas máquinas tão ardentemente desejadas e tão ingenuamente esperadas e também tão ingenuamente glorificadas, que vozes discordantes se fazem ouvir. Pois a máquina iludiu as esperanças que se haviam colocado nela: destinada a aliviar a fadiga dos homens, ela, pelo contrário, só parecia agravá-la. A idade da máquina, em vez de ser a idade de ouro da humanidade, revelou-se a sua idade de ferro. As lançadeiras e os plectos moviam-se bem sozinhos, mas o tecelão permaneceria mais do que nunca encadeado ao seu ofício. Ao invés de libertar o homem e fazer dele "o senhor e dominador da natureza", a máquina transformou o homem num escravo de sua própria criação. Além disso, por um paradoxo surpreendente, a máquina, ao aumentar a potência produtiva do homem, sem dúvida criou a riqueza, mas, ao mesmo tempo, difundiu a miséria. Enfim, a máquina, ou pelo menos a indústria, destruiu a beleza e criou a feiúra.[6]

A máquina fonte de miséria... Seria impossível não ficar desiludido e surpreso. Mas era necessário render-se à evidência: a máquina (ou pelo menos a máquina funcionando em condições econômicas e sociais dadas) aumentou consideravelmente o rendimento do trabalho; mas, por isso mesmo, criou o desemprego. Além disso, levando sempre mais longe a divisão do trabalho e sua decomposição em operações elementares, a máquina tornou o trabalho *mais*

---

6   É sobre a feiúra da idade de ferro, tão bem demonstrada por nossas gares, pelo *Grand Palais* e pela igreja de Santo Agostinho, que o Sr. Lewis Mumford insiste na sua obra *Technics and civilisation* (4. ed. New York, 1946). Essa feiúra da civilização da idade do ferro (e do carvão) explica-se, do meu ponto de vista, tanto por razões técnicas quanto por razões sociais. Primeiro as razões técnicas: a máquina da idade paleotécnica, para empregar a terminologia do Sr. Mumford, é feia em si mesma, em razão justamente de sua imperfeição (feiúra do primitivo), e ela é suja pela mesma razão: utilização imperfeita do fogo. Por isso, nada é mais horrível do que uma paisagem de conjuntos de residências para operários das minas e nada é mais feio e mais sujo (coberto de fuligem) do que uma cidade industrial como Manchester ou Glasgow. Em seguida, as razões sociais: à introdução do maquinismo no mundo ou seja, à primeira revolução industrial, corresponde a ascensão social de uma nova classe, relativamente bárbara, animada pela vontade de poder e de riqueza e absolutamente desprovida de sentido de beleza e de gosto: é necessário muito tempo para se refinar e desenvolver o gosto! Razões análogas explicam a ausência do gosto do início do século XX (arte moderna etc.).

simples (o que, como Proudhon viu muito bem, permitiu substituir o artesão ou o operário qualificado por um trabalhador braçal), mas desumanizando-o e tornando-o muito mais monótono e aborrecido; enfim, a máquina, aliviando efetivamente a fadiga dos homens, ou seja, eliminando o recurso à força física do operário e substituindo-o pela aplicação de uma energia mecânica (o que permitiu substituir os trabalhadores braçais por mulheres e crianças), substituiu também o ritmo humano, o ritmo vital do trabalho formado pela alternância de esforço e descanso, pela uniformidade do ciclo mecânico que se podia repetir e reproduzir indefinidamente. Em outras palavras, as máquinas não conheciam a fadiga, podiam trabalhar sem parar. Sem dúvida os operários se cansavam. Mas onde estava o limite daquilo que eles podiam suportar? Ninguém sabia e, de mais a mais, não queria saber. Além disso, seria necessário se preocupar com o desgaste desse material humano, já que, exatamente graças ao desemprego criado pela máquina, ele era excessivo e que, com a ajuda do progresso técnico, estava assegurado que sempre o seria? Por isso a jornada de trabalho atingiu 14, 16 e até mesmo 17 horas, enquanto o salário baixava nessa mesma proporção, e que, confessado pelos próprios industriais, "seis décimos... dos operários... não ganham... o estritamente necessário". Compreende-se, então, que até os espíritos mais fiéis à fé otimista e democrática do século XVIII tenham-se revoltado.

Como Michelet, que mesmo reconhecendo que a máquina "põe ao alcance dos mais pobres uma grande quantidade de objetos de utilidade, até mesmo de luxo, e de arte aos quais eles não podiam ter acesso", escreve que ao mesmo tempo era "impossível não ver esses lastimáveis rostos de homens, essas jovens fanadas, essas crianças retorcidas ou inchadas" pelo serviço das máquinas. Como Villermé, que observa as deploráveis condições de vida dos operários nas grandes cidades manufatureiras (pardieiros, promiscuidade etc.), e a exploração desumana do trabalho das crianças "que permanecem 16, 17 ou 18 horas em pé cada dia, das quais pelo menos treze, numa peça fechada quase sem mudar de lugar nem de posição. Isto não é mais um trabalho, uma tarefa, é uma tortura..." Isso na França. Porque na Inglaterra a situação, como é descrita por Buret e Engels, é ainda pior. Especialmente nas minas. Por isso "Haussez não hesita em comparar a sorte dos operários ingleses à dos negros da América", e Robert Owen em nos dizer que "a escravidão branca nas manufaturas era, nessa época de completa liberdade, mil vezes pior do que nas casas de escravos que eu vi nos Estados Unidos e nas Índias; no que diz respeito à saúde, à alimentação, às vestimentas, estas últimas eram preferíveis às manufaturas inglesas".

Ora, então o que fazer? Fourier condena o industrialismo, "a mais recente de nossas quimeras científicas", e o trabalho industrial, gerador de insuportável desgosto, "vício radical do mecanismo civilizado", e procura o remédio no Falanstério, "onde cada grupo de trabalhadores exercerá sucessivamente as diversas atividades que preferir; Owen "preconiza uma nova organização de trabalho numa comunidade meio-industrial meio-agrícola, que ele tenta, em vão, realizar nos Estados Unidos"; Sismondi observa "que mais vale a população se compor de homens do que de máquinas a vapor, ainda que os tecidos fabricados pelos primeiros fossem mais caros do que os fabricados pelas segundas", e aplica à indústria moderna a fábula do aprendiz de feiticeiro incapaz de desfazer o encantamento; Carlyle opõe o passado medieval ao presente e "convida os chefes de indústria a deixarem de ser bucaneiros para se tornarem cavaleiros conscientes de seu dever feudal" para com seus operários; Ruskin "sonha com um trabalho feliz e apreciado, feito à mão, sem ajuda de máquinas além daquelas que são movidas pelo vento e pela água"; Samuel Butler, finalmente, retomando no plano ideológico a revolta dos cartistas,[7] descreve no *Erewohn* a vida de um país que realizou uma revolução industrial às avessas e destruiu as máquinas "cuja invenção não remontasse para além dos últimos 270 anos".[8]

Poderíamos continuar, e acrescentar aos textos citados pelo Sr. Schuhl inúmeros outros... De fato, à medida que a idade técnica desenvolve todas as duas virtualidade inerentes, as condenações que emanam de pensadores (ou escritores) mais ou menos reacionários (católicos) ou mais ou menos românicos tornam-se cada vez mais numerosas. A máquina e a civilização industrial recebem a carga de

---

7 **N. do T.** – Adeptos do partido inglês que reivindicava a adoção da carta democrática, que redigiu e que continha importantes reformas sociais.

8 Samuel Butler só se admite em *Erewohn* máquinas que utilizem as forças naturais e os materiais naturais: máquinas da idade pré-industrial, como o moinho de vento ou de água etc.

todos os males do momento presente. Reprova-se-lhes destruir a diversidade cambiante do mundo e substituí-la em toda parte pela uniformidade monótona da bugiganga produzida em série; de substituir a noção de valor e de qualidade pela de grandeza – puramente quantitativa; de provocar um rebaixamento do gosto, e até mesmo da cultura; de submeter o homem à perseguição do lucro e dos prazeres brutais e de extinguir nele qualquer estabilidade e até mesmo qualquer vida interior.

Essas críticas – que às vezes se apresentam sob o disfarce de uma descrição da vida americana –[9] certamente nem sempre estavam erradas. É verdade, por exemplo, que nada se pode comparar à feiúra horrenda dos subúrbios industriais, a não ser a feiúra pretensiosa dos quarteirões ricos das cidades da idade do ferro; é verdade que quase tudo que nossas cidades – e nossas paisagens – ainda contêm de beleza lhes vem da época pré-maquínica.[10] É perfeitamente exato que a trepidação e a complicação sempre crescentes da vida moderna são o mínimo possível compatível com a meditação, com a reflexão, em resumo, com a cultura. E, para retornar ao papel econômico da máquina e de sua influência sobre o homem, é verdade que nada é mais absurdo do que a miséria e o desemprego criados pela "superprodução" e pelo progresso técnico, e, finalmente, que o trabalho taylorizado, estandardizado e regulado do operário de uma linha de montagem moderna é tão degradante e tão embrutecedor quanto o da escravidão grega ou romana.

Devemos, então, condenar a máquina – resignando-nos, aliás, com a sua presença – e pregar a beleza do artesanato e do retorno à terra? O Sr. Schuhl não pensa assim. Com muita razão ele demonstra que a máquina, no fim das contas, manteve a sua promessa: ela efetivamente aumentou (talvez de maneira demasiado rápida e brusca) a potência do homem e quase fez dele "o senhor e o dominador da natureza"; que, incontestavelmente, ela aumentou o bem-estar e o

---

9   Não preciso insistir sobre a hipocrisia e a desonestidade intelectual desses críticos que opõem ao presente americano não o presente, mas o passado (idealizado) da Europa.

10 Por isso é ridículo comparar a catedral de St. John em New York à Notre-Dame, ou Chicago a Dijon. É preciso compará-las a obras contemporâneas, a Saint-Augustin, ao Sacré-Coeur ou aos subúrbios "modernos" de Lião.

nível da vida das populações dos países industriais; que os horrores do período "heroico" do capitalismo pertencem ao passado e que a legislação social, cada vez mais desenvolvida, a proteção à mulher e à criança, as limitações da duração do trabalho e a melhoria de suas condições, sobretudo depois da "segunda revolução industrial", concederam aos homens alguma coisa que – exceto uma pequena minoria – nunca haviam possuído, ou seja, *lazeres*,[11] e, portanto, a possibilidade de aceder à cultura. Ou de criar uma cultura. Pois não é do trabalho que nasce a civilização: ela nasce dos lazeres e do jogo.

Assim, poderemos acrescentar que cabe ao próprio homem saber que emprego dará à sua potência e aos seus lazeres. Particularmente, se ele desejará salvaguardar para o indivíduo uma zona de liberdade e de vida pessoal, de vida "privada" ou se, pelo contrário, criando deliberadamente uma civilização de massa, levando até o fim tendências ao conformismo, à uniformização e ao nivelamento inerente a ela, ele optará pela despersonalização do homem e sua imersão total – que também se pode chamar "integração" ou *adjustment* – no grupo, para chegar a um *brave new world* do gênero daquele que Aldous Huxley já nos ofereceu uma imagem, talvez, profética. Mas a máquina, enquanto tal, não tem nada a ver com isso; de fato, existiam civilizações, e bem grandes, como a chinesa e a hindu, que recusaram a personalização sem nunca terem conhecido o maquinismo.

Do meu ponto de vista, o Sr. Schuhl tem toda razão ao valorizar a "segunda revolução industrial" que encerrou a idade do ferro e inaugurou a idade da eletricidade. De fato, com ela, a humanidade deixou o período *técnico* da sua história e entrou no período *tecnológico*, período que tem seus caracteres próprios, frequentemente opostos aos da época precendente.[12]

---

11   Isso, absolutamente, não é correto; o homem da Idade Média, com suas inumeráveis festas, não carecia de lazeres. Quanto a saber o que o homem moderno fará com os seus, é um problema que, *mutatis mutandis*, já se colocava para as sociedades antigas.

12   Poderíamos caracterizar a máquina da idade elétrica – e mais ainda a da idade "eletrônica" – pela sua limpeza, sua precisão e seu automotismo quase completo que transforma o operário de servidor em supervisor. Ver FRIEDMANN, G. *Problèmes humains du machinisme industriel*, Paris, 1946.

Os Filósofos e a Máquina   **323**

De minha parte, acredito que ainda se poderia ir mais longe e pretender que, mesmo em sua fase inicial, os delitos do maquinismo (exceto no plano estético) tenham sido muito menores do que se diz. Sem dúvida, não se pode ler sem revolta as descrições da miséria atroz das classes operárias na primeira metade do século XIX que foram coligidas, por exemplo, por Engels e Buret. E menos ainda se pode ler, sem repugnância e horror, as produções da propaganda capitalista que defendiam, *em nome da liberdade* e *do cristianismo*, o direito de o patrão fazer trabalhar crianças nas minas e mandar para a rua os operários doentes ou idosos (é pena que o Sr. Schuhl tenha considerado não ser necessário citar exemplos dessa literatura).[13] A história da acumulação capitalista, tal como é contada por Marx na primeira parte do *Capital*, não é uma história bonita. Nem uma história muito edificante.[14] E, no entanto, eu temo bastante que, ao afirmar que a situação das classes trabalhadores piorou em decorrência da revolução industrial, cometa-se um erro muito grave não determinando suficientemente os termos da comparação. Sem dúvida, correta, se nos limitarmos a comparar o nível de vida do operário do início do século XIX com o do artesão do século XVII ou do século XVI, essa asserção é na verdade falsa se lhe dermos, como frequentemente se faz, um alcance geral.

É preciso resistir à miragem romântica e à sua idealização das "guildas" e dos "mestres-artesões" e, em contrapartida, é preciso não esquecer nunca o fato de que o artesanato medieval trabalhava sobretudo para uma clientela *restrita* e *rica*, que seus produtos eram tão caros que atualmente seriam classificados entre os objetos de luxo,[15] e que, apesar disso, a persistência da utilização da força humana como força motriz e fonte de energia (eram os *homens* que faziam girar os tornos dos torneiros e a roda dos oleiros, eram os *homens* e não os cavalos ou as quedas d'água que, na grande maioria

---

13   Encontraremos exemplos admiráveis no livro clássico de R. H. Tawney, *Religion and the rise of capitalism*, New York, 1926, e para a França no recente livro de H. Guillemin, *Histoire des catholiques français au XIXe siècle*, Paris, 1947.

14   A história da acumulação socialista talvez seja uma história bela e edificante, mas não é menos dura do que a história da acumulação capitalista.

15   Também as roupas, os móveis e os utensílios domésticos figuram nos inventários das heranças.

dos casos, acionavam as serras e os aparelhos para levantar pesos, eram os *homens* que faziam funcionar os foles das fundições e das ferrarias)[16] implicava a existência de uma grande massa de trabalhadores não qualificados, cujos modo de vida e nível de existência diferiam completamente do modo de vida e nível de existência de um armeiro, de um joalheiro ou de um mercador de panos.

Porém, mesmo no que diz respeito a essas indústrias de luxo cujas obras até hoje admiramos, pensemos um pouco na miséria fisiológica do vidreiro, do tecelão, do mineiro.

Além disso, é preciso não esquecer que a cidade medieval (assim como a cidade do século XVI e do XVII), centro administrativo e religioso e, antes e depois de tudo, centro de *comércio* e não de *indústria*, era um oásis de bem-estar no meio da miséria atroz dos campos. Pois o camponês, exceto durante um período muito curto da Alta Idade Média, quando a impossibilidade dos transportes forçou o consumo localizado e, com isso, limitou os *prelèvements*[17] dos senhores, era pobre. Muito pobre. Até mesmo o *yeoman* inglês, cuja situação econômica e social, graças à invenção do arco de seis pés, infinitamente superior à do camponês continental, era apenas confortável. Ainda aí, é preciso não se deixar influenciar pela imagem da *old merry England*; é preciso antes pensar nas sublevações, nas escassezes e, sobretudo, na realidade demográfica: no fato de que, até a revolução industrial, a população da Inglaterra oscilou entre 4 e 7 milhões de habitantes sem nunca ter ultrapassado essa cifra.

No decorrer dos séculos XVI e XVII, a situação do campesinato inglês ainda piorou terrivelmente: a introdução e o aperfeiçoamento das armas de fogo, que acabaram por destruir a base militar do feudalismo e permitiram a formação dos Estados modernos, também privaram o arco de seu valor militar e com isso a *yeomanry* não conseguiu resistir à invasão da nova nobreza que a privou de suas terras comunais (*enclosures*). A deserção dos campos e a invasão das cidades pela miséria foram os seus primeiros efeitos: foi a existência dessa massa de homens que, em suas aldeias, literalmente morria de

---

16   Ver AGRÍCOLA, G. *De Re metallica*, Colônia, 1546. São os *homens* que fazem funcionar as bombas de escoamento das minas.

17   **N. do T.** – Imposto *in natura* cobrado pelos senhores aos camponeses.

fome o que permitiu a industrialização tão rápida da Inglaterra e, ao mesmo tempo, determinou o nível de vida do operário. Nível muito baixo, sem dúvida, mas evidentemente muito superior ao nível de vida camponês, já que a revolução industrial e a industrialização das cidades provocou uma formidável expansão demográfica que, por sua vez, favoreceu o desenvolvimento sempre crescente da indústria. Poder-se-ia até mesmo sustentar que a exploração desavergonhada do trabalho e em particular do *trabalho das crianças* é que foi o fator – ou um dos fatores – determinantes dessa expansão demográfica: as crianças que trabalham produzem, e com isso aumentam a massa dos bens – de comida – que a classe laborista usufrui ou que partilha.[18]

Essa expansão demográfica, resultado da baixa da mortalidade infantil e da mortalidade em geral, é em si um bem ou um mal? A concentração de massas humanas cada vez mais numerosas nas grandes cidades, que a técnica moderna (a do transporte) tornou possível, é um bem ou um mal? As opiniões, sem dúvida, podem estar divididas. É verdade que tínhamos mais espaço quando éramos menos numerosos; é verdade também que a paisagem camponesa é mais bela, e, falando genericamente, até mesmo mais humana do que os desertos de pedra e cimento de nossas grandes capitais.

Mas quem sabe? A máquina, criando a riqueza, parece nos reconduzir à oligantropia e talvez também seja a máquina – que já recriou o nomadismo – o que permitirá a redispersão das populações urbanas e sua reinserção, dessa vez consciente, na natureza.

A máquina, quero dizer, a inteligência técnica do homem, manteve a sua promessa. Agora cabe à sua inteligência política e à sua inteligência *tout court* decidir para que fins ele empregará a potência que foi colocada à sua disposição.

---

18 Por isso as famílias são numerosas em toda parte onde a infância não é protegida: nos países agrícolas, onde não existe obrigatoriedade escolar, e nos países industriais, onde não existe legislação trabalhista. Inversamente, a introdução da proteção à infância e da escolaridade obrigatória leva, em curto prazo – duas ou três gerações – a uma queda da natalidade. Add. 1959: Produz-se uma inversão da situação demográfica nos países muito ricos, como os Estados Unidos e naqueles que – como a França e o Canadá – assumem a manutenção das crianças.

II. AS ORIGENS DO MAQUINISMO

O estudo da evolução das atitudes da filosofia, e dos filósofos com relação à máquina, do que esboçamos uma curva sumária, curva que, em última analisa, se explica pelo progresso do maquinismo e pelo desenvolvimento gradual de suas consequências humanas, nos conduz ou nos reconduz aos problemas do maquinismo e do progresso técnico enquanto tais. Problemas cujos importância e interesse não podem escapar a ninguém. Pois, mesmo se não admitirmos, como os marxistas, que a evolução da técnica determina e explica toda a história humana, que ela forma o argumento do qual todo o resto – moral, política, filosofia, arte – são apenas funções dependentes, nem por isso deixa de ser verdade que as revoluções industriais dos dois últimos séculos modificaram e até mesmo subverteram profundamente as condições e os quadros da vida humana, e que essas subversões nos criaram uma mentalidade e hábitos de pensamento muito diferentes dos que eram comuns na Idade Média e na Antiguidade.

Poder-se-ia dizer, *grosso modo*, que a civilização industrial "desnaturou" nosso mundo e substituiu o meio, o quadro e o ritmo naturais da vida por uma ritmo mecânico, um quadro artificial e um meio fabricado.[19] E, paralelamente, o pensamento moderno substitui em toda parte o esquema biológico pelo esquema mecânico da explicação. Poder-se-ia também dizer – e talvez isso venha a dar no mesmo – que a técnica pré-industrial era uma técnica de adaptação às coisas e que a técnica industrial é a técnica da exploração das coisas. Poder-se-ia até mesmo acrescentar que a técnica moderna é a técnica da criação das coisas.[20]

*

---

19 Não esqueçamos, no entanto, que o meio humano nunca, ou quase nunca, foi um meio inteiramente "natural"; ele é sempre, ou quase sempre, transformado pelo homem. O campo é também tão "natural" quanto o arado. Entregue a si mesma, a natureza produz a selva, o pampa e o deserto.

20 Nada é mais característico da indústria moderna do que o emprego, cada vez mais generalizado, de materiais cada vez mais artificiais, de materiais que não existem dessa maneira na natureza: passando pelas ligas, pelo vidro, pelos *plásticos*, chegamos aos "elementos artificiais".

Como e por que nasceu essa técnica? Qual é a fonte e a origem do maquinismo? No fundo, não se sabe nada sobre isso. Pois todas as explicações, por mais plausíveis que sejam, terminam por girar em círculos. O que, apesar de tudo, não é um escândalo para o espírito. É bastante normal que existam na história – mesmo na história do espírito – acontecimentos inexplicáveis, fatos irredutíveis, começos absolutos. As origens da técnica se perdem na noite dos tempos. É possível, aliás, que a técnica, assim como a linguagem, não tenha, estritamente falando, origem: o homem sempre possuiu utensílios, da mesma forma que sempre possuiu a linguagem. Parece até que ele sempre foi capaz de fabricá-los. Exatamente por isso foi possível comparar a definição do homem pela palavra com a definição do homem pelo trabalho: o homem enquanto homem seria essencialmente *faber*, fabricador de coisas, fabricador de utensílios.[21] E, também, nem a pré-história nem a etnografia nos permitem assistir ao nascimento do utensílio, mas apenas acompanhá-lo em sua evolução e em seus aperfeiçoamentos.

Se o utensílio não tem origem, a máquina seguramente tem. Mas não é uma origem *histórica*. Pois se certamente existiram, se ainda existem grupos humanos tão primitivos ou degenerados que ignorem qualquer espécie de máquina, em contrapartida, todas as civilizações cuja história podemos estudar já se encontram de posse delas, ou pelo menos de posse de aparelhos que, como o torno do oleiro, o tear do tecelão, o forno, o lagar, os aparelhos para levantar objetos pesados, colocam-se, por assim dizer, a meio caminho entre o utensílio e a máquina propriamente dita. E todas as grandes civilizações da Antiguidade possuem, ainda que em número ínfimo, máquinas verdadeiras. Por isso, o grande problema que preocupa tanto a história da civilização quanto a história das técnicas não é explicar por que existiram máquinas no Egito, na Grécia e em Roma, mas, pelo contrário, é explicar por que existiram tão poucas, é explicar não o progresso mas a estagnação, é explicar particularmente como e por que o admirável desenvolvimento da civilização grega não foi nem precedido nem acompanhado por um desenvolvimento técnico correspondente.

---

21 Poderíamos nos perguntar, todavia, se essa comparação é legítima, e se a palavra e o utensílio não caminham necessariamente juntos.

Para explicar esse fato, em verdade surpreendente, poderíamos invocar a falta de matérias-primas – o ferro em especial – no mundo antigo. O ferro era raro e caro. E sem ferro como fabricar máquinas? – Corretíssimo, caso se tratasse de máquinas modernas. Menos correto no caso de máquinas mais simples: a indústria dos séculos XVI e XVII construiu muito bem as suas de madeira, assim como foi de madeira que os ribeirinhos do Eufrates fizeram – e ainda fazem – suas enormes rodas de irrigação.

Poderíamos invocar a pobreza energética do mundo antigo que não apenas desconhecia a máquina a vapor, como nem mesmo sabia atrelar convenientemente os seus cavalos. Bastante correto ainda; é incontestável que apenas a descoberta da potência motriz do fogo (e a utilização do carvão em metalúrgica) é que permitiu o desenvolvimento da grande indústria e que apenas no século XI os arreios modernos fizeram sua aparição.[22] Este último ponto, seguramente, não é de pouca importância: para o transporte eficaz e rápido, o cavalo é de fato indispensável. Mas, para girar uma roda de moinho, ou uma roda de engrenagem, ele é muito menos; para essas necessidades pode-se da mesma forma utilizar bois. Além disso, no que diz respeito à atrelagem do cavalo, é deveras surpreendente que uma invenção tão simples tenha sido realizada tão tardiamente; nenhum dos que puxavam barcos com a sirga teve jamais a ideia de passar a corda de sirgar pelo pescoço do cavalo: era pelo flanco ou através do peito que ela passava. Como pode ter acontecido que nenhum condutor de carros de combate tenha observado isso ou, ainda, que nenhum dos puxadores à sirga jamais lhe tenha feito observar?[23] Enfim, considerando que a roda a pás e a roda de engrenagem existiam, nada se oporia à utilização das forças hidráulicas pelos romano e pelos gregos, pelo menos da maneira como isso foi feito no início dos tempos modernos.

A estagnação técnica do mundo antigo poderia ser explicada, de maneira muito mais profunda, por razões psicossociológicas; ela

---

22   NOUETTES, R. Lefebvre des. *L'attelage. Le cheval de selle à travers les âges*, Paris, 1931.

23   É bem provável, em todo caso, que os condutores nunca tenham feito essa aproximação. De minha parte, acreditaria mais que a atrelagem do cavalo nos tenha vindo da Ásia e que tenha sido apenas uma adaptação do arreio do cão.

seria determinada pela própria estrutura da sociedade e da economia antigas: sociedade aristocrática, economia fundamentada sobre a escravidão. Esta é a explicação que, segundo Émile Meyerson, o Sr. Schuhl aceita: "Se não se tinha o recurso às máquinas... era porque não se tinha necessidade de economizar a mão de obra que havia à disposição, numerosa e pouco custosa, máquinas vivas, tão distantes do homem livre quanto a besta: os escravos." – "A abundância da mão de obra servil torna a máquina anti-econômica; aliás, o argumento retorna, formando um círculo de onde a Antiguidade não conseguiu sair, pois, por sua vez, a ausência de máquinas faz com que não se possa dispensar os escravos. Além disso, a existência da escravidão não cria apenas condições determinadas onde a construção de máquinas que economizam mão de obra parece pouco desejável de um ponto de vista puramente econômico: ela também promove uma hierarquia particular dos valores que provoca o desprezo pelo trabalho manual."

Esse desprezo, traço comum das civilizações aristocráticas (e até mesmo das outras), era de tal maneira difundido entre os gregos que, conforme nos lembra o Sr. Schuhl, o próprio termo βάναυσος, que significa artesão, torna-se sinônimo de desprezível e se aplica a todas as técnicas: "tudo que é artesanal ou manufatureiro traz vergonha e deforma a alma ao mesmo tempo que o corpo" – o corpo, porque o exercício de um ofício determinado entrava e impede o seu desenvolvimento harmonioso, e a alma porque a indústria tem como finalidade "satisfazer aquilo que existe de inferior no homem, o desejo de riqueza..." "Dessa maneira, o desprezo que se tem pelo artesão se estende ao comerciante: com relação à vida liberal ocupada pelos lazeres estudiosos (σχολή, *otium*), o negócio (*neg-otium*, ἀσχολία) e "as transações" têm, frequentemente, apenas um valor negativo; a vida contemplativa, diz Aristóteles, é superior às mais elevadas formas da atividade prática. A contemplação, escreverá Plotino, é a finalidade suprema da ação; a atividade é apenas a sombra, o enfraquecimento, o acessório."

Por isso o engenheiro e até mesmo quem realiza experiências não é mais bem considerado do que o artesão; a teoria se opõe à prática e será em vão que, no início do seu tratado de arquitetura, Vitrúvio proclamará a necessidade de uni-las. Para Endemo, o grande mérito de Pitágoras foi ter feito da matemática uma disciplina liberal, estudando-a de um ponto de vista imaterial e racional. E Plutarco nos contou de que maneira Platão se aborreceu com Arquitas e Eudóxio que pretenderam resolver certos problemas geométricos, como o da duplicação do cubo, com a ajuda de aparelhos mecânicos: "Tendo Platão se irritado com eles, sustentando que corrompiam e deterioravam a dignidade de tudo que existia de excelente na geometria, fazendo-a descer das coisas intelectivas e incorpóreas às coisas sensíveis e materiais e fazendo-a usar a matéria, onde é necessário tão vil e tão baixamente empregar a obra da mão: desde aquele tempo, eu afirmo, a mecânica ou a arte dos engenheiros separou-se da geometria e, tendo sido amplamente desprezada pelos filósofos, tornou-se uma das artes militares."[24]

Infelizmente, mesmo se tornando militar, o engenheiro não conseguiu lavar-se do opróbrio da mecânica. Assim como o seu colega civil, de quem se reconhecia a utilidade, mas se desprezava a profissão, no fundo ele era apenas um trabalhador braçal ($\mu\eta\chi\alpha\nu\sigma\pi\sigma\acute{\iota}\sigma\nu$).[25]

Também, como Diels observou no seu *Antike technik*, "Arriano fornece longos detalhes sobre o cerco de Tiro, menciona os soldados que primeiro subiram no assalto às muralhas, mas não sente nenhuma necessidade de citar o nome do engenheiro que inventou as máquinas necessárias e dirigiu os trabalhos". E "o maior dos engenheiros

---

24 De fato, Plutarco se equivoca totalmente sobre o sentido da censura de Platão: traçar uma curva com a ajuda de aparelhos mecânicos era renunciar à sua análise geométrica e renunciar à precisão matemática em proveito de uma aproximação.

25 Acredito que traduzindo $\mu\eta\chi\alpha\nu\sigma\pi\sigma\acute{\iota}\sigma\nu$ como "engenheiro" falseamos consideravelmente o sentido do termo e, portanto, o significado das passagens citadas: $\mu\eta\chi\alpha\nu\sigma\pi\sigma\acute{\iota}\sigma\nu$ quer dizer trabalhador braçal, no máximo, mecânico, maquinista; o termo evoca o labor e não a engenhosidade (engenheiro vem de *ingenium*). Ora, é muito necessário constatar o fato, aliás perfeitamente explicável (cf. Halbwachs, *La Classe ouvrière et les niveaux de vie*, Travaux de l'Année sociologique, I, Paris, 1912) de que: nenhuma civilização, até hoje, atribuiu valor ao trabalho manual em si mesmo, e é pouco provável que algum dia o faça: sempre bem considerados, até hoje, foram a habilidade, a engenhosidade, o saber (ou, quando se trata de força física, a exceção: Milon de Crotona etc.), o *skill*, não o trabalho. E as sociedade industriais, quer sejam capitalistas ou socialistas, sob esse ponto de vista, não diferem das outras: a mão de obra não especializada, o *unskilled labourer*, é tão pouco valorado na URSS quanto nos Estados Unidos.

antigos, Arquimedes, não conseguiu, ao que parece, convencer-se a si mesmo da legitimidade de seus trabalhos de mecânica..." E Plutarco, após ter dito o quanto eram extraordinárias as máquinas que ele fez acionar contra os romanos, nos esclarece que não as fazia ele mesmo; "de outro modo seria impossível... pois na maior parte eram exercícios de geometria que ele havia feito para se divertir como um passatempo, às instâncias do rei Hieron, que lhe havia pedido para desviar um pouquinho a geometria da especulação das coisas intelectivas para a ação das coisas corporais e sensíveis, e fazer com que a razão demonstrativa fosse um pouco mais evidente e mais fácil de compreender para o povo comum, misturando-a através da experiência contínua à utilidade do uso..." "E, no entanto", acrescenta ele, "Arquimedes teve o coração tão elevado e o entendimento tão profundo, onde existia um tesouro oculto de tantas invenções geométricas, que nunca se dignou a deixar por escrito obra alguma sobre a maneira de realizar todas essas máquinas de guerra... e considerando toda essa ciência de inventar e compor máquinas, e em geral qualquer arte que traga alguma utilidade para ser posta em uso como vil, baixa e mercenária, ele empregou seu espírito e seu estudo apenas para escrever coisas cujas beleza e sutileza não estivessem de forma alguma misturadas com a realidade."[26]

Assim "a oposição entre o servil e o liberal se prolonga na oposição entre a técnica e a ciência; e a própria existência da escravidão, através de um curioso choque de retorno, desvia os sábios de todas as pesquisas que teriam podido ter como efeito aboli-la: pesquisar as aplicações práticas é perder a dignidade, é decair"; além disso, essa crença na proeminência da θεωρία sobre a πρᾶξις, na qual todos concordam em ver a particularidade do espírito grego, é reforçada e sustentada pela superioridade da natureza sobre a arte que só consegue imitá-la sem nunca atingir sua perfeição e, portanto, só pode

---

26   A atitude de Arquimedes (sem esquecer que os "trabalhos de engenheiro" de que Plutarco fala são, na maior parte, lendários) talvez não seja tão surpreendente quanto Diels e o Sr. Schuhl pensam. Apesar de tudo, conforme nos recorda tão profundamente o Sr. J. Pelseneer (cf. "Science pure et science apliquée à lumière de l'histoire des sciences", in *Alumni*, t. XVI, nº 4, Bruxelas, 1947), o grande físico holandês H. A. Lorentz que, durante 20 anos, dirigiu os trabalhos dos diques e das eclusas dos Países Baixos, fez exatamente como ele.

produzir *Ersatz*. E, também, "ao progresso técnico o filósofo opõe o retorno à natureza (*non desiderabis artificem si sequeris naturam*)".

A mentalidade que, a partir do fim da Idade Média, e principalmente desde o Renascimento, se desenvolve na Europa é bem outra. A *vita activa* supera cada vez mais a *vita contemplativa*, a θεωρία recua frente à πρᾶξις; "o prato da balança se recoloca em proveito dos termos anteriormente depreciados". Certamente, o movimento é vagaroso, sobretudo em seus inícios. "O desprezo pelas artes mecânicas subsistiu durante muito tempo. Sem dúvida, *mecânica* não se confunde mais com *servil*; mas a palavra se opõe, por um lado, como na Antiguidade, a *liberal*, e por outro lado a *nobre*." "Num certo sentido, escreve Pirenne, a antiga ideia do trabalho como indigno do homem livre é encontrada na cavalaria." "Ela subsiste na divisão (oposição) das artes em *liberais* e *mecânicas*, no desprezo que os médicos, "nutridos desde a infância e a juventude com as belas letras das humanidades, artes liberais e toda espécie de filosofia", professam pelos cirurgiões que exercem uma arte mecânica." Poderíamos acrescentar que ela prossegue no desprezo da nobreza pelo comércio e pela indústria etc.

Mas as cidades nascem e crescem; o comércio e, em seguida, a indústria se desenvolvem; as corporações se organizam; as catedrais se constroem; as técnicas se aperfeiçoam; o arreio de flanco, que permite utilizar plenamente a força motriz do cavalo, faz sua aparição, assim como o leme,[27] que transforma as condições da navegação (no século XIII) e que, dois séculos mais tarde, tornará possível a descoberta da América e as grandes viagens de exploração que, subitamente, ampliam o planeta, realizam um desenvolvimento fulgurante das energias dos homens e despejam sobre a Europa as riquezas do Novo Mundo. Um pouco antes, "as revoltas e as guerras, às quais se acrescentam as fomes e as epidemias, provocam crises, reduzem a mão de obra: e assim se explica que os séculos XIV e XV tenham recorrido, em ampla medida, às máquinas, à força do vento e sobretudo à força da água", que, de agora em diante, não serve

---

27   De minha parte, acredito que nos dois casos não se trata de intervenções locais (europeias), mas de importações provenientes da Ásia. Cf. NOUETTES, Lefebvre des. *L'attelage. Le cheval de selle à travers les âges, op. cit.*, e *De la marine antique à la marine moderne*, Paris, 1935.

mais apenas para triturar os grãos, mas também para pisoar os panos, fabricar o papel, mover os martelos hidráulicos das forjas etc. Enfim, "a ciência começa pouco a pouco a penetrar no interior de todas essas práticas puramente empíricas". Ou, pelo menos, os práticos consideram, com maior ou menor razão, que sua arte é governada pela ciência. Dessa maneira, B. Palissy afirma que, para governar o fogo, é preciso "uma filosofia" e uma "geometria singular".[28] Dessa maneira, Leonardo da Vinci, engenheiro militar como todos os grandes engenheiros da Antiguidade, proclama o valor da experiência e ensina que "a ciência da mecânica é de todas a mais nobre e a mais útil... A mecânica é o paraíso das ciências matemáticas". Além disso, o Sr. Schuhl invoca o "retorno a Arquimedes",[29] a invenção da artilharia, "que ao mesmo tempo em que arruína a feudalidade em proveito do poder central irá transformar a física", apresentando aos sábios o problema da balística, de onde sairá a nova ciência do movimento de Galileu Galilei.

Tudo isso, naturalmente, está ligado a uma profunda transformação social: entre as "pessoas de bem" e a "gente mecânica", a partir do século XIV se intercala um novo grupo, o dos mercadores, cujos poderio e influência não param de crescer. "É o momento em que a palavra negócio muda de sentido, se assim podemos dizer, e toma o valor positivo que a etimologia lhe recusa." É também o momento em que *otium* se torna "ociosidade". O ensino dos porta--vozes do novo espírito, do espírito que anima a nascente civilização burguesa, reflete a evolução dos costumes e da moral. "Bacon censura aos filósofos terem vivido à parte dos negócios, *a negottis*... não sendo o propósito do moralista escrever no lazer coisas para serem lidas no lazer, mas fornecer armas para a vida ativa"; a virtude do

---

28   No que, aliás, ele caçoa do mundo.

29   Já que o Sr. Schuhl me honra com uma citação a respeito da influência exercida por Arquimedes no decorrer do século XVI, eu gostaria de esclarecer que ela se exerceu, principalmente, no sentido da geometrização da natureza, da substituição do mundo qualitativo da ciência aristotélica por um mundo quantitativo. Da aceitação de Arquimedes saiu, no século XVII, primeiramente, a física matemática e, em seguida, o cálculo infinitesimal. A técnica só se aproveitou dela indiretamente, com exceção, talvez, de Simon Stevin e Salomão de Caus.

homem do Renascimento não é mais escapar à fortuna, mas servi-la; o propósito da filosofia não é mais nos ensinar a seguir a natureza, mas nos ensinar a dominá-la pelo engenho. Finalmente, se Aristóteles opunha os progressos da ciência pura à estagnação das rotinas, Bacon adota a atitude oposta: enquanto os filósofos permaneceram no mesmo ponto durante séculos, as técnicas progrediram e transformaram o mundo..."

Em suma, poderíamos dizer que, se o mundo antigo não desenvolveu o maquinismo e, em geral, não fez progredir a técnica, foi porque considerou que isso não tinha importância alguma. E que, se o mundo moderno o fez, foi porque lhe pareceu que, pelo contrário, isso era o que mais importava.

*

A explicação psicossociológica das origens do maquinismo e da civilização industrial, tão brilhantemente apresentada e defendida pelo Sr. Schuhl, explicação muito mais matizada, e por isso mesmo muito mais satisfatória do que a que nos fora oferecida pelos marxistas, me parece conter uma grande parte da verdade. É incontestável que, mesmo que seja impossível, como acredito, apresentar uma explicação sociológica para o nascimento do pensamento científico ou para o aparecimento dos grandes gênios que revolucionaram o seu desenvolvimento – Siracusa não explica Arquimedes, da mesma forma que Pádua ou Florença não explicam Galileu –, esse próprio desenvolvimento precisa de condições sociais determinadas. A ciência não se desenvolve no vazio; os sábios são homens, eles têm necessidade de viver, e , como já nos havia dito Aristóteles, eles têm necessidade de lazeres. E para que as *leisured classes*, ou que pelo menos uma parte das *leisured classes*, empregue seus lazeres no exercício do pensamento científico, e não nas mil outras coisas em que podem empregá-los, é preciso que entre as *leisured classes*, e talvez também entre as que não o são, a posse do saber científico seja desejável, seja cercada de respeito e até mesmo de prestígio. Só nessas condições é que se podem criar as escolas científicas, sem a existência das quais o desenvolvimento da ciência é rigorosamente impossível (para fazer a ciência progredir é preciso primeiro aprendê-la, e para aprendê-la é preciso ter alguém que a ensine; inversamente, para ensinar a ciência é preciso ter alguém que a aprenda), e que se pode formar o meio simpático e compreensivo que, através do interesse que lhe testemunha, sustente, pelo menos moralmente, o esforço do sábio e constitua o público ao qual ele se dirige. Pois, apesar de todas as declarações orgulhosas que afirmam o contrário, não se fala quando não existe ninguém para escutar, e não se escreve quando não existe ninguém para ler.

Ora, as condições sociopsicológicas para a existência da ciência que eu acabo de evocar são muito raramente realizadas na história. Em particular, as civilizações aristocráticas, ou, mais exatamente, timocráticas e oligárquicas, assim como as civilizações teocráticas, desprezam o conhecimento teórico ou pelo menos não se interessam de forma alguma por ele. O saber que elas prezam – todas as civilizações humanas sempre atribuíram um valor ao saber, pelo menos a um certo saber – é o saber mágico, ou o saber sagrado, o saber de potência,[30] não o saber da intelecção, da contemplação desinteressada, da θεωρήα. O que nos explica por que *pôde* existir uma ciência na Grécia (mas não por que efetivamente tenha existido uma), mas não em Roma, em Cartago ou na Pérsia.

A teoria sociológica nos explica de maneira satisfatória a estrutura concreta da ciência antiga? Ela nos explica a pobreza técnica da Antiguidade? Eu pessoalmente não acredito. Em todo caso, me parece que ela exige algumas reservas e alguns complementos. Assim sendo, é certo que o excesso de uma mão de obra servil só pode entravar os progressos da técnica e sobretudo do pensamento técnico. O homem é um animal preguiçoso[31] e, não obstante Aristóteles, ele não detesta nenhuma outra coisa mais do que o exercício do pensamento. Por isso – com raras exceções – ele só pensa quando verdadei-

---

30   É característico que *o rei Hieren* é que peça a Arquimedes *para se voltar na direção da ciência aplicada abandonando a ciência pura*, e que Arquimedes é que recuse ou que só concorde contra a vontade. Como Lorentz.

31   A *Bíblia*, com muita propriedade, nos apresenta o trabalho como efeito da queda, como punição, maldição divina. Por isso em todas as línguas os termos que designam o trabalho designam, ao mesmo tempo, o sofrimento... a mulher no seu *trabalho*... E se o puritanismo nos ensina uma "moral do trabalho", ela não é como uma *alegria*, é uma *obrigação* que ele nos impõe. Foi preciso esperar que Hegel nos ensinasse que o "escravo se liberta pelo seu trabalho", e que o século XX nos mostrasse a "alegria do trabalho".

ramente não pode fazer outra coisa. Ora, existem poucos trabalhos, pelo menos do tipo que o mundo antigo podia empreender, para os quais 10 ou 20 mil trabalhadores braçais, quer sejam escravos, como na Grécia e em Roma, ou trabalhadores "livres", como no Egito e na China – sob a condição, evidentemente, que se possa dispor deles durante um tempo suficiente longo –, não sejam capazes de suprir a ausência de máquinas. Assim sendo, pode-se escavar canais e túneis, mover montanhas, edificar barragens e construir pirâmides, recortar blocos de granito e de mármore, e até mesmo poli-los, gravá-los e ajustá-los sem empregar outra coisa além "de esforço muscular" e das máquinas mais simples, sem usar escavadoras mecânicas e guindastes a vapor. E mais ainda: pode-se até mesmo executar trabalhos que nenhuma máquina – mesmo as mais modernas e as mais potentes – poderia realizar: de fato, nenhum guindaste poderia levantar os blocos ciclópicos de Heliópolis ou de Karnak. É portanto bastante normal que, nessas condições, o mestre de obras pense na finalidade a atingir, e não nos meios de atingir essa finalidade.

Também é certo que a própria existência da escravidão não podia deixar de determinar ou, pelo menos, de retocar toda a *Weltanschauung* do homem antigo,[32] da mesma forma que a sua ausência, a do homem moderno. Para reforçar a tese sociológica, poderíamos, deveríamos até, insistir sobre a estrutura e o papel, profundamente diferentes, da cidade medieval e da cidade antiga: enquanto a última, antes de tudo centro de vida *política*, constitui a chave e a expressão perfeitas da civilização grega e romana, civilização ao mesmo tempo aristocrática e escravagista, a cidade medieval, sendo por suas próprias origens uma cidade não de aristocratas, mas de mercadores, constitui um elemento, é verdade que indispensável, mas, no entanto, estrangeiro hostil, inserido como uma cunha na estrutura hierárquica do feudalismo rural: a cidade é *livre*, seu ar

---

32 Do grego e do romano do período clássico. Sobre o trabalho na Grécia, além do livro bem conhecido de G. Glotz, *Le travail dans la Grèce antique*, Paris, 1920, cf. os notáveis artigos do Sr. A. Aymard, "Hiérarchie du travail et autarcie individuelle dans la Grèce archaïque", in *Revue d'histoire de la philosophie et d'histoire générale de la civilisation*, 1943, e "L'idée du travail dans la Grèce archaïque", in *Journal de psychologie*, 1948. Deles resulta que o trabalho enquanto tal não era de forma alguma desprezado na Grécia arcaica.

é *livre*, e o trabalho de seus artesãos é *livre* (as corporações estão fechadas aos escravos e aos servos) – e que terminará por fazê-lo explodir. A cidade medieval, e mais ainda a cidade do Renascimento, mesmo sendo um centro religioso e administrativo, é *burguesa*, principalmente porque as duas grandes aquisições da Idade Média, o arreio de flanco para o cavalo e o leme de cadaste para os navios, ao modificar profundamente as condições do transporte e, portanto, do comércio, terminam por conferir aos mercadores uma potência econômica e financeira que eles estavam longe de possuir na antiguidade clássica, quiçá, na pré-clássica.

O excesso de mão de obra e a existência da escravidão não caminham necessariamente juntos. Se esse excesso é um traço característico da economia egípcia (aliás, fundamentada no trabalho livre e na servidão e não na escravidão), ele absolutamente não é um traço característico da economia antiga tomada no seu conjunto e, em particular, da economia do mundo grego. Por isso, sem querer contestar, ou até mesmo diminuir, a importância da escravidão na economia, e na vida da cidade grega,[33] é preciso também não exagerar o seu papel, a ponto de representar a sociedade helênica como uma sociedade de *otiose*, vivendo unicamente do trabalho dos escravos e passando o tempo em palestra e na ágora.[34]

Os cidadãos livres da cidade grega (exceção para Esparta e para as cidades dóricas de Creta) e, em particular, os cidadãos de Atenas eram, no mais das vezes, bastante pobres e ganhavam a vida com o suor de seus rostos. Sem dúvida, eles não gostavam de seu trabalho e prefeririam muito dirigir-se pela manhã, não para o seu canteiro ou sua oficina, mas para o teatro; e fazer política ou ginástica em vez do seu ofício. Infelizmente, não tinham meios para isso. Alguns trabalhos, é verdade, eram reservados aos escravos. Assim sendo, eram escravos os que trabalhavam nas minas. Mas, apesar de Aris-

---

33 Sabe-se que a utilização do trabalho servil na indústria é uma particularidade da Grécia clássica (que Roma herdou). Nas grandes civilizações orientais o trabalho industrial era livre.

34 Tampouco existe excesso de escravos no Império Romano, pelo menos no Baixo Império. E é justamente essa carência de mão de obra servil, na ausência do maquinismo, o que explica a transformação das populações livres do Império em servos.

tóteles, os tecelões[35] e os sapateiros, os marceneiros e os pedreiros, os ferreiros e os oleiros eram homens livres, cidadãos ou metecos. Eram também homens livres – cidadãos – os que serviam na frota, e os marinheiros que remavam nas galeras atenienses (ofício penoso entre todos, que mais tarde será reservado aos escravos, aos prisioneiros e aos forçados) eram homens livres. O grande sucesso de Péricles, a extraordinária estabilidade do seu poder, a adesão tão firme da democracia ateniense a ele, em grande parte se explica justamente pela concentração de todos os negócios em Atenas e pela substituição dos serviços militares do Aliados por tributos terem permitido enriquecer a cidade e, através dos grandes trabalhos de embelezamento e fortificação da mesma, assim como pelo aumento da frota, terem dado trabalho aos seus cidadãos.

Tampouco devemos negligenciar o papel e a importância do comércio no mundo grego. Sem dúvida, como acabo de dizer, a cidade grega não foi desde as origens uma cidade comercial (e de novo: as cidades jônicas e certas colônias o foram). Mas se tornou uma cidade comercial numa extensão bastante ampla. E não apenas Corinto, que o Sr. Schuhl menciona, mas Siracusa, mas Samos, mas acima de tudo Atenas, grande potência marítima, centro comercial e bancário do mundo grego (talvez até mediterrânico), Atenas, cuja moeda tinha curso em toda parte, cujos navios singravam os mares desde a Espanha até a Crimeia, Atenas cujo território exíguo e pobre não podia alimentar seus habitantes e cujas prosperidade e a própria vida estavam fundamentadas nas trocas: importação de trigo, de peixe seco, de matérias-primas; exportação do produto de suas vinhas, de seus olivais, de suas oficinas.

Os armadores e os negociantes do Pireu eram frequentemente personagens muito importantes, e sua mentalidade e sua moral[36] estavam bem mais próximas da mentalidade e da moral das gentes de Cartago (cujo prestígio no mundo grego era muito grande) que

---

35 Até mesmo o trabalho do tecelão que Aristóteles reserva para os escravos (e para as mulheres) não devia, absolutamente, ser desprezado. Platão não compara o *Político* ao tecelão?

36 O velho Céfalo, de que, no início da *República*, Platão nos traça um retrato inesquecível, é um representante típico desses grandes burgueses do Pireu.

da mentalidade dos descendentes dos aristocratas territoriais com quem esbarravam todos os dias.

Quanto aos aristocratas... Não esqueçamos que, mesmo nas civilizações mais aristocráticas, os verdadeiros aristocratas foram sempre uma pequena minoria. E que aos nobres, patrícios, eupátridas, iguais se opõem sempre massas bem mais numerosas de não nobres, plebeus, de *tetas*, de pessoas que trabalham, viajam, fazem negócios, que muitas vezes fazem fortuna (a oposição entre nobres e não nobres não equivale à oposição entre ricos e não ricos). Sem dúvida, a mentalidade das classes superiores sempre se impõe sobre o conjunto. Entretanto, seria um equívoco perigoso confundi-las pura e simplesmente. Se nos dissessem que os artesãos, os industriais, os comerciantes e os armadores do mundo grego eram frequentemente, e talvez mesmo no mais das vezes imigrados, metecos, isso não mudaria o quadro. Talvez até pudéssemos dizer: pelo contrário. Pois o fato de serem estrangeiros e, portanto, excluídos da vida política da cidade favorecia singularmente a sua imersão na vida econômica: é um fato constante na história a importância e até mesmo a predominância econômica e industrial dos grupos "à margem" da sociedade "estabelecida" – imigrantes, heréticos etc. – Quanto às suas qualidades intelectuais e morais... não esqueçamos que esses metecos (assim como, aliás, uma boa parte dos escravos) eram gregos e, pelo fato de terem emigrado da Eubeia para Atenas ou de Tassos para Corinto, nem por isso transformaram-se em bárbaros.[37] De minha parte, tenho a impressão que o grego do século IV, tagarela, curioso de tudo, corredor de mares, mercador, pirata, aventureiro –[38] aventureiro muito mais preocupado em viver suas aventuras para poder escolher a ocasião de se dar ao trabalho de escrevê-las e dar-lhes expressão literária –, é sempre o mesmo tipo de homem, cujo aparecimento o Sr. Schuhl assinala, no século VI, nas cidades jônicas da Ásia Menor: "São exploradores, comerciantes que, pelas necessidades de navegação, se fazem geógrafos e astrônomos; enge-

---

37 Não esqueçamos que os grandes sofistas eram *wandering scholars* e que nem Protágoras nem Aristóteles, nem tantos outros, eram cidadãos atenienses.

38 Cf. os belos trabalhos de T. R. Glover, sobretudo, *The Challenge of the Greek*, Londres, 1942.

nheiros que querem agir sobre a natureza; enciclopedistas curiosos de tudo..." que tomam emprestado o empírico[39] dos povos vizinhos e criam eles mesmos o racional.

E eis-no de volta ao problema – enigma que nenhuma explicação sociológica saberia resolver: como aconteceu que os marinheiros gregos, tão inteligentes, tão empreendedores, tão ousados e tão orgulhosos deles mesmos, aliás tanto quanto os marinheiros fenícios ou os cartagineses, nunca tiveram a ideia de substituir o leme-remo de seus navios por um verdadeiro leme?

*

Mas prossigamos. É incontestável, pelo menos *grosso modo*, que a sabedoria antiga procura antes de tudo e sobretudo nos ensinar a renunciar, a dispensar as coisas que desejamos ou poderíamos desejar: as boas coisas desse mundo; e que a não sabedoria moderna, pelo contrário, aplica-se em satisfazer nossos desejos, e até mesmo em provocá-los; é igualmente verdade que o ensino dos filósofos exprime e reflete o espírito do seu tempo. Mas não o exprime, necessariamente, de uma maneira direta. Frequentemente, ele o reflete *a contrario*, dialeticamente, para empregar um termo que está na moda. Os ensinamentos dos filósofos, as diatribes dos moralistas, as preces e os sermões dos teólogos tomam frequentemente, senão sempre, a realidade cotidiana a contrapelo; eles a condenam e, à escala de valores, às regras de conduta, às leis e às instituições sociais admitidas e aceitas eles opõem os seus ideais; e de maneira tanto mais violenta quanto maior a distância entre "aquilo que é" e "aquilo que deve ser". Por isso me parece arriscado assimilar a mentalidade de Plontino à do mundo romano de sua época, ou a de Platão (ou Aristóteles) à mentalidade dos atenienses. Pois, apesar de tudo, Platão ensina o desprezo às riquezas e à "crematística", ou seja, a arte de enriquecer e ganhar dinheiro, ele sabe muito bem, e diz para nós, que esse desprezo não está difundido pelo mundo e que, pelo contrário, a paixão pelas riquezas, o amor pelo ganho,

---

39 Se Tales e Eupalinos são engenheiros, e engenheiros militares, o grande Arquitas também o é.

"o apetite voraz por ouro e prata" dominam tudo e todos, e que até mesmo é "a simples e única razão pela qual nenhuma cidade quer ter trabalho para pesquisar as ciências nem, em geral, nada daquilo que é bom e belo (καλὸν καγαθὸν)"; o que Cícero nos confirma dizendo que *omnia revertunt ad nummos*.[40] E Aristóteles acha por bem nos explicar que a vida contemplativa, o βίος θεωρητικός, é o que traz para o homem o contentamento mais profundo e o mais elevado: ele sabe perfeitamente bem que a maioria esmagadora dos homens – talvez porque incapaz de vida teórica – não a segue, e que para a juventude ateniense não é a filosofia mas a política o caminho que conduz ao ideal da vida: ideal do poder e de fruição, e não ideal de sabedoria. Quanto à apreciação social das "artes mecânicas", a atitude de Possidônio, que prega o valor e a importância das grandes invenções (a roda, a abóbada etc.) atribuindo-as aos sábios do passado e que opõe o ofício de engenheiro (*machinator*) aos ofícios "vulgares" (ao trabalho manual), parece-me muito mais significativa do que a de Sêneca, que o censura violentamente; pois enquanto Sêneca reproduz pura e simplesmente a tradição filosófica clássica, Possidônio inova – e bem podemos admitir que fazendo isso ele dá conta da realidade de seu tempo melhor do que o seu crítico, o qual, para dizer a verdade, nas suas *Questões naturais*, mostra-se partidário da teoria do progresso. Progresso não apenas das ciências, mas também das técnicas. Aliás, da mesma forma que Lucrécio.

*

O trabalho manual era desprezado, é verdade. Entretanto, Hípias não acreditava tornar-se desprezível, nem mesmo ridículo – muito pelo contrário, queria até fazer propaganda disso –, vangloriando-se de ter fabricado inteiramente com suas mãos tudo aquilo que trazia em si, todas as partes de sua vestimenta, desde as sandálias até o cinto. E o próprio Platão, como nos recorda o Sr. Schuhl, "teria inventado um despertador hidráulico"; o que tende a demonstrar que Tales não era, de forma alguma, o único filósofo "bem-dotado para as artes mecânicas (εὐμήχανι εἴς τέχνας)"; e sabe-se bem que,

---

40   Tudo se reduz ao dinheiro ou: eles reduzem tudo ao dinheiro.

para a construção de seus mitos, ele se inspirou "no funcionamento dos planetários ou de aparelhos similares": o que implica, de sua parte, uma singular estima pelo trabalho dos "mecânicos". Estima, aliás, perfeitamente justificada, já que a construção desses aparelhos pressupõe uma colaboração estreita entre sábios e artesãos e, nesse últimos, uma habilidade técnica de forma alguma desprezível.

É incontestável que o engenheiro, mesmo o engenheiro militar – ainda que seja possível o exemplo de Tales e de Arquitas de Tarento –, não tinha, longe disso, uma situação social muito elevada, nem participava, ou participava pouco, da glória do soldado (nem das vantagens do conquistador). Mas, para dizer a verdade, sob esse ponto de vista as coisas mudaram pouco: o engenheiro jamais usufruiu do prestígio do guerreiro (exceto Vauban, nenhum deles alcançou a verdadeira celebridade, e, da mesma forma que os historiadores da Antiguidade, os historiadores modernos – e isso apesar do papel infinitamente aumentado da técnica – conservaram para nós os nomes dos capitães e nos deixaram ignorar os nomes dos construtores das máquinas que lhes asseguraram as vitórias),[41] e os militares, os "verdadeiros", sempre desprezaram e aviltaram os "serviços". Aliás, não nos enganemos sobre isso: efetivamente, o ofício de engenheiro "só muito lenta e tardiamente dissociou-se do ofício de mecânico, e justamente na medida em que deixou de ser um ofício *manual* tornou-se um ofício *erudito*. Por isso Platão, que nos diz: "Tu não gostarias de dar tua filha a um μηχανοποίον", talvez não esteja tão afastado da mentalidade de nossos dias – de fato, qual é o intelectual, mesmo não aristocrata, qual é o funcionário, mesmo soviético, que *gostaria* de dar sua filha a um mecânico ou a um sapador do gênio? – que a tradução de μηχανοποίον por "engenheiro" nos poderia fazer supor.

Além disso, é duvidoso que a situação social do sábio (ou mesmo do filósofo),[42] enquanto tal, tenha sido, no mundo antigo, tão

---

41 No que sem dúvida ele se equivoca; assim como se equivoca em nos falar do gênio dos vencedores e não – fator muito mais importante – da estupidez dos vencidos.

42 Não é o próprio Platão que nos fala do desprezo da sociedade ateniense pela filosofia?

superior à do técnico, arquiteto ou escultor. As civilizações aristocráticas, as verdadeiras, ou seja, as civilizações militares, desprezam a ciência pura tanto ou mais do que a técnica:

> *O verdadeiro senhor*
> *Castelão*
> *Deixa escrever*
> *O vilão.*
> *Sua mão digna,*
> *Quando ele assina,*
> *Arranha*
> *O pergaminho...*

e, apesar dos exemplos retumbantes de amizade ou de devoção de alunos principescos por seus mestres, o ofício de professor (a má fama dos sofistas é uma prova disso) nunca foi muito bem cotado na Antiguidade.

Ademais, é preciso distinguir as épocas. Sem ser muito elevada, a situação do engenheiro antigo não deixaria de ser bastante invejável. De fato, ela permitia vantagens de forma alguma desprezível e sem dúvida não era inferior à situação de um engenheiro do Renascimento. Um engenheiro, mesmo civil, era coisa bem diferente de um operário, mesmo superior,[43] e ninguém perderia tempo em confundir Ctesébios ou Heron de Alexandria ou, dois séculos mais tarde, em Roma, Vitrúvio, com um simples pedreiro, nem mesmo com um mestre de obras. É que a dissociação que acabo de citar estava feita ou estava se fazendo e o desprezo pelas "artes mecânicas" correspondia cada vez menos à realidade. Até mesmo à mentalidade dos filósofos. De fato, não se atribuiu a Aristóteles um livro que trata das *Questões mecânicas?* E Pappus, nas suas *Coleções matemáticas* (1. VIII, *prefácio*), não nos diz, assimilando, em sequência a Heron, a mecânica a *uma teoria racional* que, "sendo útil para as coisas múltiplas e importantes que se apresentam na vida, ela merece com justiça o maior favor dos filósofos e realiza a ambição de todos os matemáti-

---

43 Já para Cícero, o *maquinator* é alguma coisa bem diferente de um *operaius.* Prova de que Possidônio teve razão em opor o ofício de engenheiro ao trabalho manual.

cos". Por isso Vitrúvio nos diz que o engenheiro deve ser "engenhoso e dócil à ciência: pois nem o gênio sem a ciência nem a ciência sem o gênio podem fazer uma artista perfeito. E que ele seja letrado, hábil no desenho, instruído na geometria, que conheça numerosas histórias, que tenha diligentemente escutado os filósofos, que saiba música, não seja ignorante em medicina, que conheça as decisões dos jurisconsultos, que tenha conhecimento da astrologia e das leis do céu". Ora, a administração imperial que, pela sua política de trabalhos públicos (estradas, portos, templos, escolas etc.: o Império foi o maior construtor que o mundo tem conhecido), tinha necessidade de um pessoal numeroso e altamente qualificado, abundava e até mesmo excedia nesse aspecto. Assim sendo, um famoso edito de Constantino prescreve a abertura, no Império, de verdadeiras escolas de engenheiros cujos professores e alunos – jovens bem-dotados e bem-preparados – deveriam ser mantidos a expensas do Estado (era também o Estado que deveria pôr à disposição deles as salas de aula necessárias) e além disso, eles e seus pais, isentados do imposto.

Os engenheiros militares e civis da Antiguidade, aliás, realizaram um trabalho deveras respeitável. Suas máquinas de guerra – as catapultas e as balistas – eram engenhos extremamente potentes, muito mais potentes do que os canhões dos séculos XVI e XVII. E suas tabelas de tiro, apesar de empiricamente combinadas – da mesma forma, aliás, que as da artilharia das épocas pré-moderna e moderna: a balística, como já tive ocasião de dizer, não foi inventada *pelos* artilheiros e *pelos* protécnicos mas *para* eles e até mesmo *contra* eles –[44] eram muito mais precisas do que as dos mestres artilheiros do Renascimento. Em geral, lendo as compilações de Vitrúvio, ou de Heron de Alexandria – aliás, como nos recorda o Sr. Schuhl, foi a sua publicação, tradução e difusão que inspirou e fecundou o pensamento técnico do Renascimento, e todo mundo conhece a influência de Vitrúvio sobre a arquitetura desse tempo –, só podemos admirar a extrema engenhosidade que ali é apresentada. Sem falar da famosa bomba de Ctesébios, suas prensas, seus aparelhos de levantar pesos (gruas, guindastes, polias) e de transmissão (rodas de engrenagem) e

---

44 Cf. atualmente meu artigo: "La dynamique de Niccolò Tartaglia", in *La Science au XVIᵉ siècle*, Paris, 1960.

de tração, seus aparelhos pneumáticos testemunham uma aplicação consciente do pensamento aos problemas. O que torna mais surpreendente ainda o fato de que, colocados frente a um problema de importância primordial e vital para o Império – quero falar do problema dos transportes de que se pode dizer sem exagero que comandava toda a estrutura civil e toda a organização militar do Império Romano, que desmoronou por não ter sabido resolvê-lo –, os engenheiros imperiais, nem militares nem civis, nem romanos nem gregos encontravam solução para ele. Pode ser, aliás, que não a tenham encontrado por não tê-la procurado. Pois é verdade que às vezes, e até mesmo frequentemente, encontra-se coisa bem diferente daquilo que se procura, ainda que seja preciso procurar para achar. Ora, os engenheiros antigos não me parece ter procurado muito: eles desenvolveram, melhoraram, ampliaram os métodos tradicionais; raramente inovaram.[45] No fundo, eles foram muito mais arquitetos, e até mesmo construtores, do que engenheiros propriamente ditos. Por isso construíram anfiteatros e basílicas, pontes e estradas, portos e navios – não transformaram nem os carros que circulavam nas estradas, nem os navios que entravam nos seus portos... Não souberam dominar nem a força hidráulica, nem a do vento (nem a do cavalo) e não foi na construção de máquinas mas na construção de aparelhos que não tinham nenhuma utilidade prática, de mecanismos que asseguravam a abertura automática dos portos quando o fogo sagrado se acendia sobre o altar, de autômatos para a distribuição de água benta, ou mesmo de simples brinquedos, como o famoso aerópilo ou a fonte dita de Heron, que se deleitou e se esgotou a engenhosidade dos engenheiros imperiais.[46]

Sem dúvida, foi também na construção de brinquedos e bagatelas, de leões que rugiam e de pássaros que bebiam, que bicavam, e batiam as asas, de jatos d`água e de fontes mágicas que foi amplamente consumido o esforço intelectual dos mecânicos e dos en-

---

45   Aliás, é muito difícil compreender o *pensamento* técnico da Escola de Alexandria, pois só possuímos fragmentos ínfimos da literatura técnica conservada em compilações tardias e medíocres.

46   Na classificação de Pappus, os ilusionistas (θανμασιουργόι) ocupam um lugar de escol.

genheiros dos séculos XVI e XVII (mais ainda: em pleno século XVIII, Vaucanson, tendo que aplicar seu talento para o aperfeiçoamento dos ofícios de tecer, ele o usou na fabricação de autônomos). Acho que, por mais contrário ao bom-senso que isso possa parecer – mas será o homem um animal de bom-senso? –, na evolução humana o supérfluo supera o necessário, o inútil vem antes do útil, o divertido antes do prático: por isso, os relojoeiros da Idade Média sabiam construir máquinas de uma complicação e de uma engenhosidade maravilhosas, que podiam reproduzir a marcha dos planetas, movimentar teorias de figuras humanas e fazer soar as horas através de carrilhões de sinos, sem nunca terem sido capazes de fazê-lo indicar o tempo com alguma precisão. A impressão que deixam os livros de máquinas dos séculos XVI e XVII é, contudo, profundamente diferente. Isso, por um lado, porque os engenheiros têm então por trás deles as grandes invenções ou talvez, mais exatamente, as grandes aquisições tecnológicas da Idade Média: a solução do problema dos transportes, a utilização sempre crescente de fontes de energia não humanas e até mesmo não animal (e água e o vento); por outro lado, porque os problemas novos colocados pela navegação transoceânica, e o desenvolvimento da metalurgia poderosamente estimulada pelas necessidades militares (a invenção e o aperfeiçoamento das armas de fogo, e sobretudo do canhão), pediam soluções novas,[47] enfim, porque a atmosfera geral, o clima espiritual dos séculos XVI e XVII, séculos das grandes descobertas astronômicas e geográficas, séculos de uma *ampliação* prodigiosa do mundo, impeliam à invenção e à procura do *novo*. Por isso as compilações técnicas dos séculos XVI e XVII nos apresentam, ao lado de descrições e de desenhos de máquinas realmente existentes (serras, foles, bombas etc. mecânicos, ou seja, acionados pela força motriz do cavalo e sobretudo da

---

47   Um dos problemas que mais poderosamente contribuiu para o desenvolvimento do maquinismo foi o do bombeamento e da adução (elevação) da água. Enquanto o engenheiro romano resolvia o assunto fazendo a água *escoar* pelos aquedutos (solução magnífica e ao mesmo tempo preguiçosa, solução de arquiteto e não de engenheiro), o que lhe permitiu evitar o problema da elevação, foi esse último problema que se impôs aos engenheiros do Renascimento.

água), uma quantidade de máquinas que ainda não existiam, mas que se poderia, ou se deveria, frabricar.[48]

A teoria sociopsicológica tem razão ao insistir na diferença – que subsiste, apesar de todas as críticas e de todas as atenuações que eu lhes opus – entre a mentalidade "moderna" e as mentalidades da Idade Média e da Antiguidade.

No mundo burguês, que acredita no progresso e que cada vez mais substitui o mundo feudal, que, ele sim, tinha fé na tradição, não só o lugar e o papel da indústria e da técnica aumentam sempre, mas também a posição social e o prestígio do engenheiro e do inventor crescem, e até mesmo com muito mais rapidez. E sem dúvida é isso, bem mais do que os lucros materiais que esperavam tirar de suas obras, o que poderia explicar – em parte – que Galileu e Huyghens tenham publicado seus "trabalhos de engenheiros", enquanto Arquimedes recusou-se a fazê-lo. Visto que ocorre a mesma coisa com Descartes que, fiel à moral tradicional, ainda se vangloriava de "não ser de condição que obrigue a fazer da ciência ofício para sustentação de sua fortuna"... Mas poderíamos pretender que a verdadeira razão desse fato é bem outra; a saber, que os "trabalhos de engenheiro" de Galileu e de Huyghens – os que eles publicaram – e os "trabalhos de engenheiro" de Arquimedes – os que ele não publicou – eram de natureza profundamente diferente: enquanto os primeiros eram trabalhos de ciência aplicada, os segundos eram apenas aplicações da ciência.[49]

Como quer que seja, só se compreende a importância dada a esse fato pela teoria sociopsicológica a partir de uma certa solução, bem determinada, do problema das relações entre a ciência e a técnica.[50]

---

48 Frequentemente, aliás, são projetos de máquinas que não poderia fazer funcionar: os engenheiros do Renascimento não são fortes em cálculo.

49 De fato, em Arquimedes, o que corresponde aos "trabalhos de engenheiro" de Galileu e de Huyghens são trabalhos de estática e de hidroestática, e não as suas invenções de máquinas militares. Entretanto, foram estas últimas que alimentaram a sua legenda e lhe asseguraram a glória popular.

50 O Sr. Schuhl não coloca o problema *expressis verbis*. Por isso ele parece adotar alternadamente a solução de Aristóteles e a de Bacon.

É, de fato, evidente que a explicação psicossociológica do estado, e da estagnação, da técnica antiga (e em particular de sua ignorância do maquinismo), que relatei anteriormente, repousa inteiramente sobre a premissa implícita da dependência da técnica com relação à ciência. É apenas nessa hipótese que a psicologia do sábio (e a estrutura da ciência) antigo se torna importante. Em suma, a explicação psicossociológica nos afirma que foi porque, por razões históricas e sociais determinadas, o sábio grego desprezou o trabalho e as questões "mecânicas", ou seja, porque a ciência grega não constituiu tecnologia é que a técnica antiga não ultrapassou um certo nível, relativamente primitivo, e se desenvolveu tão pouco no decorrer dos séculos.

Incontestavelmente, a história da técnica antiga parece confirmar a interpretação que acabo de esboçar. E, por isso mesmo, ela parece confirmar a análise comparativa que Aristóteles – mas já também Platão – nos oferece da ἐπιστή μη e da τέχνη, opondo o espírito inovador da primeira à atitude tradicionalista da segunda. De fato, assim como nos explicou Platão muitas e muitas vezes, a τέχνη é de certa forma rotineira por essência, porque opera em conformidade com regras que não compreende e que, por conseguinte, não é capaz de criticar e, menos ainda, de mudar (exceto por inadvertência ou esquecimento).[51] Acho que nada explica melhor a impressão curiosa que experimentamos à leitura de Vitrúvio: a sensação de um nível intelectual ao mesmo tempo muito alto e muito baixo. É que Vitrúvio copia e não inventa e que, de fato, ele se limita a codificar as regras e a inventariar as receitas. É que Vitrúvio, apesar de suas pretensões tão amplamente apregoadas, não domina "a ciência" e não é de forma alguma um sábio. Foi justamente por causa do seu espírito prático ("técnico") que o mundo romano ignorou a ciência. Foi sem dúvida por causa disso que, através de um justo efeito de retorno, a sua técnica foi tão rotineira. Foi também por causa disso que, exceto para a arquitetura, ela realizou tão poucos progressos.

A concepção aristotélica (ou platônica) da oposição radical entre ἐπιστή μη e τέχνη é, com certeza, extremamente perspicaz e

---

51   A estagnação das técnicas agrícolas, o espírito rotineiro do camponês quase que em todas as partes do mundo, é uma comprovação incontestável dessa tese.

profunda. Parece até mesmo ser confirmada pela história. Pelo menos em parte. Pois é evidente que na história humana é a técnica que precede a ciência e não *vice-versa*. Ora, já que não é da ἐπιστή μη que a τέχνη recebe as regras que segue e que observa, e já que essas regras não lhe caem do céu, somos forçados a admitir uma origem independente da técnica e, portanto, a existência de um *pensamento técnico*, pensamento prático, essencialmente diferente do pensamento teórico da ciência.

Pensamento ativo, operativo, para empregar os termos de Bacon que se constituiu seu campeão, é ele que realiza, no interior do senso comum, através da experiência, através de *trial and error*, a eficiência dos ofícios e as regras das artes. E são essas regras que, trasmitindo-se de geração em geração, acumulando-se e combinando-se, formaram esse tesouro de saber empírico – saber pré-científico, mas de toda maneira saber – que permitiu aos homens desenvolverem técnicas, e até mesmo levá-las a um nível de perfeição antes inatingível, e bem antes de ter concebido a sua teoria.

O que, bem verdade, não significa que a ciência não possa se voltar para a técnica e fazer a *teoria da prática*; é justamente aí que surge a tecnologia, ciência técnica e técnica científica que, com relação à técnica empírica, corresponde ao que a ciência grega deve ao saber dos agrimensores egípcios. Por isso, o problema da estagnação (e do nível relativamente baixo) da técnica antiga na realidade encerra duas questões inteiramente diferentes:

a. Por que o *pensamento técnico* da Antiguidade não progrediu tanto quanto poderia tê-lo feito sem sair do limite da τέχνη, sem se elevar a um *nível superior*?[52]

b. Por que os inventores da ἐπιστή μη não a aplicaram à πρᾶξις; em outros termos, por que a ciência grega não desenvolveu uma tecnologia cuja ideia, no entanto, ela havia formulado?[53]

A teoria psicossociológica não me parece fornecer uma resposta satisfatória a nenhuma dessas questões. De fato, ela não nos explica

---

52 É à *prática* e não à *teoria* que se deve o progresso técnico da Idade Média, tanto na agricultura (o arado) quanto na indústria.

53 Poderíamos até mesmo pretender que na sua teoria das "cinco potências" (das máquinas simples) chegou a propor suas bases, e que, por isso, a técnica antiga é uma τέχνη semicientífica.

nem por que os práticos – cuja situação social foi muito mais elevada do que ela nos narra – não desenvolveram a *técnica*, nem por que os sábios que, apesar de tudo, *não eram* aristocratas, não pensaram em elaborar uma *tecnologia*.

No fundo, isso não nos deve surpreender. Em história é impossível eliminar o fato, e explicar tudo.

DO MUNDO DO "MAIS-OU-MENOS" AO UNIVERSO DA PRECISÃO[1]

Num artigo publicado aqui mesmo[2] sustentei que o problema da origem do maquinismo tomado em seu duplo aspecto, ou seja: *a*, porque o maquinismo nasceu no século XVII e *b*, porque ele não nasceu 20 séculos mais cedo, e especialmente porque não nasceu na Grécia, não tem solução satisfatória, quero dizer, não tem solução que no fim das contas não nos conduza simplesmente ao fato (aliás, eu duvido que em história algum dia se consiga eliminar o fato). Mas, em contrapartida, parece-me que se pode esboçar uma solução de conveniência, uma solução que nos fizesse ver, ou compreender, que a ciência grega não *podia* dar origem a uma tecnologia verdadeira. Isto porque, na ausência de uma física, tal tecnologia é rigorosamente inconcebível. Ora, a ciência grega não elaborou uma física, e não poderia fazê-lo porque, na sua constituição, a estática deveria preceder à dinâmica: Galileu seria impossível antes de Arquimedes.

Sem dúvida, podemos nos perguntar por que a Antiguidade não conheceu Galileu... Mas no fundo isso significa colocar o problema da parada, tão brusca, do magnífico impulso da ciência grega. Por que o seu desenvolvimento teve fim? Por causa da ruína da cidade? Da conquista romana? Da influência cristã? Talvez. Todavia, nesse intervalo, Euclides e Ptolomeu puderam muito bem viver e trabalhar

---

1 *Critique*, n. 28, 1948 (A propósito das obras: MUMFORD, Lewis. *Techinics and Civilisations*, 4. ed. New York, Harcourt, 1946; MILHAM, Willis L. *Time and Timekeepers*, New York, MacMilan, 1945; – DÉFOSSEZ, L. *Les Savants du XVIIe siècle et la mesure du temps*, Lausanne, ed. do Journal Suisse d'Horlogerie et de Bijouterie, 1946; – FEBVRE, L. *Le Problème de l'incroyance au XVIe siècle*, 2. ed. Albin Michel, col. "L'Évolution de l'Humanité", 1946).

2 Cf. Critique, n. 23 e 26, *supra*, p. 305 e segs.

no Egito. Em si nada se opõe a que Copérnico e Galileu os tivessem sucedido em linha direta. Mas retornemos ao nosso problema. Eu disse que a ciência grega não constituiu uma tecnologia[3] verdadeira porque não elaborou uma física. Mas, ainda uma vez, por que é que ela não fez isso? Aparentemente porque não procurou fazê-lo. E, sem dúvida, porque acreditou que isso não era factível.

De fato, realizar uma física no *nosso* sentido – e não no sentido que Aristóteles deu a esse vocábulo – significa aplicar ao real as noções rígidas, exatas e precisas das matemáticas, e, em primeiro lugar, da geometria. Um empreendimento excessivamente paradoxal, pois, na realidade, o empreendimento da vida cotidiana, em meio ao qual vivemos e existimos, não é matemático. Nem mesmo matematizável. Ele é o domínio do movediço, do impreciso, do "mais-ou-menos", do "quase". Ora, na prática, importa muito pouco saber se – como nos diz Platão, fazendo da matemática a ciência por excelência – os objetos da geometria possuem uma realidade mais elevada do que a dos objetos do mundo sensível; ou se – como nos ensina Aristóteles, para quem a matemática é apenas uma ciência secundária e "abstrata" – eles têm como objeto de pensamento apenas um ser "abstrato": nos dois casos, entre a matemática e a realidade física existe um abismo. Daí resulta que tentar aplicar as matemáticas ao estudo da natureza significa cometer um erro e um contrassenso. Na natureza não existem círculos, elipses ou linhas retas. É ridículo quere medir com exatidão as dimensões de um ser natural: o cavalo, sem dúvida, é maior do que o cachorro e menor do que o elefante, mas nem o cachorro, nem o cavalo, nem o elefante têm dimensões estrita e rigidamente determinadas: existe sempre uma margem de imprecisão, de "jogo", de "mais-ou-menos" e de "quase".[4]

---

3 A ciência grega, é verdade, no seu estudo das "cinco potências" (as máquinas simples) propôs as bases da tecnologia. Mas nunca a desenvolveu. Por isso, a técnica antiga permaneceu no estágio pré-tecnológico, pré-científico, apesar da incorporação de numerosos elementos da ciência geométrica e mecânica (estática) na τέχνη.

4 Que assim seja não apenas no domínio das ciências biológicas mas também no da física, como se sabe, foi a opinião de Leibniz ("Carta a Foucher", cerca de 1668, *Philosophische schriften*, Ed. Gerhardt, v. I, p. 392: "Tenho por demons-

Do Mundo do "Mais-ou-Menos" ao Universo da Precisão **353**

A essas ideias (ou atitudes) o pensamento grego permaneceu obstinadamente fiel, quaisquer que tenham sido as filosofias de onde foram tiradas; ele nunca quis admitir que a exatidão pudesse ser desse mundo, que a matéria desse mundo, do nosso mundo, do mundo sublunar, pudesse encarnar seres matemáticos (a menos que a isso fosse forçado pela arte).[5] No entanto, admitiu que nos Céus fosse diferente, que ali os movimentos absoluta e perfeitamente regulares das esferas e dos astros estivessem de acordo com as leis da mais estrita e rígida geometria. Mas certamente os Céus não são a terra. E desse fato decorre que a astronomia matemática é possível, mas a física matemática não é. Por isso a ciência grega não só constituiu uma cinemática celeste, mas ainda, para fazê-lo, observou e mediu o céu com uma paciência e uma exatidão surpreendentes, servindo-se de cálculos e medidas que herdou ou que inventou. Em contrapartida, nunca tentou matematizar o movimento terrestre, nem – com única exceção –[6] tampouco empregar na terra um instrumento de medida, ou até mesmo medir com exatidão o que quer que fosse, exceto as distâncias. Ora, foi através de instrumentos de medida que a ideia da exatidão se apossou desse mundo, e que o mundo da precisão conseguiu substituir o mundo do "mais-ou-menos".

Nada me parece revelar de maneira mais evidente a oposição essencial entre o mundo celeste e o mundo terrestre – mundo da precisão e mundo do mais ou menos – no pensamento grego, e a impotência desse pensamento para ultrapassar a dualidade radical

---

trável que não existe forma exata nos corpos") e mais perto de nós a opinião de Émile Boutroux e Pierre Duhem, que insistiram no caráter de aproximação das leis estritas da mecânica racional. Cf. também BACHELARD, Gaston. *La formation de l'esprit scientifique*, Paris, 1927, p. 216 e segs., e meus *Études galiléennes*, Paris, 1939, p. 272 e segs.

---

5   Nada é mais preciso que o desenho da base, do capitel, ou que o perfil de uma coluna grega: nada é mais bem calculado – nem com tanto refinamento – quanto às suas respectivas distâncias. Mas é a arte que os impõe à natureza. Acontece a mesma coisa no que diz respeito à determinação das dimensões das rodas de engrenagem ou dos elementos de uma balista.

6   Vitrúvio nos transmite o desenho de um teodolito que permite medir os ângulos horizontais e verticais e, portanto, determinar as distâncias e as alturas. A medida exata também existe para pesar metais preciosos.

dos mesmos, do que a sua incapacidade para conceber uma medida unitária do tempo. Pois, se os ὄργανα κρόνου do céu, se a abóbada celeste com suas revoluções eternamente uniformes cria – ou determina – divisões rigorosamente iguais do tempo, se por causa disso o dia sideral tem uma duração perfeitamente constante, não ocorre a mesma coisa com o tempo da terra, como o nosso tempo. Para nós, a jornada se decompõe em um dia e uma noite, de duração essencialmente variável, dia e noite subdivididos em um número igual de horas de duração igualmente variável, mais ou menos longas, mais ou menos curtas, de acordo com a estação. Concepção tão entranhada na consciência e na vida gregas que, supremo paradoxo, o quadrante solar, instrumento que transmite à terra a mensagem do movimento dos céus, foi desviado de sua função primitiva e nós o vemos obrigado a marcar as horas mais ou menos longas do mundo do mais-ou-menos.

Ora, se imaginarmos que a noção do movimento está inseparavelmente ligada à noção do tempo, que foi em uma e por uma nova concepção do movimento que se realizou a revolução intelectual que gerou a ciência moderna e na qual a exatidão do céu foi aplicada à terra, compreenderemos muito bem que a ciência grega, mesmo a ciência de Arquimedes, não tenha conseguido fundar uma dinâmica. E que a técnica grega não tenha conseguido ultrapassar o nível da τέχνη.

Que o pensamento técnico do senso comum não depende do pensamento científico, cujos elementos, no entanto, ele pode absorver incorporando-os ao senso comum;[7] que ele pode se desenvolver, inventar, adaptar às necessidade novas as descobertas antigas, e até mesmo fazer novas descobertas; que, guiado e estimulado pela experiência e pela ação, pelos sucessos e pelos fracassos, pode transformar as regras da τέχνη; que até mesmo pode criar e desenvolver instrumentos e máquinas; que com meios muitas vezes rudimentares

---

7   O senso comum não é alguma coisa de absolutamente constante: nós não examinamos mais a abóbada celeste. Da mesma forma, o pensamento técnico tradicional, as regras dos ofícios, a τέχνη pode absorver – e o fez no decorrer de sua história – elementos do saber científico. Existe muita geometria (e um pouco de mecânica) na τέχνη de Vitrúvio; existe tanta – ou quase tanta – nos mecânicos, nos construtores, nos engenheiros e nos arquitetos medievais. Sem falar nos do Renascimento.

Do Mundo do "Mais-ou-Menos" ao Universo da Precisão 355

ele pode, de acordo com a habilidade daqueles que os utilizam, criar obras cuja perfeição (sem falar da beleza) ultrapassa de longe os produtos da técnica científica (principalmente em seus inícios), a história da Idade Moderna nos fornece prova incontestável. De fato, como nos diz L. Febvre num trabalho que, apesar de só tratar rapidamente desse assunto – mas a história da técnica está inseparavelmente ligada à história intelectual e não pode ser afastada dela –, considero de capital importância para a história da técnica:[8] "Atualmente nós não falamos, ou falamos cada vez menos (e já há algum tempo) na Noite da Idade Média. Nem do Renascimento como um guerreiro vitorioso que dissipou as suas trevas para sempre. Isso porque, prevalecendo o bom-senso, não poderíamos continuar acreditando nessas obliterações totais de que nos falavam antigamente: obliterações da curiosidade humana, obliterações do espírito de observação e, se preferirmos, obliteração da invenção. Isso porque consideramos, afinal, que uma época que teve arquitetos com a envergadura dos que conceberam e construíram nossas grandes basílicas românicas: Cluny, Vézelay, Saint-Sernin etc., e nossas grande catedrais góticas: Paris, Chartres, Amiens, Reims, Bourges; e as poderosas fortalezas dos grande barões: Coucy, Pierrefonds, Château-Gaillard, com todos os problemas de geometria, de mecânica, de transporte, de levantamento de materiais pesados, de manutenção que semelhantes construções supõem, todo o tesouro de experiências bem-sucedidas e de insucessos consignados que esse trabalho ao mesmo tempo exige e alimenta – a uma época assim seria ridículo negar, em bloco e sem discernimento, o espírito de observação e o espírito de inovação. Olhando com atenção, os homens que inventaram, ou reinventaram ou adotaram e implantaram em nossa civilização do Ocidente a atrelagem dos cavalos pelo peito, a ferradura, o estribo, o botão, o moinho de vento e de água, a plaina, a bússola, a pólvora para canhão, o papel, a imprensa etc. – esses homens bem que fizeram jus ao espírito da invenção e da humanidade."

Ora, os homens dos séculos XV e XVI que inventaram o fólio e a roda de escape, que aperfeiçoaram as artes do fogo – e as armas de fogo –, que provocaram progressos enormes e rápidos na metalurgia

---

8   FEBVRE, L. *Le problème de l'incroyance au XVIᵉ siècle*, 2. ed. Paris, 1946.

e na construção naval, que descobriram o carvão e submeteram a água às necessidades de sua indústria não foram, é óbvio, inferiores aos seus antecessores. É o espetáculo desse progresso, desse acúmulo de invenções, de descobertas (e, portanto, de um certo saber) que nos explica – e parcialmente justifica – a atitude de Bacon e de seus sucessores que opõem a fecundidade da inteligência prática à esterilidade da especulação teórica. São esses progressos, sobretudo os que se referem à construção das máquinas que, como sabemos, servem de fundamento ao otimismo teórico de Descartes; e mais ainda: servem de fundamento à sua concepção do mundo, à sua doutrina do mecanismo universal.

Mas enquanto Bacon conclui daí que a inteligência deve se limitar ao registro, à classificação e à ordenação dos fatos do senso comum, e que a ciência (Bacon jamais compreendeu nada da ciência)[9] é, ou deve ser, apenas um resumo, uma generalização ou um prolongamento do saber adquirido na prática, Descartes chega à conclusão exatamente oposta, ou seja, à da possibilidade de fazer a teoria penetrar na ação, quer dizer, da possibilidade da conversão da inteligência teórica ao real, da possibilidade, ao mesmo tempo, de uma *tecnologia* e de uma *física*. Possibilidade que se expressa e se garante no próprio fato de o ato de inteligência que decompondo e recompondo uma máquina *compreende* a sua composição, assim como a estrutura e o funcionamento de suas múltiplas engrenagens, ser exatamente análogo ao ato de inteligência que, decompondo uma equação em seus fatores, compreende sua estrutura e sua composição. Logo, não é do desenvolvimento espontâneo das artes industriais por aqueles que as exercem, mas da conversão da teoria na prática, que Descartes espera os progressos que tornarão o homem "senhor e dono da natureza".

De minha parte, acredito que a história, ou, melhor, a pré-história da revolução técnica dos séculos XVII e XVIII, confirma a concepção cartesiana de que: foi em consequência de uma conversão da ἐπιστή μη na τέχνη que a máquina eotécnica[10] se transformou na

---

9 Lembremos o que William Gilbert disse dele: *He writes philosophy like a Lord Chancelor.*

10 Emprego a terminologia extremamente sugestiva do Sr. Lewis Mumford. *Technics and civilisation*, 4. ed. New York, 1946.

máquina moderna (paleotécnica); pois foi essa conversão, em outros termos, foi a tecnologia nascente que atribuiu à segunda aquilo que forma o seu caráter próprio e a distingue radicalmente da primeira, ou seja, nada mais do que a *precisão*.

De fato, quando estudamos os livros de máquinas dos séculos XVI e XVII,[11] quando fazemos a análise das máquinas (reais ou apenas projetadas) das quais nos oferecem descrições e desenhos, ficamos chocados com o caráter aproximativo de sua estrutura, de seu funcionamento, de sua concepção. Frequentemente são descritas com suas dimensões (reais) exatamente mensuradas. Em contrapartida, nunca são "calculadas". Por isso, a diferença entre as que são irrealizáveis e as que foram realizadas não consiste no fato de terem sido as primeiras "mal" e as segundas "bem calculadas". Pois, na verdade, nem umas nem outras foram calculadas. Todas – com exceção, talvez, dos aparelhos para levantar materiais pesados e alguns outros, como o moinho, que empregavam junções de rodas de engrenagem como meios de transmissão da força motriz, meios que positivamente *convidam* ao cálculo – foram concebidas e executadas "a olho", "por avaliação". Todas pertencem ao mundo do "mais-ou-menos". E é também por isso que apenas as operações mais grosseiras da indústria, tais como bombear a água, moer o trigo, pisoar a lã, acionar os foles das forjas, podem ser confiadas às máquinas. As operações mais delicadas só podem ser executadas pela mão do homem. E pela força do homem.

Eu disse que as máquinas eotécnicas não eram "calculadas". Mas como poderiam sê-lo? Não esqueçamos, ou, melhor, consideremos que o homem do Renascimento e o homem da Idade Média (e a mesma coisa vale também para o homem antigo), não sabiam calcular. E não estavam habituados a fazê-lo. Sabiam, sem dúvida bastante bem,[12] já que a ciência antiga elaborou e desenvolveu os métodos e os meios apropriados, executar cálculos astronômicos; mas não sabiam –[13] já que a ciência antiga se preocupou pouco ou

---

11   Encontraremos um resumo muito bem feito dessa literatura na obra de Th. Beck, *Beiträge zur Geschichte des Maschinenbaus*, Berlim, 1900.

12   Os astrônomos o sabiam.

13   O comum dos mortais. Mesmo as pessoas instruídas.

nada com isso – executar cálculos numéricos.[14] Como nos lembra L. Febvre, eles não dispunham "de nenhuma forma de linguagem algébrica. Nem tampouco de linguagem aritmética conveniente, regular e moderna. O uso dos números que chamamos arábicos apesar de serem indianos – o uso dos números *Gobar* que vieram da Espanha ou da Berbéria para a Europa ocidental – não estava de forma alguma generalizado, ainda que os mercadores já tivessem conhecimento deles desde os séculos XIII e XIV. Se o costume de utilizar esses símbolos convenientes foi rapidamente difundido nos calendários pelos eclesiásticos, e nos almanaques pelos astrólogos e médicos, na vida cotidiana enfrentou a forte resistência dos números romanos minúsculos ligeiramente modificados, que se chamavam números de finança. Eles apareciam agrupados em categorias separadas por pontos: dezenas ou vintenas superpostas por dois X, centenas superpostas por um C e milhares por um M; o todo realizado da pior maneira possível para permitir proceder-se a qualquer operação aritmética, por mais elementar que fosse".

"Tampouco nenhuma operação com a pena, dessas operações que nos parecem tão cômodas e tão simples e que para os homens do século XVI ainda pareciam monstruosamente difíceis, boas apenas para a elite dos matemáticos. Antes de sorrir, lembremo-nos que Pascal, em 1645... insistia na dedicatória de sua máquina de calcular ao chanceler Séguier, na extrema dificuldade das operações com a pena. Eles não só obrigam a todo momento "reter ou emprestar as somas necessárias"; daí erros inumeráveis... mas, além disso, exigem do infeliz calculador "uma atenção profunda que em pouco tempo fatiga o espírito". De fato, no tempo de Rabelais, contava-se antes de tudo, e quase que exclusivamente, com a ajuda desses *échiquiers*,[15] que além-Mancha legaram seu nome aos ministros do Tesouro, e

---

14 A ciência grega não desenvolveu a "logística". O que, sem dúvida, não impediu Arquimedes de calcular o número π com uma aproximação espantosamente precisa. Nem impediu que outros matemáticos executassem cálculos quase tão surpreendente quanto este. Mas eram matemáticos. E esses cálculos tinham um valor científico. Para os usos da vida, era-se menos exigente: calculava-se com réguas especiais.

15 **N. do T.** – Sem destaque tipográfico no original. *Échiquiers* são tabuleiros; chama-se em francês *Chancelier de l`Échiquier* o ministro das Finanças na Grã-Bretanha.

com essas réguas de calcular[16] que o Antigo Regime utilizará, com maior ou menor presteza, até o seu declínio.

Os cálculos são difíceis, é verdade. Por isso ninguém faz cálculos. Ou pelo menos só faz o indispensável. No mais das vezes, erra. E não faz de novo. Um pouco mais, um pouco menos... Que importância parece isso ter? Em geral nenhuma, é verdade. Entre a mentalidade do homem da Idade Média (e da mentalidade do homem do "mais-ou-menos" em geral) e a nossa, existe uma diferença fundamental. Citemos ainda uma vez L. Febvre: o homem que não calcula, que "vive num mundo onde a matemática é ainda elementar, não tem a razão formada da mesma maneira que o homem, mesmo ignorante, mesmo incapaz por si mesmo ou negligente para resolver uma equação ou para fazer um problema mais ou menos complicado, mas que vive numa sociedade voltada para o rigor dos modos de raciocínio matemático, para a precisão dos modos de cálculo, para a retidão elegante das maneiras de demonstrar".

"Toda a nossa vida moderna está como que impregnada pela matemática. Os atos cotidianos e as construções dos homens levam a sua marca – e nem mesmo as nossas joias artísticas e a nossa vida moral deixam de sofrer a sua influência." Nenhum homem do século XVI poderia subscrever essas constatações de Paul Montel. A nós elas não surpreendem. Mas a eles teriam deixado (com justiça) totalmente incrédulos.

Coisa curiosa: dois mil anos antes, Pitágoras havia proclamado que o número é a própria essência das coisas: e a *Bíblia* havia ensinado que Deus fundara o mundo sobre "o número, o peso, a medida". Todos repetiram – mas ninguém acreditou. Pelo menos, até Galileu, ninguém levou a sério. Nunca ninguém tentou determinar esses números, esses pesos e essas medidas. Ninguém se atreveu a contar, pesar e medir. Ou, mais exatamente, ninguém jamais procurou ultrapassar o uso prático do número, do peso, da medida na imprecisão da vida cotidiana – contar os meses e os animais, medir as distâncias e os campos, pesar o ouro e o trigo – para fazer deles um elemento do saber preciso.

---

16   **N. do T.** – *Jetons*, no original.

Acredito mesmo que não baste só dizer, como L. Febvre, que para fazer isso o homem da Idade Média e o homem do Renascimento careciam de utensílios mentais e materiais. Sem dúvida é verdade, e de uma importância capital, que "o uso dos instrumentos mais comuns atualmente, os mais familiares a todos e, aliás, os mais simples, permaneceu desconhecido para eles. Para observar, nada além de seus dois olhos – quando muito servidos, se necessário, por óculos evidentemente rudimentares: nem o estado da ótica nem da vidraria, certamente, permitiam mais do que isso. Apenas lentes, de vidro ou de cristal lapidado, próprias para aumentar objetos muito afastados, como os astros, ou muito pequenos, como os insetos e os germes". É verdade que não faltavam só os instrumentos de medida, mas faltava também a linguagem que pudesse servir para expressar seus resultados: "Nem nomenclatura clara e bem definida, nem padrões de exatidão garantida, adotados por todos com um alegre consentimento. A multidão incoerente dos sistemas de medida variava de cidade para cidade, de aldeia para aldeia. Quer se tratasse de comprimento, de peso ou de volume. Quanto a registrar as temperaturas, impossível. O termômetro não havia nascido. E ainda demoraria muito tempo para nascer."

Todavia, podemos nos perguntar se essa dupla carência não se explica pela mentalidade característica, pela estrutura geral do "mundo do mais-ou-menos". Ora, desse ponto de vista, o caso da alquimia parece nos fornecer uma resposta decisiva. De fato, no decorrer de sua existência milenar, a única entre as ciências das coisas terrestres que conseguiu constituir um vocabulário, uma notação e até mesmo um conjunto de instrumentos cuja herança a nossa química recebeu e conservou. Acumulou tesouros de observação, realizou milhares de experiências, chegou mesmo a fazer descobertas importantes. Nunca realizou uma experiência exata, e isso porque nunca tentou fazê-lo. As descrições das operações alquímicas nada têm em comum com as fórmulas de nossos laboratórios: são receitas de cozinha, tão imprecisas, tão aproximativas, tão qualitativas quanto essas. E não foi a impossibilidade material para executar as medidas o que deteve o alquimista; ele não se serve delas mesmo quando estão ao seu alcance. Não é o termômetro que lhe falta, é a ideia de que o calor seja susceptível de uma medida exata. Por isso ele se contenta com os termos do senso comum: fogo vivo, fogo lento etc., e não se serve, ou quase não se serve, da balança. E no entanto a balança existe; ela é até mesmo – a dos ourives e dos joalheiros – relativamente precisa. Essa é justamente a razão pela qual o alquimista não a utiliza. Se a utilizasse, seria um químico. E mais: para que ele tivesse a ideia de utilizá-la, teria sido necessário que *já* fosse um.

Ora, eu acredito que tenha ocorrido mais ou menos a mesma coisa no que diz respeito aos instrumentos óticos. E a todos os outros. Por isso, mesmo estando mais do que de acordo com L. Febvre sobre a *importância* de sua ausência, não estou inteiramente satisfeito com a explicação que ele lhe dá.

De fato, conforme nos lembra o próprio L. Febvre, os óculos já estão em uso desde o século XIII, talvez até mesmo desde o final do século XII. A lupa, ou o espelho côncavo, sem dúvida, já era conhecido na Antiguidade. Então, como é que durante quatro séculos – o telescópio é do início do século XVII – ninguém, nem entre os que os fabricavam, nem entre os que os usavam, tenha jamais pensado em tentar talhar, ou fazer talhar, uma lente um pouco mais espessa, com uma curvatura de superfície um pouco mais pronunciada – e assim chegar ao microscópio simples, que só aparece nos inícios do século XVII, ou fins do século XVI? Quer me parecer que não se pode invocar o estado da fabricação do vidro. Sem dúvida ele não era desenvolvido, e as vidrarias do século XIII, e até mesmo do século XIV, teriam sido incapazes de fabricar um telescópio (bem mais tarde, durante toda a primeira metade do século XVII, os vidreiros italianos foram os únicos a poder, ou a saber, talhar lentes astronômicas,[17] e só na segunda metade é que foram alcançados, e algumas vezes ultrapassados, pelos holandeses e alemães) – mas é bem diferente quando se trata do microscópio simples, que é apenas uma pérola de vidro bem polido: um operário capaz *de* talhar vidros de óculos é *ipso facto* capaz de fazer um. Novamente, não é a insuficiência técnica, mas a ausência da ideia que nos dá a explicação.[18]

A ausência da ideia não significa, tampouco, insuficiência científica. Sem dúvida, a ótica medieval (assim como a ótica grega) – ainda

---

17 Foi Galileu que os ensinou a fazê-lo.
18 Não se olha tanto se não se sabe que existe alguma coisa para ver e, sobretudo, não se olha tanto quando se sabe que não existe nada para ver. A inovação de Leeuwenhoek consiste principalmente na sua decisão de olhar.

que Al-Hazen e Witello lhe tenham feito realizar progressos consideráveis – conhecia o *fato* da refração da luz, mas ignorava suas leis: e a ótica física só nasce verdadeiramente com Kepler e Descartes. Mas, para dizer a verdade, Galileu não sabia muito mais do que Witello; no entanto, sabia o suficiente para, tendo concebido a ideia, ter sido capaz de realizá-la.

Além disso, nada é mais simples do que um telescópio ou pelo menos do que uma luneta.[19] Para realizá-los não precisa de ciência, nem de lentes especiais, tampouco de uma técnica desenvolvida: dois vidros de óculos, colocados um depois do outro – aí temos uma luneta. Ora, por mais espantoso, e até mesmo inverossímil que isso possa parecer, durante quatro séculos ninguém teve a ideia de ver o que aconteceria se, em lugar de usar um par de óculos, se utilizassem, simultaneamente, dois.

É que o fabricante de óculos não era, de forma alguma, um *ótico*: era um *artesão*. Ele não fazia um *instrumento ótico*: fazia um *utensílio*. Por isso ele os fazia de acordo com as regras tradicionais do ofício, e não procurava nada além disso. Existe uma verdade muito profunda na tradição – talvez lendária – que atribui a invenção da primeira luneta ao *acaso*, à *brincadeira* do filho de um fabricante de óculos holandês.

Ora, para o homem que se servia deles, os óculos tampouco eram um *instrumento ótico*. Eram igualmente um utensílio. Um utensílio, ou seja, alguma coisa que, como o pensamento antigo observou muito bem, prolonga e reforça a ação dos nossos membros, e de nossos órgãos dos sentidos; alguma coisa que pertence ao mundo do senso comum. E que nunca nos levará a ultrapassá-lo. O que, em contrapartida, é a exata função do instrumento que não é um prolongamento do sentido mas, acepção mais forte e mais literal do termo, é a encarnação do espírito, a materialização do pensamento.

Nada nos esclarece melhor essa diferença fundamental do que a história da construção do telescópio por Galileu. Enquanto os Lipperteshey e os Jansen, tendo por acaso descoberto a combinação das lentes que realiza a luneta, limitam-se a acrescentar os aperfeiçoa-

---

19 A luneta não é um telescópio: ter transformado a primeira no segundo é justamente o mérito de Galileu.

mentos indispensáveis e de alguma forma inevitáveis (tubo, ocular móvel) aos seus óculos reforçados; Galileu, a partir do conhecimento da notícia do óculo de aproximação holandês, realizou a sua teoria. E foi a partir dessa teoria, sem dúvida insuficiente, mas de toda maneira *teoria*, que ele, levando mais adiante a precisão e a potência de suas lentes, construiu a série de seus *perspicillos* que confiaram a seus olhos a imensidão do céu.

Os fabricantes de óculos holandeses não fizeram nada parecido, justamente porque não tinham ideia do *instrumento* que inspirou e guiou Galileu. Também o fim almejado – e atingido – por um e por outros era completamente distinto. O óculo holandês é um aparelho com sentido prático: ele nos permite ver, a uma distância que ultrapassa a visão humana, aquilo que só lhe é acessível a uma distância menor. Não vai nem quer ir além disso – e não foi por acaso que nem os inventores nem os usuários do óculo holandês se serviram dele para olhar o céu. Pelo contrário, foi por necessidades puramente teóricas para alcançar *aquilo que não é alcançado por nossos sentidos*, para ver o que ninguém nunca viu, é que Galileu construiu seus instrumentos, o telescópio, e depois o microscópio. O uso prático dos aparelhos que maravilharam os burgueses e os patrícios de Veneza e de Roma foi para ele apenas um subproduto. Ora, em contrapartida, a busca dessa finalidade puramente teórica produz resultados decisivos para o nascimento da técnica moderna, da técnica de precisão. Pois, para fazer os aparelhos óticos, é necessário não apenas melhorar a qualidade dos vidros que neles se emprega e determinar – ou seja, primeiro *medir* e em seguida *calcular* – os seus ângulos de refração; é preciso ainda melhorar o seu corte, ou seja, dar-lhes uma forma precisa, uma *forma* geométrica exatamente definida; e, para fazer isso, é necessário construir máquinas cada vez mais *precisas*, máquinas matemáticas que, tanto quanto os próprios instrumentos, pressuponham a substituição, no espírito de seus inventores, do universo do mais-ou-menos pelo universo da precisão.[20] Por isso, não se

---

20   Foi na invenção de instrumentos científicos – e na sua fabricação – que se realizou o progresso técnico e tecnológico que precedeu e que, só ele, tornou possível a revolução industrial. – Sobre a fabricação dos instrumentos científicos, cf. DAUMAS, M. *Les instruments scientifiques aux XVIIe et XVIIIe siècles*, Paris, 1953.

pode, de modo algum, atribuir ao acaso que o primeiro instrumento ótico tenha sido inventado por Galileu e a primeira máquina moderna – máquina para cortar vidros parabólicos – tenha sido inventada por Descartes.

Ora, se é na e pela invenção do instrumento ótico que se realiza a passagem e se estabelece a intercomunicação entre os dois mundos – o mundo da precisão astral e o mundo do mais-ou-menos, cá de baixo –, se é através desse canal que se opera a fusão da física celeste com a física terrestre, é por um viés bem diferente que a noção de precisão chega a se introduzir na vida cotidiana, a se incorporar nas relações sociais, a transformar ou, pelo menos, a modificar a estrutura do próprio senso comum; quero falar do *cronômetro,* do *instrumento para medir o tempo.*

Os aparelhos para medir o tempo só aparecem muito tarde na história humana.[21] E isso é compreensível. Pois, diferentemente do espaço que, mesmo sendo essencialmente mensurável, sendo talvez a própria essência do mensurável, só se oferece a nós como alguma coisa a *ser medida,* o tempo, permanecendo essencialmente não mensurável, só se apresenta a nós como *já* provido de uma medida natural, como *já* recortado em fatias pela sucessão das estações e dos dias, pelo movimento – e pelos movimentos – do relógio celeste que a natureza previdente teve o cuidado de colocar à nossa disposição. Um pouco espessas as fatias, sem dúvida. E bastante mal definidas, imprecisas, de comprimento desigual: mas que importância isso pode ter tido no quadro da vida primitiva, da vida nômade, ou até mesmo da vida agrícola? A vida se desdobra entre o nascer e o pôr do sol, tendo o meio-dia como divisor. Um quarto de hora, ou mesmo uma hora, a mais ou a menos, não muda nada de nada. Apenas uma civilização urbana, evoluída e complexa é que, por necessidades específicas de sua vida pública e religiosa, pode sentir a necessidade de saber a hora, de medir um intervalo do tempo. Só aí que aparecem os relógios. Mas, mesmo então, tanto na Grécia quanto em Roma, a vida cotidiana escapa à precisão – aliás bem relativa – dos relógios. A vida cotidiana só se move no mais-ou-menos do tempo vivido.

---

21   MILHAM, Willis. *Time and timekeepers,* New York, 1945.

O mesmo se dá no decorrer da Idade Média. E até mesmo mais tarde. Sem dúvida, a sociedade medieval tem sobre a antiga a insigne vantagem de ter abandonado a hora variável e tê-la substituído por uma hora de valor constante. Mas esta hora a sociedade não sente uma grande necessidade de conhecer. Ela perpetua, como L. Febvre diz tão bem, "os hábitos de uma sociedade de camponeses que aceitam não saber nunca a hora exata, a menos que o sino toque (supondo-se que esteja certo) e que para o restante se remetam às plantas, aos animais, ao voo de tal pássaro ou ao canto de tal outro". "Cerca do nascer do sol" ou "cerca do pôr do sol".

A vida cotidiana é dominada pelos fenômenos naturais, pelo nascer e pelo pôr do sol – acorda-se cedo e não se deita tarde –[22] e o dia é mais escandido do que o medido através do repicar dos sinos que anunciam "as horas" – muito mais as horas dos ofícios religiosos do que as do relógio.

Aliás, vários historiadores, e não monges, insistiram na importância social dessa sucessão regulamentada dos atos e das cerimônias da vida religiosa que, especialmente nos conventos, submetia a vida ao rígido ritmo do culto católico; ritmo que propunha, e até mesmo exigia, a divisão do tempo em intervalos estritamente determinados e que, portanto, implicava a sua medida. Foi nos monastérios, e pelas necessidades do culto, que surgiram e se propagaram os relógios, e foram esses hábitos da vida monástica, o hábito de se adequar *à hora*, que, difundindo-se para além das muralhas do convento, teriam impregnado e informado a vida citadina, fazendo-se passar do plano do tempo vivido para o plano do tempo medido.

Sem dúvida existe verdade, bastante verdade até, na concepção que acabo de expor, e no famoso ditado do abade de Thélème: "as horas são feitas para o homem e não o homem para as horas", que L. Febvre cita muito a propósito; sentimos o início da revolta do homem contra a imposição da ordem e a escravidão da regra. Mas, no entanto, não nos enganemos sobre isso: a ordem e o ritmo não são a medida, o tempo escandido não é o tempo medido. Estamos sempre no quase, no mais-ou-menos; estamos no caminho, mas apenas no caminho, do universo da precisão.

---

22   Não se conhece a iluminação.

366 Estudos de História do Pensamento Filosófico | Alexandre Koyré

É que de fato os relógios medievais, os relógios de peso cuja invenção constitui uma das grandes glórias do pensamento técnico da Idade Média, não eram exatamente precisos, em todo caso muito menos precisos do que os relógios à água da Antiguidade, pelo menos na época imperial. Eles eram – e é claro que isso se aplica muito mais aos relógios dos conventos do que aos relógios das cidades – "máquinas robustas e rudimentares às quais era necessário dar corda várias vezes cada 24 horas" e que era necessário constantemente cuidar e vigiar. Nunca indicavam as subdivisões da hora, e as próprias horas eram indicadas com uma margem de erro que tornava sua utilização praticamente sem valor. Mesmo para as pessoas da época, pouco exigentes na matéria. Por isso, elas não tinham de maneira nenhuma suplantado os aparelhos mais antigos. "Em numerosos casos [as horas] só eram indicadas, aproximativamente, aos vigias da noite pelas clepsidras de areia ou de água que eles tinham a obrigação de inverter. Do alto das torres eles gritavam as informações fornecidas por elas, e as gentes da ronda repetiam-nas pelas ruas."

Ora, se os relógios públicos dos séculos XV e XVI, relógios astronômicos e relógios com figuras, que Willis Milham nos descreve tão bem, não são exatamente simples; se, ao mesmo tempo, graças ao emprego do fólio e da roda de escape, eles são sensivelmente mais parecidos do que as máquinas antigas do movimento contínuo, em contrapartida, são extremamente raros, porque, graças à sua própria complicação, não são apenas extremamente difíceis (e demorados) para construir, mas também extremamente caros. Tão caros que só as grandes cidades muito ricas, como Bruges ou Estrasburgo, ou o Imperador da Alemanha e os reis da Inglaterra e da França, que os oferecem como dote às suas capitais, podem se dar esse luxo. Acontece quase a mesma coisa com os relógios domésticos nessa época: relógios murais de pesos (lanternas), reduções simples, bastante grosseiras quanto ao seu mecanismo, dos grandes relógios públicos, relógios portáteis de mola, inventados no início do século XVI por Pedro Henlein, de Nuremberg (relógios de mesa e *montres d'horloge*[23]). Ainda objetos de luxo – e até mesmo de grande luxo – e não de uso prático: os relógios

---

23 **N. do T.** – Preferimos manter o termo francês, que não encontra equivalência a nenhuma palavra portuguesa. Trata-se de um relógio de luxo, de grandes dimensões, cujo amplo *mostrador* já revela maior preocupação com a precisão.

Do Mundo do "Mais-ou-Menos" ao Universo da Precisão

pequenos são de fato muito pouco precisos; muito menos precisos ainda, como diz W. Milham, do que os grandes.[24] Em contrapartida, são muito belos, muito caros e muito raros. Como diz L. Febvre: "E os particulares, quantos deles, no tempo de Pantagruel, possuíam uma *montre d'horloge*? Seu número era ínfimo fora dos reis e dos príncipes; estes eram orgulhosos e se consideravam privilegiados porque possuíam, sob o título de relógio, uma dessas clepsidras, antes de água do que de areia, e das quais Giuseppe Scaligero faz o elogio pomposo no segundo *Scaligerana*: *horlogia sunt valde recentia et praeclarum inventum.*" Por isso não é de se admirar que o tempo do século XVI, pelo menos na sua primeira metade, seja, sempre e ainda, o tempo vivido, o tempo do mais-ou-menos, e que, no que diz respeito a esse tempo – e a todo o resto –, na mentalidade dos homens dessa época "reina em toda parte a fantasia, a imprecisão, a inexatidão. A realidade de homens que nem mesmo sabem exatamente a sua idade: são incontáveis os personagens históricos desse tempo que nos deixam a escolha entre três ou quatro datas de nascimento, às vezes afastados por vários anos"; a realidade de homens que não conhecem nem o valor nem a medida do tempo.

Eu disse: pelo menos na primeira metade do século XVI. Isso porque, na segunda, a situação se modifica sensivelmente. Sem dúvida a imprecisão e o mais-ou-menos ainda reinam. Mas paralelamente ao crescimento das cidades e da riqueza urbana, ou se preferirmos, paralelamente à vitória da cidade e da vida urbana sobre o campo e a vida camponesa, o uso dos relógios se difunde cada vez mais. Eles são sempre muito belos, muito trabalhados, muito cinzelados, muito caros. Porém, não são mais tão raros ou, mais exatamente, tornam--se cada vez menos raros. E no século XVII não serão mais raros.

Além disso, o relógio evolui, se aprimora, se transforma. A maravilhosa habilidade e a engenhosidade não menos surpreendente dos relojoeiros (de agora em diante constituídos numa guilda inde-

---

24 Quanto aos relógios portáteis, relógios de viagem, relógios de bolso, eles não apenas não são precisos, como ainda, conforme o que nos diz Jerôme Cardan num texto que parece ter escapado aos historiadores da relojoaria e para o qual chamo a atenção, eles passam mais tempo com o relojoeiro do que com o possuidor. Cf. CARDANUS, Hieronimus. *De rerum varietate*, I, IX, cap. XLVII, p. 185 e segs., Paris, 1663.

pendente e poderosa), a substituição do fólio pela roda reguladora, a invenção do *stackfreed* e do fuso que equalizam e uniformizam a ação da mola, fazem de um puro objeto de luxo um objeto de uso prático, capaz de indicar as horas de maneira quase precisa.

Todavia, não foi da relojoaria dos relojoeiros que finalmente saiu a relojoaria de precisão. O relógio dos relojoeiros nunca ultrapassou – e jamais poderia fazê-lo – o estágio do "quase" e o nível do "mais-ou-menos". O relógio de precisão, o relógio cronométrico, tem uma origem totalmente distinta. De modo algum é uma promoção do uso prático do relógio. Ele é um *instrumento*, ou seja, uma criação do pensamento *científico* ou, melhor ainda, a realização consciente de uma teoria. É verdade que, uma vez realizado, um objeto teórico pode se tornar um objeto prático, objeto de uso corrente e cotidiano. É verdade também que considerações práticas – como, no caso que nos ocupa, a necessidade de solucionar o problema da determinação das longitudes, que o desenvolvimento das navegações oceânicas tornava cada vez mais urgente – podem inspirar o pensamento teórico. Mas não é a utilização de um objeto que determina a sua natureza: é a estrutura; um cronômetro continua sendo um *cronômetro*, mesmo que marinheiros o empreguem. E isso nos explica por que não se atribui aos relojoeiros, mas aos sábios, não a Jost Burgi e a Isaak Thuret mas a Galileu e a Huygens (assim como a Robert Hooke), as grandes invenções decisivas, a quem também devemos o relógio de pêndulo e o relógio regulado por mola. Como disse muito bem o Sr. Jacquerod, no seu prefácio ao excelente trabalho que o Sr. Défossez[25] recentemente consagrou à história da cronologia (trabalho cujo mérito consiste em recolocar a história da cronologia na história geral do pensamento científico e que leva o característico título de: *Os sábios* [e não: *Os relojoeiros*] *do século XVII e a medição do tempo*): "Os técnicos ficarão surpresos, quem sabe até desiludidos, ao constatarem o pequeno papel representado nessa história pelo relojoeiros práticos comparado à importância imensa das pesquisas dos sábios. As realizações são sem dúvida, em geral, a obra de relojoeiros; mas as ideias, as invenções, nos mais das vezes,

---

25 DÉFOSSEZ, L. *Les savants du XVIIe siècle et la mesure du temps*, Lausanne, 1946.

germinam dos homens de ciência, e muito deles não temem pôr a mão na massa e construir, eles mesmos, os aparelhos, os dispositivos que imaginaram." Esse fato, que pode parecer paradoxal, para o Sr. Jacquerod e, também, para o Sr. Défossez explica-se "por uma razão bem precisa, e de alguma forma dúplice, que faz compreender ao mesmo tempo por que, nos séculos seguintes, a situação foi às vezes invertida":

"Inicialmente essa razão consiste em que, bem mais do que para as necessidades diárias e para as relações sociais, a medição exata do tempo é uma necessidade capital para a ciência, especialmente para a astronomia e a física. Se os quadrantes solares e os relógios a fólio eram no século XVII amplamente suficientes para o grande público, não acontecia a mesma coisa com relação aos sábios." Era-lhes necessário descobrir uma medida exata. Ora, "para essa descoberta os procedimentos empíricos eram impotentes, e apenas os teóricos, exatamente aqueles que elaboravam nessa época as teorias e estabeleciam as leis da mecânica racional, tinham possibilidade de realizá-la. Por isso os físicos, mecânicos, astrônomos, especialmente os maiores dentre eles, preocuparam-se em resolver o problema, pela razão muito simples de que eram os principais interessados."

"A segunda face da questão, de uma importância ainda maior, deve ser buscada nas necessidades da navegação... No mar, especialmente, a determinação das coordenadas geográficas, e determinação do "ponto", é fundamental, e sem ela nenhuma viagem longe das costas pode ser empreendida com alguma segurança. Se a determinação da latitude é facilitada pela observação do Sol ou da Polar, a observação da longitude é muito mais difícil"... Ela "exige o conhecimento da hora de um meridiano de origem. Essa hora é preciso levá-la consigo, é preciso conservá-la preciosamente. É preciso, portanto, possuir um "guarda-tempo" no qual se possa confiar". "Os dois problemas da medida e da conservação do tempo estão naturalmente ligados de maneira íntima. O primeiro foi resolvido por Galileu e Huygens utilizando o pêndulo. O segundo, especialmente mais difícil... recebeu uma solução perfeita – pelo menos em princípio – pela invenção, devida a Huygens, do sistema balancim-espiral."

"Durante os dois séculos seguintes só se tratou do aperfeiçoamento de detalhes... não mais de descobertas fundamentais... E compreende-se que então a parte dos técnicos... tenha-se tornado preponderante."

Estou quase de acordo com os Srs. Jacquerod e Défossez quanto à explicação do papel representado pela ciência teórica na invenção do cronômetro, e foi por isso que os citei longamente: por isso, e também porque é muito raro encontrar um físico e um técnico – o Sr. Défossez é um técnico em relojoaria – não infectados pelo vírus da epistemologia empirista e positivista que fez – e ainda faz – tanta devastação entre os historiadores do pensamento científico. Todavia, não estou *inteiramente* de acordo com eles. Em particular, eu não acredito no papel preponderante do problema das longitudes; acredito que Huygens teria empreendido e prosseguido nas suas pesquisas sobre o movimento pendular e sobre o movimento circular, o isocronismo e a força centrífuga, mesmo que não fosse estimulado pela esperança de ganhar 10.000 libras (que, aliás, ele não ganhou) simplesmente porque estes eram problemas que se impunham à ciência do seu tempo.

Pois, se imaginarmos que para determinar o valor da aceleração, Galileu, quando de suas famosas experiências do corpo rolando sobre um plano inclinado, havia sido obrigado a empregar uma clepsidra à água, clepsidra muito mais primitiva na sua estrutura do que a de Ctesibios (por causa disso ele obteve números completamente falsos) e que Riccioli, em 1647, para estudar a aceleração dos corpos em queda livre, foi obrigado a montar um *relógio humano*,[26] nos daremos conta da impropriedade dos relógios comuns para o uso científico e da absoluta urgência, para a mecânica física, de descobrir um meio para medir o tempo. É assim bastante compreensível que Galileu tenha se preocupado com a questão: na verdade, de que serve possuir fórmulas que permitam determinar a velocidade de um corpo em cada instante de sua queda em função da aceleração e do tempo escoado se não podemos medir nem a primeira nem o segundo?

Ora, para medir o tempo – já que não podemos fazê-lo diretamente – é indispensável utilizar um fenômeno que o encarne de maneira apropriada, o que significa ou um processo que se desenvolva de maneira uniforme (velocidade constante), ou um fenômeno que, permanecendo uniforme em si mesmo, se reproduza periodicamen-

---

26 Cf. meus artigos "Galilée et l'expérience de Pise", in *Annales de l'úniversité de Paris*, 1936, e "An experiment in measurement", in *American philosophical society, proccedings*, 1952.

Do Mundo do "Mais-ou-Menos" ao Universo da Precisão

te na sua identidade (repetição isócrona). Ctesibios orientou-se para a primeira solução, mantendo constante o nível da água num dos recipientes da sua clepsidra; dessa maneira, ela se escoava para o outro com uma velocidade constante; Galileu (e Huygens) orientou-se para a segunda, descobrindo nas oscilações do pêndulo um fenômeno que se reproduz eternamente.

Mas é claro – ou pelo menos deveria ser claro – que uma tal descoberta não pode ser fruto da empiria. É claro que nem Ctesibios nem Galileu – que os historiadores das ciências alinham entre os empiristas cumprimentando-os por terem estabelecido, através das experiências, alguma coisa que não *poderia ser* estabelecida por elas – poderiam estabelecer a constância da maré ou o isocronismo da oscilação através de medidas empíricas. Que mais não fosse pela razão muito simples – mas suficiente – de que lhes faltava exatamente aquilo com o que pudessem medi-los; em outros termos, de que lhes faltava o instrumento de medida que justamente a constância do escoamento ou o isocronismo de pêndulo permitiriam realizar.

Não foi olhando o grande candelabro da catedral de Pisa balançar que Galileu descobriu o isocronismo do pêndulo, até porque esse candelabro só foi colocado ali depois de sua partida da cidade natal – ainda que seja bastante possível que um espetáculo desse gênero é que o tenha leva a meditar sobre essa estrutura particular de vaivém: as lendas quase sempre contêm um elemento de verdade –, foi estudando matematicamente, a partir das leis do movimento acelerado que ele havia estabelecido por uma dedução nacional, a queda dos corpos pesados ao longo das cordas de um círculo colocado verticalmente. Ora, foi só então, ou seja, *após* a dedução teórica, que ele pôde imaginar uma verificação experimental (cuja finalidade, de forma alguma, era confirmar a teoria, mas descobrir de que maneira essa queda se realiza *in rerum natura*, ou seja, como se comportam os pêndulos reais e materiais que oscilam não no espaço puro da física, mas na terra e no ar), e, uma vez realizada a experiência, tentar construir o instrumento que permita utilizar a propriedade mecânica do movimento pendular na prática.

É exatamente da mesma maneira, ou seja, através de um estudo puramente teórico, que Huygens descobriu o erro da extrapolação galileana e demonstrou que o isocronismo se realiza não no círculo, mas no cicloide; e foram considerações puramente geométricas que lhe permitiram realizar – na teoria – o movimento cicloidal. Foi nesse momento que para ele se colocou – da mesma forma que se colocou para Galileu – o problema técnico, ou, mais exatamente, *tecnológico* da realização efetiva, quer dizer, da execução material do modelo que ele havia concebido. Por isso não é surpreendente que – assim como Galileu antes ou Newton depois – ele tenha tido necessidade de "pôr a mão na massa". Porque se tratava justamente de ensinar aos "técnicos" a fazer alguma coisa que eles nunca haviam feito, e gravar no ofício, na arte, na τέχνη, as novas regras, as regras de precisão da ἐπιστή μη.

A história da cronometria nos oferece um exemplo surpreendente, talvez o mais surpreendente de todos, o do nascimento do pensamento tecnológico, que, progressivamente, penetra e transforma o pensamento e a própria – realidade – técnica. Que a eleva a um escalão superior. O que por sua vez explica que os técnicos, os relojoeiros do século XVIII, tenham podido melhorar e aperfeiçoar os instrumentos que seus antecessores não puderam inventar: isso porque viviam num outro "clima" ou "meio" técnico; e porque estavam infectados pelo espírito da precisão.

Eu já disse, mas convém repetir, que é através do instrumento que a precisão se encarna no mundo do mais-ou-menos, que é *na construção* dos instrumentos que se afirma o pensamento tecnológico; que é *para* a sua construção que se inventam as primeiras máquinas *precisas*. Ora, é tanto pela precisão de suas máquinas, resultado da aplicação da ciência à indústria, quanto pelo uso de fontes de energia e de materiais que a natureza não nos confia prontos, que se caracteriza a indústria da idade paleotécnica, idade do vapor e do ferro, idade tecnológica no decorrer da qual se realiza a penetração da técnica pela teoria.

E é pela supremacia da teoria sobre a prática que poderíamos caracterizar a técnica da segunda revolução industrial, para empregar a expressão do Sr. Friedmann, a da indústria neotécnica da idade da eletricidade e da ciência aplicada. É pela sua fusão que se caracteriza a época contemporânea, época dos instrumentos que têm a dimensão de usinas e de usinas que possuem toda a precisão dos instrumentos.

A marca FSC é a garantia de que a madeira utilizada na fabricação do papel com o qual este livro foi impresso provém de florestas gerenciadas, observando-se rigorosos critérios sociais e ambientais e de sustentabilidade.

FORENSE
UNIVERSITÁRIA

www.forenseuniversitaria.com.br
bilacpinto@grupogen.com.br

Serviços de impressão e acabamento
executados, a partir de arquivos digitais fornecidos,
nas oficinas gráficas da EDITORA SANTUÁRIO
Fone: (0XX12) 3104-2000 - Fax (0XX12) 3104-2016
http://www.editorasantuario.com.br - Aparecida-SP